1995年在台北中国神话与传说学术研讨会上与同行合影，左起：叶舒宪、邓启耀、王秋桂、鹿忆鹿、马昌仪、杨利慧、李福清　（邓启耀 供图）

1995年李子贤、叶舒宪、邓启耀等教授赴台湾参加学术会议期间与李亦园先生合影，左起：邓启耀、叶舒宪、李亦园、李子贤　（邓启耀 供图）

彭兆荣（右）与叶舒宪（左）合影　（1996年·长春）　（彭兆荣 供图）

叶舒宪（左二）、徐新建（左三）、彭兆荣（左四）、吴秋林（左一）在毛泽东的故乡韶山合影
（彭兆荣 供图）

厦门会议上的曹顺庆（左）、庄孔韶（中）与叶舒宪（右）合影　（彭兆荣 供图）

叶舒宪（中）与潘年英（右三）在湖南科技大学　（潘年英 供图）

2007 年任教于新西兰奥塔哥大学

走廊里的"三马夫"(2007年·西双版纳野生林) (徐新建 供图)

2009年任教于台湾中兴大学

2015年第四次玉帛之路考察，叶舒宪在临洮县马衔山玉矿

2017年叶舒宪先生玉照

2017年第十一次玉帛之路考察，叶舒宪在庆城县麻家暖泉遗址

2019年胡建升（左）与叶舒宪（右）参加澳门国际比较文学学会会议　（胡建升 供图）

2019 年参加二里头夏都遗址博物馆开馆仪式

2021 年叶舒宪参加"仰韶玉韵——尹家村遗址出土文物展揭幕仪式"

辞章学术四重证据五重叙事融为一体说华夏
玻镜源流神话中国玉成中国玉学三书铸精魂

祝贺荣轩宪先生七十华诞暨纪念文集出版 胡建升撰联 程金城敬书

勤勉治学硕果美
温润化玉惠风爽

轩宪兄雅正 癸巳仲夏 继凯书

胡建升撰联，程金城书法作品　　　　　　李继凯撰联并书

贺叶师宪先生七十华诞

从古称稀尊上寿
自今以始乐馀年

癸卯之秋月 甘肃书院 刘静河书

刘静河撰联并书

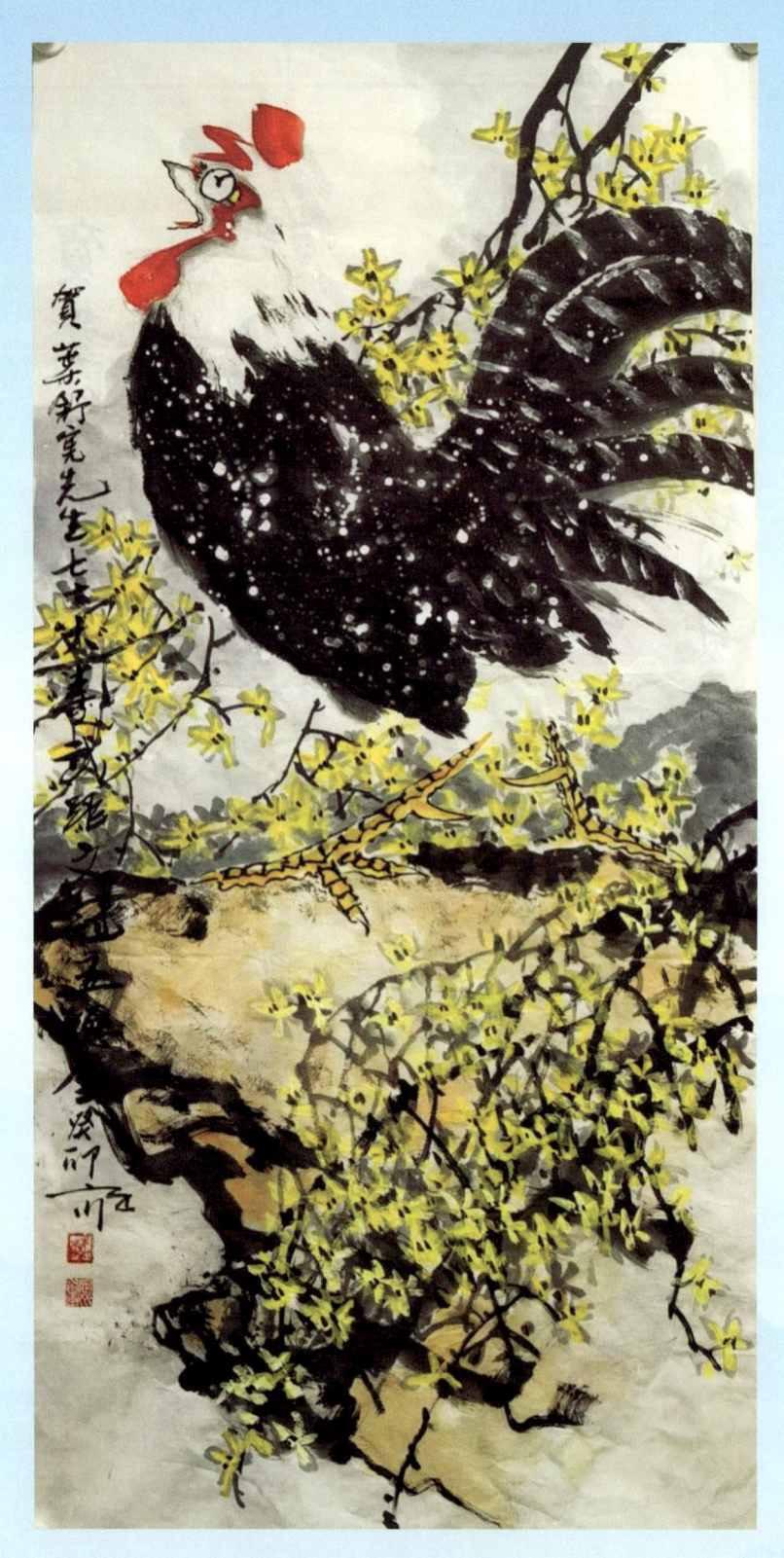

吴定川贺寿绘画作品

编 委 会

(按姓氏拼音排序)

安　琪	柴克东	陈金星	陈连山	陈跃红
程金城	邓启耀	冯晓立	冯玉雷	胡建升
户晓辉	黄　玲	黄　悦	黄景春	金立江
李　辉	李继凯	李永平	廖明君	刘宗迪
马知遥	梅雪容	那木吉拉	纳日碧日戈	
彭兆荣	祁志祥	史忠义	苏永前	宋炳辉
宋亦箫	谭　佳	唐启翠	田兆元	王宪昭
王　倩	王　艳	王子今	王振复	吴玉萍
夏　敏	熊承霞	徐杰舜	徐新建	杨　骊
杨　朴	杨庆存	臧克和	张呈瑞	张　辉
张　进	张开焱	张新科	朱鸿昊	

温其如玉

叶舒宪先生师友问学录

WEN QI RU YU

胡建升 编

陕西师范大学出版总社 西安

图书代号　SK24N0832

图书在版编目（CIP）数据

温其如玉：叶舒宪先生师友问学录／胡建升编．— 西安：陕西师范大学出版总社有限公司，2024.6
　ISBN 978-7-5695-4387-2

Ⅰ.①温…　Ⅱ.①胡…　Ⅲ.①叶舒宪—书信集　Ⅳ.①K825.6

中国国家版本馆 CIP 数据核字（2024）第 091475 号

温其如玉：叶舒宪先生师友问学录
WEN QI RU YU：YE SHUXIAN XIANSHENG SHIYOU WENXUE LU

胡建升　编

出版统筹	刘东风　冯晓立
责任编辑	张旭升
责任校对	王丽君
封面设计	前　程
出版发行	陕西师范大学出版总社
	（西安市长安南路 199 号　邮编 710062）
网　　址	http：//www.snupg.com
印　　刷	中煤地西安地图制印有限公司
开　　本	787 mm×1092 mm　1/16
印　　张	26.5
插　　页	4
字　　数	461 千
版　　次	2024 年 6 月第 1 版
印　　次	2024 年 6 月第 1 次印刷
书　　号	ISBN 978-7-5695-4387-2
定　　价	218.00 元

读者购书、书店添货或发现印刷装订问题，请与本公司营销部联系、调换。
电话：(029)85307864　85303635　传真：(029)85303879

献给叶舒宪先生七秩华诞

中国比较文学学会文学人类学研究分会祝贺叶舒宪先生七十华诞

彭兆荣

（中国文学人类学研究分会理事长）

叶舒宪教授七十华诞纪念文集即将出版，我谨代表中国文学人类学研究分会，并以我个人的名义向叶舒宪教授致以衷心的祝贺。

人生七十古来稀。《论语·为政》有"七十而从心所欲，不逾矩"之说，叶教授的学术生命正是写照。他求索古今，经达中外；跨越学科，彰显道理；学识精深，四通八达；至诚之心，情以明照；学以致用，锐意创新。

叶教授的研究不拘一格，且协同照映：神话中国、原型考述、大小传统、四重考据、N 级编码、玉石之脉无不精究。他辛勤笔耕，寻求物理；著述等身，学富五车。乃今世中国难得之大家！

2023 年 7 月 5 日

湖北人民出版社恭贺叶舒宪先生七十华诞

欣逢上海交通大学人文社科资深教授叶舒宪先生七十华诞，特致敬仰之思。叶先生七十载栉风沐雨，播名学海；四十年培风育才，优游杏坛。治学勤勉，不拘一格，作为主要创立者，参与创立文学人类学研究会、建立了文学人类学学科体系；哲思泉涌，创见叠获，提出玉文化统一中国、四重证据法、N级编码理论，间性原则与物证优先原则、文化大小传统等卓识远见；鸿猷默运，机杼别立，始终活跃于中国文化理论建设的第一线，在人文社科特别是文学人类学领域，别开生面，引领一批学人探寻史前文化，解码神话传说，开一代风气。

20世纪90年代，幸得先生佑助，我社推出了先生等主持的"中国文化的人类学破译"丛书，在学界和社会上引领了文化破译与跨学科研究的热潮，海内外反响很大，并获国家大奖。二十余年过去，先生又在我社推出了"中华元典的人类学解读"丛书，其中《论语：大传统视野的新认识》等亦获得了良好的口碑。

德高为师，学高为范。先生古稀之年犹然笔耕不辍，诲人不倦，堪称学人表率、师者世范。值此嘉庆，我社上下既感且喜，思慕方殷，不及得见光仪，寸诚微衷，先此布达，唯愿先生寿比南山，福如东海。可以想见，在先生的关怀下，未来的文学人类人学、神话学等领域必捷报频传，硕果纷呈。

湖北人民出版社有限公司
2023年8月

叶舒宪教授七十寿辰贺词

叶舒宪教授一生致力于比较文学、文学人类学、神话学研究，著作等身，硕果累累，以超前的学术理念和宏大的学术视野开创了文学人类学和神话学的中国学问。

在四十余年的理论探索中，叶舒宪教授在中国文化的人类学解读、中国文学人类学理论与方法、中华文明探源的神话学研究等学术领域，取得了一系列重大研究成果，提出了四重证据法、神话中国、神话历史、文化大小传统、N级编码理论、文化文本、玉成中国、神话观念决定论、玄玉时代说、玉文化先统一中国说、万年中国说等多个极具创新价值的学术观点，构建了中国文学人类学学派的理论体系，彰显了一个人文学者的文化自觉与开拓精神。

21世纪以来，叶舒宪教授先后组织了十六次玉帛之路大型文化考察活动，格物致知，以玉石神话信仰为入口，探源万年中华文化，把学问做到祖国的大地上，体现了一位人类学者的使命意识和田野风范。

叶舒宪教授从教四十余年，前瞻性地践行了新文科的核心要义，从破学科到多学科交叉融合，激励学术创新的理念贯穿了整个教学生涯。

四十年治学不息探索，屡屡开新路；四十年从教辛勤耕耘，引领新文科。我们衷心祝愿叶舒宪教授健康长寿！学术常青！

四川省社会科学院神话研究院

2023年9月20日

陕西师范大学出版总社恭贺
叶舒宪先生七十华诞

  人生七十光阴，学术四十春秋，合作出版数十年，佳绩层出。自1987年《神话—原型批评》出版后，叶舒宪先生与陕西师范大学出版总社结下了不解之缘。在叶舒宪先生的带领下，"神话学文库"研究团队陆续出版"神话学文库"第一辑、第二辑、第三辑，规模之大，成就之高，可谓引领当下中国神话学研究领域的基础性工程。"神话学文库"三辑连续入选"十二五""十三五""十四五"国家重点图书出版规划，获得2012年度、2017年度、2023年度国家出版基金资助。其中，"神话学文库"第一辑获第五届中华优秀出版物提名奖，"神话学文库"第二辑获第八届中华优秀出版物奖。另外，文学人类学原创书系、玉帛之路考察系列图书也得到了读者的认可和一致好评。

  神话学文库的研究成果，在注重跨学科及学术前沿性的探索中，将神话作为思想资源和文化的原型编码，寻找和界定"中国神话"，并且重新认识和解读"神话中国"的范式值得学习和探究，在神话学与多学科交叉研究方面成果显著。

  值此叶舒宪先生喜迎七十华诞，陕西师范大学出版总社恭祝叶舒宪先生身体健康，再出佳绩！

序言一
视学术为生命的叶舒宪

徐杰舜

人生如一场马拉松。

叶舒宪七十岁了。中国人有"做九不做十"的习惯。2023年4月，在贵州财经大学举行的文学人类学研究分会第九届年会上，为1954年9月出生的叶舒宪举办了"叶舒宪教授从教四十一年学术座谈会"。会上，高朋满座，门生如云，热烈祝贺叶舒宪七十华诞。会后，胡建升主编了《温其如玉：叶舒宪先生师友问学录》，嘱我为其写序。我作为叶舒宪的老朋友，当仁不让。

一

人生是有创造的。

我与叶舒宪的交往缘于文学人类学。文学人类学有"三剑客"：叶舒宪、彭兆荣、徐新建。因为叶舒宪起着领头的作用，我喜欢称叶舒宪为"叶帅"。2001年，我以《广西民族大学学报》执行主编的名义，对叶舒宪进行了第一次采访。9月，以《人类学与文学的互动》为题发表于学报（哲学社会科学版）第5期。

那时候，人类学界并不认同叶舒宪的文学人类学，但我认为文学人类学是一个新的学术方向。正如，叶舒宪在二十一年前的访谈中所说：

> 由于解构主义对科学的挑战，使人类学家和文学批评家都意识到

他们在表现方面所共享的修辞策略。人们曾假定为具有客观性的科学话语，诸如历史学和人类学，其实也使用情节结构和叙述方法，完全可用分析文学文本的方式来解读。而后现代主义对宏大叙事的批判，对人类学中普遍化体系的批判，使人们逐渐明白，这些体系是用总体化的西方范式去肢解边缘的、本土的和他者文化，是一种认识上的和表述上的文化霸权之产物。一战动摇了自启蒙时代以来的西方理性与历史进步的信念，欧洲人对被殖民的、边缘的他者的看法随之发生转变，或以为他们拥有西方已丧失的某些美德，如淳朴、真诚、自然的节奏、与大地相依为命、宗教敏感性、集体传统的稳定性等。这些同西方社会自身的混乱与现代之困境形成对照。原来被诬蔑的他者，变成了诱人的他者。在奥斯瓦尔多·斯宾格勒的戏剧化程式中，民族志的兴起正是"西方的没落"的一种征兆。在"西方的没落"这个判断背后有如下潜台词：非西方的希望。如果人类历史的近代行程追随西方资本主义而误入迷途，前景暗淡的话，那么是否可以把解脱"没落"宿命的希望寄托在非西方的社会、文化他者或未遭文明污染的原始社会呢？民族志作为人类学者对异文化、原始文化的考察记录，也就这样无形中充当"乌托邦"的投射功能，成为西方人"复乐园"的希望所在。"高贵的野蛮人"也就顺理成章地为"没落的文明人"树立起人格榜样。这给20世纪的文学想象带来的刺激之大可想而知。

人类学的文化相对主义原则要求一视同仁地看待世界各族人民及其文化，消解形形色色的种族主义文化偏见和历史成见。这是对人类有史以来囿于空间界限而积重难返的"我族中心主义"价值取向的一次根本性改变。各民族文化只有在摆脱了自我中心的思维和情感定势之后，才有可能客观公正地面对异族人和异文化，建立起成熟的全球文化观。这对于现代人文、社会科学研究者而言至关重要。它能够使研究者以中性态度面对其研究对象，减少妖魔化和乌托邦化的作用。文学批评家从以往较为狭隘的民族文学的小圈子走出来，迈向比较文学和总体文学的大视野，这一方面必然导致对本土文学和文化传统的"陌生化"效果引发价值重估和再阐释的普遍需要，进而催生"文学人类学"的理论自觉；另一方面也由于大"文化"概念的辐射作用而出现学科的分化转型，最明显的是20世纪90年代以来文学研究与文化研究的融合。

可以说，这是叶舒宪对人类学的一大学术贡献。

二

人生是有发现的。

文化发现是学术的一种境界。2014年在对叶舒宪的第二次访谈中，专门讨论了玉文化在中华文明起源中的重大作用，访谈发表在《民族论坛》2014年第11期。叶舒宪在访谈中说：

> 我们不纠结于真伪难辨的传说，更关注距今五千年到四千年的时代里，就是国际通行的进入青铜文明时代之前的核心标志物，非常明显，非常普遍的那个玉器独尊的时代。从这个意义上说，我们研究玉，并不是我想当然的个人兴趣般的研究，而是考古学提供的物质证据面前，作为中国人，想要弄清楚这个国家，这个民族，这样的一个政权，这样上下几千年，它的根脉怎么发芽的，怎么生长的？
>
> 全世界普遍的具有共性的是石器和陶器，有其神圣性，跟精神信仰有关。但在无文字时代，则很难区分日常生活用器、场地和礼仪生活所用的礼器、祭坛。玉器就不一样了。玉器是史前社会稀有的物质，100座墓葬只有一两座，而且大多陪葬物十分丰富，足以说明拥有玉器者不仅是社会精英，不只是经济上富有，更重要的是玉器特有的物质特性，说明拥有玉器者往往代表着人神沟通的能力，也就是说他们的领袖地位来自他们的通神能力。玉器就是最初的社会精神文明的奢侈品。没有奢侈品不会有人类文明。重要的是如何与神对话。从史前八千年延续到史前四千年，再到今天，玉器神话与信仰是东亚地区，特别是华夏文明最独一无二的文明现象。作为人类学者，难道不该深入思考和研究吗？
>
> 每一个图腾雅号的背后都有其文化脉络，都需要做一个全景的解读。今天我们要讲的就是中国文明这一个文本，需要我们读懂它。对象看起来很大，但不是毫无头绪。材料已经非常丰富了。专业考古者大都没有时间去通读这个文本，传统的文史哲学者不屑于去看考古资

料；以村落和民族志报告为业的人类学者也顾不上。但是我要说，一个事情一定要抓住根本，任何一个村落都是从石器时代过来的，没有一个从月球降下来的。找不到源头或原型，一切的解读都是无源之水，因此从史前到文明这一段是我们特别关注的，我们把考古界提出的"玉器时代"作为主攻。我们不是统计器型，我们是要看到哪一种信仰支撑这个宗教奢侈品的使用，没有观念不会做这个行为。世界很大，只有东亚有这个现象，我们要找的中国道路，中国特色，都在这儿，而且是祖根，我们要将有限的精力集中到最根本最重要的一个角度上来。

我们做跨学科研究有我们的优势，文献比较熟悉，近现代新兴的人类学、考古学也熟悉，一个多民族国家靠什么变成一个共同体？文明的背后都有武力支撑，但同样不可缺的是精神凝聚力量。"国之大事，在祀与戎"说得很精准。华夏的精神凝聚物是什么？舜继承尧，为何要辑瑞和颁瑞？大禹治水功成为何有天赐玉圭？会见诸侯而献玉帛者万国？君子为何比德于玉？学道为何比喻为琢玉（切磋）？乃至于现代人的名字很多都以带玉字或玉偏旁为美名，像圭璋、紫琼等等。而且考古提供的物证表明，玉有八千年历史，金属才四千年，可见玉在中华民族认同的精神凝聚物中的地位。

正因为对玉文化的学术追求，叶舒宪身先士卒，组织了十六次田野考察，很好地呈现了玉文化对中华文明起源的重大作用。

三

人生是有性格的。

叶舒宪性格倔强，因此勇于坚持自己的学术观点，不惜挑战权威。记得2004年，在银川举办第二届人类学高级论坛时，就人类永续发展，也就是可持续发展问题，叶舒宪对李亦园先生提出的发展的终极定义颇有疑虑，认为发展的最终总是要危及存在。在会下起草生态宣言时，叶舒宪"为了坚持以激进立场批判发展主义"，更是与众人争论到三更半夜。

又如，2010年，在凯里的第十一届高级论坛年会上，就"大传统""小传

统"问题,叶舒宪与郑杭生先生争得面红耳赤,拍桌子。叶舒宪说:

> 老庄所向往的"小国寡民",后人都以为是想象,现在看到人类学给出的报告,才知道它不是想象。为什么说老庄有大智慧,他不是说有意的就是要"反"文化,"反"文明,"反"礼教。他就是有生态智慧在里边的。……要认识原生态,首先要克服现代性价值及其所造成的短视和遮蔽。
>
> 在我看来,两千多年是小传统。国学的视野原来受限制于汉字,无法看到五千年至一万年以上去。人类学通过它的考古实证,将旧石器时代、新石器时代这一套人类进化的完整过程还原出来了。……人类学让我们重新理解了国学背后那个失落已久的、大概有十万年之久的口传文化传统。孔子告诉人们,他"述而不作";到孟子那儿,叫作"尽信书不如无书";道家也是一样怀疑文字书写的。这些人对新建构的、文字书写权力的这个传统是不信任的,或者说是保持坚定的距离。就"论语"这俩字,一看从言字旁,就知全是oral(口头的),就是今天说的"口传与非物质文化"。在我看来,书写文字三千多年,是小传统;而原来被看成是小传统的,口传的文化,有十万年,那才是大传统。推崇音乐和诗歌的孔子,实际是维护大传统的价值观。儒家、道家,都源于大传统,就是国学背后的那个根脉,通过人类学,我们找到的是真正的大传统,那才是原生态。

再如,我与叶舒宪也发生了争论。

徐:你讲到"玉石之路"比丝绸之路早几千年,到现在还是和田玉最好,那么用玉石文化就足以说明问题了,为什么还要提高到"玉教"呢?我希望这点能讲得更清楚一些。

叶:玉石文化主要是从物质文化形态着眼,什么样的材质,什么样的形制代表什么等等,几乎每一种玉器背后都有一个专门的神话。古人不会制造没有意义的东西。古人并非茫然无知,从浩渺宇宙中切磋、琢磨、筛选出来的珍贵之物,需要花费大量的人力、物力甚至财力,不是非常虔诚是无法做到的。晶莹剔透的玉代表神,背后是一整套神话信仰。而在这么广远的时空中延续传承,非"玉教"不足以说明。我们要做的是把每一种玉器背后的神话观揭示出来,它是不是宗教就很清楚了。

正因为叶舒宪有这种学术性格,形塑了叶舒宪的学术风格。

四

人生是有魅力的。

叶舒宪虽然个子不高,但相貌堂堂,一副才子佳人的样貌,引得无数美女"竞折腰"。正如当年在陕西师范大学任教的时候,他的师弟朱鸿说:

> 那时候,他不足三十岁,是陕西师范大学年轻的讲师,不过他的新颖与博雅使他从衮衮儒林脱颖而出,诚如李商隐所形容的:"桐花万里丹山路,雏凤清于老凤声。"学生都喜欢他,云集其课堂。有大胆的女生甚至会把自己的信叠成蝴蝶状,夹在作业里呈给他。丈夫未必寡情,不过叶舒宪骥蹄在动,志向远行,鹏羽必振,心怀高空。

时至今天,舒宪已是近七十岁的人,其讲台上下依旧如沐春风,足见其人格魅力。

人生就是一场马拉松。把学术当作生命的叶舒宪以等身的著作,为中国学术贡献了文学人类学、玉文化研究、神话研究,仅此足以值得叶舒宪骄傲了。

附记:本文的撰写得到武汉轻工大学吴爱华博士的帮助,仅此致谢。

序言二

李继凯

前些天接到上海交大胡建升老师的微信，问我是否愿意为这本师友交往文集写个序，我稍微迟疑了一下就表示遵命，且认为是"光荣任务"。之所以迟疑是因为觉得自己缺乏写序的自信，还因为自己原计划等到叶舒宪兄八十大寿时再写篇长一些的贺寿文章；之所以遵命还表示要完成这个光荣任务，则是因为这绝对是一次很好的学习机会，能够预先读到这本独立成册、独具风貌的师友交往文集肯定获益匪浅，同时也可以借此机会向真正的大先生叶舒宪表达一下久蕴于心的敬意，弘扬一下他献身于真正学术的治学精神。

我原来收到的约稿通知是《叶舒宪先生七十华诞纪念文集征稿启事》，其中表示提供贺寿的书法也可以。于是我就在某夜沐手书写了贺寿联："勤勉治学硕果美，温润化玉惠风爽"，其中主要表达了对叶舒宪兄治学境界、学术品格的钦敬和叹服。我国在新时期以来，勤奋治学者众多，成果丰硕者亦多，但能够达到治学佳而美之境界者却并不多见；博雅通达的中外学者不多也不少，但能够在相处时给人温润化玉、如坐春风、亲切神爽的学者似乎更为少见。我还记得在1983年进入陕西师范大学读研究生的时候，盲牛瞎马一样的鄙人寻觅不到合适的选题，恰是彼时已为中文系老师的叶舒宪兄面授机宜，尤其是他强调的人文学科"熟知而非真知"之说，对我产生了巨大的启迪及激励作用。彼时还由于我本科时睡上下铺的老同学王海龙曾郑重拜托过叶老师，于是乎叶老师就格外关照我这个来自苏北的"西漂"，此后就有了"亦师亦兄"的许多关切、指教、提携及合作，这方面的故事很多，还是留待以后再说吧。

类似的故事在这本《师友问学录》（简称）中其实已经有了不少，读来令人感叹不已，也备受启发、激励和鼓舞。即使仅从文集的部分文题中便可领略一二：《学习舒宪孜孜不倦的钻研精神》《叶舒宪与大传统》《文学人类学：两个"人学"搞到了一起》《大先生叶舒宪》《神话世界的追梦人——致敬叶舒宪先生学术研究四十年》《求学叶门十四载，玉石神话见精神》《叶舒宪先生印象记》《不畏浮云遮望眼，只缘身在最高层——随叶舒宪先生问学散记》《极超迈而接地气：将论文写在世界的大地上》《与"神话"的相遇，是注定的缘——在上海交大神话研究院第二届新成果发布会暨专家论坛上的发言》《开学术风气的一代巨匠——我眼中的叶舒宪教授》《相识于偶然 钦佩于学识 敬重于情怀——与叶舒宪先生交往的二三事》《从本土化到中国式现代化——感佩叶舒宪学术理论自觉之路》《金声玉振领路人》《玉帛之路：穿越历史的目光——文学人类学家叶舒宪先生印象》《贺叶舒宪教授七十华诞诗》等，无论篇幅长短或文体有异，皆为用心用情的精心之作，有许多精彩的故事和精妙的感悟穿越了时空，给读者带来了无尽的感动和启迪，近五十多篇的文章和附录的四部分文献所蕴含的丰富的"第一手资料"，也可为将来的《叶舒宪传》或《大先生叶舒宪评传》提供不可或缺的参考。总体看，该文集能够围绕叶先生的学术生涯及教学经历"谈天说地"，其间也结合了各自的治学经历和体会而"直抒胸臆"，且能够在学理层面相当深入地研究叶先生的学术思想、研究方法、学术成果及学术品格。恰如《征稿启事》所言："叶先生广交各学科精英，开展学术交流与对话，积极推动学科交叉研究，为实现中国人文学科的范式革新与跨界研究，建言献策，功泽学界。"如今经过撰稿人和编辑者的共同努力，也初步达到了"继承和发扬叶先生不拘一格、勇于探索、敢为人先的学术精神，以及平易近人、可爱可敬、任劳任怨的人文品格"的目的。窃以为，当此交往文集问世之日，因缘于中国神话学、文学人类学、比较文学、中国玉学及文化文本学而结成的学术团队成员，也会欣然举杯，庆祝一番的吧！

尽管大时代和小环境也时有风风雨雨，但大先生叶舒宪的学术人生可谓精彩纷呈且仍在继续，他不仅触学、触教、触研，而且通神、通文、通玉，近期的"触电通经"也在银屏上为彰显《山海经》之神奇奉献了自己的学术智慧。据报道，2023年8月27日晚，由上海交通大学资深教授叶舒宪担任总顾问的纪录片《山海经奇》在CCTV-9播出，这也是叶舒宪先生学术研究成果的一次转化与推广。显然，他的博大精深、多所创新的学术成果必然会有用于世、裨益社会的。前些天欣闻上海的另一位著名学者、华东师大的殷国明先生出版了十卷本文集,笔者遂在纸上信手写道:"立言通神灵,学术有生命;殷殷勤治学,文兴国可明!"或者,这样的礼赞也可以用来致敬上海交大的叶舒宪先生吧!

正是由于受到大先生叶舒宪治学精神和本《师友问学录》诸位执笔同道的"当下"影响,笔者在国庆日凌晨3时依然"笔耕不辍",并"打油"一首贺叶舒宪兄七十大寿:

一枝一叶总关情,百书千文慰平生。
七十春秋觅灵玉,万里征程任君行!

最后还想特别提及,叶舒宪先生是陕西师范大学有史以来正式评选出来的一位杰出校友(第五届)。在评选材料中有这样的介绍:作为陕西师范大学77级中文系校友,他心系母校,关注母校和学院的发展,帮助并指导文学院学科建设,促进文学院人才培养工作,多次回母校在"长安大讲堂""长安学术讲座"为学生做讲座,积极促进中国社会科学院、文学人类学研究分会、中国神话学会与我校的沟通交流,推动双方共同承办高层次学术会议,为母校和学院的发展作出了积极贡献。这里介绍的内容相当简明却不够全面,倘从全国乃至世界而言,叶舒宪的"文学/文化地理"和"学术年谱"本身就很值得深究细研,他是通晓古今之变、磨合中外之异的学术大家,在致力于建构"前古典"中国的"大国学术"方面,突显了"叶舒宪式"的"大现代"色彩,同时也体现了他作为学术界的"雷锋"与"铁人"的风采……由此也传递着"学为人师、行为世范"的师范精神。笔者有幸结识叶先生且有机会与诸多同道一起在此礼赞他并为他祝寿,不仅深感光荣,而且颇感幸福!也借今岁中秋和国庆相连的绝佳机会恭祝本书的作者、编者们喜乐平安,笔体双健!

是为序。

序言三

程金城

活力四射的叶舒宪先生竟然年近古稀，学界许多朋友感到有些"意外"，而这本《温其如玉：叶舒宪先生师友问学录》则分明证实这是真的，只是朋友们感到跋涉于学术之途的叶先生精力充沛、不知疲倦。彼此欣赏是一种涵养和修为，似乎叶舒宪一直都没变老。学术精神充盈，生命之树常青，这是学人求之不得的理想状态。

文集的作者或是学者朋友，或是与叶先生有学术交往的同人，或是受教于叶先生的学生，或是受叶先生熏陶的学术同道，其中有教授专家、博士硕士、书刊编辑、文化学者等等，是一群与先生交往深、受益多、术业有专攻的学人。文章都情真意切，发自肺腑，或回味与叶先生交往的点点滴滴和动人场景，或描绘叶先生温其如玉的人格魅力，或全面评价其宏阔的学术领域与作出的重要贡献，或叙述鲜为人知的学科创建过程和学术"事件"，或感恩受其影响和教育的心得，或叙述获得的各种启迪。叶舒宪的学术影响之广、之大是众所周知的，但本文集依然有许多鲜为人知的故事给我们以惊喜与启迪，内容充实，言之有物，有书卷气，无江湖味。

有幸先睹为快，最深切的体会是各位作者对叶舒宪先生的敬重和对其学术成果的尊重，也是他们认真的学术回顾和成果总结，感慨万端，其焦点都在学术上，这正是本文集最重要的内涵和意义。尊重当代本国有学术贡献的学者，是一种文化自信。本文集提供了第一手资料，读者明鉴，不再重复赘述。

在中国当代学人中，叶舒宪受到的赞誉和肯定早已超过一般学者，这是他的学术成果及影响使然，实至名归。同时也不讳言，对他的丰硕学术研究成果的总结和评价是不够的，对其研究的意义是严重低估的，甚至可能还有误解、误会和"无视"。其中的原因之一，是一些人可能对叶舒宪的研究及其观点并不真正了解，或者了解不够全面，仅凭"印象"评价；原因之二，是现行的评价体制机制和学科标准对叶舒宪的研究进行概括和评价是困难的，因为他是独特的，不受拘束的，是"破学科"的，学科评价体系中对跨界交叉综合研究缺乏整体把控"标准"。跨学科研究提倡多年，但在人文领域仍然被视为特殊现象。叶舒宪几十年引领风气，是这一学术现象的代表人物。惟其如此，对叶舒宪的学术研究进行总结、讨论就是非常必要的，从一定意义上说，对这样一位开创性学者的成果进行总结，是当代学术界的责任，其意义不限于对个人的评价。本文集提供的资料给我们以契机，笔者不揣浅陋借此试对叶舒宪的学术贡献和个性风格做以粗略归纳，以抛砖引玉。

一是原创性建构。叶舒宪是具有原创性的学者，也是敢于建构的学者。诸如神话原型批评的引进与阐释、中国神话哲学的开创性研究、古籍元典重释新说、四重证据法的提倡、文学人类学学科建设、大小传统观点的"倒置"和新证、N级编码的理论、玉教文化观点的提出和玉帛之路的探索、神话学介入中国文明探源工程的理论与实践、中国文化体系重构、西方文明重述等等，都充满着原创性意识与建构性特点。在创新中建构，在建构中创新，新论迭出，使人耳目一新。这需要超越性思维和人类性视域，需要足够的统摄和驾驭能力，也需要付出极大的精力，而他做到了，他打开了多个领域的学术空间，在某些方面提出了专业研究者没有提出的问题，这是他的过人之处。中国当代不乏有才华的研究者，但其中多为原创性不足，重复研究屡见不鲜。谁都知道隔行如隔山，学科特点决定了破学科的难度和风险，包括学科制度方面的规约，更有学术圈的压力。每门学科的特点不同，各有各的规则，虽然严谨、科学是学术的生命，但是这不应该与学术创造性对立。如果一个时代的学术研究都四平八稳，学者都以保险为出发点，就很难进行学术创新。叶舒宪对当代学术研究作出的贡献，首先是他的原创性意识和建构性实践，开风气之先，且有引领作用。

二是大问题研究指向。围绕大问题而开创大格局，是叶舒宪学术研究的重要特点。如前所述，叶舒宪的研究是破了既有学科界限的，这种破学科不是为破而破，而是为解决大问题而破，为立新而破旧。这些破旧立新的问题包括神话与中国文明源头、古籍与中国文化精神阐释、文学与人类学的关系及溯源、玉器与中国文化体系重构、"大传统"与"小传统"的东西方不同认知等等，都是大问题。叶舒宪的研究粗看有些"杂"，但却杂而不乱，确有其学术谱系，由大问题的思考研究而形成学术大格局，这正是学界所缺乏的气度。当代学术界存在的局限，或许不再有大问题不能解决，而很可能在于提不出大问题，发现不了新问题。其实，真正有价值的学问不只是解决了已发现的问题，提供了标准答案，更在于发现新问题或提出当代不能解决的难题，以及把这些有意义的难题提出来留给后世去研究解决，从而推动学术发展，所以，能提出大问题真问题就是一种学术贡献。李零先生在批评"大师热"现象时说，大师都是"除旧布新、推倒重来、引领风气、开创局面的人"。他的看法给我们以警示和启迪，可以用来观察一些学术现象。我不想给叶舒宪先生戴上"大师"的帽子，因为"大师"已经被污染了，我只是觉得有大问题的提出，有破局，有创新，有疑问，有争论，有建构，有推倒重来的勇气又有重建的能力，才有学术大突破的可能。大问题不一定是研究的"大对象"或"大现象"，小对象、小现象中也可能蕴含大问题，所谓小题大做，但必须确实发现真问题和大问题。我们尊重在自己的领域严谨治学一丝不苟的学者，也敬佩敢于跨学科对重大问题进行原创性研究的学者，叶舒宪兼有两者的特点。叶舒宪是智者，特立独行却又紧贴时代脉搏和世界发展大势，心里思考的是关乎国家历史、民族文化、人类文明的大问题，真正将学术作为公器，他不是把维护自己名望放在首位的学者，而是把大问题的探索放在首位的学者，所以，他是有大气象的学者。

　　三是人类文明融通。融通古今中外文化和具备人类文明视野也是叶舒宪学术研究的重要特点。五百多篇论文，近百部著作和编著，特别是主编的一系列大型原创性丛书，都体现了这些特点。诸如"二十世纪国外文艺学译丛"（参与）、"中国文化的人类学破译"丛书、"中国生肖文化丛书"、"文学人类学论丛"、"神话历史丛书"、"神话学文库丛书"、"文明起源的神话学研究丛书"、"玉帛之路考察丛书"、"中国文学人类学原创书系"、"中国文学人类学理论与方法研究丛书"、"中华创世神话考古研究·玉成中国系列"、"中国民间文学大系（神话卷）"等，都体现出古今融通、东西方融通的特点。邓微说叶舒宪教授"神话学文库"的宗旨是将中国文明起源问题放置在人类文明史的总体程序中，兼及苏美尔文明、古埃及文明、巴比伦文明、赫梯文明、克里特文明、迈锡尼文明、印度文明、凯尔特文明、韩国文明和日本文明等，说明他古今中外融通并非虚言。

　　四是方法范式创新。叶舒宪的研究辐射并力图融通神话、哲学、考古、宗教、文学、艺术、语言文字、饮食文化，乃至心理与医疗等领域，其跨学科研究而无大碍，是不多见的通才学者，其中有他勤学好问的努力，也有研究方法和范式的创新。比如，文学人类学的学科建设至今还在讨论中，但已取得的进展有目共睹，初具学科、学术和话语体系。虽然方法创新和范式创造非一人之力所能完成，但是引领作用依然非常重要，没有叶舒宪的国际视野、人类眼光的引领，没有他将原型-神话批评理论和方法移植并阐释，或许难以形成当代中国文学人类学学科及研究范式。方法的创新与创新性思维和开放性体系相关，叶舒宪的思维是发散性创新思维，富于想象推理、触类旁通；学术体系是开放的，是可介入讨论的，是给别人的研究留有余地的。叶舒宪的研究并非无懈可击，或许存在可商榷及不周密之处，但是，却很难否定他提出的命题及其价值。这是因为，他提出的命题不是从概念和定义出发，而是从实际出发，是需要思考和研究的真问题、新命题，而命题的新进一步要求思维新、方法新、范式新。他不是在既定的学术圈子里打转的研究，他的成果也不都是打磨得很光滑的精致之作。学术研究因学者而风格各异，有把学术做到尽善尽美、天衣无缝的学者，其功力和知识确实令人佩服之至，但是，能给学术研究带来什么新气象，对年轻学者有多少启示性，对学术发展有多少新贡献，对学术发展有多大推动，则可能要另当别论。叶舒宪能守正也能创新，守正而不守旧，严谨而不封闭，其成果既有精细的打磨，也有粗疏之作，却始终有大气派大格局。有时也许不精致，但气象在；有时也许不周全，但启迪在，影响在，引领作用在，这或可看到他学术研究个性的多面性。

　　五是"舍身求法"的学术精神。叶舒宪做学问而"忘我"，有些舍身求法去拼命的感觉。户晓辉称赞叶舒宪把学术当作天下之公器，对学术自身的内在规律和真理抱有执念，有力地推动中国的跨学科、跨文化研究，从单纯的文化互较和文明互鉴迈向从人类的普遍价值观来审视（无论中西的）特殊价值观这一崭新模式，此言极是。真学问的执念在于他对学术的无私奉献，叶舒宪开拓的学术空间给后人提供了探索的基础和多方面的启迪，这是他可敬也可爱的主要原因。年轻人为什么喜欢叶舒宪，是因为叶舒宪的研究对他们有启发，不是让他们都涌到一起过独木桥，而是给他们以宽阔的学术胸怀和理论视野、新的思维方式和研究方法，获得的不是"鱼"而是"渔"。即使其中有不严密之处，有不同观点，也不妨碍整体上的受益和对他的敬重。

多几个叶舒宪，学术界不会沉闷。欲了解叶舒宪、研究叶舒宪，这本文集可以引路。给这样一本文集作序，有些许"意外"，这是我的荣幸，也是对我的鞭策。接到胡建升教授写序的约稿信，我说"不敢当，但会尽力"，是我当时的真实想法。说不敢当是因为叶舒宪先生是我敬重的学者，其成就令我敬仰，而本集的作者或是学术大家，或是后起之秀，为之作序，恐力不能及；说会尽力，是因为我与叶先生交往时间不短，"叶老师"对我影响甚大，也借此机会可以弥补我作为"师友"未能完成一篇小文的遗憾，机会不能错过，自然也会尽力。勉为其难，只有逐篇拜读文集，然后谈点体会，是为序。

目 录

言念君子,温其如玉 ······ 张新科 3
学习舒宪孜孜不倦的钻研精神 ······ 史忠义 9
叶舒宪与大传统 ······ 朱 鸿 12
叶舒宪的"板砖" ······ 邓启耀 18
文学人类学:两个"人学"搞到了一起 ······ 彭兆荣 20
舒宪印象 ······ 陈跃红 34
大先生叶舒宪 ······ 夏 敏 38
舒宪先生无恙 ······ 潘年英 41
神话世界的追梦人——致敬叶舒宪先生学术研究四十年 ······ 王宪昭 44
跨学科研究的中国经验——我与叶舒宪先生的学术交往 ······ 廖明君 57
求学叶门十四载,玉石神话见精神 ······ 胡建升 64
叶舒宪先生印象记 ······ 李永平 71
不畏浮云遮望眼,只缘身在最高层——随叶舒宪先生问学散记 ······ 户晓辉 87
极超迈而接地气:将论文写在世界的大地上 ······ 张 进 106
与"神话"的相遇,是注定的缘
　　——在上海交大神话研究院第二届新成果发布会暨专家论坛上的发言
　　······ 冯晓立 110
开学术风气的一代巨匠——我眼中的叶舒宪教授 ······ 马知遥 113
相识于偶然　钦佩于学识　敬重于情怀
　　——与叶舒宪先生交往的二三事 ······ 马社强 116
桃李不曾言,其下自成蹊——叶舒宪老师对我学术研究的影响散记 ······
　　······ 宋亦箫 121

聚九州四海薪火，为万年华夏铸魂
　　——叶舒宪教授的神话学思想管窥 …………………… 黄　悦　128
叶门问学散记 ……………………………………………… 苏永前　136
我记忆中的叶舒宪师 ……………………………………… 仲红卫　140
如琢如磨：记叶舒宪老师对我学术研究的影响 ………… 徐　峰　144
筚路蓝缕　薪火相传
　　——叶舒宪老师与《百色学院学报》"文学人类学研究"栏目
　　………………………………………………………… 黄　玲　148
做好精品出版　推动学科创新
　　——"神话学文库"丛书编辑手记 ………………… 邓　微　151
从《中华创世神话六讲》谈起 …………………………… 张呈瑞　155
观澜索源　韫玉山辉 ……………………………………… 荆云波　158
高山仰止，景行行止 ……………………………………… 陈金星　163
也开风气也为师——恩师叶舒宪先生印象记 ………… 方　艳　165
"对'大传统'的神秘之门勇敢叩问"——写在叶师七十岁诞辰之际
　　………………………………………………………… 于玉蓉　167
望之俨然，即之也温——叶老师印象二三记 ………… 安　琪　172
学术之外：叶老师二三事 ………………………………… 郭明军　174
神话诗人叶老师 …………………………………………… 张洪友　176
从本土化到中国式现代化——感佩叶舒宪学术理论自觉之路 … 吴玉萍　183
从追随到追求 ……………………………………………… 杨荔斌　186
金声玉振领路人 …………………………………………… 章米力　189
幸为桃李入叶门，喜得师言指迷津——记与叶门的二十载情缘 … 谢美英　192
逐玉而行　随玉而安——关于叶舒宪老师的田野琐忆 … 杨　骊　198
把学问做在田野上——我眼中的叶舒宪先生 ………… 杜永仁　205
文学人类学小说创作的探索 ……………………………… 马尚文　210
玉帛之路：穿越历史的目光——文学人类学家叶舒宪先生印象 … 高天佑　216
有一道玉光，洞见别样凉州 ……………………………… 徐永盛　225
我眼中的叶老师 …………………………………………… 张远欣　240
情系源远流长的玉帛之路——与叶舒宪先生交往二三事 … 王承栋　243

青山静穆、清风徐来的谦谦君子——我眼中的叶舒宪先生 …………… 张艳蕊 251
我们心目中的叶舒宪老师 ……………………………………………… 赵录旺 254
"神"妙缘起"话"说往事 ……………………………………………… 韩昊彤 258
天生我材必有用,会挂云帆济沧海——叶舒宪先生印象 …………… 卢法政 263
我为叶舒宪先生组诗《华夏玉帛信仰》谱曲 …………………………… 刘新民 265
先生的故事 ……………………………………………………………… 张　玉 273
平常而不平凡的学者——写在叶舒宪先生七十华诞之际 …………… 武淑莲 276
继续梦——致敬叶舒宪先生 …………………………………………… 于贵锋 278
恭贺叶师七十华诞 ……………………………………………………… 李婷宜 281
贺叶舒宪教授七十华诞诗 ……………………………………………… 蒋雨珊 282

附录

叶舒宪教授从教四十一年学术座谈会会议纪要 ……… 梅雪容　文字整理 283
叶舒宪教授著作目录编年 …………………………………… 胡建升　编 309
叶舒宪先生主编(及合作主编)丛书目录 ………… 胡建升、梅雪容　编 317
叶舒宪先生论文目录 ………………………………………… 胡建升　编 325

后记 …………………………………………………………………………… 379

跨世纪是一个令人寻味的瞬间和节点，凡是从事精神劳动的人，无不受其刺激，埋头反思，举目规划。我注意到叶舒宪的学术研究，随着21世纪的降临，出现了一种由螺旋式上升的渐变到火箭式飞跃的突变。他也增岁至五十而知天命之年，孔子的论语似乎有一种暗示，遂抖擞五体，以整合自己的知识、潜能和立言之方向。

他提出了一个重要概念：大传统。

他有了一个重要的方法论：四重证据法。

他瞄准了一种重要的信息载器：玉器。

他总是发言中最渊博、最走心、最严密、最深厚、最引人注目的学术报告人。我注意到，每当叶老师发言，总是场场爆满、鸦雀无声，即使不是一个领域的学者也爱涌去看他的文字，听他的演讲。在强者如云的学术大咖中，个头不高、儒雅端庄的叶老师总是语出惊人、新见迭出，把众人在书斋里冥思苦想的问题分分钟通俗易懂地阐明了。别人的短板，往往是他的优势。他阅读古籍和外文文献的能力极强，相关资料总是信手拈来，在当代学者中他是少数能够真正做到博古通今、脚踩中西文化的人，他似乎天生就是一个为学术而生的人。

叶舒宪先生以敏学的经历、非凡的勇气、超强的智慧、执着的精神在神话世界中遨游高翔。四十年过去了，读万卷书行万里路，西出阳关寻玉路，雪领霜鬓不自惊，数倍等身之著作，洋洋洒洒六百多篇论文，像是为中国神话学研究抒写的鼓舞斗志的音符，又像是为中国神话学沃土中繁茂禾苗洒下的甘霖透雨。

言念君子，温其如玉

张新科

《诗经·秦风·小戎》曰："言念君子，温其如玉。"我觉得借用此语来形容上海交通大学讲席教授叶舒宪先生，是很贴切的。做人方面，他是一位谦谦君子，温润如玉，待人亲切和蔼，没有一点架子；学术研究方面，近年他以"玉"为突破口，坚持不懈，立志探讨中华文明发生史，踏出了一条"玉石之路"，取得了丰硕的成果，在学术界产生了重要影响。其人如玉，诚哉斯言！

对于叶教授，我一直称呼他为叶老师。他本科毕业于陕西师范大学中文系，是"文革"后恢复高考的第一届大学生，即77级。我是陕西师范大学中文系79级学生，因此，作为学生，他是学长，我是学弟，我们有一段共同的在校学习生活时间。现在人们把恢复高考后的前三届大学生称为"新三届"，叶老师就是新三届中的佼佼者。那个时候，很少有外界干扰，学生们都是如饥似渴地读书、学习，风气纯正。很遗憾当时由于年级、年龄的差别，我们的接触并不多。但我印象最深的是在学校图书馆前，几乎每天看到有两个高年级的学长在大声地朗读英语，背诵英语单词，经打听才知道，一个是王昊进老师，另一个就是叶老师。也许，这个时候的叶老师就已经有了通过外语了解世界文化、研究世界文化的宏伟志向。

1982年，叶老师以优异成绩毕业留校，在中文系讲授外国文学课程。由于教学科研成绩突出，1986年就破格晋升为副教授。也是由于他外语好，1990年就出国访学，实际接触外国文化，进一步开阔了他的学术研究视野。回国不久，叶老师受聘为海南大学文学院教授，之后又到了中国社科院文学所工作，这是中国人文社科领域最高的科研机构。他虽已晋升为教授，并且在学界颇有影响，但仍然不放松学习，又到四川大学拜著名比较文学专家曹顺庆教授为师，成为博士研究生，于2003年顺利获得了博士学位。知名教授去攻读博士学位，这样的举措一方面有些人不理解，一方面也成为当时学界的美谈。在这之前和之后，他又多次到海外著名大学进行访学、交流,其奠定了他学术研究的新道路。

我本科毕业后考上研究生,专业是中国古代文学,1986年毕业留校,与叶老师成为同事,在中文系也有一段共同的工作时间。当时他已很有名气,是我学术上崇拜的对象。因为我的研究方向是先秦两汉文学,叶老师虽然研究外国文学,但他视野开阔,研究的许多问题是中西文化比较,特别是他对先秦神话、《诗经》《老子》《庄子》等经典著作的研究,给人耳目一新之感。尤其令我惊喜的是,能与叶老师在《陕西师范大学学报》(哲学社会科学版)1988年第1期同时发表论文。这期学报,刊发叶老师的长篇论文《日出扶桑:中国上古英雄史诗发掘报告——文学人类学方法的实验》,其在学术视野、学术思想、学术思维、学术方法各方面都给我很大的启发。

在与叶老师多年的交往中,我觉得印象最深,也是影响最大的有两个方面:一是他的学术创新,二是他对母校的关心和支持。

叶老师的学术研究,无论是品读他的著作,还是聆听他的学术报告,我的第一感受就是他强烈的创新意识。20世纪80年代,他最早介绍西方的神话-原型批评理论。1986年《陕西师范大学学报》(哲学社会科学版)连载他的长篇论文《神话原型批评的理论与实践》(上、下)。1987年,他选编的《神话—原型批评》译文集出版,成为国内学者了解这一西方文学批评流派的重要依据,并在学术界掀起了研究神话-原型批评理论的热潮。1988年,他主编的"二十世纪国外文艺学译丛"第二个译文集《结构主义神话学》问世,首次系统译介了列维-斯特劳斯等人的作品。在这个时期,叶老师借用西方理论解决中国文化的实际问题,《英雄与太阳——中国上古史诗的原型重构》(1991)和《中国神话哲学》(1992),是比较神话学研究的代表作。特别是他的一系列论著提出了文学人类学的研究构想,如他主编的"中国文化的人类学破译"系列丛书(湖北人民出版社1991—2004年出版),对古代经典《诗经》《楚辞》《老子》《庄子》等进行人类学的阐释,在学界引起强烈的反响,还有"文学人类学论丛"(社会科学文献出版社1999—2003年出版),如《性别诗学》《文学与治疗》《文学与人类学——知识全球化时代的文学研究》等,使文学研究有了更深刻的内涵,给学术界带来一股清新之风。

学术研究要创新,要突破旧的框架,视野、方法都很重要。传统的学术研究方法,基本是围绕着传世文献进行考据,进而探讨义理。1925年,王国维先生提出二重证据法,将传世文献与地下出土资料相结合,这是学术视野、学术方法的一次大的飞跃。随着时代的变化、学术的进步和文化人类学的发展,新的理论方法诞生了,这就是叶老师1993年提出的三重证据法,这种方法是指传世文献和出土文字记载之外的活态文化传承,包括口传文学与民间节庆等非物质文化遗产的全部。把非物质文化遗产作为学术研究的一个重要支柱,在学术界产生了极大的影响,一下子打开了新的学术视野与学术领域。而叶老师并没有因此止步,经过多年的努力探索,于2005年又提出四重证据法,在三重证据基础上,把视野再扩展到遗址和文物的研究中,特别是图像方面。四重证据的提出,又一次刷新了学术研究的视野,开辟了新的学术研究道路。叶老师的三重证据法、四重证据法,是王国维二重证据法以来中国学术发展变化的重要标志。

学无止境,研究无止境。叶老师在学术上取得重大突破后,仍然不断创新,不断发展。例如,2009年提出"神话中国论",2010年提出"文化大小传统论"(把由文字编码的文化传统称为小传统,把前文字时代的文化传统视为大传统),2013年提出"玉文化先统一中国论",2019年提出"万年中国论"。近年来,为了研究玉文化、探寻"玉石文化"以及中华文明发生史,叶舒宪组织力量,前后十三次进行田野踏查,足迹遍布新疆、内蒙古、青海、甘肃、陕西等省区,形成了《玉石之路踏查记》《玉石之路踏查续记》《玉石之路踏查三续记》等系列著作,特别是第十六次考察率先发现的敦煌三危山旱峡史前玉矿遗址,后经专业考古队正式发掘,入选2019年度"全国十大考古新发现"。叶老师认为,在"丝绸之路"之前,中国就已经存在着一条"玉石之路",通过对"玉石之路"的深入研究,可以大大推进中华文明史的发掘,其"万年中国论"和著作《图说中华文明发生史》就是这一探索的重要成果。

从20世纪80年代开始,叶老师的研究涉及人类学、神话学、考古学、文字学等学科,提出三重证据法、四重证据法、大小传统、N级编码、玉教伦理与华夏文明动力源、符号经济等一系列创新性理论。每一次理论创新,都带来学术界的新变化,带来学术界的热烈讨论乃至争鸣,促进学术研究不断发展。可以说叶舒宪是开一代学术之风的重要人物。而且,他的系列研究,也推动了神话学、文学人类学等学科建设、组织建设、队伍建设,对于传统的学科如文艺学、中国古代文学、文字学等也带来新的思想观念,许多学术刊物开辟相关专栏探讨这些前沿理论问题,有些高校还成立了文学人类学研究机构,召开有关国际国内学术会议,出版相关教材。关于叶老师非凡的学术研究之路和重大的学术创新、学术贡献,《光明日报》2015年7月2日的"名家·光明人物"整版刊登了郭超撰写的文章:《叶舒宪:攻玉·炼金·释文明》,通过此文,我们可以对叶老师的学术成就有更全面的认识。

对于叶老师的学术成就,我非常敬仰,经常给本科生、研究生推荐他的著作,介绍他的研究方法,希望青年一代能够学习叶老师的治学经验和方法,并鼓励他们,只要叶老师来西安做报告就要抢着去听,而且要大胆地与叶老师进行对话交流。

下面再谈谈叶老师对母校长期的关心和支持。叶老师虽然离开陕西师范大学到外地工作,但他对母校的感情很深,常常以不同的方式表达对母校的关切。我从2004年7月开始到2021年9月之间,担任文学院副院长、院长职务,前后十八个年头,其间与叶老师的交往比较频繁。

叶老师关心学院的学科建设。我2004年刚接任文学院副院长之时,分管学科建设和研究生管理工作,遇到的第一件大事是负责组织申报中文一级学科博士授权点。我们的中文学科与学校历史同步(1944年起步),虽然在人才培养、科学研究、师资队伍建设等方面均取得了较大的成绩,积累也较丰厚,一批德高望重的学者在学界也颇有影响;但是由于学校地处西部,许多专家学者对我们的情况不太了解,甚至还有人不知道我们是教育部直属的高校。在这种情况下,我们多次赴北京,与有关高校进行交流。叶老师热情地帮助我们,一方面千方百计给我们联络专家指导学科建设,另一方面也积极宣传母校在学科建设方面的成绩。因此,我们当年能够顺利获得博士一级学科授权点,也有叶老师的一份功劳。

叶老师关心学院的学术进步。他多次回母校,进行学术交流,在"长安大讲堂""长安学术讲座"等平台为学生做讲座,把他最新的研究成果介绍给学生,启发学生的创新思维,每次讲座都是座无虚席,近年来的讲座题目有《非物质经济与非物质文化遗产》《汉字的大传统原型》等,都受到学生的热烈欢迎,大家都说受益匪浅。我也听过叶老师的多场报告,每次都有新收获。

叶老师关心学院教师队伍情况。叶老师是国家社科基金评审专家,对于申报课题很有经验,多次给学院青年教师指导课题申报。叶老师还多次推荐优秀的青年才俊加盟到我们文学院,给文学院增添活力。我和叶老师在温州等地举办的《文学评论》编委会上相遇,他很关切地询问学院的发展情况,还特别询问、关心一些老教授、老同学的情况。

叶老师也很支持母校的文化建设事业。以他的学术名气和学术地位，许多出版社都争着出版他的学术著作。叶老师对母校有特殊的感情，他把许多重要的学术著作放在母校出版社出版。如《神话—原型批评》就是最早在陕西师范大学出版总社出版，后来又再版。还有《结构主义神话学》、《文化与符号经济》、《符号：语言与艺术》、《文学与治疗》（增订本）、《文化符号学——大小传统新视野》、《玉石之路踏查三续记》等。他主编的"神话学文库"丛书在陕西师范大学出版总社出版后，影响很大，荣获第八届中华优秀出版物奖。2018年，陕西师范大学出版总社把"优秀作者奖"奖牌颁发给叶老师，表彰他为陕西师大出版社所作出的重要贡献。

叶老师推动成立陕西师范大学文学人类学研究中心，并担任名誉主任，以此为平台，创办了《文化文本》学术辑刊，他担任主编。2018年3月，文学院李永平教授主持的国家社科基金重大项目《海外藏中国宝卷整理与研究》举行开题会议，叶老师作为课题的学术委员会代表，对课题的学术价值进行了充分的评述，并就如何做好课题提出了宝贵意见。

作为陕西师范大学校友，叶老师在学术研究方面取得了令人瞩目的成绩，而且他心系母校，积极促进文学院学科建设和人才培养工作，推动中国社会科学院、中国比较文学学会等与文学院的交流，为母校和学院的发展作出了积极贡献。因此，文学院党政联席会议一致同意推荐他为学校的杰出校友候选人。经过学校多个程序的筛选、评审，叶老师成功入选。2018年6月28日上午，在陕西师范大学2018届毕业生毕业典礼上，学校授予叶老师第五届"杰出校友"称号。

典礼结束后，叶老师与文学院党政班子成员进行座谈交流。座谈会上，我作为院长，代表学院全体师生对叶老师光荣入选"杰出校友"表示祝贺，对他多年来热切关心、鼎力支持文学院建设表示感谢。结合"一流学科"建设，我详细介绍了文学院目前的任务安排和工作进度以及建设过程中存在的难题。叶老师在发言中谈到，作为全国六所中文"一流学科"建设高校，文学院有学科优势，要采取超常规措施引进人才，加强学术资源的整合、中青年人才的培养等，固强补弱，形成学术合力，推动学院不断发展。叶老师语重心长，对文学院未来发展寄予厚望，我听了之后非常感动，并表示一定要群策群力，把叶老师的建议落到实处，促进学院各项事业高质量发展。

2021年9月，我卸任文学院院长，加之由于身体原因，做了两次大手术，就很少外出参与集体活动和学术交流了。虽然没有与叶老师再次见面,但从学校网站新闻看到叶老师还多次来母校进行学术交流。2023年4月,叶老师负责的中国比较文学学会与陕西师范大学文学院联合主办"大历史观与文明探源学术论坛",他发表了演讲,还出席了《文化文本》辑刊的发布会。这次论坛和发布会,进一步深化了叶老师提出的中华文明探源的新理论,也进一步加强了陕西师范大学文学院与学界的广泛联系。

从大学时期朝气蓬勃的青年到新时代的今天,四十多年如流水般过去了。时光匆匆,虽然叶老师也已进入从心之年,但他仍然保持着旺盛的精力,坚守学术阵地,不断拓展"玉石之路"的研究。我们衷心祝福叶老师身体康健,学术之树常青。

学习舒宪孜孜不倦的钻研精神

史忠义

我是1996年9月份入职中国社会科学院外国文学研究所的,两年后,已经在海南大学评上正高职称若干年的舒宪,应文学所当时主持工作的副所长董乃斌的邀请,也调到社科院文学所工作。舒宪虽原籍北京,但从小在西安长大,本科毕业于陕西师范大学文学院。我是陕西渭南人,在西安外国语大学(当时叫西安外国语学院)就读,两校仅一路之隔,我们很快就成了好朋友。

我于1996年来社科院外文所工作,最先住在朝阳区望京中环南路3号院1号楼的中单元西户,当时文学所比较文学研究室的主任周发祥先生住在东单元西户。由于我在国外做的两部博士论文都是比较文学方面的,遂向周发祥先生建议成立社科院的比较文学研究中心,这样就可以把文学所和外文所的研究人员组织起来,加强交流,活动自然就会更活跃一些。哲学所、少文所、宗教所等其他一些所对比较研究感兴趣的学者也可以参与交流。周先生欣然接受了我的建议。比较文学研究中心成立时,周发祥研究员和郭宏安研究员分别代表文学所和外文所出任主任。我和文学所比较室的叶舒宪担任副主任。

舒宪刚到文学所时,在当代室供职。他是搞神话学和文学人类学研究的,引进文艺学室的理由是:院方有规定,每个研究所的重点学科才有资格从外省引进人才。我担心舒宪在文艺学研究室工作,作用发挥不出来。我向周发祥先生建议,把舒宪要到比较室来。2002年,比较文学研究中心酝酿创办一份同人刊物《人文新视野》,与西安外国语大学合办,我是做实际编辑工作的副主编。我查了一下2004年元月出版的《人文新视野》第1期的目录,当时舒宪的态度非常积极,不仅自己写稿,还推荐神话学和文学人类学方面的其他学者的稿件。舒宪1997年已经出了一本《高唐神女与维纳斯》,属于比较神话学方面的研究。那时,舒宪的神话学和文学人类学研究主要还以书面文献研究为主。我的博士生南健翀去舒宪家呈送自己的博士论文时,打开门愣住了:满屋都是神话学和文学人类学研究方面的模型、图片,他根本走不进去。这些模型和图片都是收集来的。那时,我们相好的几位同人讨论时,共同的认识是,神话学和文学人类学研究要作出突出的成就,必须亲身参与田野调查。

舒宪在做足文献方面的准备后,凭借中华文明探源工程的国家项目,迅速出动了,经常性地深入田野进行调查。那个时候重要的国家考古挖掘现场,内蒙古赤峰附近的、陕西神木的、甘肃的几十个县等,他都去现场考察。他是我国最早提出"玉石神话信仰"命题的学者,与他同时期提出"玉石文化"命题的,还有其他学者,但一般都是从文献到文献,没有做后续大量的田野考察工作。

这方面给我印象很深刻的是他发表的《草原玉石之路与〈穆天子传〉——第五次玉帛之路考察笔记》一文。那时,陕北神木县(今神木市)发现了四千多年前的城池,当地先民在砌城墙的过程中,在石块层间加放一些玉器,成了这处大城的一个特点。舒宪考察的穆天子的西行路线,恰好也是北上陕北,从西边的宁夏南下,折到后来的丝绸之路上。舒宪由此得出穆天子西出阳关不是为了丝绸交易,而是寻觅玉石宝藏,可谓玉石之旅。他自己沿着这条古代的玉石之旅,即先北上陕北,西出宁夏,沿着丝绸之路一直走到了天山、昆仑山脚下,走到了和田玉的发源地,也因此加深了对《穆天子传》的理解,践行了自己总结的四重证据法。从他发回来的照片看,那里有一段山脉可谓是玉石山脉,这真是大自然的奇观。这时他已经从文学人类学研究过渡到人类学研究。

回到我们的具体工作方面吧。2004年,周发祥先生因病住院。这一年,外文所这边郭宏安老师也到了退休年龄,于是我和舒宪双双接任比较文学研究中心的主任。此后不久,院科研局取消了外文所的比较文学研究室设置(以前与理论室合为一体,同时有两个称谓,现在只能保留理论室一个称谓了),我痛快地把先前由我负责使用、董小英实际保管的印鉴交给了舒宪。

舒宪和我在学术上一直是互相支持的,虽然研究的方向不一样,也深知对方一直很努力。我主动找舒宪为《人文新视野》组稿,于是有了2006年出版的一期"国际文学人类学研究"专集,自这期起,舒宪也担任了《人文新视野》的联合主编。他在2009年1月6日的《中国图书商报》上,以下述文字推介了我2008年出版的个人专著《中西比较诗学新探》:

中西文论的比较研究是西学东渐以来一直持续的话题。近十几年来国内比较流行的说法是"中国古代文论的现代转换"。留法博士史忠义的这本书给出了"能否转换"和"如何转换"的解答。他认为转换说不能一概而论。"融会贯通"比"转换"更加重要。有些古典范畴如"意象""意境"等体现传统之精髓，根本无需转换！还有些有差异的概念，不妨古今中外并用。如中国的"言外之意"和西方的"内涵义"，虽然是相通的，却不宜转换。而"文体学"（因为可以有两种理解）却应当转换为现代意味的"风格学"。还有，中西哲学史从来不曾把"悟性"作为重要概念，作者却认为这是一个能够兼容并蓄且相当海涵的概念，足以调和逻各斯中心主义和后现代解构的矛盾。

我记得舒宪还有一篇文章推介过我的译著（或其他东西），只是年代久远，找不到原稿了，不好妄谈。从我这个角度，曾经特别欣赏舒宪2021年3月份交给我的一篇《神话学的反种族主义——当代思想史学习导引》的文章，我请西外齐赵园博士译出初稿，自己做了修改，再请国际比较文学学会荣誉会长让·贝西埃先生润色法文译稿，并与去年第四季度在比利时的核心期刊《罗曼信札》（Les Lettres Romannes）发表。

总之，我一向佩服舒宪不断拓展自己研究领域的做法，很欣赏他孜孜不倦钻研的精神，他能提出神话中国、文化的大小传统、四重证据（见上文）、神话历史、N级编码、文化文本、玉文化先统一中国等一系列学术概念，足见其研究功底之深和研究的系统性。笔者一直以他为榜样，推进自己中西比较诗学和中西思想史亦问题学哲学的比较研究和论著翻译，除一直主编《人文新视野》外，2019年又创办了法英文的 Nouvelles Humanités. Chine et Occident（《中西新人文》）杂志，满腔热情地把习近平总书记的思想，把中国特色社会主义在人文社会学科取得的丰硕成果介绍到西方。欣闻舒宪近年代表著《玉石神话信仰与华夏精神》（书名回应韦伯名著《新教伦理与资本主义精神》）法文译本问世，为增进中法两国人文交流再作贡献。

叶舒宪与大传统

朱 鸿

叶舒宪在陕西师范大学读中国文学专业的时候，我于斯读政治教育专业，可以引为同学，不过我低他两级。他留校执教，当了老师，我仍在求学，遂有师生关系的元素。这是我现在的溯想，实际上那时候我还不认识他。

认识他是在 1984 年以后，我毕业工作了。略熟是在 2002 年以后，我和他共同参加了北京一个朋友拍摄的一部以关中文化为内容的电视片。比较了解他，是在 2004 年以后，我狂热地采集瓦当和"文化大革命"资料，他开始研究并收藏古玉，另辟蹊径，得以借物交流，从而倍感亲切。几年以后，瓦当骤少，我遂转入玉器收藏。听玉叙事，缘玉求道，使我和叶舒宪有了一致之雅好。一旦他返西安母校或在此讲学，便有二三子跟他同行，往古玩市场去觅玉，辨玉，真是大有意趣。

很久以来，我称呼叶舒宪总是含糊其词。称老师，我饶舌；直呼其名，他逆耳；遂噢噢寒暄，实为不敬。现在相晤，不叫舒宪兄不敢开口，因为在治学成就上，治学精神上，治学方法上，尤其是为人处事的风度上，他悉为吾兄。虽然以一种习惯，我把老师之音压在舌根，不过在我心里他就是一位绰绰有余的老师。自负是我的重病，我也没有办法。

叶舒宪是北京人，小时候随家迁西安，于昆仑机械厂工作七年。1978 年念大学，接着在陕西师范大学执教。十二年以后，至海南大学文学院吐纳热带的风和雨，评为教授。六年以后荣归北京，在中国社会科学院从事文学人类学与神话学研究，凡十五年。现在多居沪上，任上海交通大学致远讲席教授。此间，他还常常以访问教授的身份游学天下，或做客座教授。澳大利亚国立大学、墨尔本大学、阿德莱德大学，加拿大多伦多大学，美国宾夕法尼亚大学、纽约州立大学、耶鲁大学，英国学术院、牛津大学、爱丁堡大学、伯明翰大学、伦敦大学、剑桥大学，荷兰皇家学院，韩国道教学院、梨花女子大学，他统统去过。他也去过在中国台湾的"中央"研究院、"清华大学"、中兴大学和香港中文大学。

即使未见叶舒宪其人,也完全可以凭其经历想见他的气象。一面之交,当然也能感知他的丰富。他的朋友尤其了解他宽阔的文化视野,古今贯通的文史修养,东西参照的知识结构,及其致力于思想创造的快乐。他素朴无饰,然而有豪华的才情。他谦虚,然而蓄积有新意暴发的张力。他著作等身,闻达四海,然而总是洋溢着春风化雨一般的微笑。他是一个智者,然而他向往褐衣怀玉的贤者之境。

叶舒宪的学术生涯发踪于比较文学。他并不赞同国学的一些方法,希望在研究方法上进行探寻。他从闻一多、郑振铎和茅盾的治学经验中得到启示,有意借鉴西方理论,以作实事之研究。1984年的一天,他在北京图书馆阅览,英国学者弗雷泽的人类学像闪电一样给了他灵感。大约以此激荡,他的学术展开了跨文化和跨时空之求索。那时候,他不足三十岁,是陕西师范大学年轻的讲师,不过他的新颖与博雅使他从衮衮儒林脱颖而出,诚如李商隐所形容的:"桐花万里丹山路,雏凤清于老凤声。"学生都喜欢他,云集其课堂。有大胆的女生甚至会把自己的信叠成蝴蝶状,夹在作业里呈给他。丈夫未必寡情,不过叶舒宪骥蹄在动,志向远行,鹏羽必振,心怀高空。

他有英语的功底,遂一边著述,一边翻译。由他主编翻译的关于神话批评的文论集,在1987年由陕西师范大学出版社销行,持久不衰,卒为经典。他认为神话学不仅是比较文学之根,也是一切艺术之源,甚至是人类文明之源,遂一发而尽力翻译。弗雷泽、弗莱、列维-斯特劳斯、科恩、利奇、普洛普、皮亚杰、伊利亚德、金芭塔丝、梅列金斯基、列特尔顿、伊藤清司、吉田敦彦,凡神话学专家的大著,他倾情网罗,一一介绍。多年来,不论是在阳光下走出飞机,还是在细雨中走下火车,他总是双肩挎着一个大包,一副收获在握的神情。了解他的人,都知道大包里装的是他买到的英文书或日文书。他仿佛一个盗火之士,要把国际学术界神话学的发现传播至国学研究的领域,使幽暗的地亩亮起来。作译结合,以作兴译,以译助作,当是叶舒宪在20世纪80年代的治学特点。

叶舒宪好用周诗表达他援引西方理论以治国学的观念,其曰:"他山之石,可以攻玉。"翻译种种神话学大著,目的在玉成自己的神话哲学,并对中国的经典进行价值重估。老子、庄子、高唐神女、神秘数字、诗三百首及其鬼神与阉割,悉在他的解析之中。20世纪90年代,他聚精全意地进行神话学与国学的对接与裂变。灼见层出,影响波震。这一段他发表论文三十余篇,出版著作近二十部,昂然而为

叶舒宪与大传统　13

杰出的文学人类学专家。除了出席国际学术会议,他还频频现身国内各类大学论坛,为各类学生传道解惑。以叶舒宪的学术业绩,他担任中国文学人类学研究分会会长、中国神话学会会长、中国民间文艺家协会副主席和中国比较文学学会会长、副会长。中国各级各地学术机构何其之繁,林林总总,万万千千,遗憾多是一建即废,一兴即灭,或有活动,乏学术,或变学术活动为关系联络,以刊文评奖,钻营项目。学术观点在哪里?学术思想在哪里?学术流派又在哪里?俗学问,浅学问,死学问,假学问,滔滔者天下皆是也!以我察之,叶舒宪是罕见的做真学问的一个教授。所谓做真学问,就是一心一意,使命在身,乐在其中,破学科,破文体,从实事出发,发现真问题,解决真问题,卒以成其学术观点,学术思想,学术流派。他以学术机构为平台,也无非是吸引同人,推动同人,携手并肩做其学问。入以比较文学,立以文学人类学,大约便是他在20世纪以前的学术轨迹和学术贡献。

跨世纪是一个令人寻味的瞬间和节点,凡是从事精神劳动的人,无不受其刺激,埋头反思,举目规划。我注意到叶舒宪的学术研究,随着21世纪的降临,学术的发展动向出现了一种由螺旋式上升的渐变到火箭式飞跃的突变。他也增岁至五十而知天命之年,孔子的论语似乎有一种暗示,遂抖擞五体,以整合自己的知识、潜能和立言之方向。我要穿插一点:士一旦立言,立德便在其中了,因为有德必有言。恰恰这时候,国家在夏商周断代工程之后,又启动了中华文明探源工程,他眼睛大睁,问:为什么不可以从神话学的角度推进中华文明的探源呢?叶舒宪头圆额硕,发退纹出,灵感之际往往会目击远方,眼睛放光。窃以为,他把自己的学问做到中华文明探源之方向是有神助。我暗叹:功成矣!

经过充分准备,这包括发表神话学论文八十余篇,出版神话学著作十余部,以叶舒宪领衔,在2009年申请到中国社会科学院重大课题——中华文明探源的神话学研究。显然,从神话学角度做中华文明探源之研究,实为开风气之先。

叶舒宪必须解决神话学研究中华文明探源的理论支持问题,不仅如此,他还要解决方法论问题,解决信息载体问题。这三个问题不解决,神话学将无以孵化出中华文明探源之正果。没有金刚钻,别揽瓷器活,此乃一种普世敬告。叶舒宪知道此敬告,他胸有成竹。

他提出了一个重要概念:大传统。在叶舒宪看来,文字是一个标志,文字及其所书之历史属于小传统,文字产生之前的历史属于大传统。大传统贯穿于整个新石器时代,并延伸至国家体制的形成。在此漫长的阶段,人类思维是神话思维,人类的意识形态往往通过仪式和图像表达。仪式变成了神话文本,图像沉睡在实物之上,是神话实物。人类文明之起源蕴含于大传统之中,中华文明之起源也蕴含在大传统之中。求索大传统之中的文明起源,神话学是有效的途径。日本的吉田敦彦,美国的金芭塔丝和德国的瓦尔特·伯克特,都是国际学术界著名的神话学家,他们深入大传统,对文明起源皆有高论。可惜中华文明的探源,尚未从神话学之途径动手,叶舒宪觉得这是巨大的遗憾。他也要深入大传统之中。

  他有了一个重要的方法论:四重证据法。所谓一重证据法,指所有的传世文献,这在中国显然卷帙浩繁,即使皓首也未必穷经。所谓二重证据法,指出土文献,考古发现的甲骨文、金文、竹简、木简和帛书都是,玉版也是。二重证据法由王国维提出,1899年河南安阳殷墟有甲骨文出土,王取之以考殷史,谓之二重证据法。所谓三重证据法,指民间口述和民族学考察的活态文化材料,郑振铎和闻一多在这方面有所专攻,并具著作。所谓四重证据法,指有图像的传世文物和出土文物。四重证据法是叶舒宪提出的,意义甚重。我不揣冒昧,把有图像的传世文物和出土文物呼之为神话实物,以别于神话文本。国学之园,学者多以神话文本治学,叶舒宪也并不弃神话文本,然而他能多以神话实物治学。走不同的道路,得不同的见识,这也是普世之理。

  他瞄准了一种重要的信息载器:玉器。中国玉器八千年,一以流布。玉器尤其在新石器时代,至夏,至商,乃至周,中华文明的发生期,属于关键的神话实物。大传统的意识形态,常常以玉器表达,他要听玉叙事。除了玉器,叶舒宪也不弃陶器和青铜器这样的信息载体。

  三个问题全解决了,基于此,叶舒宪相信自己能让神话学孵化出中华文明探源之正果——重建从炎黄到尧舜禹至汤文武的谱系,并绘以中华文明发生期之图画。

  2002年,我返陕西师范大学任教。我的朋友唐金海是上海复旦大学博士生导师,久治现当代文学,业绩赫然,声振江南。他闻讯我当了老师,遂招手喊我至沪上读他的博士,说:"大学是要看这一点的。"在由衷地感谢他之后,我选择不读博士,唯一的原因是怕绕了路,浪费时间,荒了写作。我便推荐王敏芝赴沪上读唐的博士,王冲冲准备,不过她最终读了李震的博士。我有愧唐先生,遂埋头而为,以增朋友之理解。在大学是要上课的,没有知识和灼见是难登讲台的,我便选神话批评为课业。此乃我的兴趣,窃以为它也可以有助于我的写作。于是叶舒宪主编翻译的关于神话批评的文论集就成了我备课的启蒙教材和延伸书单,我和他也就建立了一种我所知道的学问之联系。获悉有他的报告,便也挤进学生之中听讲。中国的博士多像中国的奶制品,生产的程序是有的,然而喝起来不是其味。叶舒宪当之无愧,他的知识是活的,尤其他能创造知识,使之增加价值。

当了老师,我也有做一点学问的念头,遂选择瓦当和"文化大革命"资料收藏,其因也许都是意识形态的反映。我频频跑古玩市场,于斯常常碰到叶舒宪。他返西安,一定会淘他之宝。于是我和他就相约而行,有时候也呼别的朋友,图一个热闹。我采集我的所需,他采集他的所需,他的所需是古玉。

只有我知道我所经历的那些精彩的瓦当故事,不过我也多少知道叶舒宪与玉器的故事。西安的古玩市场甚盛,八仙庵一个,朱雀路一个,小东门一个,叶舒宪几乎翻遍了店主的铺子。以后有新兴的市场,分置大唐西市、大雁塔和大兴善寺,他也无不到其铺子去翻。有一度他大搜上古之猫头鹰,并说:"我要荡去猫头鹰的恶名。"几年以后,他发表文章论证猫头鹰曾经是中国人的崇拜之鸟,凤取代猫头鹰发生在周更替商以后。有一度他又大搜上古之熊,随之论证熊如何尝受中国人之崇奉,并声斥:"怎么会是狼图腾呢?问题很大!"

我和他共往,欣赏过陈绪万的收藏。陈自20世纪90年代便采集玉器,有相当丰富的经验,叶舒宪的姿态是请教的。他在玉器铺子往往一坐就是几个小时,不耻下问。店主见他诚心诚意,也视之为朋友,买则不欺,不买则透露生坑货贱,墓如何发,货假反而贵,伪如何辨。叶舒宪每事问之状,使我想到孔子。

我收藏的兴趣也渐渐转型,玉器成了我的狂热。这有一个背景:一方面,大开发和大建设已经把瓦当掏尽,古玩市场上的瓦当日益零落,长期断物;另一方面,我意识到新石器时代以来中国人生存的信息载体,最早是玉器,其次是陶器,再次是青铜器,虽然纹饰通用,不过玉器为冠;还有一点,新石器时代至今,玉器无穷无尽,且具永续之势。这样我和叶舒宪便缘玉而乐了!

然而我只算兴趣,仅仅是兴趣,但叶舒宪却是做中华文明探源之工程。在中国,凡是考古发现有玉器的地方,他哪里没有考察过呢?红山文化,他去过兴隆洼和牛河梁;河姆渡文化,他去过余姚;良渚文化,他去过瑶山和反山;大汶口文化,他去过泰安、临沂和日照;龙山文化,他去过城子崖;齐家文化,他去过青海民和喇家遗址、甘肃武威皇娘娘台、广和齐家坪、静宁、榆中、会宁、定西、天水、永靖和渭源。他还去过秦安大地湾和临洮马家窑,以做陶器的田野调查。他似乎对陇右河西一带甚感神秘,共有五次甘肃之行。西玉东输让他产生百度之思,有一年他还沿周穆王会西王母的路线走了一次。他上陕西榆林石峁,过黄河登山西兴县玉梁山,赴山西襄汾陶寺遗址,以搞清楚不产玉的地方何以出土大量的玉器。读书穷理,格物致知。是的,他东奔西跑,行南旅北,徘徊于中,一直在思考中华文明发生期所出现的一种拜玉情景。这恰恰是被小传统挤压掉的大传统的一种文化态。听玉叙事,以求达观!

  舒宪兄,你先封顶你的工程以为功吧!大传统是一个魅力甚大的领域,难免是要吸引我的。我发愿要收藏老玉器755件,并写一部有趣味的关于玉器的著作,以成唱和!可惜你不能久居西安,使我的请教不便。你为什么要离开西安呢?有一次我不禁走过去问一位领导,怎么放叶舒宪走了?领导若有所思,其言含蓄。想象你在洪荒浩渺、空旷肃穆的大传统中匆匆来匆匆去的背影,我一再想到耶稣的慨叹:凡是先知,几乎没有谁是能为本地所悦纳的。这大约属于普世之陋。

叶舒宪的"板砖"

邓启耀

认识叶舒宪,是因为被他的"板砖"砸到了。

1982年,舒宪和我同年毕业,都中文系。他就读陕西师范大学77级,我就读云南大学78级。我比他虚长两岁,二十老几了考美院未中才去的中文系。我初中一年级被迫停课,他应该是小学五六年级停课的。这本该是读书的年纪,我到边疆种地,后来招工回城做工(车工、美工)。舒宪的情况大概也不会好到哪里,但好在我们自己都没中断读书。因此,恢复高考后,1978年春季和秋季,77、78两届学生蜂拥入学。这两届学生年龄相差一倍,以至于同班小同学刚开始不知道应该不应叫我们"叔叔"。学业中断十余年的这帮老学生,读起书来只能用"疯狂"二字来形容。学校里,不管哪个系,只要听说谁的课好,大家都去蹭课。没什么学分,完全是为自己学。

毕业后,当我们还在为如何适应新的职业费神的时候,"青椒"舒宪已经开始"搬砖"了。20世纪80年代末90年代初,他一口气出版了好几本神话学和中国古代名著的文化阐释方面的专著和译编著作。有几本像砖头一样厚实,把我"砸"到了。那绝非一时之功。可以想见,舒宪在大学读书和留校任教的几年,是怎样规划自己的学习和研究的。那时我刚刚接触了一点神话研究的东西,也仅仅是因为想跟着老师蹭田野考察或操练自己被画画带偏的思维方式,玩心大于学心。所以,看到舒宪的"砖头",只有佩服。

1995年,李亦园先生召集,中国台湾汉学研究中心和财团法人施合郑民俗文化基金会主办"中国神话与传说学术研讨会",大陆学者邀请钟敬文先生(因钟老年事太高派他的学生杨利慧博士代发言)、中国社科院文学研究所马昌仪研究员、云南大学中文系李子贤教授、时在海南大学的叶舒宪以及我。那时第一次去台湾,印象最深的是台湾的中华文化根脉未断,学生读书的气氛很浓,学术研讨会开放程度很高,来蹭会的市民不少,不但听,还积极提问。舒宪因为钻古籍,被一位蹭会的老先生提了一些版本之类的问题。但舒宪成"砖"在胸,应答自如,也算是为惨遭"破四旧"焚古书的大陆学者挣了面子。我讲"巫蛊传说与民间秘俗"方面内容,是之前刘锡城、宋兆麟、马昌仪先生布置的作业。由于多据田野考察,似乎也没掉链。

研讨会后主办方安排了一些游览和访友的项目,那时我看到了舒宪的"本相"。读他的书,感觉是钻了多少故纸堆的老夫子才能干出来的活;看他的人,才发现这是一个对啥都好奇、都兴致勃勃的家伙。龙虾好大!那树真漂亮!101层楼为啥建成那个样子?看他的眼睛,就像一个刚进游乐园的孩子,看啥都稀奇,满目澄澈。

之后我忙野跑和参加拍一些民族志纪录片,渐渐转回"视觉",舒宪、新建等来约的文学聚会也参加甚少,但老朋友的事却可以通过学界信息得知。舒宪在从神话研究拓展到文学人类学研究,从玉的研究投射至文明探源研究的过程中,通过对传世文献的爬梳,出土文献(金石学)的考据,用人类学跨文化方法审视和比较材料,加上对实物图像的"立体释古",把四重证据法运用得风生水起。

转眼近三十年过去,当年的"青椒"已是两鬓斑白,当年的同窗也多弃文从政经商,坚守学术者不傻即痴。有言道:"书痴者文必工,艺痴者心必良。"舒宪双痴。

看舒宪这些年不断抛出的砖,却一块比一块有分量。

豁然发现,他哪是在造砖,他是在建城啊!

文学人类学：两个"人学"搞到了一起

彭兆荣

早年学文学，就谙熟"文学是人学"的经典传言，都知道这句话是没有经过科班学习、自学成才的伟大苏联文学家高尔基讲的。他是在有关"地方志"研究工作的一次活动中提出这样的见解。那蛮接近人类学的研究取向。

人类学是研究人的学科和科学。这不用说太多，那名目就已经可以"说文解字"了。

两个"人学"凑到一起，就成了"文学人类学"。这听上去有点"趣说"的味道，不那么严肃，倒也不失为一种解释。反正，不管是"凑合"还是"凑数"都无妨"存在"的事实。很多时候，哪怕是简单的概念，最伟大学者的解说也难以说得圆满。比如"文化人类学"，"文化"看上去是学科"看家"概念，可是，三百年来，人类学家们试着给"文化"下了数百个定义，也没有得到共识的结果。后来明白了，"人文科学"不求统一、共识，但求各说各话，言人人殊。

对事实有不同看法，很正常。国家与国家、政党与政党、组织与组织、人与人、父与子、夫与妻的观念、争斗、抵牾、争吵、离异等多数出自对"事实"不同的认识及相左的看法而引起的。我们也可以从正面说，"百花齐放，百家争鸣"。

问题是，在中国，要给学生讲课，都要有一个固定的定义，考试起来他们才可以"背"得高分。所以就要分开来对待：给学生上课的时候要有明确的定义，做研究的时候可以"我行我素"，只要"自圆其说"就好。

像文学人类学这样名不见经传的学科名称更不必太过认真。没有人会训诂到孔子、孟子、柏拉图、亚里士多德那里去的。

定义虽可以各说各话，历史总是尊重"事实"的。反正，我所知的中国"文学人类学"，无论是概念还是学科，都是20世纪后期的产物。有的学者把它推到以前，把那"历史"拉得很长，我不认可。有两个证据可以支持我。

其一,在2010年出版的叶舒宪教授的《文学人类学教程》中,乐黛云教授在序言中的开篇是这样的:

> 文学人类学是20世纪比较文学领域催生的跨学科研究,在中国人文学界形成了富有创新活力的知识群体。我一直是这门新学科的热烈拥护者和爱好者,常常忍不住在各种场合想要谈谈自己的感想。这大概就是我敢于为这门学科的第一部研究生教材作序的唯一理由吧。记得1988年随杨周翰、王佐良教授赴美参加第二届中美比较文学双边会议,萧兵教授的一篇有关在世界神话话语语境中探讨中国太阳神的报告,在普林斯顿、印第安纳、洛杉矶各大学引起了不小的轰动。我当即清醒地感到这就是中国比较文学的重要特色和面向世界的重要前景。

此后二十年,文学人类学在中国有了长足的进展。1996年夏在长春召开的中国比较文学学会第五届年会上,成立了中国文学人类学研究会。1997年我也出席了在厦门召开的中国文学人类学第一届年会。

乐教授在序言中所述的梗概,与我在《文学人类学研究》创刊号上的一篇文章"二十年,我们一起走过"中的事件表述是一致的,只是我对有些事实的描述更为细化:

> 1996年,中国比较文学学会第五届年会在长春举行,在乐黛云教授的倡议下,成立了二级学会——文学人类学研究会,萧兵教授任会长,叶舒宪教授、彭兆荣教授、徐新建教授任副会长,彭兆荣教授兼任秘书长。1997年11月,彭兆荣教授在厦门筹措、组织了中国文学人类学研究会首届年会。中国比较文学学会主席乐黛云教授、中国台湾"中研院"院士李亦园教授、中国文化书院院长汤一介教授,以及萧兵、叶舒宪、徐新建、庄孔韶、曹顺庆、徐杰舜、杨儒宾、刘毓庆、易中天、郑元者、Mary Hardy等学者出席。李亦园教授在大会总结时说:"中国文学人类学是现代学术传统中有本土色彩与独创性、能与西学方法接榫并创新的新兴学科。"

这两次标志性的事件并非横空出世,此前已经历过漫长的酝酿和准备。大体上看,有以下几个原因:(1)蓄势待发。改革开放走了四十年,各种外来(主要是西方)学术思想、流派纷纷涌入,新思潮、新学科、新视野相继汇合,西方的文学人类学作为学科已经成型;国内学术界经过了这一阶段的准备,许多传统学科开始寻找转型、发展的新路径。(2)人类学复兴。经历了三十余年的沉沦,20世纪80年代人类学在中国恢复。作为一门整合性学科,人类学具备了与其他学科相拥的特殊品质。(3)学术成长。以萧兵、叶舒宪等为代表的学者,组织、翻译、撰写、出版了一大批相关著述。(4)机构完善。中国比较文学学会的组织机构完备,以及会长乐黛云教授的鼓励和鞭策。(5)学者队伍。一批志同道合的年轻学者走到了一起。他们意气风发,锐意进取。

提取这样的"官样文章"只是想以此告诉读者一个大致的历史背景和轮廓。当然,这只是发生在中国的事情,国外的情形有所不同。

其二,1997年在厦门举行了首届中国文学人类学研讨会,我邀请了中国台湾"中研院"院士李亦园先生参加。李先生在会议期间给我讲了这样一件轶事,轶事由"文学人类学"的概念所引起。李先生问我:"彭先生,'文学人类学'英文是 literature anthropology、literary anthropology、anthropology of literature 还是其他专用语。我在参加这次会议提交的论文题目中使用'文学人类学',我的助手把它改成了'文化人类学',英文用 cultural anthropology,她以为我写错了。我告诉她不是'文化人类学'而是'文学人类学',助手问我,那英文是什么? 我也答不上来。"

这轶事说明,"文学人类学"即便是在国际学术界也算是新的学科。人家人类学院士也没听过。

学术界有将文学人类学"提前"的说法,我不同意,但我不会去反驳,我会维护学者各抒己见的权利。只是我在心里不太认可学术界隐隐存在一种弱弱的现象,就是在学术研究中有"往前推、往外推"的倾向和辙迹。不自信。我不认为非要用"古"、用"洋"来装点,更不需要"影推",——根据不同的"影子"把它往前推,那是没影的。如我国的一些民族就喜欢把他们的族源口述故事都说成"史诗",那又何必? 中国自古就没有"史诗"的概念,你去查查,无论是汉族还是少数民族都没有,汉语倒有"死尸"的概念。

"史诗"是西方的文类。比如《荷马史诗》,那是一个盲人当年沿着爱琴海"游说"的一种方式。有点像我国的民间"盲艺人"阿炳。史诗后来成了西方四个文类中的一个。中国古代没有,经、史、子、集中没有,博物志中也没有。少数民族也没有,少数民族那些"古歌"大多会讲到自己那个民族的来源,会歌颂自己的英雄祖先。古希腊的史诗中从来没有这些东西,《荷马史诗》讲的是"整个人类"的故事,人类学家克拉克洪就用了"人类中心"(anthrocenter)这样的概念。所以,我的意见是,如果自己的民族、族群有自己的叙事传统,最好用本民族的概念,用自己习惯了的词汇。不需要去搬用、套用西方的东西。

这还只是一个例子,不需要去附会什么,把头发染成金黄色,还是中国人。如果那样,我们或许也可以在中国上古神话中找到"智能机器人"的影子——完全没影的故事。

文学人类学虽说作为学术"二级学会"是乐先生在序言中提到的两个时间点,但先前已经有一批学者做了辛勤耕耘,有了实质性的成果,这也是事实。

从成果的计算上看,萧兵、叶舒宪、王建辉等人的"中国文化的人类学破译"系列丛书早在20世纪90年代初就已经由湖北人民出版社推出。在学术界产生了不小的影响。

若要以个人的研究志向与兴趣,还可以推到更早一些。记得我在贵州的时候,大抵是20世纪80年代中期,萧兵先生在贵州搜取少数民族材料时,我们就已经认识。

萧兵是福州人,我们可以用福州话交流。他对贵州也熟悉。有一次,当时我们几位还是很年轻的学者、研究生与萧先生一起在花溪聊天,他就在主张和主导用人类学的方法介入文学,特别是神话研究。萧先生无疑是中国文学人类学的"开拓者"。

萧先生的经历坎坷,百度上是这样介绍他的,我撷取要者:

> 萧兵,原名邵宜健,1933年11月生,福建福州人。历任上海海军预备学校教员、淮阴县(今淮阴区)农民、淮阴市文联编剧、淮阴师范学院中文系教授、中国比较文学学会文学人类分会会长、江苏省淮阴市人大常委会副主任等职。享受国务院政府特殊津贴。1959年,萧兵被定为右派,开除军籍、公职,遣送苏北强制劳动。在劳动中,不慎失去四个手指,依然顽强学习,始终没有停止过。

虽然他没有进入正规大学学习,但是他非常勤奋、特别聪明,或许正是因为没有经过大学的"科班"训练,反而让他在学术可以纵横捭阖,无所顾忌,成就大家的学问。这种人有很多,上面讲到的高尔基,我国的情况也很多,比如沈从文的学历是小学,人家当过北大教授。这要搁在现在,让沈从文当大学的保安都不要。"大学"就是这样,有时看着可气,有时看着可恨,有时看着又可怜。文凭与学问原本并不完全是一回事。

萧兵的学术经历,特别是"经院评价"或许对他有所"不公",但都不妨碍萧先生的学术成就。叶舒宪曾经告诉我,有一个时期,南京某知名大学中文系曾有意调萧先生,之后他拎着一麻袋的著述去了,那大学的同行学者看到那么多的"成果"就皱眉,结果萧先生还是没能被聘用,因此他就一直待在淮阴。

萧先生的境遇有点像文学人类学这样的新小学科,大家拼命努力想得到正统学科的认可,但是很难。所以,做文学人类学研究的人,多少都有点"待在宫廷撒野"的味道——都是大学里的学者,干的却是"正统"学科不认可的事情。

其实,以我的主张,根本不需要人家认可。有的时候,你越是想得到认可,人家越是不"认可"你。因为人家知道你对他有所求。你的"短"就被人抓住了,他讲话时就不用正眼看你,只会从鼻孔出气,拿眼瞟你。

这又何必?大家做学术,原本都是"讨饭吃",莫非传统学科的"饭"就可以讨得这般"嘚瑟"?

我是绝对不要受这种气的。我右派的"崽子"当了二十年,知道如何保护自己的尊严,又不伤害他人;最重要的是善待,做好自己。我在厦门大学二十多年,从来没有向人、向组织提出"我要什么"。想到钱锺书的一个故事段子:有人想给钱先生钱,钱先生说了:"我姓钱都姓了一辈子,还缺钱吗?"什么都不要,他就拿你没办法了。

虽然我们有时会私下里自言自语,这两个"人学"这么重要的,你们怎么可以那样轻看?有时也会恨恨有说,"你不是'人'",要么怎能不认可"人学"呢?可是,连自己都知道,这种想法很"阿Q"。

我早就想明白了:文学人类学,他爱认不认。

我自己做好自己的事情,就好。

说起来,我的"学位生涯"都是文学的,可是我的"生命生涯"都是人类学的。我的博士论文做的是"文学与仪式",研究古希腊的酒神。具体地说,是酒神与戏剧的发生学原理。为此,我不止一次到希腊、土耳其去调查,甚至去丈量圆形剧场遗址。我的《文学与仪式》去年再版。

一、厦门会议

按照乐黛云教授的提点,中国文学人类学研究会是1996年夏天在长春召开的中国比较文学学会第五届年会上成立的。也就是说,"有组织"的文学人类学活动是在那个时候。不过,像这样的学术组织,在辽阔的中国大地上无以记数,多得像草原上的蝗虫。这样的研究会,至多不过属于"草根组织"。

中国人好面子。曾几何时,学者们相识相见都喜欢揣一张片子(名片),逢人就递一张("片子-骗子"),那上面安了很多的头衔。记得在改革开放后的一段时间,"世界名人组织"纷纷给中国的学者发来邀请,只要交钱,就可以上世界"名人榜",那些发放"名片"的机构倒是有点像《围城》中给方鸿渐发假文凭的克莱登大学。

我当然明白个中道理。我亮出"副会长兼秘书长"并不是要"彰显"自己,恰恰相反,是要表明自己"愚蠢"。但我也不因为自己"愚"而后悔,有时还要装出一副大智若愚的样子。我总结了,做都做了,就不要埋怨,至少不要在大家面前埋怨,否则,你也就白干,白辛苦了。

我总结了,要么你就不要干,干了就不要埋怨;干了又埋怨,那是蠢上加蠢。

想起当时在长春的时候,乐先生把我们三个年轻人叫去,谈建立文学人类学研究会,我们都很激动,很受鼓舞。乐先生一直是我景仰的学者,她也是从贵州出去的。她的父亲原来是贵州大学的教授。而我和新建都与贵州关系密切,也因此多了一份亲切。我记得很清楚,乐先生召见我们的时候,除了讲到中国的比较文学未来拓展的一个方向是比较文化学,就是把文学向文化拓展。她看好我们所做的文学人类学研究,勉励我们为中国的文学人类学事业作出自己的贡献。

有些人讲话具有天然的号召力,激励人,听了会心潮澎湃。乐先生就属于那种。我们当时听了就激动不已。

三人回到房间,我还在激动,叶舒宪、徐新建很快就恢复了"理性",他们很默契地为我安了一个秘书长的头衔。我当时有点喝醉酒的状态,居然接受了。

知道吗,接受这个头衔意味着要筹措举办第一届文学人类学研讨会,而且还要办好。毕竟是"首届",仿佛一个饭馆要开张,总要有几个像样的花篮什么的,摆出点声势。

我,就接下了这个光荣的任务。

看了很多电视剧,当"组织"交代任务时,几乎没有例外地回答:"坚决完成任务。"可是,接下来的事情,基本上回答的人是把半条命,有时甚至是一条命给搭上了。可是,他们都成了"英雄",死去的成了"烈士"。反正电视剧里是这样的。

我也这样回答,也搭上了半条命,却不是英雄,不是烈士,充其量是个"无名英雄"。但想起来就高兴。"无名英雄",挺好的。在学术界,千万不要成为出头的"英雄",要遭打的。这是公理。大家知道,中国没有活着的"英雄",不死就有可能"变节",所以要盖棺论定。我早就想明白了,在中国,要当学者就不要"出头",把自己的学术留给未来更好些。虽然,只要是人,都想"被认可""被吹捧",都想听好听的话,这是人类的普遍心理。但你的代价是:不安静,不安全。

文学人类学的厦门会议序幕就这样在长春徐徐地拉开,报幕员是彭兆荣,最后落幕也是他走出来跟观众道晚安。

筹措厦门会议真的折损了我一大截阳寿,此后,我一听要办会,就想吐。所以此后我真的也很少主动出面办会了。

从长春回来,我就开始了筹办首届文学人类学会议,那感受是痛苦的,经过是艰难的。

那个时候,我从贵州调到厦门大学不久,没有关系,没有资金,没有人手。我评估了一下,要向厦门大学申请经费是没有可能的,别自找没趣。不仅学校、学院不可能提供经费,还得求人,还要受气,何苦?

我放弃了向单位申请经费的念头。

怎么办呢?

只有到企业和私人那儿去要钱。那可不是要一万两万的,一万两万不够。

我这个人也算有个优点,事情要么不做,要做就要争取做到"最好。"

可是,要说学者做点学问还可以,如果跟人要钱?!门都不知道往哪儿开呀。那事可不是把字写到纸上就算了,而要让人家把钱打到我账户上。我这辈子从来就没做过这种事,反正那次办会让我做了此生最不堪的事情。

"讨钱",嚯嚯,这还得先跨越心理障碍,要把那"好面子"换成"死皮赖脸",人说"美容",我要"丑容",虽然在表面上还要维护个"尊容";有时真的有点儿像那鲁迅笔下的孔乙己。

我不止一次自己给自己开会,会议内容是说服自己:要超越,要跨越!还有

"为人民服务"什么的。

解决了心理障碍,要行动了。怎么行动,——怎么去要钱?莫非抱一个钵头像僧人一样挨家挨户去化缘,人家僧人的化缘是以募化乞食的方式广结善缘,我一点佛心都没有,只有像乞丐那样去乞讨。

那个时候还真的就是这样。好在我的夫人挺支持我的,她努力地做好会务"后勤部长"的工作。

我开始了此生最痛苦的"化缘"。

我动用我的所有社会关系。当时我有一个小兄弟,名叫陈翔飞,在厦门电视台工作,我把苦恼告诉他,他就到处帮助我斡旋,终于联系到了当时在厦门湖里区"台湾街"的一家企业,人家答应出钱,但有一个前提条件,就是要让来开会的名人为企业留下"墨宝"。

后来汤先生还真的给他们"墨宝"了。

我要特别感谢李亦园先生,有一次他从台北打电话来询问有关会议的安排时,主动问起了会议经费问题,李先生或许也感到像这样的会,大抵是很难向单位要到钱的,大陆又没有基金会,也无法去申请。我也就顺便吐槽。李先生能够成为人类学大师级的人物,我认为,学问与为人是融合的,是高品位的。特别是做人类学这一行,要与人交道。李先生的为人、善良、厚道,包括他观察、体认人的本领,从他的目光中就能够感受到。

因为之前已经与李先生有过多次交流,所以当我把苦恼告诉他,他主动回复我,他来厦门出席会议时,会带一点经费,帮我缓解一下压力。

其实,李先生最终帮助的经费是有限的,后来他给了我1000美元。但是,这是他主动开口,为我排忧,"危难之中显身手,显啊显身手",这1000美元,足以让我记一辈子他的好。

弄来了钱,我也不想把会议地点放在厦门大学,更不想请厦大的领导来助阵,我要把会议场所安排到外面的酒店。

于是又开始找合适的酒店。终于在市区找到一家酒店,有"星"级的。嘿,说来也巧,那酒店的经理是北大毕业的,听说乐黛云要来,很是爽快,以最低的价格承接了会议。

接下来是邀请学者。那个时候的学者都挺体谅人的,尤其是大学者。我请了一批学者,老、中、青都有,也忘记总共有多少人,大概有五十人吧。都是认识的,也都是朋友,他们全由我安排。我总结了,经常向人提条件的、习惯麻烦人家的学者不能是大学者,尤其是做人类学研究的。

为什么呢?因为人类学是研究"他文化"的,也就是说要介入"他者";那么,要做好研究,得先学会"同情",就是使自己尽可能地成为"他"的部分,人类学叫作 participation(参与)。做不到这一点,很难当好人类学家。我的法国老师、美国老师都是很有影响的人类学家,我与他们相处几十年,在田野中,从来没有听到、看到他们对生活"提条件"。反正,越是大学者,越是不会。个别吊在半空中的学者倒是可能提各种各样的条件,盘算着如何让自己得到更多。

厦门会议我是筹钱者,我是策划者,我是组织者,我是安排者,我是邀请者,我是接待者,我也是服务员。跟现在那些"大佬"办会不一样,只动嘴皮就好。

我的夫人那时办了一个旅游公司,她帮我把接待、旅游的活给揽去了。所以,会议期间就有朋友开玩笑,说我办会是"开夫妻店"。

厦门会议上的汤一介(左)、乐黛云(中)、李亦园(右)

这次会议是真正意义上的"首届"文学人类学会议,人类学家、文学家、文化学家来了不少。此次会议很特别,在我经历国内举行学术会议中都有"领导莅临讲话"的程序,我组织的这次会议没有,没有一个领导,全是学者,因此,一开始就是学术,到结束还是学术。会议期间,还安排了旅游,乘了海上游轮走访鼓浪屿,也看了个别企业。会后,我还安排了几位代表去了武夷山。

说了看官或不相信,我在厦大"办"这个会,头尾整了大半年,我的厦大人类学研究所的同事居然不知道。当然,是我没有告诉他们,省得多事。告诉了他们,学校领导就会知道,学校领导知道,就得请坐主席台。

不出钱,不出力,不干活,也就没有必要露脸。我也没必要惹麻烦。何况,如果要请,我也不知道要请谁。还得低三下四去求人。

看了不少悬疑片,居然"瞒着"办一桩这么大的事。

我还真的差一点调到了国安部门去当处长。

好在没有去。"瞒"一两次可以,"瞒"多了总会被发现。

二、一介书生转身去

厦门会议也让我有机会近距离地接触几位大师,特别是汤一介先生。

然而,2014年9月9日晚8时56分,北京大学哲学系教授汤一介先生逝世,享年八十七岁。

中央电视台在报道时,用了"一介书生转身去"的语句来纪念他的去世。

噩耗传来,我泪满眼眶。

汤先生的离去,带走了我心中最儒雅的学者形象。

隔日,我的同事,人类学系的刘家军老师发来了央视报道时的视频截图,那张照片正是厦门会议的照片。眼泪中把我带回到与汤先生相处几次片段的记忆。

汤一介(中)、李亦园(左)、彭兆荣(右)

早就了解汤先生出生于一个书香大户,祖父汤霖,清光绪十六年进士。父亲汤用彤,久负盛名的国学大师。汤用彤在哈佛时,与陈寅恪、吴宓并称"哈佛三杰"。中华人民共和国成立后,汤用彤历任北京大学副校长,中国科学院哲学社会科学部学部委员,中国人民政治协商会议第一届全国委员会委员,第三届常务委员,第一、二、三届全国人民代表大会代表。

汤一介从小濡染于家学,深受父亲的影响,对传统文化接触很早。除了出版过多部"魏晋玄学、佛教、道教"的专著及哲学著作,他主编的《20世纪西方哲学东渐史》等系列著作,成为研究中西方哲学的经典作品。在北京大学,季羡林、汤一介被视为"国宝"。

不过,家世、名头,都不是我所刻意者。

我记录的,是我所接触大师的两件小事:

厦门会议之前,我并没有见过汤先生,但因比较文学,与乐黛云先生过从甚密。在学术界,乐先生提携年轻人的事迹一直被传为佳话。所以,当我请乐先生来的时候,乐先生表示,也把汤先生一并请来以示支持这一"新学科"。

我欣喜若狂。

由于"文学人类学"是一个新的名头,一般的单位是断然不会资助的。为了筹办这一次会议,我只得四处募款,到处化缘,此生唯一一次求人资助办学术,包括在厦所认识的几位商人。

有一位儒商,当知道邀请中有汤先生时,立即答应资助,但附带了一个条件,要几位大师到其公司去看看,想来是要与大师合影,留个影像来时炫耀。

会议期间,几位大师体察同情我这个后生晚辈,为学术到处"化缘"之不易,都答应前往。

然而,到了公司,那位商人又提出了一个要求:请汤先生为他留下一幅墨宝。

汤先生犹豫了片刻,说:"我的字不好,等我回北京后写几幅,挑一幅好的寄给你。"

他的话语从容、淡雅。

后来了解到,汤先生回到北京后,果然写了寄给了那位商人。

我好感动!要得到汤先生墨宝者,大有人在。他怎么竟就答应。

我知道,他是为了我,为我这个不谙世事、不懂礼数的嫩头毛孩。今天回想起来,我真不该让先生为难。

在厦门的几天里,我处处感受到大师的亲和、儒雅、谦逊、博学,外加体贴、提携。

他是我见到过当代中国最完美的学者!

此后不久,我到北京开会,与挚友叶舒宪聚合。我俩不约而同地说去看看乐先生、汤先生。

来到北大教工住宿区,敲开了先生家的门。

迎出来的是乐先生。

乐先生一看到我们,转身便向里屋喊:"一介,兆荣、舒宪来了。"乐先生边喊边对我们说,汤先生生病了。

很快,汤先生便披衣下床,从里屋来到客厅。他笑容满面,亲切和蔼,与我们毫无间隙地交流起来,像是老朋友。他询问了厦门会议之后学科的发展情况。他的话很轻,涓涓细语,如潺潺流水,注入我的心田。

考虑到先生的身体,我们很快就告辞。

两位先生送我们到门口。

汤先生披着一件外衣。

那是我记忆中最后与先生的会面,那一幕深深地印在我的脑海里:离别时,在他的门口,我瞥见先生目光中的慈祥,那份慈祥是那么得暖和,它常常浮现在我的眼前。

先生走了,带去了我心中最美的身影。

三、$1+1+1\neq 3$

文学人类学这一"野"学科在后来的一段时间还真发展得不错,我们的付出也得到了认可;学界在有限的范围把叶舒宪、徐新建和我传为"三驾马车"——纯属民间传说。今天是"飘信"(微信)时代,什么信息都乱飘。我听说过,却不在意。这样的说法有点像学术界里"街道办"大妈们的碎嘴。别把它当回事。

不过我们三兄弟从认识、合作、共事、友谊,确实有了很长的历史。我珍惜!

人们喜欢用数字来说话,今天更是如此。大数据时代好像不用数字说话就说不了话。我认为,那是完全的胡扯。人类学不习惯用数字说话,去读读人类学经典著作,见不到数字,咱照样也可以说话。人类学是一门"质性"学科,也就是对性质进行判断的学科,不靠"量化"。

但我知道,$1+1+1\neq 3$ 这朴素的数字道理,一个人的力量不如三个人加在一起的力量。这不,史上一直就这么传:"三个臭皮匠顶个诸葛亮。"这虽然是学龄前儿童所学的东西,但要把这朴素的道理讲给中国的知识分子听是很困难的。这困难主要原因有以下三点:

这第一,按照中国的传统,"文人相轻自古而然"。大家相互瞧不起。这一经古传言大家不怎么说,却大多是要执行的。反正,看不起你是硬道理。

为什么会出现这样的现象呢?这就是第二个原因,自己觉得自己的文章最好。常听人说:"老婆是人家的好,文章是自己的好。"要能反过来说"老婆是自己的好,文章是人家的好"就大气了,但很少有。梁思成说过这样的话:"别人都说文章是自己的好,老婆是别人的好,我却说,老婆是自己的好,文章是老婆的好。"

能说出这样话的人必须同时得满足两个条件:老婆确实很了不起。梁思成的老婆是谁?林徽因啊,她是什么人啊,说起来吓人一跳:人民英雄纪念碑和中华人民共和国国徽的主要设计人。不过,尽管如此,还得有一个条件,就是说这样话的人要大气,还得反传统;因为中华民族的传统是"女子无才便是德"。

这第三个原因,自恋。弗洛伊德给人类总结了三个情结:恋母、恋父、自恋。人的一生,做得最多的事情,必然就是照镜子,百看不厌。男的都是关公周郎,女的个个西施貂蝉,真是受不了。虽然看着看着,也会看出一点瑕疵,就用科技手段把那影像"批"来"露",真是受不了。但无论如何,还是自己要给自己臭美的。文人的自恋不照镜子,把自恋迁就到了文章上。

我们三兄弟是否真的超越了上述的狭隘呢?不然,有时或许还要更严重些。中国文人的毛病也都是要犯的。可是为什么还会聚到一起,一路走这几十年?我也总结三点:

第一,缘分。我与徐新建认识总有三十五年了吧,与舒宪认识也快有三十年了。这么长的友谊,对一个人的一生来说,已经不会再有了。人说情义无价,文章好坏总不能与无价的情谊相比。因此,再有什么与性情、与厉害、与利益不相符的事由,也都会迁就那无价的情义。这已经成了我们三人的"默契"了。

彭兆荣与徐新建:那个时候我们很年轻

第二,协同。大家都懂得一个道理,越是向现代发展,很多的事情一个人越来越做不了。前些年不是老在讲"协同创新"吗。比如现在课题,一个人怎么做?申报书也写不了。文学人类学本来就是一个交叉学科,一个人要"交叉"那么多的学科、知识,总不如多几个志同道合的朋友吧。我们三人在协同方面很是默契:一个偏向于往古走,叶舒宪从神话-原型出发,一路往玉石之路迅跑。一个偏向于往外走,我打小在外语世家熏陶,一路研读着外国文学和文化,硕士和博士论文都做古希腊。一个偏向于往"多民族"方向走。徐新建是贵州的苗族,他做"多民族"研究是天然,不需要刻意什么。我们三人的协作虽算不上"天作之合",至少也有"三角效应"。经过多年的磨合,倘若要"竖立"一个学术主张,叶舒宪定调,徐新建提调,我至少立马找出"三点理由"。有基调,有圆说,还有理由,三人一撮合,事情就能搞定。于是就有了"4"效益。所以我说 $1+1+1 \neq 3$,至少是4。这4是什么?是互动,是效益。细算起来,是学科整合,是博士点,培养新生力量,是项目(我们三人各有一个重大招标项目,都是相互支持、互相协作的产物),是丛书(我们三人合作过多部丛书),是组织学术活动,是社会和学术资源的有效配置,当然也是进取,也是勉励,也有竞争。

第三,包容。其实,我们三人的性情差异很大,甚至可以说属于完全不同类型的人。三人中我最愚,这不是谦辞,是事实。我们三人明白,既要合作,就要包容,否则既做不了朋友,当不了兄弟,也做不了协作之事。

反正都是3,反正都有3,3是基数,3是大数。中国传统中的许多道理都是从数数来的,它不全然为科学,却成全了中国的道理。其实,我们兄弟三人也要斗嘴的,偶尔也脸红,回想起来,也在练"嘴功"。但是,兄弟不"记仇",都知道"和为贵"的道理。都知道"各美其美,美美与共"的景观好看。大者说,"天地人"三合一就有"和"。小者说,"三人行必有我师",何况是兄弟。

感谢生命中有你们,我的兄弟!

舒宪印象

陈跃红

繁忙仓促中试图用寥寥三千字记录一位交往了四十余年、学术履历丰富、研究业绩突出的老朋友形象，几乎是不可能完成的任务！可我必须一试，因为这同时也是一桩不能拒绝的邀约。思来想去，在书写文类的确定上，我觉得印象主义的人物勾勒不失为一种很好的选择，因为我相信，经过时间过滤和文字过滤留下的点滴印象，可能更接近对象的本真。

就这么只一晃，和舒宪认识交往已超过四十年，可我至今依旧清晰地记得第一次见面的场景，那是在河北承德师范专科学校宿舍的院子里。1982年暑期，教育部办的东方文学讲习班在承德师专校园开班，那可以说是改革开放后东方文学学科领域的第一期黄埔军校，北大季羡林教授等众多东方文学的泰山北斗纷纷出山来到承德这皇家避暑行宫之地，为我们这些刚毕业不久的青年教师摩顶授课，于今回想，真算得上是盛况空前，虽说食宿简陋，可我们都学得不亦乐乎。也就在这期间，一部由李翰祥执导，还没上演就引发媒体轰动的电影《火烧圆明园》就在师专附近著名的避暑山庄开拍，此前从未见过如何拍电影，所以那天午后没课，我就一个人跑到避暑山庄，纯是为了看看电影这玩意儿是如何拍出来的，满足一下自己的好奇心。兴尽归来，经过学员住宿区的时候，正是盛夏午后，阳光斑驳的院子里，有个敦实的年轻学员在那里自顾自地大声朗读法语，走近一交流，才知道他是来自陕西师范大学中文系的叶舒宪，于是我们就这样认识了。从此开启此后几十年的交往。此后但凡见面聊天，我们都以"承德东方文学黄埔一期"同学互称，亲近感自是不言而喻。

不过要说到我们之间的学术交往，时间虽算长久，但论及空间疆域却始终只是局限在比较文学学科这一亩三分地，尤其是中国比较文学学会（CCLA）的大学科活动范围，其他方面无论我怎么努力去回忆，都始终没什么印象的点点滴滴冒出来。这真是奇了！明明是多年好友相知，可同时又是如此的教科书式的学术圈友，典型的君子之谊啊，难怪四十年惺惺相惜，呼应默契，古人所论确实诚不欺我。那么好吧，我写这篇印象记，就真的绝不会去查阅任何简历资料或者相关论述，只说大脑中的印象了！

要说我脑海中关于舒宪的学术印象，能够立刻清晰呈现眼前的，大概就是那么一系列关键词：神话－原型批评、中国经典的现代诠释、文学人类学、玉石文化研究、跨学科视野下的现代神话学、超越文字记载的中国文化史研究，比较文学与比较文化研究的宏观方法论视野与实践，等等。应该说，在我有深刻印象的上述这些领域，他都有自己独到的学术论述和学科奉献，某些领域甚至算得上是开创性的引领者，譬如文学人类学和玉石文化研究。印象中，他出版的几十种专著和编著，发表的数百篇论文，所担任的十余套丛书主编和编委，数家全国学会会长和副会长，多本杂志编委和十余所大学兼职教授和研究员职位，他主要的学术研究视域所及，在我的印象中都如此深刻。当然，他也许还有其他领域的涉猎和成绩，由于不在我的印象中，就不逐一加以印象批点了。

2021年夏季，中国比较文学学会在新冠肺炎疫情包围下的广西大学校园召开第十三届年会暨国际学术研讨会，舒宪当选学会新一届会长。他在当选演讲中真诚地说，是因为我这个曾经的资深秘书长和多年负责组织的老副会长谦虚让位，他不得不勉为其难担此重任。其实事实并不完全是这样的情形，我今天要在这里真心说一句的是，推选舒宪确是众望所归。中国比较文学学会自1985年成立至今，在乐黛云老师及一众学会前辈的表率示范之下，学会的理事会和常务理事会历来都有一个很好的组织换届传统，那就是选人要出于公心，重点考虑学会的当下和未来发展，坚持选贤任能，推选为学科发展能够真正理事担当的学人。21世纪以来，学会三年一届，轮值一位会长，舒宪在学会目前历史性更替之际做一任会长，正是我们学会未来发展之所求，更是学会寄希望之所在。再过一些日子的2024年夏季大连十四届年会，我们这一代人在学会组织中都要陆续退居后台了，真心希望这个好传统在未来学会的发展历程中能够在新一代学者群体中得以发扬光大。想想真是有些不可思议，光阴无情！当年的成都年会，学会为我们这些建构中国比较文学大业的前辈学者颁发终身成就奖的盛况，似乎还是昨天的事情，这一晃，竟然又轮到我们"50后"交班了，此刻我坐在电脑前为舒宪做一篇印象式的学术总结，难免生出感慨。不过我依旧十分乐观，最近我在尝试写科幻哲理剧，写着写着感觉人生视野大开，在宇宙史、地球史的意义上，人类世这百十万年不过是一瞬，万把年的人类文明史更是毫秒级的闪回，至于个体生命，完全可以忽略不计。但这并不影响我们做事和写总结。

还是回到舒宪的印象吧，从《神话—原型批评》的翻译借鉴开始，他每涉猎一个学术分支，用今天流行的话语表述就是，他都能够做到"火出圈"，譬如他把神话-原型批评与中国传统阐释学和西方解释学的理论方法加以融合，完成了几百万字的诗经文化阐释、庄子的文化解析和山海经的文化阐释等著述，在学界引起普遍关注。也大约是1990年前后，学会召开第三届年会，也就是难忘的贵州贵阳年会期间，一个主题为文学人类学的专题分论坛开始冒头，此后每一届年会文学人类学都不会缺席，慢慢地就成了与平行研究、影响研究、比较诗学、译介学研究等主流大论题平起平坐的大论坛了，而且还常常因为选题新颖、言论前卫受到与会者追捧，讨论一座难求。后来顺理成章就成了学会的二级分会，独立自主地开创学科阵营了，其中能自始至终坚持不懈经营这门学科的几位领军人物，就是叶舒宪、徐新建、萧兵老师及彭兆荣等一众学者，虽然我也不时溜出我的本行跑来凑热闹，只因我对比较诗学和跨学科科技人文研究的热衷，但仅仅是敲敲边鼓而已。

后来，舒宪又一次出圈了，有一段时间他似乎热衷于玉石文化研究，不仅深入东南西北玉石的历史产地去大做田野考察，辨玉识玉，还游走于潘家园这类久负盛名的民间古玩市场。对于曾经毕业于地质专业，母校是当年的桂林冶金地质学校今天的桂林理工大学，学过岩石学、矿物学，当过地质勘探队员的我，什么叫作玉石，我常常不以为然，觉得就是一块成分比较纯净、硬度比较高的地球岩石圈的石头而已，天文地质学的探测研究已经证明，这太空宇宙中有某个遥远的星球，整个儿都由金刚石构成，一旦实现大规模开采，那个被称为稀见恒久远、一克永流传的钻戒将变得不如白菜！可是不久之后，舒宪关于玉石文化研究的文章一篇篇问世，到处讲座，引起学界注目，我这才意识到他另有所图，原来他是纠结、焦虑于国内外学术研究对于历史文献的过度依赖，试图从域外与本土、地上与地下、文献与实物等多个比较层面去深化中国历史文化的研究，尤其关注考古发掘出来的实物和田野考察后认定的遗迹，以及流播路径，结合中外文献和域外遗迹实物展开研究。这一回他从玉石入手对中国文化史的研究，又再次出圈，大胆冲破三千年或者四千年的成说纠结，看到了中华上古文明的万年之源。这不能不说是关于中华文明探源研究的一种田野包围城郭、实物力压文献的新的研究路径。值得一赞！

有时候，我总感觉舒宪的研究跨界和学术出圈有点越走越远、越走越深的趋势。这不，前一阵才见他在讨论新神话学，把神话与历史、神话与科幻、神话与好莱坞大片、神话与刘慈欣的《三体》《流浪地球》等大片一锅烩，就估摸他又会倒腾出什么来。很快便见到他在目前所任职的上海交大，在号称东方明珠的大上海，在这个充满现代和后现代氛围的东方魔都，竟然搞起了一座神话学研究院，还引起各级领导的重视，这个出圈就更令人称奇了！实在说，连我这个学术老江湖都拎不清，他是怎么做成这事的！你说他要是回陕西老窝去搞神话研究，我一点都不惊奇，他的神话原型批评研究以前就是从那里起步的，可这回是在时尚得了不得的大上海呀！不过，交往四十年，风风雨雨，山重水复，异军突起，在见识了他的多次学术出圈之后，我也就见怪不怪了。谁知道舒宪兄又在布什么样的局呢？

我们姑且怀着好奇心观察吧，几十年的经验，相信他一定不会让我们失望，期待他再一次大大地"火出圈"，给我们大伙儿又一次惊喜！

大先生叶舒宪

夏 敏

在我心里,叶舒宪教授是少数几位可将"大先生"三字放在名字前的人,因为他值得。叶老师长我十岁,我们相识于1993年中国比较文学学会张家界年会,三十年来我们在相关的学术会议上常常见到,每次见到总是倍感亲切。除了会议发言,我很少当面称其叶先生或叶教授,那样太生分,我通常跟着大家一起称他叶老师,有时也没大没小叫他"老叶"。

文学人类学第九届年会原定在我的学校召开,因为种种原因转到贵州财大,会上见到叶老师,彼此都表示了遗憾。一天会议下来,师友们济济一堂为他七十寿辰做庆生座谈,我坐在席上一时语噎。会后大家争相与他合影,我选择悄然离开。次日急着赶回,临行前发手机短信给他:"叶老师好!因赶飞机,提前离开。昨晚心里话也准备了一箩筐,百感交集,欲作贺寿,无奈太晚,惟默默祝愿老兄学术长青,万事顺遂。弟 夏敏 敬上。"会场上的他迅速复我:"哎呀!还没来得及交流呢!微信也没加。"我引用两人私信的意思有二:一是在他华诞之际我很有话想说,竟不知从何说起;二是自媒体发达至此,两位老友居然连微信都没加成,甚至连张像样的合影也找不到。

我与叶老师的交集起于文学人类学。20世纪80年代中期,我从西藏民族学院毕业即留校从教。那时正赶上80年代文化热,各种思潮涌入脑海。关注少数族群文化并奢望从中辟出适宜我的领域,成了我小小的"野心"。文学研究的"众声喧哗"中,我注意并认同弗莱的"神话-原型"理论及其在中国的推介者叶舒宪的名字,从这套理论延展开来,我随即读到列维-斯特劳斯《结构人类学》、普洛普《故事形态学》等一系列与文学的文化研究相关联的更多西方学者的著作。我也斗胆用他们的理论来研究藏族民歌、《西游记》人物原型及叙事方式等,撰成并发表《藏族〈世界形成歌〉部分的原型结构分析》[《西藏民族学院学报》(哲学社会科学版)1991年第1期]、《藏族民歌陈述方式及其文化成因的模态研究》[《西藏民族学院学报》(哲学社会科学版)1993年第4期]、《玄奘取经故事与西藏关系通考》(《西藏研究》1991年第1期)、《沙僧形名与西域研究》(《明清小说研究》1995年第2期)等一系列文章,写作中我频繁引用经叶舒宪老师之手译介的相关论著,它们为我早期文学研究鲜明的人类学取向打下了一定的学术基础。1994年我与于乃昌教授合著的《初民的宗教与审美迷狂》(青海人民出版社1994),拓展了我文学研究和审美研究的人类学视野,叶舒宪老师的论述成为我后来学术研究的重要动力,足见叶老师的研究对我的深远影响。

1993年相识以来,我与叶老师有着不间断的联系。每次会议上见到总能获赠他的新书,我是欣喜又崇敬。早期我们偶有书信联系,逢年过节我们会互寄贺卡。他的地址先是西安,后来是海南,再后来是上海。1995年,我调往厦门,次年赴北师大师从钟敬文先生研习民俗学,叶老师写信给了我许多鼓励。北师大学成归来,我陆续研究藏族歌谣、福建民间文化、两岸民间文学、中琉文学关系,无论我的学术领域如何变化,文学人类学的色彩从未改变。2005年我出版了《喜马拉雅山地歌谣与仪式——诗歌发生学的个案研究》(黑龙江人民出版社2005)寄赠一本给叶老师,他回信给予我很大的赞赏,称将来如果推出《文学人类学教程》希望我能承担歌谣一章。

许多年来,我也是从不间断追踪叶老师的学术轨迹。从神话研究、文化密码破译、四重论据汲古、玉文化探究……,我看到一位孜孜不倦、思维敏捷、学养深厚、学识渊博、记忆超群、口才绝佳的学术大咖,1990年代以来在中国文学与文化研究中的杰出贡献者,他在徐新建、彭兆荣二位老师及众弟子和同好的密切协作下,打开了中国文学研究人类学转向的一片新天地,他们共同致力于文学人类学的学科建设,培养了一大批投身于文学人类学研究的优秀人才,出版了一系列影响巨大的文学人类学著作。可以说,我从不间断地在收读到叶老师频频推出的各种读物中深受濡养。

如果面见叶老师,则有胜读十年书的感觉。每隔一段时间,中国比较文学学术年会或中国文学人类学研究分会学术年会,我都会积极参会,原因之一就是奔着叶老师的学术演讲而去。可以不惜得罪人地说,他总是发言中最渊博、最走心、最严密、最深厚、最引人注目的学术报告人,即使不是一个领域的学者也爱涌去看他的文字,听他的演讲。在强者如云的学术大咖中,个头不高、儒雅端庄的叶老师总是语出惊人,新见迭出,把众人在书斋里冥思苦想的问题分分钟通俗易懂地阐明了。别人的短板,往往是他的优势。他阅读古籍和外文文献的能力极强,相关资料总是信手拈来,在当代学者中他是少数能够真正做到博古通今、脚踩中西文化的人,他似乎天生就是一个为学术而生的人。

其实,叶老师最让我敬重的还是他的为人。他的学养、聪慧和勤奋是自不待言的,学富五车的他却十分低调,堪称谦谦君子,跟谁他都能唠上嗑,他真诚守信,乐于助人,提携后学,绝无架子。他虽自珍所学,却不固执己见,能包容、尊重不同见解与立场。与他一起聊天,他非常注意听取你的观点,并倾其所知做善意回应与补充,既让你的思考得到充分的肯定与鼓励,又让你从他的回应中获得收获;跟他聊学术,你不会感到有什么压力,他更不会因为你是学术牛人还是学术新人而区别对待你的想法。他在很多场合都说,人类学最大的优势就是向一切学科、一切领域、一切心灵开放,这种宽广、包容的学术胸襟也体现了他行事为人的胸怀。我的一些文章也偶尔被收到叶老师主编的一些著作或其中的参考文献当中,也说明叶老师对我的研究的看重。

当今惟论文、惟课题的评价体系,致使著作、论文与专家学者的职级挂钩,学术想象被工具化、功利化和格式化。很多人把学术研究当作沽名钓誉和职称晋级的敲门砖,没有思想的"吊书袋"和言之无物的空疏自话严重污染了学术空气,"学术江湖"和"伪学术",成为"稻粱谋"式学者追逐的方向。而"板凳坐得十年冷,文章不写半句空"的叶老师,却数十年如一日,秉持其三重证据和四重证据的学问方式朝着学术的金字塔尖攀爬,这是致力于纯正学术的正确之路,堪称后学们的楷模与标杆。

人生七十古来稀,潜心学问、健硕依然的叶老师继续在学术田野勤勉耕作,他的学术积累是后学们的福音,他的学术心得是启智的源泉,他的学术之道是值得垂范的榜样。

致敬并祝福大先生叶舒宪!

舒宪先生无恙

潘年英

我和叶舒宪先生是什么时候开始认识的？忘记了。好像很早就认识，至少，我很早就读过他的书。还是在20世纪80年代中期的时候，我就读过他编译的那本《神话—原型批评》，对于刚刚初涉学术河川的我来说，那是一个新奇而辽阔的知识领域和文化世界，遗憾我囫囵吞枣，未能完全消化这新颖的课程，以至于后来叶舒宪先生在这领域里摇旗呐喊、招兵买马的时候，我并不能上阵助他一臂之力。

我们真正有明确印象的见面，应该是1997年在厦门召开中国文学人类学第一届学术年会的时候。那时候，叶舒宪先生虽然在学术界已经大名鼎鼎，但人其实还很年轻，年龄才四十出头吧，我就更加稚嫩了，刚过而立之年，对学术有着太多的无知和困惑，也有太多的向往和憧憬。而就在这样的时节，叶舒宪先生带着一帮朋友，扛着"文学人类学"这幡大旗来到了厦门。我当时在厦大做访问学者，拜于名师林兴宅先生门下。说实话，那一届学术会能圆满举行，我也是出了一点力的，一来那届学术会议的主要经费来自林兴宅先生的慷慨解囊和赞助，二来我是会务组成员之一，里里外外忙了不少杂事。就在那届会议上，我认识了好些搞人类学的名流，包括中国台湾的李亦园和乔健先生，北京大学的乐黛云、汤一介夫妇，中央民大的庄孔韶先生，等等。易中天那时候还没有出名，整个会议期间，我都是跟他坐在一起的。然后，我就听到了叶舒宪先生精彩的演讲。他讲了些什么话呢？忘记了。我只记得他有很好的口才和渊博的知识。但他并不卖弄口才和知识，他说话就像拉家常一样，让人听起来蛮亲切，蛮随和，又蛮有趣味。那一次会议之后，叶舒宪先生把我们参会的论文编辑出版，取名《文化与文本》，他把我的一篇不成样子的学术随笔也收进去了，我那篇文章讲了些什么？忘记了。我现在还能记得的就是那篇文章完全的不成样子——有观点，但没有学术，就像一道乡人自制的凉拌菜，本来完全上不了台面，却被叶舒宪先生硬生生端到了豪华宴席上。

几年以后,我调动到湖南科技大学,叶舒宪先生也从他原来供职的海南大学调动到了中国社会科学院。然后,我跟几个志同道合的朋友主持了文学人类学学会的第二届学术年会。作为会长,叶舒宪先生当然继续在会上一如既往地侃侃而谈。我记得那次他谈的是一个口头文学的问题。我为什么记得他谈的是这个问题呢?因为我女儿那时才七岁,刚刚上小学三年级,她很好奇地跟我一起去参加会议,然后,在提问的环节,我儿女突然向叶舒宪先生提了一个奇怪的问题:"孔子为何述而不作?"女儿天真的提问引来与会者的哄堂大笑,但是,叶舒宪先生说,大家别笑,这可是一个非常重要而且尖锐的问题。于是,叶舒宪先生就这个问题展开了论述。他谈了差不多有二十来分钟。他具体怎么说的,我忘记了。我能记得的,是他提出的"大传统"和"小传统"这两个概念,再次刷新了我对文明史分期的知识。2021年叶先生和萧兵先生合著《〈论语〉:大传统视野的新认识》,将此观点发挥得淋漓尽致。

也就是在那次会上,我被叶舒宪先生拉进他的队伍里去做了一个滥竽充数的副会长,而为了编辑出版我们那届年会的论文集,我与叶舒宪先生有了更多的书信往来,以至于我曾一度以为自己也颇有点学者的样子了,其实我对学术一窍不通,尤其跟叶舒宪先生比较起来,我简直连学术的门都摸不到。

忘记了是哪一年,我和叶舒宪先生在成都相遇。也是开学术会议,他居然主动要求跟我住一个房间,其实会务组安排的是赵旭东先生跟我住一个房间,我无法拒绝他的要求,于是,那天晚上,我们又有机会在一起聊了很多的东西。但具体都聊了些什么,我现在一样都记不得了,能记得的是他问我索要一本书,就是我的那本内部出版的散文小说集《塑料》,我说对不起,这本书只带了一本过来,是签了名要送给其他人的,如果你喜欢,我回去另外给你寄一本。但回来后,我也没有给他寄书。不是舍不得给他寄,而是那本书太不成样子,我不好意思给他寄。但我的心里一直记得这个事,也一直期待着能有机会出版一本自己比较满意的书,然后寄给叶舒宪先生。但事实上,这样的机会过去没有,后来也没有。所以,直到今天,我还欠叶舒宪先生一本书。

叶舒宪先生是一位真正著作等身的大学者。他出版的书可能有近百种了吧,反正只要是能买得到的,我也差不多都买齐了。我是一个藏书爱好者,我家里的书汗牛充栋,堆积如山,而叶舒宪先生的书差不多占了我一个书架。我爱买书,但我很少看书,尤其是学术著作,我看得更少,很多著名学者的书,我买来之后,差不多翻一下目录就束之高阁了。但叶舒宪先生的书我确定是很认真地看了好几本。而每次读他的书,都很激动,我觉得,现在而今眼目下,像他这样扎实做学问的学者还真是不多。

  一晃眼,叶舒宪先生高寿七十了。也难怪,连我也六十一了啊!小潘都成老潘了,小叶岂能不很老叶!最近这十几年我几乎不再参加学术会议,所以我跟叶舒宪先生见面的机会就很少了,交流自然也少。他现在干什么?不知道。只知道他的书是一本接着一本地出版,我买也买不快,而他的每一本新书,差不多都有很新鲜的观点——我说观点新颖,这还是谦逊而低调了,其实他的新颖,差不多都是大动作——从"三重证据"到"四重证据",从"小传统"到"大传统",从"熊图腾"到"玉石崇拜"……他总是不停地发现学术新大陆,同时不停地革新着我们的知识系统。

  人生七十古来稀。以目前叶舒宪先生的身体状况,我觉得他后面仍然还会有学术大动作,这不足奇。我倒是有点担心我自己的身体,可能支撑不到见证他创造新的学术奇迹的那一天。不过,细想起来,能与叶舒宪先生有如此一段缘分,我已经心满意足了。几年前我生了一场大病,之后,记忆力下降得非常厉害,到如今,很多的人,很多往事,我都记得不真切了,但只要提到叶舒宪先生的名字,我就会想起他那貌不惊人的面目和他那如行云流水般的滔滔口才,也会记得那年我们一起去韶山参观伟人故居的画面——他带着大伙儿围着领袖铜像转圈圈,那时他手舞足蹈像个端公,我在旁边笑得不亦乐乎……

神话世界的追梦人

——致敬叶舒宪先生学术研究四十年

王宪昭

【题记】

神话是一个神奇的世界。人类从神话中走来,生活在当下充满神话的世界,又终会走向一个神话般的未来。面对中华大地上孕育而成的万年神话如何进行深入系统的学术研究和系统阐释,却并非一件易事。叶舒宪先生却以敏学的经历、非凡的勇气、超强的智慧、执着的精神在神话世界中遨游高翔。四十年过去了,读万卷书行万里路,西出阳关寻玉路,雪颔霜髯不自惊,数倍等身之著作,洋洋洒洒600多篇论文,像是为中国神话学研究抒写的鼓舞斗志的音符,又像是为中国神话学沃土中繁茂禾苗洒下的甘霖透雨。这里仅以"中国知网"收录的叶舒宪先生发表的550篇论文为蓝本,撷其一二,聊发观感,以表对神话宇宙追梦人叶舒宪先生从事神话学研究和教学的景仰与祝贺!

一、访古探幽、玉成中国说华夏[①]

【引言】

　　　　君子爱玉,腰间佩玉,温润如玉,博雅倜傥;
　　　　红山之玉,钟山之玉,昆仑之玉,诸玉共赏。

---

① 据不完全统计,叶舒宪自2008年发表《齐家文化与玉器时代》,至2023年发表的《从草原玉路到草原丝路——万年玉路踏查的理论创新意义》,其间共发表论文86篇,这些篇目都很好地反映出作者对玉的执着,以及从玉中做学问、从玉中看世界的学术情怀,进而从独具慧眼中发现玉成中国,也找到其中蕴含的更久远的中华文明。

齐家玉文化①、西玉东输②中审视夏商周历史，
玉液金浆③、玉石信仰中探讨古老中华文明④。
每一种史前玉现象均可当作神话研究主体⑤，
每一件出土玉器无不具有活力四射的生命⑥。
在玉的色彩中考察玉神话的丰富内涵⑦，

---

① 《齐家文化与玉器时代》，载《西北成人教育学报》2008年第1期。该文认为，齐家玉文化不是直接继承甘青地区的马家窑文化，而是来自中原的仰韶文化、龙山文化及北方的红山文化，重估了延续六个世纪之久的齐家古国在华夏文明起源方面的重要作用。在《玉器时代的"齐家古国"》（《检察风云》2008年第5期）、《黄河水道与玉器时代的齐家古国》（《丝绸之路》2012年第17期）中也探讨了相关的问题。

② 参见《丝绸之路还是玉石之路——河西走廊与华夏文明传统的重构》，载《探索与争鸣》2013年第7期；《西玉东输与华夏文明的形成》，载《丝绸之路》2013年第6期。

③ 参见《食玉信仰与西部神话的建构》，载《寻根》2008年第4期。文章以《山海经·西山经》为据，引不周山、不周风、玉文化、玉液金浆、昆仑山等探讨了食玉信仰与西部神话的建构。

④ 参见《玉石神话信仰与文明起源——审美发生研究的形而下视角》，载《比较文学与比较文化》2013年第21期；《玉石之路与华夏文明的资源依赖——石峁玉器新发现的历史重建意义》，载《上海交通大学学报》（哲学社会科学版）2013年第6期；《玉器与信仰：红山文化研究概要》，载《中外文化与文论》2015年第1期；《从"玉教"说到"玉教新教革命"说——华夏文明起源的神话动力学解释理论》，载《民族艺术》2016年第1期；《中华文明探源工程与玉文化研究》，载《丝绸之路》2017年第16期；《华夏文明的神话宇宙观与价值观——以昆仑玉山为中心的考察》，载《贵州社会科学》2020年第6期；《浅析商代玉器的渊源》，载《北京联合大学学报》（人文社会科学版）2021年第2期。

⑤ 这些方面的论述可参阅：《从石峁建筑用玉新发现看夏代的瑶台玉门神话——大传统新知识重解小传统》，载《百色学院学报》2013年第4期；《金镶玉的华夏起源》，载《检察风云》2013年第7期；《金玉合璧三星堆——在广汉市"三星堆与文学"论坛的演讲》，载《百色学院学报》2017年第6期；《引魂升天——灵宝西坡大墓随葬玉钺与陶灶的二元结构及宗教功能》，载《民族艺术》2017年第6期；《玉蝉不死：动物再生神话研究》，载《神话研究集刊》2020年第1期。

⑥ 这些方面的论述可参阅：《中国玉器起源的神话学分析——以兴隆洼文化玉玦为例》，载《民族艺术》2012年第3期；《玉人像、玉柄形器与祖灵牌位——华夏祖神偶像源流的大传统新认识》，载《民族艺术》2013年第3期；《新疆史前玉斧的文化史意义》，载《金融博览》2015年第12期；《石家河新出土双人首玉玦的神话学辨识——〈山海经〉"珥蛇"说的考古新证》，载《民族艺术》2016年第5期。

⑦ 参见《〈山海经〉与白玉崇拜的起源——黄帝食玉与西王母献白环神话发微》，载《民族艺术》2014年第6期；《白玉崇拜及其神话历史初探》，载《安徽大学学报》2015年第2期；《夏商周与黑白赤的颜色礼俗——玉文化视角的新解说》，载《百色学院学报》2017年第1期；《盘古精髓·女娲彩石·黄帝玄玉——中华创世神话考古专题"玉成中国丛书"总序》，载《百色学院学报》2018年第6期；《"玉"与"彩陶鱼纹"神话研究专题》，载《文化遗产》2019年第5期；《〈山海经〉的史前文化信息——以黄帝玄玉和熊穴神人为例》，载《贵州社会科学》2022年第5期；等等。

在玉的造型中发现玉意象中隐藏的祖灵①。
在玉的使用中的建构玉石为天的神话观②,
在玉的比较中寻找古今中外的文化交融③。
在玉的勘察中挖掘赓续文明的玉帛精髓④,
在玉的传播中体会中华民族的文化认同⑤。
寻玉路上跬步千里目接万载与玉不期而遇,

---

① 参见《怎样从大传统重解小传统——玉石之路、祖灵牌位和车马升天意象》,载《思想战线》2013 年第 5 期;《竹节与花瓣形玉柄形器的神话学研究——祖灵与玉石的植物化表现》,载《民族艺术》2014 年第 1 期。

② 《女娲补天和玉石为天的神话观》,载《民族艺术》2011 年第 1 期。

③ 参见《中日玉石神话比较研究——以"记纪"为中心》,载《民族艺术》2013 年第 5 期;《特洛伊的黄金与石峁的玉器——〈伊利亚特〉和〈穆天子传〉的历史信息》,载《中国比较文学》2014 年第 3 期;《从玉教到佛教——本土信仰与外来信仰的置换研究之一》,载《民族艺术》2015 年第 4 期;《从玉石之路到佛像之路——本土信仰与外来信仰的置换研究之二》,载《民族艺术》2015 年第 6 期;《中外玉石神话比较研究——文明起源期"疯狂的石头"》,载《贵州社会科学》2017 年第 1 期;等等。

④ 参见《三星堆与西南玉石之路——夏桀伐岷山与巴蜀神话历史》,载《民族艺术》2011 年第 4 期;《"玉帛为二精"神话考论》,载《民族艺术》2014 年第 3 期;《玉帛为二精神话续论》,载《民族艺术 2015 年第 3 期;《中国话语:从"重开丝路"到"玉帛之路"》,载《金融博览》2016 年第 10 期;《三星堆祭祀坑新发现丝绸及象牙的文化意义——"玉帛为二精"三续考》,载《民族艺术》2021 年第 4 期;《玉帛之路铸就化干戈为玉帛的中国经验》,载《艺术与设计》2021 年第 6 期;等等。

⑤ 参见《玉石神话与中华认同的形成——文化大传统视角的探索发现》,载《文学评论》2013 年第 2 期;《玉石之路与华夏认同》,载《中外文化与文论》2014 年第 1 期;《玉、马、佛、丝——丝路中国段文化传播多米诺效应》,载《人文杂志》2016 年第 9 期;《草原玉石之路与红玛瑙珠的传播中国(公元前 2000 年~前 1000 年)——兼评杰西卡·罗森的文化传播观》,载《内蒙古社会科学》2018 年第 4 期;《玉礼器奢侈品催生王宫经济——史前中原玉文化与华夏文明》,载《百色学院学报》2019 年第 5 期;等等。

君子爱玉①华夏重玉②玉成中国说③自然而成。

二、四重证据④、多重叙事⑤谱华章

【引言】

　　　　文献证据，口头证据，物的证据，借古鉴今重学理；
　　　　二重证据，三重证据，四重证据，格物致知巧融通。

神话学研究中把"证据法"作为访古探幽的实证，

---

① 参见《"玉器时代"的国际视野与文明起源研究——唯中国人爱玉说献疑》，载《民族艺术》2011年第2期；《我的"石头"记》，载《民族艺术》2012年第3期。

② 参见《从玉教神话到金属神话——华夏核心价值的大小传统源流》，载《民族艺术》2014年第4期；《玉石神话背后有一种"玉教"吗？——华夏文明的信仰之根的讨论》，载《百色学院学报》2014年第6期。

③ 叶舒宪先生"玉成中国"之说在不同时期不断提及，显示出玉、玉神话与中华传统文化与华夏文明的密切关系。如《玉教与儒道思想的神话根源——探寻中国文明发生期的"国教"》，载《民族艺术》2010年第3期；《玉文化先统一中国说：石峁玉器新发现及其文明史意义》，载《民族艺术》2013年第4期；《为什么说"玉文化先统一中国"——从大传统看华夏文明发生》，载《百色学院学报》2014年第1期；《玉教神话与华夏核心价值——从玉器时代大传统到青铜时代小传统》，载《社会科学家》2014年第12期；《多元"玉成"一体——玉教神话观对华夏统一国家形成的作用》，载《社会科学》2015年第3期；《玉文化与全景中国》，载《百色学院学报》2019年第2期；《从"问鼎中原"到"问鼎江南"——〈玉文化先统一长三角〉的知识创新》，载《丝绸之路》2021年第3期；《"玉成中国论"养成记——叶舒宪教授访谈录》，载《四川戏剧》2021年第10期；《三次统一·玉成中国·夏代问题》，载《百色学院学报》2022年第1期；等等。

④ 据不完全统计，叶舒宪自1994年发表《人类学"三重证据法"与考据学的更新》（《书城》1994年第1期），至2022年发表的《作为新文科方法论探索的四重证据法——以策展咸阳博物院"仰韶玉韵"展为例》（《社会科学家》2022年第3期），共使用"证据法"研究神话或阐释"神话证据法"的论文50余篇，其中，涉及"四重证据法"的论文就多达36篇。主要观点认为：一重证据指传世文献；二重证据指出土文献；三重证据指人类学的口传与非物质文化遗产，包括民俗学的民族学的大量参照材料；四重证据指考古实物和图像，强调以第四重证据为主的探索方向和研究策略，即"物证优先"原则，这就使得当今的中国文史哲研究者终于有条件走出文献知识的千年瓶颈束缚，从而真正践行"五千年中国"乃至"万年中国"的认知目标。

⑤ 叶舒宪主张，在神话研究中要将文化研究的多重叙事概念与国学研究的四重证据法相联系。参见《人类学的文学转向及"写"文化的多种叙事》，载《百色学院学报》2009年第5期；《物的叙事：中华文明探源的四重证据法》，载《兰州大学学报》（社会科学版）2010年第6期；《文学人类学：探寻文化表述的多重视野》，载《西南民族大学学报》（人文社会科学版）2011年第1期；等等。

在多重证据累加中不断强化神话对历史的记忆功能①。
从重视文献考据逐步演进到神话实践中的四重证据②,
地下文物③、图像叙事④、口头记忆,还包括民俗活动。
神话证据应用中充分强调"物证优先"的证明原则⑤,
四重证据的定位中尤其重视文本⑥与实物的文化属性⑦。
在四重证据中寻找中华民族五千多年文明的文化之根⑧,
在四重证据中发现尘封历史中淡出视野的中华熊图腾⑨。

---

① 参见《四重证据:知识的整合与立体释古》,载《江苏行政学院学报》2010 年第 6 期;《玄玉时代钩沉——四重证据法的新尝试》,载《安徽大学学报》2020 年第 1 期;等等。

② 参见《从神话-原型理论到人类学"三重证据法"——叶舒宪先生访谈录》,载《中文自学指导》1996 年第 1 期;《国学考据学的证据法研究及展望——从一重证据法到四重证据法》,载《证据科学》2009 年第 4 期。

③ 参见《〈容成氏〉夏禹建鼓神话通释——五论"四重证据法"的知识考古范式》,载《民族艺术》2009 年第 1 期。

④ 参见《第四重证据:比较图像学的视觉说服力——以猫头鹰象征的跨文化解读为例》,载《文学评论》2006 年第 5 期;《玄鸟原型的图像学探源——六论"四重证据法"的知识考古范式》,载《民族艺术》2009 年第 3 期;《虎食人卣与妇好圈足觥的图像叙事——殷周青铜器的神话学解读》,载《民族艺术》2010 年第 2 期;《论四重证据法的证据间性——以西汉窦氏墓玉组佩神话图像解读为例》,载《陕西师范大学学报》(哲学社会科学版)2014 年第 5 期;等等。

⑤ 参见《物的叙事:中华文明探源的四重证据法》,载《兰州大学学报》(社会科学版)2010 年第 6 期;《物证优先:四重证据法与"玉成中国三部曲"》,载《国际比较文学》2020 年第 3 期。

⑥ 参见《羌人尚白与夏人尚黑——文化文本研究的四重证据法示例》,载《文学人类学研究》2018 年第 1 期。

⑦ 参见牟延林、彭兆荣:《文化表述:关于表述问题的多学科对话》,载《文化遗产研究》2012 年第 0 期。户晓辉认为,"四重证据中的第一、第二重证据可以称为'文字'证据,第三重证据的口传文化可以称为'语言'和民俗证据,第四重证据可以合称为'物象'证据。无论哪一重证据,都属于文化概念的范畴。"参见户晓辉:《四重证据法的文化科学方法论基础》,载《社会科学家》2022 年第 3 期。

⑧ 参见《四重证据的立体释古方法——〈熊图腾〉与文化寻根》,载《华夏文化论坛》2010 年第 0 期。

⑨ 参见《"轩辕"和"有熊"——兼论人类学的中国话语及四重证据阐释》,载《广西民族大学学报》(哲学社会科学版)2008 年第 5 期;《黄帝名号的神话历史编码——四重证据法再释"轩辕"与"有熊"》,载《百色学院学报》2012 年第 3 期;《〈天问〉"虬龙负熊"神话解——四重证据法应用示例》,载《北方论丛》2014 年第 6 期;《再论四重证据法的证据间性——从巢湖汉墓玉环天熊图像看楚族熊图腾》,载《社会科学战线》2015 年第 6 期;《汉代的天熊神话再钩沉——四重证据法的证据间性申论》,载《民族艺术》2016 年第 3 期;《天熊伏羲创世记——四重证据法解读天水伏羲文化》,载《兰州大学学报》(社会科学版)2018 年第 6 期。

在四重证据中再续中华传统文化基因①与古史谱系②，
在四重证据中分析千姿百态神话意象的背景与发生③，
把神话多重证据与文学人类学方法有效结合在一起④，
强调证据、采集证据、依靠证据阐释中华古老传统⑤。

三、神话－原型⑥、N 级编码⑦辟新路

【引言】

人原型，物原型，事件原型，通常具有神话原型，
A 编码，B 编码，符号编码⑧，最终形成 N 级编码。

纵观人文社科发展史足以发现神话对人类文明的包容，
文学、文化、历史、哲学、人类学等无不发源于神话－原型。

---

① 参见《良渚文化葬玉制度"钺不单行"说——四重证据法求解华夏文化基因》，载《民族艺术》2020 年第 5 期。
② 参见《祝融：神话历史的复活——四重证据法重建楚版上古史谱系》，载《孔学堂》2022 年第 4 期。
③ 参见《珥蛇与珥玉：耳饰起源的神话背景——四重证据法的玉文化发生研究》，载《百色学院学报》2012 年第 1 期；《红山文化玉蛇耳坠与〈山海经〉珥蛇神话——四重证据求证天人合一神话"大传统"》，载《西南民族大学学报》2012 年第 12 期。
④ 参见《人类学"三重证据法"与考据学的更新》，载《书城》1994 年第 1 期；《文学人类学的中国化过程与四重证据法——学术史的回顾及展望》，载《社会科学战线》2010 年第 6 期。
⑤ 在叶舒宪先生的许多论文中通过四重证据法深入剖析人们知其然而不知所以然的一些文化现象，进而揭示其文化传统的来龙去脉，诸如显圣物、萨满幻象等。参见《创世、宇宙秩序与显圣物——四重证据法探索史前神话》，载《百色学院学报》2019 年第 3 期；《创世鸟神话"激活"良渚神徽与帝鸿——兼论萨满幻象对四重证据法的作用》，载《民族艺术》2019 年第 2 期；《萨满幻象与四重证据法——〈四重证据法研究〉书后》，载《百色学院学报》2019 年第 1 期；等等。
⑥ 叶舒宪在 20 世纪 80 年代力推神话原型批评理论，在学术界影响深远。据不完全统计，发表与原型有关的神话研究论文近 40 篇。如早期发表的《神话－原型批评的理论与实践》（上），载《陕西师大学报》（哲学社会科学版）1986 年第 2 期；《神话－原型批评的理论与实践》（下），载《陕西师大学报》（哲学社会科学版）1986 年第 3 期等，都引起不同人文学科学者的普遍关注。
⑦ 参见《文化文本的 N 级编码论——从"大传统"到"小传统"的整体解读方略》，载《百色学院学报》2013 年第 1 期。
⑧ 参见《玉璧的神话学与符号编码研究》，载《民族艺术》2015 年第 2 期。

且不说文学中的英雄、太阳①、美人幻梦②原型各具情态，鸱鸮③、牛头西王母④、数字"七"⑤均可探究原型特征。文化现象中的恋母⑥、虎⑦、玉兔⑧、二龙戏珠⑨来源可考，历史中的国家⑩、圣人⑪、炎黄⑫与神话也是如影随形。哲学中的原始思维⑬、宇宙观⑭、老子哲学⑮、华夏思想⑯，器物中的勾云鸮形⑰、凤纹⑱、蛙人⑲、玄鸟⑳逐一辨明。

---

① 参见《英雄与太阳——〈吉尔伽美什史诗〉的原型结构与象征思维》，载《民间文学论坛》1986年第1期。
② 参见《中国文学中的美人幻梦原型》，载《文艺争鸣》1992年第5期。
③ 参见《经典误读与知识考古——以〈诗经·鸱鸮〉为例》，载《陕西师范大学学报》（哲学社会科学版）2006年第4期。
④ 参见《牛头西王母形象解说》，载《民族艺术》2008年第3期。
⑤ 参见《原型数字"七"之谜——兼谈原型研究对比较文学的启示》，载《外国文学评论》1990年第1期。
⑥ 参见《光·恋母·女性化——〈源氏物语〉的文化原型与艺术风格》，载《东方丛刊》1992年第2辑。
⑦ 参见《中国虎文化图说》，载《寻根》2010年第3期。
⑧ 参见《玉兔神话的原型解读——文化符号学的N级编码视角》，载《民族艺术》2014年第2期。
⑨ 参见《二龙戏珠原型小考——兼及龙神话发生及功能演变》，载《民族艺术》2012年第2期。
⑩ 参见《从汉字"國"的原型看华夏国家起源——兼评"夏代中国文明展：玉器·玉文化"》，载《百色学院学报》2014年第3期。
⑪ 参见《中国圣人神话原型新考——兼论作为国教的玉宗教》，载《武汉大学学报》（人文科学版）2010年第3期。
⑫ 参见《龙血玄黄——大传统新知识求解华夏文明的原型编码》，载《百色学院学报》2018年第5期。
⑬ 参见《原始思维发生学研究导论》，载《哲学研究》1988年第2期；《神话思维再探》，载《文艺理论研究》1992年第1期。
⑭ 参见《中国神话宇宙观的原型模式》，载《民间文学论坛》1988年第2期。
⑮ 参见《老子与神话思维》，载《求索》1992年第6期；《老子哲学与母神原型》，载《民间文学论坛》1997年第1期。
⑯ 参见《从玉教到儒教和道教——从大传统的信仰神话看华夏思想的原型》，载《社会科学家》2017年第1期。
⑰ 参见《红山文化"勾云形玉器"为"鸮形玉牌"说——玄鸟原型的图像学探源续篇》，载《民族艺术》2009年第4期。
⑱ 参见《河图的原型为西周凤纹玉器说》，载《民族艺术》2012年第4期。
⑲ 参见《蛙人：再生母神的象征——青海柳湾"阴阳人"彩陶壶解读》，载《民族艺术》2008年第2期。
⑳ 参见《玄鸟原型的图像学探源——六论"四重证据法"的知识考古范式》，载《民族艺术》2009年第3期。

通过文化编码解析节俗灯谜①、七夕神话天桥仪式②，
利用汉语词汇编码逻辑、编码类型③将研究带入佳境。
学术研究中高度重视开拓文化文本的多级编码视野④，
原编码⑤、多元编码⑥、N级编码⑦为神话研究独辟蹊径。

四、大小传统⑧、多元学科探文明

【引言】

    大传统，小传统，新旧传统，映照中华文化传统；
    神话学，人类学，比较文学，融通兼顾人文科学。

---

  ① 参见《中国文化的编码与解码自觉——序〈中国灯谜年鉴〉》，载《百色学院学报》2013年第5期。

  ② 参见《乞桥·乞巧·鹊桥：从文化编码论看七夕神话的天桥仪式原型》，载《民族艺术》2013年第6期。

  ③ 参见《风、云、雨、露的隐喻通释——兼论汉语中性语汇的文化编码逻辑》，载《新东方》1997年第1期；《方物，〈山海经〉的分类编码》，载《海南师范学院学报》（人文社会科学版）2000年第1期。

  ④ 参见《文采之今昔——文化文本的多级编码视野》，载《文化学刊》2013年第5期。

  ⑤ 参见《"玉"礼器：原编码中国——〈周礼〉六器说的大传统新求证》，载《文化遗产》2019年第5期。

  ⑥ 参见《八面雅典娜：希腊神话的多元文化编码》，载《兰州大学学报》（社会科学版）2014年第1期。

  ⑦ 参见《四重证据·N级编码·"玉教"理论——叶舒宪先生访谈兼答李永平教授》，载《陕西师范大学学报》（哲学社会科学版）2016年第5期。

  ⑧ 据不完全统计，叶舒宪发表的有关文化传统的论文有30余篇。其中，认为"基于四重证据法的立体性研究经验，在2010年提出'文化大传统'的全新理念，特指无文字时代的文化传统。而探索无文字的文化传统的问题意识，自觉地引领研究者走出文献本位的传统窠臼，将文字书写传统视为后起的小传统。"参见《物证优先：四重证据法与"玉成中国三部曲"》，载《国际比较文学》2020年第3期。

神话研究的最高境界在于系统揭示人类文明，
人类文明的分析与阐释需要科学界定大小传统①。
通过探寻中国文化大小传统努力推进人文创新②，
在文化传统中审视《论语》③《庄子》④《山海经》⑤。
透视文化大传统发现"神话中国"⑥"万年中国"⑦，
华夏核心价值⑧、早期文论精神⑨无不寓于传统之中。
探源古老中华文明⑩需要具有多学科新文科意识⑪，

---

① 参见《人类学中的"文化"概念》，载《中外文化与文论》2000年第0期；《中国文化的大传统与小传统》，载《党建》2010年第7期；《重释古代中国的大小传统》，载《文化遗产研究》2011年第0期；《重新划分大、小传统的学术创意与学术伦理——叶舒宪教授访谈录》，载《社会科学家》2012年第7期；《大小传统再划分与文化理论的突破主持人言》，载《思想战线》2013年第5期；《统一中国的三大浪潮说——文化大传统视角的新理论建构》，载《上海文化》2019年第10期；等等。

② 参见《探寻中国文化的大传统——四重证据法与人文创新》，载《社会科学家》2011年第11期。

③ 参见《孔子〈论语〉与口传文化传统》，载《兰州大学学报》2006年第2期。

④ 参见《〈庄子〉轮回说——中印佛教思想会通研究》，载《海南大学学报》（人文社会科学版）1996年第2期。

⑤ 参见《司南：〈山海经〉方位与占卜咒术传统》，《广西民族学院学报》（哲学社会科学版）2003年第5期；《从文学中探寻历史信息——〈山海经〉与失落的文化大传统》，载《文艺理论研究》2012年第2期；《红山文化玉蛇耳坠与〈山海经〉珥蛇神话——四重证据求证天人合一神话"大传统"》，载《西南民族大学学报》（人文社会科学版）2012年第12期；等等。

⑥ 参见《中国的神话历史——从"中国神话"到"神话中国"》，载《百色学院学报》2009年第1期。

⑦ 参见《万年中国说——大传统理论的历史深度》，载《遗产》2019年第1期。

⑧ 参见《从玉教神话到金属神话——华夏核心价值的大小传统源流》，载《民族艺术》2014年第4期；《玉教神话与华夏核心价值——从玉器时代大传统到青铜时代小传统》，载《社会科学家》2014年第12期。

⑨ 参见《"文"与"论"的文化之根——〈文化大传统与中国早期文论精神〉序》，载《百色学院学报》2021年第4期。

⑩ 叶舒宪利用考古、文学人类学、民族学、比较文学多种学科知识多角度探讨中华文明的论文多达100余篇。如叶舒宪、苏永前：《神话学与"中华文明探源"——叶舒宪先生学术访谈录》，载《甘肃社会科学》2011年第6期；廖明君、叶舒宪：《中华文明探源的神话学研究——叶舒宪教授访谈录》，载《民族艺术》2012年第1期；叶舒宪、杨骊、魏宏欢：《探源中华文明，重讲中国故事——中国文学人类学研究会会长叶舒宪先生访谈》，载《四川戏剧》2015年第6期；《华夏文明五千年的新求证》，载《百色学院学报》2019年第6期；《"神话中国"观对文明探源的理论意义》，载《文化遗产》2022年第5期；等等。这些研究成果在其精品力作《中华文明探源的神话学研究》（社会科学文献出版社2015）一书中有系统阐释。

⑪ 参见《再论"文化"概念的破学科效应》，载《南方文坛》2002年第3期。

将神话学①、人类学②、文化学③等在探源中贯通。

在东西方文化的碰撞中多视角考察人类文明的建构④，

在草原文化、戈文化、熊文化中探寻华夏文明的发生⑤。

神话探源中注重从文字文本到文化文本的跨越⑥，

兼容并蓄博采众长在文化寻根⑦中激发文化启蒙⑧。

五、漫步天涯，追梦神话元宇宙⑨

【引言】

> 百里路，千里路，万里路，踏出崎岖平坦路；
> 寻玉梦，考古梦，溯源梦，汇成多彩神话梦。

---

① 参见《中华文明探源的比较神话学视角》，载《江西社会科学》2009年第6期；《中华文明探源的神话学研究》，载《丝绸之路》2016年第3期。

② 参见《文学人类学：田野与文本之间》，载《文艺研究》1997年第1期；《中华文明探源的人类学视角——以二里头与三星堆铜铃铜牌的民族志解读为例》，载《文艺研究》2009年第7期；《从"中国神话"到"神话中国"——文学人类学对神话研究范式的变革》，载《文化学刊》2017年第3期；等等。

③ 参见《口传文化与书写文化——"民族志诗学"与人类学的表现危机》，载《广东社会科学》2001年第5期；《神话观念决定论与文化基因说》，载《吉首大学学报》2017年第5期；《什么是"文化文本"——中国文化理论建构的文学人类学视角》，载《中外文化与文论》2021年第4期。

④ 参见《西方文化寻根中的"女神复兴"——从"盖娅假说"到"女神文明"》，载《文艺理论与批评》2002年第4期；《女神文明：前父权制欧洲的宗教》，载《湘潭大学学报》（哲学社会科学版）2007年第2期；《苏美尔青金石神话研究——文明探源的神话学视野》，载《中南民族大学学报》（人文社会科学版）2011年第4期。

⑤ 参见《文化传播：从草原文化到华夏文明》，载《内蒙古社会科学》2013年第1期；《戈文化的源流与华夏文明发生》，载《民族艺术》2013年第1期；《天熊神话：华夏文明的基因——兼及史前动物形酒器的萨满教幻意义》，载《吉林师范大学学报》（人文社会科学版）2019年第6期。

⑥ 参见《神话学：从文字文本到文化文本的跨越》，载《百色学院学报》2012年第2期；《什么是"文化文本"——中国文化理论建构的文学人类学视角》，载《中外文化与文论》2021年第4期。

⑦ 参见《秦文化源流新探——熊图腾与中原通古斯人假说》，载《学术月刊》2007年第6期；《中华三祖文化寻根》，载《百色学院学报》2018年第3期。

⑧ 参见《新启蒙：文化寻根与20世纪思想的转向》，载《天津社会科学》2005年第4期。

⑨ 参见《元宇宙的中国传统思想资源》，载《长江大学学报》（社会科学版）2022年第1期。

诗人曾云"纸上得来终觉浅,绝知此事要躬行"①,
读万卷书行万里路只为破译神话中的中华文明。
甘肃敦煌玉门②、玉门关上从兔葫芦沙丘眺望马鬃山③,
黄河古道山西吕梁兴县碧村小玉梁遗址探玉英④,
临夏广河县齐家坪遗址寻踪新石器齐家文化⑤,
会宁寻玉璋⑥、武威看鸠杖⑦、草原玉石路上驰骋⑧,
兴县猪山找到失落4000多年的史前石头城和祭坛⑨,
新疆南北两道上对玉石标本、"丝路"原型进行追踪⑩,
考察关陇古道试图揭开陇东史前"巨人"佩玉之谜⑪,
西部七省踏破铁鞋为华夏"玉帛之路"求实证⑫。

---

① [宋]陆游:《冬夜读书示子聿》。
② 参见《玉门、玉门关名义再思考——第十二次玉帛之路考察札记》,载《民族艺术》2018年第2期。
③ 参见《游动的玉门关——从兔葫芦沙丘眺望马鬃山》,载《丝绸之路》2014年第19期。
④ 参见《玉石之路黄河道再探——山西兴县碧村小玉梁史前玉器调查》,载《民族艺术》2014年第5期。
⑤ 参见《齐家文化玉器与西部玉矿资源区——第四次玉帛之路考察报告》,载《百色学院学报》2015年第3期;《齐家文化与玉帛之路文化考察访谈》,载《丝绸之路》2015年第13期;《关于齐家文化的起源——十次玉石之路考察的新认识》,载《中原文化研究》2019年第4期。
⑥ 参见《会宁玉璋王——第五次玉帛之路考察手记》,载《民族艺术》2015年第5期。
⑦ 参见《鸠杖·天马·玉团——玉帛之路踏查之武威笔记(二)》,载《百色学院学报》2015年第2期。
⑧ 参见《草原玉石之路与〈穆天子传〉——第五次玉帛之路考察笔记》,载《内蒙古社会科学》(汉文版)2015年第5期。
⑨ 参见《兴县猪山的史前祭坛——第六次玉帛之路考察简报》,载《百色学院学报》2015年第4期。
⑩ 参见《玉石之路新疆南北道——第七、第八次玉帛之路考察笔记百色学院学报》,载2015年第5期;《若羌黄玉——第八次玉帛之路考察笔记》,载《丝绸之路》2015年第21期。
⑪ 参见《陇东史前巨人佩玉之谜——第九次玉帛之路(关陇道)踏查手记》,载《百色学院学报》2016年第2期。
⑫ 参见《挑战"丝绸之路"的西方话语权:还我华夏"玉帛之路"真相——第九次玉帛之路(关陇道)文化考察活动天水总结会发言摘录》,载《丝绸之路》2016年第6期;《探寻华夏文明,助力文博盛会——第九次玉帛之路(关陇道)文化考察活动启动仪式》,载《丝绸之路》2016年第6期;《踏破铁鞋有觅处 西部七省探玉路——九次"玉帛之路"考察及成果综述》,载《丝绸之路》2016年第13期。

武山①、陕北②、腾格里沙漠③、北洛河道④马不停蹄,
大地湾⑤、四坝遗址⑥、良渚遗址⑦等地留下奔走的身影。
访遍国内国外无数大大小小各具情态的文化博物馆,
漫步天涯⑧,追梦神话元宇宙只为中国神话学的振兴。

附图:叶舒宪发表论文图谱分析

下图主要基于中国知网刊载的叶舒宪550余篇研究论文。

---

① 参见《武山鸳鸯玉的前世今生——第十次玉帛之路渭河道考察札记》,载《百色学院学报》2016年第5期。
② 参见冯玉雷、叶舒宪等:《走进广阔田野,追溯文明脉络——第十一次玉帛之路(陇东陕北道)文化考察活动启动仪式暨玉帛之路文化考察系列丛书首发仪式发言摘录》,载《丝绸之路》2017年第15期。
③ 参见《环腾格里沙漠的古道——第三次玉帛之路考察缘起》,载《百色学院学报》2017年第4期。
④ 参见《玄玉与黄帝——第十四次玉帛之路(北洛河道)考察简报》,载《丝绸之路》2018年第11期。
⑤ 参见《大地湾出土玉器初识——第十三次玉帛之路文化考察秦安站简报》,载《百色学院学报》2018年第1期。
⑥ 参见《四坝文化玉器与马鬃山玉矿——第十三次玉帛之路文化考察(金塔)札记》,载《丝绸之路》2018年第1期。
⑦ 参见《第十五次玉帛之路文化考察缘起——在良渚遗址管委会座谈会上的发言》,载《丝绸之路》2019年第3期。
⑧ 时至2023年暑季,叶舒宪率团赴东北三省、内蒙古自治区等地开展了第十六次玉帛之路文化考察,历时十五天,总行程近五千公里。通过考察,基本了解了东北地区史前玉文化的演变脉络,明确了万年来自北向南依次传播的玉文化传统,积累了以玉器为载体的中国万年文化史料。

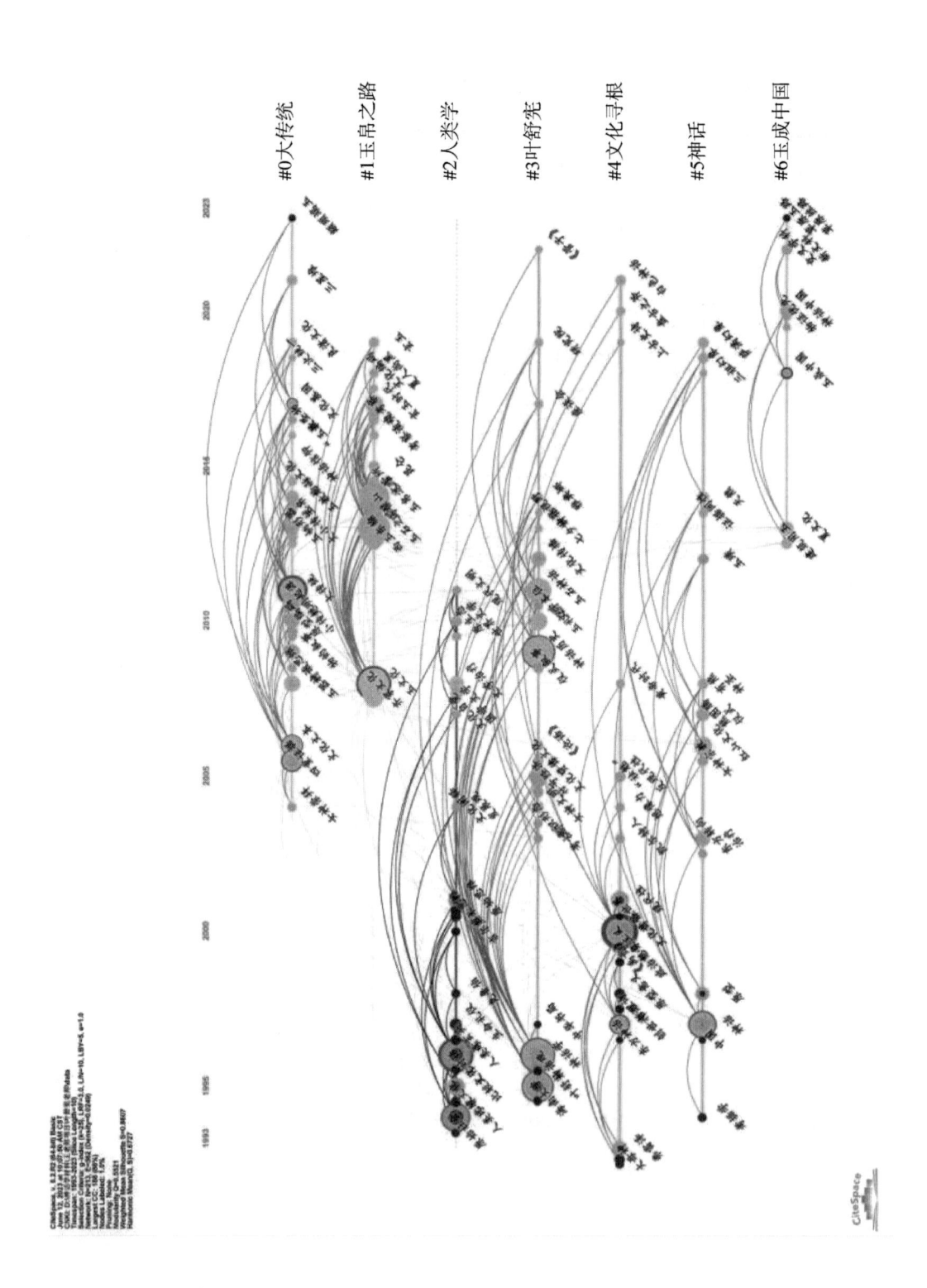

#0大传统
#1玉帛之路
#2人类学
#3叶舒宪
#4文化寻根
#5神话
#6玉成中国

跨学科研究的中国经验

——我与叶舒宪先生的学术交往

廖明君

前些天,上海交通大学胡建升老师告知他们正在组织编撰叶舒宪先生七十华诞纪念文集,嘱我为之写一些文字。

当时我是欣然答应了的,孰料过后为了推动一件要务的解决,使得我总是难以静下心来动笔。直到事情水落石出,有了最终的结果,我才得以静下心来,回想我与叶舒宪先生交往的点点滴滴。

与许多朋友一样,我与叶舒宪先生的交往主要源于《民族艺术》杂志。但与许多朋友不一样的是,在叶舒宪先生成为《民族艺术》杂志的作者之前,我就已经关注到他的学术研究。

读研的时候,导师胡光舟先生收藏有一整套的"走向未来丛书",我基本都向胡先生借来阅读,其中一本就是叶舒宪先生所著的《探索非理性的世界》。我由此而开始接触原型批评的理论与方法,了解到原型批评的特点和局限,此外,叶舒宪先生与俞建章先生合著的从符号学理论来解读艺术起源的著作《符号:语言与艺术》也是令我着迷。可以说,上述两部著作是属于我读研时期所阅读的"杂书"之类。后来回想,恰恰是此类"杂书",于冥冥之中预示着我的"离经叛道"的学术之路——脱离纯粹的文学研究,转向传统文化的跨学科解读。当时,我不但从生命哲学的视角来解读李贺诗歌[①],也尝试着从跨学科的视角去审视中国古代的后羿逐日神话[②]。于是,叶舒宪先生相继于1991、1992年出版的《英雄与太阳——中国上古史诗原型重构》《中国神话哲学》当然也

---

① 相关研究成果见廖明君:《生死攸关——李贺诗歌的哲学解读》,东方出版社,2005年。
② 廖明君:《生命·时间·生命——射日、逐日等太阳神话哲学内蕴初探》,载《东方丛刊》1993年第1期。

就成为我的必读书籍。

我研究生的专业虽是中国古代文学,研究方向是唐宋文化,但由于导师胡光舟先生一向倡导"文史哲不分家"的国学传统,强调阅读经典,我也就有机会去阅读《诗经》《老子》《庄子》《左传》等传统经典,参加工作之后,我的研究领域转移到了传统文化特别是岭南民族文化的考察研究,因而对叶舒宪先生出版于1994年的《〈诗经〉的文化阐释》《〈老子〉的文化解读》(与萧兵先生合著)也是用心阅读。

1997年11月14日至17日,经《广西民族大学学报》(哲学社会科学版)主编徐杰舜老师邀请,我前往厦门参加首届中国文学人类学学术研讨会。会议围绕"多学科、多方法、多层面、多功能——走向新世纪的(中国)文学人类学"这一中心议题,就文学人类学的定位、多元文化、同质性、方法论口传/书写、文化展演、知识体制等问题进行了集中和深入的讨论,其"多学科、多方法、多层面、多功能"的主题与我正在思考的《民族艺术》的办刊理念正相吻合,引起我极大的共鸣。与会专家学者五十余人,中国比较文学学会主席乐黛云教授、中国台湾"中央研究院"院士李亦园教授、中国文化书院院长汤一介教授及近年来活跃于比较文学和人类学界并致力于文学人类学研究的萧兵、叶舒宪、庄孔韶、曹顺庆、徐新建、杨儒宾、刘毓庆、易中天、郑元者等参加会议并做了精彩的发言。

我在会上结识了彭兆荣、萧兵、徐新建、周凯模等学者,也有机会与叶舒宪先生深入交谈。那时我刚主持《民族艺术》的刊物,正在形成"多民族、大艺术、跨学科"的办刊理念,企图多做一些立足跨学科来研究传统文化的文章,与叶舒宪先生交流之后,得到了他的肯定,并承诺予以支持。记得叶舒宪先生最后还说他会把近年的著作送给我。固然,回到南宁后不久我就收到了叶舒宪先生惠赠的大著《庄子的文化解析》。

之后不久,叶舒宪先生又寄来大文《中国上古地母神话发掘——兼论华夏"神"概念的发生》,我马上安排在《民族艺术》1997年第3期的"文化研究"专栏刊发。"文化研究"专栏开设于《民族艺术》1997年第1期,可以说是《民族艺术》新的办刊理念"多民族、大艺术、跨学科"的重要呈现和尝试,因此,叶舒宪先生《中国上古地母神话发掘——兼论华夏"神"概念的发生》真可谓是及时雨。两年之后,叶舒宪先生《〈山海经〉神话政治地理观》又在

《民族艺术》1999 年第 3 期的"文化研究"专栏推出。直到二十年之后，我已经离开了《民族艺术》，叶舒宪先生的《神话历史与神话图像》《玄黄赤白——古玉色价值谱系的大传统底蕴》《引魂升天：灵宝西坡大墓随葬玉钺与陶灶的二元结构及宗教功能》依然分别在《民族艺术》2017 年第 1 期、第 3 期的"文化研究"专栏和第 6 期的"前沿论坛"刊发。

我当时为了打破国内学术期刊论文集化的格局，特意在《民族艺术》开设了一些非论文化的专栏，此创意也获得叶舒宪先生的支持——1998 年第 1 期"学术思辨录"专栏刊发了叶舒宪先生的《谁在导演张艺谋？》，1998 年第 2 期"读书随笔"专栏刊发了叶舒宪先生的《诗歌的人类学视野》，1998 年第 4 期"思辨随笔"专栏刊发了叶舒宪先生的《谜语：智力游戏与咒术陷井》，以及 2001 年第 4 期和 2002 年第 2 期的"人文思辨"专栏分别刊发了叶舒宪先生的《现代性与原始性：符号如何建构现实》《身体人类学随想》。

细心的读者可能会发现 1999 年至 2007 年，《民族艺术》都没有刊发叶舒宪先生的文稿。这主要是我忙于别的杂务，与叶舒宪先生的联系少了一些（其实也还是有联系的，记得我与叶舒宪先生就其从海南大学调往中国社会科学院文学研究所一事就过过比较深入的交流），更重关键的是，叶舒宪先生的学术研究对象有了较大的调整——其研究重心已经从对中国古代经典的跨学科的文化解读转移到了对中国传统文化特别是对中华文明起源的跨学科探究，这自然需要一定的时间来进行积累，然后就是所谓的"厚积薄发"。

在一直追踪叶舒宪先生学术研究的基础上，十年之后经与叶舒宪先生协商，我再一次打破常规，在《民族艺术》为叶舒宪先生开设个人学术专栏"神话与图像"（后来调整为"神话·图像"），从 2008 年第 1 期开始，一直延续到 2019 年，基本上不间断地连续十年推出叶舒宪先生运用"四重证据法"结合图像通过对神话的跨学科解读来探究中华文明起源的系列论文——《大禹的熊旗解谜》《蛙人：再生母神的象征——青海柳湾"阴阳人"彩陶壶解读》《牛头西王母形象解说》《二里头铜牌饰与夏代神话研究——再论"第四重证据"》《〈容成氏〉夏禹建鼓神话通释：五论"四重证据法"的知识考古范式》《物的叙事：史前陶靴的比较神话学解读》《玄鸟原型的图像学探源——六论"四重证据法"的知识考古范式》《红山文化"勾云形玉器"为"鸮形玉牌"说》《鹰熊、鸮熊与天熊——鸟兽合体神话意象及其史前起源》《虎食人卣与妇好圈足觥的图像叙事——殷周青铜器的神话学解读》《玉教与儒道思想的神话根源——探寻中国文明发生期的"国教"》《西周神话"凤鸣岐山"及其图像叙事》《女娲补天和玉石为天的神话观》《"玉器时代"的国际视野与文明起源研究——唯中国人爱玉说献疑》《伊甸园生命树、印度如意树与"琉璃"原型通考——苏美尔青金石神话的文明起源意义》《三星堆与西南玉石之路——夏桀伐岷山与巴蜀神话历史》《班瑞：尧舜时代的神话历史》《二龙戏珠原型小考——兼及龙神话发生及功能演变》《中国玉器起源的神话学分析——以兴隆洼文化玉玦为例》《河图的原型为西周凤纹玉器说》《戈文化的源流与华夏文明发生》《〈亚鲁王·砍马经〉与马祭仪式的比较神话学研究》《玉人像、玉柄形器与祖灵牌位——华夏祖神偶像源流的大传统新认识》《玉文化先统一中国说：石峁玉器新发现及其文明史意义》《中日玉石神话比较研究——以"记纪"为中心》《乞桥·乞巧·鹊桥：从文化编码论看七夕神话的天桥仪式原型》《竹节与花瓣形玉柄形器的神话学研究——祖灵与玉石的植物化表现》《玉兔神话的原型解读——文化符号学的N级编码视角》《"玉帛为二精"神话考论》《从玉教神话到金属神话——华夏核心价值的大小传统源流》《玉石之路黄河道再探——山西兴县碧村小玉梁史前玉器调查》《〈山海经〉与白玉崇拜的起源——黄帝食玉与西王母献白环神话发微》《从玉教神话看"天人合一"——中国思想的大传统原型》《玉璧的神话学与符号编码研究》《玉帛为二精神话续论》《从玉教到佛教——本土信仰与外来信仰的置换研究之一》《会宁玉璋王——第五次玉帛之路考察手记》《从玉石之路到佛像之路——本土信仰与外来信仰的置换研究之二》《从"玉教"说到"玉教新教革命"说——华夏文明起源的神话动力学解释理论》《尧舜禅让：儒家政治神话的历史建构》《汉代的天熊神话再钩沉——四重证据法的证据间性申论》《石家河新出土双人首玉玦的神话学辨识——〈山海经〉"珥蛇"说的考古新证》《河出昆仑神话地理发微》《玉帛之路 玉门、玉门关名义再思考——第十二次玉帛之路考察札记》《创世鸟神话"激活"良渚神徽与帝鸿——兼论萨满幻象对四重证据法的作用》。

之所以不耐其烦地罗列出这一系列论文，除了是想帮助读者更多地了解叶舒宪先生对于《民族艺术》的关爱，以及对我的工作的大力支持；更重要的是因为这一系列论文较好地呈现了叶舒宪先生有关神话中国、文化大小传统、四重证据、神话历史、N级编码、文化文本、玉文化先统一中国等独特而极为重要的学术思想,从中也可见出对于"四重证据法"等相关理论,叶舒宪先生并不是空泛地提出,而是在自己的学术研究中身体力行,运用"四重证据法"进行实证式的跨学科研究。

为了帮助学者将其学术经历、学术思辨、学术理念乃至学术思想更为具象地呈现给学界,在打破学术期刊论文集化理念的指导下,从1998年开始,我在《民族艺术》开设了"学术访谈"专栏,邀请一些在特定研究领域获得重要突破的学者进行学术对话,叶舒宪先生自然也是"学术访谈"专栏重要的访谈对话。

2009年第3期《民族艺术》的"学术访谈"推出我与叶舒宪先生所进行的题为《迎接神话学的范式变革》访谈,针对神话学的基本理念、研究范式等从跨学科的立场开展了系统深入的对话,呈现出叶舒宪先生的宽阔的视界和深厚的学术功底。

从1996年中国文学人类学研究会正式成立开始,从人类学的立场和方法来观照中国文学在文学研究领域刮起了一股新的学术研究之风,也取得一些令人耳目一新的成果,当然也难免出现一些争议和困惑。有鉴于此,我特意邀请叶舒宪先生以《文学人类学:一门新兴交叉学科》为题进行访谈,并在2010年第4期《民族艺术》的"学术访谈"专栏中推出。在访谈中,叶舒宪先生明确指出文学人类学是一门新兴交叉学科,文学人类学的出现可以追溯到文学创作方面的人类学转向,认为不宜把文学人类学只归结为人类学的子学科,并结合个人的研究心得,提出文学人类学不仅"眼光要向下",眼光也要向大和向古,一直到文明起源之前的无文字状态即口传时代;文学人类学不仅仅是对一个新研究领域的整合与汇通,它还带来一种反思现有知识格局的视角。在访谈中,叶舒宪先生还肯定了《民族艺术》的办刊理念,以为"《民族艺术》侧重发表的大量从民族和地域文化视角研究文艺现象的论文,对于促进原有学科的'人类学转向',具有较大的引导作用"。

从2004年开始,国家启动了"中华文明探源工程",引起了社会各界的关注,学术界更是从不同的学科进行了相关研究工作。叶舒宪先生在对传统文化进行跨学科研究的同时,也从自己的研究领域出现,呼应中华文明探源工作。2009年,在与叶舒宪先生的交流中,我得知叶舒宪先生正在主持中国社会科学院重大项目A类"中华文明探源的神话学研究",就留心关注叶舒宪先生围绕该项目所进行的相关研究。到了 2012 年，我发现叶舒宪先生的相关研究已经获得了长足的进展，就又以《中华文明探源的神话学研究》为题，再次邀请叶舒宪先生从神话学研究的视角畅谈中华文明探源。① 在访谈中，叶舒宪先生阐明了由文学理论和文学批评所代表的人文阐释性研究能否对以考古实证和历史编年为客观性指标的文明探源工程提供必要的学术支持？如果可以，那又是怎样的一种参与和支持？此外，在尝试这种重大攻坚问题的学术参与过程中，能否给一个世纪以来的文学性的神话研究格局带来某种范式的变革？等等。

可能是觉得对有关神话学的阐述还不够过瘾吧，叶舒宪先生又以《新世纪神话观的变革与神话研究新趋势——中国神话学会前沿对话》为题和我一起进行了对话，② 进一步阐明了中国神话学发展在 21 世纪以来的创新方向，说明如何让神话研究重新整合沟通文史哲与宗教、政治、艺术、心理学等多学科知识，走出 20 世纪以来的"民间文学"研究范式，拓展出文明起源研究的人文学阐释方略，以史前大传统的再发现和再认识，引领对文字书写小传统的再解读。

鉴于叶舒宪先生立足跨学科解读传统文化所取得丰硕成果，我在 2012 年第 3 期《民族艺术》的"学界名家"专栏推出了叶舒宪先生的学术自述《我的"石头"记》以及谢美英、权雅宁对叶舒宪先生的学术评议《走出小学科　探寻大传统——叶舒宪的学术之路》。可以说，叶舒宪先生经过多年的努力，在跨学科研究传统文化方面取得了丰硕的成果，拥有了丰富的个性化的中国经验。

犹记得 1999 年与叶舒宪先生电话长聊其调往中国社会科学院文学研究所就职一事，当时我感觉到叶舒宪先生似乎还有些犹豫，便坦率地对他说，按照目前他的学术理念和学术基础，他是注定要做大学问的，偏居海南会大大延迟这个时刻的到来。只有抓住机会到京城去，这个时刻的出现才有可能加速。至于之后还要不要待在京城，就可以顺其自然了。不久，叶舒宪先生果然调往京城。

2017 年 9 月 18 日，我前往中国艺术研究院参加中国艺术人类学学会常务理事会。这是我离开《民族艺术》杂志后第一次前往京城。按惯例，我没有惊动北京的朋友们，但不知道叶舒宪先生从哪个渠道获知我已到北京，就拖上广西教育出版社原总编辑李人凡先生穿越大半个北京城，专程赶到惠新北二里的中

---

① 廖明君、叶舒宪：《中华文明探源的神话学研究》，载《民族艺术》2012 年第 1 期。
② 叶舒宪、廖明君：《新世纪神话观的变革与神话研究新趋势——中国神话学会前沿对话》，载《百色学院学报》2013 年第 6 期。

国艺术研究院来探望我。这一份情谊令我感动万分却又深感不安。

2019年11月23日至24日中国比较文学学会文学人类学研究分会第八届年会暨学术研讨会于广西民族大学召开，获知叶舒宪先生等诸位朋友来到南宁，我自是也要前往探望。那天晚上，我还特意把对传统文化极感兴趣的儿子带到宾馆向叶舒宪先生请教，获叶舒宪先生赠予新著《玉石里的中国》和《四重证据法研究》。

2021年因工作需要我又重操旧业，出任《广西民族大学学报》（哲学社会科学版）的执行主编，便请求此前结识的学界朋友予以支持。叶舒宪先生闻讯后很快就把最新研究成果《中国玉学研究的理论建构——文学人类学视角的回顾与前瞻》赐予《广西民族大学学报》（哲学社寄来版），并在2021年第5期的"文化人类学与传统文化"专栏刊发。

我是2014年离开《民族艺术》前往广西民族大学民族学与社会学学院任教的。在我离开《民族艺术》杂志之后，有人问我是否后悔花了大量的时间和精力去主持《民族艺术》的编务工作。我的答案自然是否定的。姑且不说主持《民族艺术》的工作让我学术视野开阔，进而促进了自己的学术研究，仅仅因为主持《民族艺术》工作而结识了一批叶舒宪先生这样杰出而重情义的学术朋友，就已经是我人生的宝贵财富，又有何理由去后悔?!

金秋九月，是收获的季节。祝愿叶舒宪先生健康长寿，在跨学科研究的传统文化领域集聚更多的中国经验，获得更多的学术成果！

求学叶门十四载， 玉石神话见精神

胡建升

2002 年，我还在攻读古代文学的研究生，有一次到书店购买专业书籍，在书架上第一次接触到叶老师出版的一些学术著作，诸如《诗经的文化阐释——中国诗歌的发生研究》《庄子的文化解析》等等。我很好奇，这位年轻英俊的学者竟然洋洋洒洒写出这么多古代文化研究的专著，实在是令人敬佩不已。那时还只是在书店翻了翻这些著作，觉得还蛮有意思。后来回到学校遇见我的硕导，问起叶老师的学术情况，硕导认为，叶老师的研究思路是一种全新的人类学阐释方法，在学术界正刚刚兴起，可能不太适合古代文学的研究生，所以那股刚刚燃起的好奇之心，就这样被暂时搁置下来了，由此也没有太认真地去关注和学习叶老师这方面的跨学科研究。那时真没有想到，这好奇一念的学术情缘，会在八年之后，又被熊熊点燃，开启自己一生全新的学术之路。

一、入门缘起

2008 年，我获得北师大古代文学博士学位，来到上海交大人文学院工作。2009 年，王杰教授应聘上海交大人文学院院长，并开始在学术界广泛招兵买马。2010 年端午节前夕，叶老师正式加盟上海交大。为了迎接端午节的到来，叶老师做了一个专题讲座，题目是关于端午节的人类学解读。在讲座中，他彻底颠覆了端午节纯粹是为纪念屈原而设立的传统观点。他认为，端午节代表中国传统文化祛除瘟疫的节气精神，端午节的艾草、菖蒲以及龙船等仪式活动，都是古人对宇宙节气的独特理解和应对策略，希望利用这些神话仪式活动，缓解宇宙节气转换给人类带来的各种不适情况，具有治病救人的特殊文化编码意义。

讲座之后，王杰组织全体中文系教师与叶老师见面，并在见面会上提出：

叶老师刚来上海交大，需要组建研究团队，有谁愿意参加？当时，我是唯一举手愿意参加叶老师团队的青年教师，并大胆问了一个如何理解早期诗歌起源的学术问题。叶老师很开心地回答了人类诗歌艺术的仪式起源，并由此开始接纳我。

就这样我成了叶老师在上海交大研究团队中的第一个成员，其实也算是叶老师在上海交大招收的第一个学生。同年下半年，唐启翠老师从海南大学来上海交大做博士后，叶老师也开始在上海购买房子，准备长期定居上海。我便有更多机会接触叶老师，开始艰辛学习文学人类学的跨学科研究。

为了帮助我学习文学人类学，叶老师塞给我一本代云红的博士论文稿《中国文学人类学的基本问题》，我很开心，依据此书，认真地梳理了文学人类学的相关历史发展脉络，并掌握了其基本的理论框架与研究方法。

当然，在这十多年中，我也非常开心地参与到叶老师团队的学科建设中，见证了上海交大文学人类学中心如何升格为上海市"十三五"首个人文社科创新基地——中华创世神话，并在上海交通大学创立全球首家神话学研究院。

二、理论赛跑

进入叶老师的研究团队，我十分开心，也投入了自己的全部精力，开始勤奋学习各类跨学科的知识。

入门之后，叶老师立即布置了一篇关于儒家神话的论文任务。当时我正好关注《孟子》，就打算从孟子的心性神话开始。学术界通常认为，儒家学说重视仁义道德，乃是人类社会理性精神的行为表现。叶老师提出儒家神话的新认知方法，认为儒家思想中的所有观念都与神话观念有关，是从早期神话观念中延伸出来的伦理道德思想。我在论述孟子的尽心论时，发现儒家学者对人类本来所具有的原初思想尤为重视，认为人类本来所具有的心器官、心思维都是具有灵性的东西。而人受到社会的后天影响，心器官变得世俗了，心性也被污染了。孟子提出来的"尽心"，实际上是否定人在社会生活中所产生的各类欲求观念，由此而恢复人心自身本来所具有的天然本心。从这个角度来说，"尽心"是自身意识的净化过程，是自身本来神话力量的神圣回归。

叶老师在上海交大的这十几年，是他一生中理论升华的重要阶段。所以在接下来的十余年学习过程中，我开始目不暇接地接触到一些新鲜的理论命题。

诸如文化大小传统理论、N级编码理论、玉成中国、神话中国、神话历史、玉石神话信仰、玉文化先统一中国、玉文化先统一长三角等等。

在这些理论命题中，我最感兴趣的是文化大小传统理论。叶老师的文化大小传统与美国人类学家提倡的大小传统完全不一样。美国人类学罗伯特·雷德菲尔德根据文字书写来认定大小传统，认为文字书写传统是大传统（Great Tradition），口头传统是小传统。叶老师根据自身长期研究史前文化的经验，认为从文化符号的流变性质来看，应该先有无文字时代的文化传统（大传统），然后才有文字时代的文化传统（小传统）。

叶老师这个大传统观念，通常翻译成Big Tradition，其认为，从文化符号的传承演变来看，大传统是根源，小传统是支流，大小传统之间的文化关系是一种文脉传承的流变关系。他完全颠覆了西方人类学家的大小传统理论。

在叶老师的理论命题基础上，我利用史前出土的各种物质图像，先后完成了两项国家社科基金后期资助项目的撰写工作，即《文化大传统与诗言志的跨学科研究》与《文化大传统与神话幻想的跨学科研究》，先后出版了《文化大传统与神话历史》《文化大传统与中国早期文论精神》等书稿，也算是向叶老师提交了几份学术作业吧。

三、获赠新书

进入叶老师的学术团队，我最大的学术快感就是能源源不断地获得各类赠书。这些赠书成为我这十余年来最骄傲、最丰富的学术营养，极大地拓展了我的学术视野，也为我的文学人类学研究提供了最为前沿的理论方法。

叶老师的赠书主要可以分为两大类：一类是他自己出版的各类学术著作、译著、编著，另一类是他认为必须好好学习领会的学术前沿著作。

叶老师做学问极为勤奋，曾经跟我说，每天不写3000字，决不罢休。这十余年来，他几乎每年都有大量著述出版，而作为学术团队的一员，最幸福的事情莫过于获得老师签名的各类赠书了。整理叶老师这些年来的个人著作与译著赠书名单，诸如《儒家神话》《中华文明起源的神话学研究》《玉石神话信仰与华夏精神》《玄玉时代》《盘古之斧》《祖灵在天》《论语：大传统视野的新认识》《玉石之路踏查记》《萨满之声》等等，还有大量的再版著述与主编丛书，诸如《叶舒宪学术文集》全套9册，"神话学文库"（第一辑）与（第二辑）、

"中国文学人类学原创书系"等等，以及相关的杂志期刊，诸如《文化文本》（第一辑）与（第二辑），《神话中国》（第一辑），以及《文学人类学研究》等等。仅仅从这份罗列的书单，大家就可以深深感受到我进入叶门的幸福程度。

由于个人极为疏懒，面对成堆的赠书，有时候觉得自己阅读著作的速度，远远落后于叶老师赠书的速度，真是有点愧疚。我也知道，叶老师用慷慨赠书的方式，其实也是在鼓励团队成员，要只争朝夕，不能有懈怠之心。所以每每得到叶老师的赠书，我除了欣喜以外，总感觉时不我待，必须要抓紧时间，努力学习，才能赶上叶老师的学术步伐。

叶老师赠书其另一原因，作为理论研究者必须仔细阅读的一些学术前沿著作。诸如贾雷德·戴蒙德《枪炮、病菌与钢铁》、大卫·克里斯蒂安《大历史》、尤瓦尔·赫拉利《人类简史》、马克斯·韦伯《新教伦理与资本主义精神》、恩格斯《家庭、私有制与文明的起源》、彼得·沃森《大分离》、斯万特·帕博《尼安德特人》等等。

在一定的学术阶段，叶老师结合团队学术研究的现状，通过赠书的方式，提出研究团队必须重点阅读这些学术书籍，主要想帮助大家对接国际学术界的学术前沿，诸如大历史研究、古 DNA 人类起源研究、人类文明起源研究等等。叶老师的这类赠书，极大形塑了我的学术新视野。我特别感兴趣的是关于古 DNA 方面的科学研究，敏锐地感觉到古 DNA 的最新研究成果，可以极大促进神话学的跨学科研究。作为中文系出身的我，为了能深入了解这方面的研究，还主动找到上海交大生命科学技术学院的乔中东教授，积极参与他的两门相关课程学习，补充学习了关于生物基因学方面的基础知识。同时，积极学习了复旦大学李辉教授《Y 染色体与东亚族群演化》与《人类起源和迁徙之谜》，以及张振《人类六万年》等。

结合古 DNA 方面的知识，我书写了《文明的由来：文化大传统与神话幻想学研究》（即将出版），叶老师的赠书为此书撰写打下了较好的科学知识基础，古 DNA 知识也成为文学人类学四重证据法中最为可靠的科学证据之一。

四、追命文章

叶老师在赠书的时候，通常都有一个小小的要求，就是希望团队成员能够积极撰写读后感，也可以为各种学术会议发言做好准备。

阅读《玉石神话信仰与华夏精神》后，我撰写了一篇《现代文化何以自信：〈玉石神话信仰与华夏精神〉的理论创新诉求》，收入在《深度认知中国文化》一书中。文章主要分析了现代文化不自信的文化根源、文学人类学的神话寻根以及文学人类学的根性认知，尤其分析了玉石神话信仰的新认知对于儒道两家文化的追本溯源意义。从学术脉络来看，史前玉石神话信仰是根，儒道两家爱玉、怀玉是枝叶，想理解儒道两家的话语意义，必须将其放置在万年玉石神话信仰中来重新认知。

阅读《玄玉时代》后，我写过一篇《玄玉时代与新文科范式》。在文章中，我认为，叶老师提倡的玄玉时代，不仅仅是对中华文明探源的巨大贡献，而且为当前新文科研究开启了新的范式。教育部最近提倡新文科，重视跨学科研究，而叶老师身体力行，十几年躬身调研，深入基层，查阅各类考古资料，完全颠覆了传统学者独守书斋、青灯黄卷的研究方式，而是将文明探源工作与祖国大地紧密联系起来。他认为在距今五千五百年至四千年之间，中原文化存在一个崇尚玄玉的前文明时代。这个学术发现意义极为重大，为了我们在文献中看到的"夏人尚黑""禹赐玄圭""老子崇玄"等，提供了全新的学术视野与认知深度。

阅读叶老师主编的"神话学文库"丛书（第二辑）中译稿《神话动物园》后，我曾写过一篇《动物是人类的神话师者》。在此篇小文章中，我深深意识到，人类在自身童年的漫长岁月中，感受到人类自身力量的渺小，欣羡身边共存的动物身上所具有的神秘力量，形成了极为浓厚的神话动物崇拜。这种神话动物崇拜的知识观念，体现了人类早期的生命观与宇宙观，成为后人理解人类早期观念世界极为重要的符号形式。结合叶老师提出来的熊鸮观念，以及传世文本中的龙凤观念，我们才能明白，中华文明的演化流变与神话动物的文化观念是密不可分的。

叶老师认为，读书不能仅仅停留在文字阅读的浅层快感中，而要在快感之后，体会作者的思想脉络。只有书写读后感，才能激发读者的阅读共鸣，为今后自己的著书立说提供各种借鉴。我也能理解叶老师的良苦用心，在长期的学习过程中，也养成了良好的阅读习惯。通过再三把玩阅读对象，从而品味著作的得失成败，这也为自己的学术创作积累了很多学术经验。

五、古玉痴儿

叶老师不仅是一位善于理论创新的研究大家，而且是一位重视社会实践与文化调研的典型学者，其最突出的表现就是他既深入研究中国玉文化，又对认知传统玉石宝物极为痴迷，我们这些学生给叶老师起了一个绰号"玉痴儿"。

在叶门各类活动中，叶老师都会安排一个极为有趣的活动环节，即欣赏他最近收藏的古玉（通常以史前期古玉为主）。我这十余年经常和叶老师在一块，对他的各类古玉鉴赏安排，也极为熟悉。

通常他在参加活动前，会在衣服、裤子的各个袋子里，都揣好了一些古玉。在其他活动快要结束的时候，他就会在裤袋中，摸索一阵子，然后较快地掏出他淘到的小宝贝，慷慨激昂地将其递送过来。我们这些人，就像圣徒一般，都极为虔诚地接过古玉，极为小心地玩弄摩戳一顿，装模作样地欣赏起来。

叶老师开始拿出鉴宝手电筒，一边给古玉打灯，一边详尽地介绍：这是一块马衔山料，齐家文化的玉斧，包浆浑厚，沁色优美。那件是和田玉料，档次很高。……等到大家快传递一轮了的时候，他又会从另一个裤袋中，迅速地掏出最近淘来的新鲜宝贝，然后又要做一番玉料的言传以及玉形的探究，还有玉皮厚薄的热情分享。

叶门的赏玉活动经久不衰，持续了十余年。叶门弟子也养成了一个赏玉好玉的特殊习惯。每有师门见面活动，也都会带上一两件最新淘来的老东西，请叶老师鉴定鉴定，看看自己的古玉眼力如何。

叶老师通常都是鼓励大家。他在看学生所购的玉器时，通常都是睁圆眼睛，拿起鉴定手电筒，反复查看，一本正经的样子，最后竖起拇指，赞美一番。当然老师与学生都不太富有，他又会反复叮咛，古玉水深，大家要多看少买，要少买多看，最好别买。

众人看到叶老师在赏古玉时，那种新奇好异的夸张神情，都会心地开心一笑。这种情景在其他老师处，是很难见到的，这是叶门聚会独有的鲜活场景。

受叶老师影响，我积极参观考察了各地的博物馆及考古遗址，也慢慢爱上了古玉鉴定。有时候也喜欢逛逛古玩城，淘淘古玉宝贝。当然，起初的时候难免被奸商下药，买回一些赝品仿品，后来慢慢见多了，偶尔也能在一些仿品中，发现几许较为珍贵的真品，这实在是一件开心至极的事情。尤其当叶老师看到自己淘来的东西，做出一些肯定的表态时，飘飘然有凌云之感，有时竟也把自己当成是古玉专家了。当然这是一种知识存在的幻觉。其实，我还只是一个古玉深水池边的初学者，稍不小心，就可能有被人呛水的危险。

感谢上苍，在自己人生极为重要的时间段，有幸受到叶老师的耳提面命，并时时给予循循教诲。无论是做人，还是做学问，我都获益匪浅。时光飞逝，叶老师即将七十华诞，我也已过天命之年，有一次叶老师听到我已过天命之年，他还是特意鼓励我说：五十到七十，还可以奋斗二十年，这正是人生最有收获的二十年。我知道，叶老师这是在鼓励自己，绝对不要疏懒与放弃，要珍惜人生的一分一秒。

最后，真心祝愿叶老师长命百岁，健康吉祥，犹如通灵宝玉，可以抵挡岁月的痕迹，超越生命的限制，获得人生最大的升华，为中华文明探源与中国人文话语体系的贡献余热。

叶舒宪先生印象记

李永平

1990年我考进陕西师范大学,叶舒宪老师还在该校任教,1994年大学毕业,叶老师已经前往海南大学。今天叶老师是上海交通大学首批人文社科资深教授,也是文学人类学学派的领军式人物,对文学人类学的发展作出了重要的贡献。恰逢叶老师七十大寿,往事历历,浮在眼前。

我体会最深的是,叶老师身上有他们这一代知识分子的使命和担当,一种对学术的使命感和迫切感。叶老师是20世纪50年代的人,在十几岁、二十几岁的时候,都在一个特殊的年代度过。因此,我能感觉到,他常常有一种时不我待的紧迫感。

我从叶老师的学生那里听到了好多故事。他的博士曾在一篇文章里回忆,叶老师每次见他们,要么是在地铁站,要么就是在书店。在地铁站,叶老师有时隔着闸机,给他们指导论文或者介绍最新出版的著作。有时候,叶老师把他们叫到书店,从书架上拿下很多新书,一一谈起这些著作的内容,如数家珍。这些知识,往往让学生耳目一新。叶老师是当代学术研究的开拓者,他的用功,他的努力,他对书籍的热爱和阅读面之广,常常令我大开眼界。20世纪90年代,我刚刚就读于陕西师范大学,当时叶老师刚刚调到海南大学。据说,他的个人藏书是用集装箱运输的,在渡海的时候,有些书受了海水的浸泡,据说有多个集装箱的书在海南大学的操场上曝晒,以至于商业氛围浓厚的海南人,以为来了一位作贩运生意的年轻人。这些故事的流传让我们深深地了解到那一代知识分子如饥似渴、锲而不舍的进取精神。

叶老师不仅热衷于收集书,还热爱读书。他本科毕业后留校任教,因为年轻健谈,讲课又十分出色,好多学生和年轻老师经常去拜访他,向他讨教。叶老师为了在周末专注读书,周末时间就找一位熟悉的同事,用挂锁把他的门从外边锁上,来拜访的人,看到铁将军把门,便离开了。叶老师就用这样的方式避免打扰,专注地读书。

我和叶老师及文学人类学结缘,大概也是因为书。1990 我入学就读本科,硕士读的是古典文学,方向从先秦阴差阳错转为唐宋文学。那时正值方法论热、文化热,学术研究气氛热烈,裹挟其中,我也读了很多相关的书。但是当读到萧兵的《楚辞文化》,叶舒宪等老师的八种"破译"系列丛书时,我的观念发生了很大的改变。那时,不到四十岁的叶老师,出版了十多部著作。敬佩之余,先后读了他的编译的《神话—原型批评》《结构主义神话学》两本论文集,《探索非理性的世界——原型批评的理论与方法》《英雄与太阳——中国上古史诗原型重构》《中国神话哲学》《诗经的文化阐释——中国诗歌的发生研究》《老子的文化解读——性与神话学之研究》等著作。初步的感觉是,古典文学主要研究文学现象本身,虽然这些现象很重要,但文学现象背后的深层的久远的生产动力机制才是文学秩序形成的密码,而这些问题的破译,需要寻找证据,抽丝剥茧,像福尔摩斯探案,饶有趣味,引人入胜。从那时候起,我的关注兴趣,都受到了文学人类学研究的启发。

从此以后,叶舒宪老师的书,我基本搜集阅读,到目前为止,叶老师出版的六十多本著作,除了一两本合著的没有之外,大多数都有。2005 年,叶老师被聘为西安外国语大学的兼职教授,有一次,他给外国语大学的学生讲课,我就把收藏的十几本早期的著作抱到他的寓所,请他签名。他当时很震惊,因为至少有一两种书,他本人已经没有早期的版本了。对文学人类学的感兴趣,我完全是自发的,也没有其他人让我走上这路。这也许是我作为叶老师的编外学生冥冥之中的一种缘分。

接下来主要谈一下叶老师的学术。在我看来,叶舒宪老师和他的两位战友徐新建老师和彭兆荣老师一道,经过三十年努力,开疆拓土,形成了声势浩大的文学人类学一派。文学人类学学派的理论大致可以划分为对早期经典的重释、早期中华文明探源工程、文学民族志研究以及跨学科研究方法的开拓四个方面。① 其中叶舒宪老师主要工作包括两个方面:

---

① 参见邱玉祺、李永平:《文学人类学在中国的发展与理论创新》,载《国际比较文学》2022 年第 3 期。

一、经典重释

以叶舒宪教授为代表的文学人类学研究者，熟悉先秦典籍，特别重视文字训诂等小学传统和古文经学传统，对文字常常追溯到甲骨文及其之前的大传统，探求字的本义。这样，文学人类学研究，反思了西方学术对中国语言文字传统的隔膜，从某种意义上说，文学人类学研究是一种新国学研究。[1] 正像乐黛云先生所评价那样，从中国实际出发，立足于跨文化跨学科的视野，从族群、民俗、神话、宗教信仰等多重角度，拓展了比较文学的范式和发展空间，深入阐释和反思本土文学与文化现象。[2]

萧兵曾以人类学、民俗学、神话学等方法对《楚辞》进行重释，其目的在于"使长期以来仅限于单一文化范围内的训诂——文献学研究在世界范围内重新寻找自己的位置，借人类学的普遍模式的演绎功能使传统考据学所不能彻底认知的远古文化'密码'在跨文化的比较分析和透视下得到破解"[3]。在文化语境和人类学的跨文化视野中，来对单一文化环境中不能彻底认知的远古文化的种种"哑谜"进行"破译"与"解谜"。将纯粹的字、词考证还原到上古文化语境之中，又借助跨文化的同类材料的比照，进行不同文化之间的互阐和互释。在萧兵与叶舒宪合著的《〈老子〉的文化解读——性与神话学之研究》一书中，两位学者运用文化人类学的视野和方法，在《老子》产生的文化语境与思维模式当中，对《老子》中的神话思维、永恒母题、大母神崇拜等内容做了追本溯源式的重读与阐释。

不同学者运用人类学的方法对中国浩如烟海的历史文献、传世经典进行解读，以此来挖掘中华文明内核，为文学人类学在中国的本土化进程做出了重要贡献。

二、中华文明探源

文学人类学的初始诉求即寻找在暗中支配着文学编码现象的文化语境和文

---

[1] 参见李永平、赵周宽：《文学人类学的新阶段与新思考——陕西师范大学博士生导师李永平教授访谈》，载《社会科学家》2021年第11期。
[2] 叶舒宪：《文学人类学教程》（序言），中国社会科学出版社，2010年，第1页。
[3] 萧兵：《四十年，惊鸿一瞥》，见徐新建主编：《文学人类学研究》（2019年第一辑），社会科学文献出版社，2019年，第5页。

化法则，即"文学的文化原型"，神话学及原型研究一直是中国文学人类学的核心组成部分。

在原型批评中，神话不再专指古人讲述的幻想故事，而被定义为具有原型意义的一种叙述程式，从而成为一个纵贯整个文学史的基本术语，用来概括文学发展中重复出现的一种叙述结构原则。这就使得批评家不只关注作品中所运用的神话典故，更重要的是力求发现特定的文学表现法则及其演变规律。原型则是文学中作品反复出现的、可以独立交际的单位，将孤立的作品联结起来，使文学成为一种传承往复的特殊形态。弗莱将原型分为两类，"一类是具有仪式内容的属结构式叙事的原型，另一类是具有梦幻内容，属典型或象征的原型"①。

中国文学人类学学者一直试图解决的问题是，作为西学的人类学如何在中国实现中国化，与中国本土文化资源相接壤。从一开始中国学者运用西方神话学的理论对中国经典进行诠释到立足本土的"神话中国"理念的提出，再到对中华文明的探源。"不难看出中国文学人类学的发展轨迹：从立足文学与人类学的交合地带——神话研究，寻找中国神话的原型和结构；到全面反思现代学界将上古分为神话与历史的二元对立模式；再到从中华文明起源特质和思想起源视域，重新勾勒早期中国思想演变脉络，尤其注重研究中华文明起源的信仰和观念驱动因素。"②

20世纪二三十年代闻一多、郑振铎等学者将原型批评引入民俗与文学研究，将目光放在对民间价值的挖掘上，以新的方法体系对文学作品进行阐释。改革开放以来，原型批评被正式引入中国，原型、神话、仪式等观念与方法的传入，有助于对文学展开多视角、多方位的研究。叶舒宪作为中国文学人类学研究的先驱人物，深受比较神话学与原型批评的影响，并将原型概念由文学推至文化领域，发现其深层的内蕴。上述神话-原型批评最早传入我国后的运用和衍变，体现了原型批评在中国本土化、实践化的过程。

在用神话-原型批评方法阐释中国文学、文化的探索实践中，叶舒宪也在不断对其进行反思。"与20世纪初期的文学家们拥有了西方传来的神话概念，

---

① 吴持哲编：《诺思洛普·弗莱文论选》，中国社会科学出版社，1997年，第105页。
② 参见谭佳、韩鼎、李川：《早期中国与神话历史研究——关于文学人类学"四重证据法"的对话》，载《文艺研究》2020年第7期。

就在古籍中寻找'中国神话'的做法不同，经过神话学转向之后，获得一种打通文史哲不同领域的神话思维，可以引导我们对中国文化做追本溯源式的全盘理解。"① 这一反思的成果则是由"中国神话"转向了"神话中国"。

2009年，文学人类学学界提出了"神话历史"观。神话的概念已超越了单一的早期文学体裁这一定义，叶舒宪指出，神话是初民智慧的表述，代表着文化的基因。由此，"神话成为引领人们重新进入所有文明传统之本源和根脉的一个有效门径。研究实践表明，神话作为一种跨文化和跨学科的概念工具，它具有贯通文史哲宗教道德法律诸学科的多边际整合性视野。从这种整合性视野看，神话是作为文化基因而存在的，它必然对特定文化的宇宙观、价值观和行为礼仪等发挥基本的建构和编码作用"②。"作为神圣叙事的神话与史前宗教信仰和仪式活动共生，是文史哲的共同源头。中国早期历史具有'神话历史'的鲜明特点。文学人类学与历史人类学的会通视角，是重新进入华夏文明传统，重新理解中国神话历史的门径。从《尚书》《春秋》到《周礼》《说文解字》，这些古代经典体现着神话思维编码的统一逻辑，中国的历史叙事发源于一种'神话式历史'。"③ 有鉴于此，叶教授呼吁学界应从文学视野的"中国神话"转到文化整体视野的"神话中国"思维上。

"神话中国"的目的不在于研究单个作品中的神话性，而是要深入挖掘一种潜藏的内在价值观和宇宙观所支配的文化编码逻辑。从"中国神话"到"神话中国"思维范式转变，体现了从研究文学文本到研究文化文本的转变。从文学人类学视角看，文化文本不是指客体存在的、静止不动的文本，而是带有历史深度认知效应的一种生成性概念，是指在主客相互作用下不断生成和演变中的文化符码系统本身。"相对于后代的一切文本（不论是语言文字的还是非语言非文字的），文化文本的源头期最为重要。没有源头的，即没有找到其原编码的文本，是没有理论解释力的。"④ 文化文本的概念意味着对文本阐释的方式可以运用到对文化的阐释当中，用以发掘文化背后的符号系统及其意义生成规则。

---

① 叶舒宪：《金枝玉叶——比较神话学的中国视角》，复旦大学出版社，2012年，第42页。
② 叶舒宪：《中国的神话历史——从"中国神话"到"神话中国"》，载《百色学院学报》2009年第1期。
③ 叶舒宪：《中国的神话历史——从"中国神话"到"神话中国"》，载《百色学院学报》2009年第1期。
④ 谭佳：《整合与创新：中国文学人类学研究七十年》，载《中国文学批评》2019年第3期。

叶舒宪所建构的从"中国神话"到"神话中国"的体系，是体现"文化文本"的新理念的绝佳范例，引领着我们打通文史哲诸学科之间的脉络，进而获得一种整合性的认知视野。

2010年，文学人类学研究者们对美国人类学家雷德菲尔德（Robert Redfield）的大小传统观进行创造性的改造，提出了"文化的大小传统"理论。雷德菲尔德认为，"在某一种文明里面，总会存在着两个传统：其一是一个由为数很少的一些善于思考的人们创造出的一种大传统；其二是一个由为数很大的、但基本上是不会思考的人们创造出来的一种小传统。大传统是在学堂或庙堂之内培育出来的，而小传统则是自发地萌发出来的，然后它就在它诞生的那些乡村社区的无知的群众的生活里摸爬滚打挣扎着持续下去"①。

雷德菲尔德所指的"大传统"代表了由少数知识阶层所掌控的书写文化系统，即"精英文化"；而"小传统"则代表由大多数农民通过口传等方式所传承的大众文化系统，即"通俗文化"。雷德菲尔德的这种划分方法体现了一种西方式的二元对立，蕴含着精英主义的价值取向，与"眼光向下""关注边缘"的人类学转向相背离。因此，叶教授及国内同人对这对概念进行重新改造：将文字记录之前和之外的传统，即前文字时代的文化传统和与书写传统并行的口传文化传统，称为"大传统"；将由汉字编码的书写文化传统，称为"小传统"。② 依照这种划分标准，我们能够认识到被文字所遮蔽的历史，重建无文字时代的神话历史及文字时代被边缘化的民间文化。

大小传统理论的提出，使文学人类学界开始深入思考，从大传统到小传统，是否可以按照时代的先后顺序，排列出N级的符号编码程序。2012年，在从本土文化自觉立场上对中国历史、文化及文学的再认识基础上，叶舒宪首次提出N级编码理论的初步构想。"无文字时代的文物和图像，有着文化意义的原型编码作用，可称为一级编码，主宰着这一编码的基本原则是神话思维。其次是汉字的形成，可称为二级编码或次级编码……三级编码指早先用汉字书写下来的古代经典……今日的作家写作，无疑是处在这一历史编码程序的顶端，我们统

---

① ［美］罗伯特·芮德菲尔德：《农民社会与文化——人类学对文明的一种诠释》，王莹译，中国社会科学出版社，2013年，第95页。
② 参见唐启翠、叶舒宪编著：《文学人类学新论——学科交叉的两大转向》，复旦大学出版社，2019年，第255页。

称之为 N 级编码。"① N 级编码反映了从一开始物的叙事到图像叙事再到文字叙事的发展脉络。在从口头文学发展到书面文学的进程中，与之同步进行的是编码媒介的变化，这一变化过程体现为编码的媒介由无文字时代的图像与物，到文字时代的文字、文本与早期经典。

文学人类学者所建构的 N 级编码理论，重在提倡对中国文化的基因进行自觉解码，通过对中华原始神话思维进行解码，追溯中华文明的源头。对 N 级编码理论进行研究的还有代云红、柳倩月、赵周宽、李永平等学者，他们致力于对中华文化的基因编码进行解码与溯源研究。

文学人类学团队的理论贡献体现在"神话历史""文化的大小传统""文化文本"等方面，方法论贡献则是 2005 年提出的"四重证据法"。自从 1996 年中国文学人类学研究会成立以来，逐渐将其独家倡导的人类学方法（以田野作业为特色的方法，关注非文字的符号证据，包括口传与非遗）和研究视野的引入国学研究，作为国学考据学方法的"第三重证据"，从而在国学研究原有的 20 世纪新方法论二重证据法基础上，拓展为三重证据法。在 2005 年进一步融合考古学和艺术史方面的学术资源，再度拓展出四重证据法。②

"文学人类学所特别关注的文化文本，不同于结构主义者的共时性的文本概念，而是一个历时性概念。"③ 在从口头文学到书面文学的进程中，"文本从一级编码开始，自然地会向二级编码、三级编码递进。递进的根本变化是编码符号媒介的更新，从无文字的图像和物，到有文字，再到文字文本和早期经典。王国维倡导的二重证据法，以传世文献为一重证据，以出土的甲骨文为二重证据。二重证据法关注的范围还局限于文字文本之中。文学人类学所定义的第三重证据特指人类学方面的证据，即如今被称为口传与非物质文化遗产的内容，包括口传文化传统、礼仪表演的传统和民俗传统等，这些都可被归入非文字的文化文本范畴"④。而第四重证据，是指文字符号和语言符号之外的符号或符号

---

① 参见叶舒宪、章米力、柳倩月编：《文化符号学——大小传统新视野》，陕西师范大学出版总社，2013 年，第 6—7 页。
② 参见叶舒宪：《物证优先：四重证据法与"玉成中国三部曲"》，载《国际比较文学》2020 年第 3 期。
③ 叶舒宪：《羌人尚白与夏人尚黑——文化文本研究的四重证据法示例》，见徐新建主编：《文学人类学研究》（2019 年第一辑），社会科学文献出版社，2019 年，第 54 页。
④ 叶舒宪：《羌人尚白与夏人尚黑——文化文本研究的四重证据法示例》，见徐新建主编：《文学人类学研究》（2019 年第一辑），社会科学文献出版社，2019 年，第 55 页。

物，包括图像、遗址、文物和其他一切承载着人类意义或文化意义的物证。四重证据法的提出，意味着研究者不能像古代的国学研究者那样，一味附和和迁就文献史料的说法，需要对古老的文字证据（文本）的权威性加以质疑和批判，才能更为客观地对古老的文化文本进行研究和重建。①

四重证据法的原理在于运用跨文化比较的视野和材料，超越简单比附的误解，重建一个文化文本符号编码变迁的脉络，对问题给予通观的诠释。如此，彰显四重证据法在重建文化文本方面的特殊工具效应。② 在文化大传统观念的基础上，要尽量找出从无文字大传统到文字小传统的"榫卯接合部"，从而形成对文化整体的和深度的动态认识。同时，参照民间口传的活态文化及其他文化和文明（第三重证据），以便重建在当今的书本知识世界中早已失落的古代文化，实现动态重建，或者成为再语境化，或称情境化，尝试努力"激活"文献叙事和考古发现的文物图像。③ 在"四重证据法"的实践中，叶舒宪从黄帝号有熊的千古谜题出发，从穴熊和鬻熊，直到熊通、熊丽、熊狂……辽宁建平的牛河梁红山文化女神庙中出土真熊头骨和泥塑熊像和熊掌，追溯至距今五千年以上的"熊图腾"④。从考古"物证"着手，破解上古时期的神话、图腾与信仰，都是运用"四重证据法"的范例。

"'四重证据法'优先选择与神话传说时代人物相关并能够提供实物证据的遗物，作为集中力量去求证和阐释的对象。"⑤ "四重证据法"的提出打破了书面证据在传统考据学中的霸权地位，对物证的重新发掘与重视，形成了书面证据、物证及人证互鉴的跨学科实践。近年来，有学者对四重证据法进行扩容，对应N级编码理论提出N重证据法。一重证据为传世文献；二重证据为出土地下文献；三重证据为民间地方流传的口头与身体叙事；四重证据包括考古发掘

---

① 参见叶舒宪：《羌人尚白与夏人尚黑——文化文本研究的四重证据法示例》，见徐新建主编：《文学人类学研究》（2019年第一辑），社会科学文献出版社，2019年，第55页。
② 参见叶舒宪：《羌人尚白与夏人尚黑——文化文本研究的四重证据法示例》，见徐新建主编：《文学人类学研究》（2019年第一辑），社会科学文献出版社，2019年，第60页。
③ 叶舒宪：《物证优先：四重证据法与"玉成中国三部曲"》，载《国际比较文学》2020年第3期。
④ 叶舒宪：《物证优先：四重证据法与"玉成中国三部曲"》，载《国际比较文学》2020年第3期。
⑤ 叶舒宪：《物证优先：四重证据法与"玉成中国三部曲"》，载《国际比较文学》2020年第3期。

或传世的古代文物及其图像；第五重证据则包括民俗仪式（礼乐）叙事、仪式展演。多重证据理论都建立在视听等知觉经验的基础之上，如同灵感和知觉同样是知识传统一样，证据也存在超越经验基础之上的全息式证据，所以第 N 重证据亦可称作超视距的多维全息证据。①

李永平指出，四重证据所勘验的是视听经验渠道上的证据，从理论上讲，技术的进步，使得人类有获得超越"感觉经验"和"超视距"证据的可能。所以"N 重证据"是针对文化事项发生场域，打通人体的各个感官领域，基于多重技术、多重媒介的证据整合，即全息证据。"N 重全息证据"是一种带有跨文化跨学科视野的方法论，实现了不同学科之间的交叉互证与阐释。②

随着中国文学人类学理论体系的建构日益成熟，叶舒宪带领的团队在"文化大传统""文化的 N 级编码"理念指导下，运用"四重证据法"与田野调查等多重互动的方法，对中华文明进行解码与探源，深入挖掘中华文化中的玉石信仰，尝试从神话学的角度对中国玉器起源进行分析，提出"玉教说"，展开玉石神话与中华民族认同研究。

叶舒宪首次提出"玉教是中国人的国教"③ 这一观点，并于 2010 年带领其团队开始深入挖掘中国玉石神话信仰，对玉教作为中国史前国教问题展开深层次地论证。叶舒宪指出，对"玉"的信仰是中国潜在与独特的史前信仰，并主张将"'玉教'视为凸显中国文化基因和原型编码的'国教'"④。

华夏先民将玉视作与天人沟通的媒介桥梁，其背后所承载的神话观念铸就了华夏文明发生前夜的核心价值观："以玉为圣，以玉为宝，以玉为生命永续的象征，以玉礼器为天人沟通的符号。"⑤ 这表明，玉教是可以作为华夏先民独特的神话编码规则而存在的。通过在西部玉矿地区等地进行的大量的田野调查工

---

① 参见李永平：《文化大传统的文学人类学视野》，陕西师范大学出版总社，2019 年，第 17 页。
② 参见李永平：《文化大传统的文学人类学视野》，陕西师范大学出版总社，2019 年，第 16 页。
③ 叶舒宪：《中国圣人神话原型新考——兼论作为国教的玉宗教》，载《武汉大学学报》（人文科学版）2010 年第 3 期。
④ 叶舒宪：《玉教与儒道思想的神话根源——探索中国文明发生期的"国教"》，载《民族艺术》2010 年第 3 期。
⑤ 唐启翠、叶舒宪编著：《文学人类学新论——学科交叉的两大转向》，复旦大学出版社，2019 年，第 267 页。

作,通过考古新发现的文化遗址、文物、图像等第四重证据,以此求证中华文化中的玉石神话信仰,梳理华夏精神的渊源与脉络。用考古发现的新材料和人类学新方法讲述以往被遮蔽的玉石神话,"包括儒道释三家与玉教神话的渊源或置换关系,儒家君子如玉的伦理和道教玉皇大帝的原型,最终指向融合多民族为一体的'化干戈为玉帛'中华民族共同体理想"[①]。"玉石信仰"和"玉文化先统一中国说"是重建中华文明起源论和中国文化整体解释理论的尝试,是站在跨学科的视角进行的前沿性探索,是对中华文化进行持续性与整体性关照。

改革开放后的四十多年来,中国的文学人类学研究者始终坚持"世界性"与"中国性"相结合的原则,对西方传入的理论与方法进行吸收与创造,使其能够被运用到中国问题的研究上。"以'破'为策略,消除学科本位意识和门户之见对学术研究的阻力,逐步完成了从文本到田野的研究观念和研究范式的变革;以'立'为目标,创立具有中国内涵和特色的文学人类学理论话语体系。"[②] 经过多年摸索与实践,中国文学人类学研究的理论构建趋向繁荣,神话中国、大小传统、N级编码理论、文化遗产等理论的提出,表明中国式的文学人类学研究正在走向成熟与完备。文学人类学作为处于前沿领域的交叉学科,正发挥着引领知识创新的作用。

当然,叶舒宪老师在人文学科的理论建设方面的成果还不止于这些。比如神话中国理论、神话历史理论,都是如今在业内影响很大的理论,尤其是神话历史理论,他认为在世界早期民族的历史书写背后,都有一种神话思维所形成的逻辑,像结构一样起着支配性的作用。因此,我们要找到历史的真相,应该从神话历史的书写进入,寻找神话结构背后的深层逻辑,通过对这些逻辑的思考和研读,寻找它所掩盖的历史真相。

要寻找这些东西,用叶舒宪老师的话说,就是不光要知道火车从哪来,更要知道它为什么来,它要到哪里去。换句话说,要因枝以振叶,沿波而讨源,发现现象背后的事实。当前,我国学术研究存在一些痼疾和问题。从20世纪八九十年代开始,我国的文艺理论大多数都是受西方文艺理论的影响,本土的文

[①] 叶舒宪:《物证优先:四重证据法与"玉成中国三部曲"》,载《国际比较文学》2020年第3期。

[②] 代云红:《新时期以来中国文学人类学的历史展望》,见徐新建主编:《文学人类学研究》(2019年第一辑),社会科学文献出版社,2019年,第30页。

艺理论建设几乎停滞不前。2009年，叶舒宪老师在台湾做学术访问时，完成了《文学人类学教程》，此书已经连续重印多次。可以说，这是我们当今文学理论真正的升级版，是立足中国、带有世界性的一部对中国文学理论进行深入反思的巨著。遗憾的是，我们今天的文艺理论还深受西方文艺理论的影响，或者说被西方文艺理论所遮蔽，以致这样一部文学理论教程的价值和意义没有得到充分的认识。希望在未来可以有更多的此类著作。

从2005年开始，叶老师组织了十五次玉帛之路考察，在中国西北地区进行了拉网式的调查，对《山海经》《穆天子传》里所涉及的玉矿进行了统一的摸清。在考察过程中，叶教授出版了《熊图腾：中华祖先神话探源》，其在海内外产生了较大的影响。一次，我到甘肃省定西市参加了玉帛之路的发布会。在这次发布会上，我第一次看到叶舒宪老师眼睛里闪着泪光。他做的玉帛之路的调查非常不容易，这背后是整个团队艰苦卓绝的努力。我参加了第十次玉帛之路的考察。在越野车行进途中，走的路几乎都在断裂带上，山上还会掉下大的石块。有时候，手机还收不到信号。考察经常风餐露宿，有时在野外调查的时候找不到饭馆，只能带一些干粮，住在帐篷里。在夏天，头顶上是烈日，在沙漠里中也存在断水的危机，所以十多次调查所形成的成果，确实是非常不容易。

2013年在定西的玉帛之路成果发布会结束之后，不到一年叶舒宪老师就出版了两部专著，叫《玉石里的中国》《玉石之路踏查三续记》，加起来可能有四五十万字，其在当时参与的年轻学者中间产生了很大的反响。

参加定西发布会归来，我写了一篇文章《齐家文化与文化担当：叶舒宪先生印象记》给《丝绸之路》杂志社，兹列原文如下：

> 2013年12月15日上午，我驾车送叶舒宪老师前往西安咸阳国际机场，搭乘返回北京的航班。临行前，他把一个U盘的资料拷给我，里面全是齐家文化的资料，嘱咐我要好好研究一下齐家文化。到候机厅之前，叶先生再三强调从20个世纪90年代以来他一再倡导的多重证据的搜集，希望我多做做田野调查，尤其是对和陕西临近的甘肃宁县、灵台、静宁、定西等几个地方一定要做调查。

> 在接下来的一年里，我一直忙于各种杂事，对齐家文化的考察一直未能

如愿。

三天前接到叶舒宪老师的短信,"中国玉石之路与齐家文化研讨会暨玉帛之路文化考察活动",7月26日下午将在定西举办总结会,上午参观"众甫博物馆",希望我能趁此到定西考察齐家玉器。放下电话,心里有些犹豫,虽然时间太过于仓促,但机会难得。最后,关键就看车票。说来也巧,网上订票,卧铺没有了,只有一张硬座。最终决定抓住这次难得的机会看看齐家玉器博物馆。

这是我大学毕业后第一次坐了近十个小时硬座前往定西,这个齐家文化的中心区域。

26日下午的考察总结会上,叶舒宪老师做了主题发言。他发现世界五大文明,其中的四大文明很早都把黄金作为价值尺度,唯有中国文化传统早在新石器时代就把玉作为最高的价值尺度。史书记载,玉器很早成为中原王朝的国之重器。"河出昆岗,玉出昆仑"。从有文字起,周穆王是第一个曾经沿着河西走廊西行的帝王,为获取和田美玉不遗余力。美玉成为长寿的之物,催生了一代代帝王的长生幻想。作为古代玉料输送关口的"玉门",从新疆以东,陕西以西,其名称就不下七处,不同朝代的边疆想象,使得输送玉器的关隘也不停地挪移。左丘明《左传·僖公二十三年》载:"子女玉帛,则君有之;羽毛齿革,则君地生焉。"用子女玉帛来代表国家占有的资源,其中玉帛代表了神圣的自然资源,可见在早期华夏先民心中玉器的地位之高。

在早期酋邦社会,玉璧、玉琮、玉斧的质地和数量成为政权地位和权威的象征,如此众多的玉器,它的原料来自哪里?

是否在远古时代,就存在一条西玉东输的大通道?

如此工艺精湛的玉器又是如何加工成型的?

为什么华夏王权的价值观离不开昆仑?

河西走廊这片热土底下还埋藏了多少鲜为人知的秘密?

在考察总结中,叶老师对困扰学术界这些问题,结合自己近十年对河西走廊前后八次的考察,提出了自己的观点:简单地说,玉料这种建构华夏王权权威的战略物资,从遥远的西部昆仑山源源不断地沿着黄河道向东输送,简称"西玉东送",而由现今遗留的成语"金枝玉叶""抛砖引玉""玉汝于成""琳琅满目""金科玉律""芝兰玉树""金声玉振""化干戈为玉帛""宁为玉碎不为瓦全""玉不琢不成器"等所承载的玉教观念,却是从内蒙古兴隆洼文化、浙江良渚文化向西，一直到传播到甘肃武威的皇娘娘台遗址。

说到穷其家财、不遗余力抢救保护齐家文化的刘岐江馆长，叶舒宪老师几乎哽咽落泪，脸上微微抽动了几下，看得出为了不让演讲中断，他在尽力控制自己的情绪。

当国家树立的文物保护的石碑被开发商陆续用建筑垃圾填满殆尽的今天（武威西郊皇娘娘台齐家文化遗址的界碑，被房地产开发的土石垃圾所掩埋），一位文化程度不高的小企业家，几乎是拼尽家财，以近乎"抢夺式"的执着，从文物贩子和拍卖市场，以超高价购进不断流失齐家玉器的时候，谁曾想，这是一种什么样的力量在支撑着这样近乎痴狂的行动。

玉器收藏这行的难度主要还不是资金短缺。其因是近古以来，我们转向了西方的"金本位"的文化价值，远离了本土由玉教观支撑的文化体系。因之，我们文化传统发生了转向和错位，对国家形成这一问题，基于"两希文明"研究形成的西方标准奉为圭臬，把目光聚焦在青铜上，在文物保护上选择性重视。这使得我们过分拘泥文字以及文献可考的历史，以减少向西方世界证明和阐释我们自己的环节。

反映在高古玉的鉴别领域，很长一段时间，高古玉器的识别已经完全成为绝学，许多学院派考古界名流也拿捏不好。古玉辨别知识教育普及的缺失，使这一知识几乎全部流落民间。识别古玉完全靠经验，学习掌握动辄需要十年至二十年，而当今玉器市场又充斥着大量的高仿品，一般人基本上连"学费"都交不起，没有坚韧的毅力和超常的信念是断不能坚持下来的。

众所周知，从19世纪流失海外的玉器的来源追溯中，瑞典人发现了齐家文化。这时候已经有大量齐家玉器流落海外或散失民间。刘馆长从十几岁开始喜欢上齐家玉器，一收藏就是三十年。现在众甫博物馆收藏流失的齐家玉器远远超任何一家国立博物馆。他近三十年的东奔西走，其中的滋味只有对齐家文化与玉石之路研究同样痴迷的叶舒宪先生理解最深。

为了搞明白玉器在中华文明起源中的地位和作用，叶先生2000年以来先后从北京等地赶赴河西走廊考察不下八次。他上次给我的资料包括中国台湾出版的齐家玉器全集、国内学者的齐家文化研究论著和发掘报告，总计869兆。叶老师再三交代，齐家文化是比夏代文化稍早期一个古国的文化，其分布范围以甘肃陇中和陇东为主，东至内蒙古、宁夏、陕西，西至武威，以批量生产和使用玉礼器为突出特色。齐家文化和最近发现的陕北石峁文化都是西玉东输黄河沿岸的重要方国。20世纪初,从齐家文化被瑞典地质学家安特生发现和命名以来,已经快一个世纪了。目前研究还很不充分,倒是有一批不辨真伪的齐家文化玉器收藏类图书,严重误导着民间收藏市场。不久前央视曝光的北京古玩城商家用假冒齐家文化玉器欺诈消费者一事,是收藏界乱象丛生的闹剧,也反映着甘肃的本土文化研究之欠缺。

从1994年读研究生以来,我就对20世纪80年代叶舒宪先生开创的文学人类学产生了浓厚的兴趣。一晃二十年过去了,先生已经出版了近60部著作,发表论文近600多篇。我心中一直有一个谜团,是什么力量支撑着这位身材不高的先生,以超人的毅力完成了常人难以想象的事情。记得读研究生的时候,读到叶先生同事海南大学孙绍振的著作,其后记里有一段话,我印象极深:

> 每天晚上,当看见一两点,对面楼上,叶舒宪房间的灯光还亮着的时候。我们知道,我们这一代学人,想超过叶舒宪的可能性已经没有了。

我读研究生时慕名阅读叶先生著作《诗经的文化阐释——中国诗歌的发生研究》,突然对拘泥于学科、缺乏社会温度和现实关照的文学研究感到了厌倦,对文学与人类学的跨学科研究产生了浓厚的兴趣。读研的两年时间几乎遍读了叶舒宪那一时期的著作,眼界大开。从此我走上了一条和主流文学书面文献研究疏离的学术研究道路。

追溯起来,1994年9月我本科入学的前十个月,叶舒宪已经从母校陕西师范大学调往海南大学任教。也许是缘分,近几年来有机会当面向叶老师请教,但我心里一直有一个谜:一个人除了天赋,怎样的勤奋才能获得如此的学术成就,怎样的敏锐才能有这样的学术眼界。这一次定西之行,使得我有机会能够近距离观察了解叶舒宪先生。

下午做完总结,26日晚,我们住在宾馆,叶先生在翻看一些资料,那是他专门收集的《东乡族探源》和随身携带的历史地理学家史念海先生主编的《中国历史地理论丛》1984年第1期。当时已是11点左右了。待到早上5点,定西的窗外还是一片漆黑,我发现叶先生仍然在敲击键盘。后来才知道,这是他近三十年的写作习惯，他那些开创性的著作和论文就是在晚上 11 点后到第二天上午 5 点这段时间里写就的。考察队中还流传了叶舒宪一个掌故，在历时 15 天、行程 8000 里的考察中，由于住宿条件极为简陋，为了不打扰其他人，叶舒宪先生几次凌晨躲在卫生间里写考察手记。那些发表在《光明日报》和《中国社会科学报》以及中国甘肃网的文章《游动的玉门关》《重逢瓜州日，锁定兔葫芦》《金张掖，玉张掖?》都是这样挤掉休息时间完成的。

回到西安后，我完全放松休整的两天，他又写了两篇考察手记，估计过几天就会在中国甘肃网和《丝绸之路》上刊发。

叶舒宪先生对目前的文化产业发展非常关注，对抢救保护历史文化传统，他有那一代人的危机感和责任感。谈到他为什么对刘馆长的善举非常感动，他说：刘馆长抢救保护玉器目的不是发财致富，他想把自己所有的收藏无偿捐给国家。他出资组织玉帛之路的文化考察，有的考察队员都不知道他是出资方，他只做事情，从不宣传出名。后来从别人那儿了解到，继这次成功考察之后，在叶舒宪和冯玉雷等人努力下，甘肃省和兰州市有关部门开始出资支持系列考察活动，真正还原河西走廊以西史前文化的面貌，以便更好地保护文化遗存。

文化不是因为开发成产品和旅游线路就会成为产业的，物质文化本身承载了不同时期的历史积淀，这本身就是文化资本。就像处在山巅的水，它们本身就有能量，因为它上升的时候克服重力做了功，所以它就有"势"。这种势与开发与否无关。文化产业只能是物质文化的延伸，就是通过设计和倡议，使文化资本成为产业链，形成符号经济。当城市之间开始比较有多少"国家文化和自然遗产地"，有多少"国家考古遗址公园"，有多少"著名历史建筑与文化街区"，有多少"博物馆和纪念馆"的时候，我们留给世界的印象自然是"拥有 5000 年历史的光辉灿烂的文化中国"。但是今天只见产业不见文化的所谓文化产业比比皆是，借着文化的噱头搞房地产，最后卖的还是楼盘，没有文化创意和设计，缺乏历史文化底蕴，这或许是提升民族素质和提升城市文化品位的关键。

7 月 31 日上午 9 点，叶舒宪乘高铁回中国社科院。临行前，他谈到了接下来的安排：一是要沿着彬县—长武—灵台—泾川做齐家文化与玉石之路的进一步考察。二是他要出版一部《图说中国文明之源》的图文书，用自己多年全力收藏的史前玉器测年来考证玉石之路黄河段的史前方国的历史断代，推进中华文明探源工程。他这两个计划在心里已经酝酿两年了。

正因为这样一种忘我的精神，我经常觉得叶老师要么是在写东西，要么是在天上飞，在全国各地不停地参加各种研讨和调研。中国文化是一种中庸的文化，要叫醒一批人，就要改变我们的文化面貌，就要形成一种新的理论，改变西方理论对我们裹挟的局面，需要很多人努力。提出一个新的理论，改变一个民族的面貌，大概是他们这一代人所追求的一个目标和宿命。

适逢叶先生七十华诞，我撰联一副，表达祝贺祝福：

多重证据，考镜源流，建构话语沾学界；
七秩华诞，学贯中西，振铎黉宫育栋梁。

不畏浮云遮望眼，只缘身在最高层

——随叶舒宪先生问学散记

户晓辉

在中国当代人文学者中，叶舒宪先生高瞻远瞩的学术眼界常常让笔者想起王安石《登飞来峰》的诗句："不畏浮云遮望眼，只缘身在最高层。"他独特的学术素养和精神气质至少表现在几个方面：

一是对学术具有始终不渝的痴迷态度、坚定不移的"自我信念"[①] 和持之以恒的奉献精神。

在叶舒宪先生身上，笔者认识到要做出好的学术需要将诸多必备条件集于一身，除了聪颖、悟性、勤奋、学养、定力等主观因素之外，还需要"对学术怀有赤诚乃至虔诚之心"[②]。真学术乃天下之公器，需要真学者把它当作天下之公器并且相信它是天下之公器。真学者总是对学术自身的内在规律和真理抱有执念，坚信学术的使命就在于遵循内在规律、寻求自为真理。这些规律和真理具有客观性和普遍性，不以一时一地为转移，不为一人一事所更易。即便有时可能受到外力的奴役、驱使甚至扭曲，但真学者仍然坚信学术的规律和真理是自在自为的存在，外力对它们改得了一时，改不了一世。

叶舒宪先生能够数十年如一日地对学术保持乐此不疲的热情和源源不断的兴趣，并非仅凭情感，更靠对学术的执念和信仰。

二是将学问与生命融为一体，宁做真学者，不做伪学术。

真学者一定是追求真学术的人。只有真学者才可能成为好学者和知识分子，

[①] 参见下文引述叶舒宪先生在1992年6月16日给笔者的信："我知道你处在没有什么学术气息的环境里，只想让你能走上正途。其实我的环境也好不了多少，全靠自我信念支撑着搞下去，也许是入了魔道吧。"

[②] 户晓辉：《而立之年的学术反思》，载《新疆艺术》（乌鲁木齐）1997年第6期。

那些伪学者只不过是装模作样、徒有其表的知识分子而已。笔者曾认为：

并不是每一个人都能成为最优秀的学者，但是每一位学者都应该使自己成为"真"学者，我感到在这样一个不乏假冒伪劣的时代，学术界也没能幸免，沽名钓誉者、偷梁换柱者、挂羊头卖狗肉者，诸如此类，不乏其人。……中国历来多假冒伪劣的堕落文人，而缺真正具有"独立之精神，自由之思想"的真文人，所谓"文人"或"学者"，并不是能读书会写字的人，而是"人文"，即以笔为旗高扬人文精神，以纸为器从事人文关怀的人。真正的文人学者是国家的喉舌、民族的良心、时代的眼睛，他是知识的先知先觉者，是精神迷宫的领路人。他站在时代的前沿，眼观六路，耳听八方，见前人想见而未见，言他人欲说而未说，不断地注视着本民族和全人类的生存实际和精神内容，他从事的是一种具有广阔视野和专业精神的书写，他在人道的意义上保护民众、普度众生，使更多的人免遭"盲人骑瞎马，夜半临深池"的精神险境，让知识洞烛更多的蒙昧之门。一切孤芳自赏、井底看天、蝇营狗苟、自甘沉沦的言行都与真正的文人学者无涉。这种理想境地当然不易达到，但它要求学者，尤其是从事人文科学研究的学者首先做到自律和自我拯救。所谓自律，就是在任何纷杂的社会环境中都不迷失自己，明确自己作为学者所具有的人格与职责；所谓自我拯救，就是在专业上力争不断超越自我，随时保持一种自我反省、自我怀疑和不断追问的能力，促进大脑知识库存的新陈代谢。我常常想，我辈新一代学人如果不在人格和专业品质上努力锻造自己，力争使自己即使成不了最优秀的至少也成为纯粹意义上的学者，那么，我们还有多少必要作为一个学者活在这个世界上呢？几十年前，陈寅恪先生就感叹："我侪当此艰难时势，所学不为同辈所解，不为社会所用，亦不合西学之潮；果欲为了谋生计，可在学问之外，另辟一谋生它途，或经商，或实业，而切不可以学问作谋生进身之道。如此，则害学术之根柢，弊莫胜焉。"在一个实用主义时代，学者的生存环境及物质利益还没有根本改善，我们也不必抱怨自己所学不为这个急功近利的社会所"用"，如果想发财谋生进身完全可以另选他途，而学者的百有一用大概就在于成就自己，使自己作为一个真正意义上的学者而活在这个世界上，干自己该干之事，把这件事情干好，力争发光发热，而不只是冒烟。这个社会越来越看重的是一个人"有"（have）什么，而不是他"是"（is）什么，我看人则相反，主要看他"是"什么，对于一个学者，评价的关键首先并不是看他有没有知识或有多少知识，而是看他"是"还是"不是"真正意义上的学者。①

换言之，真学者绝非旧文人。②真学者的标准不在于知识的多寡和学养的深浅，更不在于耍小聪明和抖机灵，而在于是否追求智慧和真理。正如德国哲学家费希特（Johann Gottlieb Fichte，1762—1814）所说，作为真学者，"我的使命就是论证真理；我的生命和我的命运都微不足道；但我的生命的影响却无限伟大。我是真理的献身者；我为它服务；我必须为它承做一切，敢说敢做，忍受痛苦"③。恰恰是这种对真理的执着追求以及清教徒般的坚定信念，才是真学者不可或缺的珍贵品格。

在笔者眼中，叶舒宪先生恰恰就是这样一位真学者。他之所以能够不断提出摧枯拉朽且振聋发聩的学术观点并一直引领学术风潮，正是他能够将这些难得素质集于一身的自然结果。也正因如此，他才能经年累月地不为外界干扰所动、所困，坚定不移地遵循学术自身的内在规律，矢志不渝地行进在自己认定的学术道路上。平素与叶舒宪先生见面，所聊最多的就是与学术相关的话题，而且他似乎三句话不离本行。乍一看来，叶舒宪先生好像有些不食人间烟火，殊不知他已将学问化为人间烟火并且把人间烟火变成学问，所谓处处留心皆学问者是也。不仅如此，叶舒宪先生已经将学问与生命融为一体，对真学问着魔般的热爱成为他的内在召唤和精神需求，也是他的生命的重要组成部分，甚至是他的生活方式和在世方式，类似一种准宗教。④

三是不断实现自我超越，将援西释中的过往模式与中西互释（文明互鉴）的现行模式引向用人类普遍价值观审视（无论中西的）特殊价值观这一具有实质性突破的未来模式。

二十多年前，笔者曾说，"叶舒宪先生选择的是一条知难而进的学术道路"，这条道路"有着非同寻常的难度，是对能力、耐力、才情的全面考验。叶舒宪先生去国外访学或讲学，在图书馆泡得时间最多，每次都用一个大军用包背回人类学、神话学方面的外文资料，力求新而全"，"叶舒宪先生所倡导的文学人类学，就是要把中国文学与文化放在世界格局中来观察和思考"。当时笔者仅仅

---

① 户晓辉：《而立之年的学术反思》，载《新疆艺术》（乌鲁木齐）1997年第6期。
② 户晓辉：《从古代文人的人格悲剧说开来》，载《中国社会科学报》2013年12月2日。
③ [德]费希特：《论学者的使命 人的使命》，梁志学、沈真译，商务印书馆，2013年，第46页。
④ 户晓辉：《而立之年的学术反思》，载《新疆艺术》（乌鲁木齐）1997年第6期。

意识到,"之所以需要把我们自己的文学和文化纳入世界文化的总体格局中来思考和研究,原因很简单,即我们在单一文化语境中对自己的熟知往往并非真知,正所谓'不识庐山真面目,只缘身在此山中'"①,却并没有想到,更重要的功效和价值在于超越中西之争和一切自我中心主义积习,主动寻求客观的普遍价值观。用叶舒宪先生的话来说,"不但要超越个人性的自我,还要超越民族主义的、我族中心主义的自我束缚,让自己效法黑格尔和马克思,成为一位世界公民,替全人类去思考问题。不然的话,跨学科探索的良好初衷可能得到事与愿违的结果"②。换言之,跨学科、跨文化比较的目的不在于单纯扩大经验视野或不断转换经验立场,而在于飞升到超越一切经验局限的先验立场。所谓"成为一位世界公民,替全人类去思考问题",就是要站在人类普遍价值观立场来思考并看待自己、他人和不同的文化现象。这需要的不仅是换位思考,更重要的是站在理性立场来看待和思考公共事物的思维方式或康德所谓公共的思维方式(ffentliche Denkungsart),它体现为三个准则,即自己独立思考(知性准则)、站在每个他人的位置上思考(判断力准则)和任何时候都与自己一致地思考(理性准则)。③ 在叶舒宪先生看来,"跨学科探索的良好初衷"既非为比较而比较,也不是要搞知识技能大比拼或盲目地填补知识空白,而是为了"让自己效法黑格尔和马克思,成为一位世界公民,替全人类去思考问题",也就是为了从根本上培养理性的公共思维习惯。

正因为具有这样的远见卓识和非凡气魄,21世纪以来,叶舒宪先生更是以著述宏富和新见迭出蜚声学坛,并且一直以"一种超越众人的风范形象"④让笔者虽不能至而心向往之。叶舒宪先生的研究,境界高、格局大且气势恢宏,因而有时难以得到同时代学人的深入理解和及时总结。在笔者看来,叶舒宪先生"有清醒的方法论意识和选择,同时他的比较研究也不仅仅是为了研究而研

---

① 户晓辉:《贯通中西的学术追求——记叶舒宪先生的比较文学研究》,载《中国比较文学》2001年第4期。
② 叶舒宪、谭佳:《比较神话学在中国——反思与开拓》,社会科学文献出版社,2016年,第344页。
③ 参见 Immanuel Kant, *Kritik der Urteilskraft*, Verlag von Felix Meiner, 1922, pp. 145–146;户晓辉:《美感何以得自由:歌谣的纯粹鉴赏判断》,载《民俗研究》2020年第5期。
④ 参见下文引述叶舒宪先生1992年5月24日给笔者的信:"要在强手如林的国内学术界占一席之地,不能只靠发表的数量,更重要的是一种超越众人的风范形象——让人读你一篇还想索求他篇。"

究,而是担当着重要的学术使命"①。从 20 世纪末试图沟通原本不分家的文、史、哲三大领域,打破神话学与哲学、语言学与思维科学、国学与西学的界限②,克服不少中国学者潜意识中的自卑与自大情结,到 21 世纪以来从比较视野到世界眼光再到人类普遍价值观的寻求过程,叶舒宪先生有力地推动中国的跨学科、跨文化研究从单纯的文化互较和文明互鉴迈向从人类的普遍价值观来审视(无论中西的)特殊价值观这一崭新模式。具体而言,21 世纪以来,叶舒宪先生比较神话学研究最重要的理论贡献就在于超越过去流行的援西释中模式和现在常说的中西互释模式,开启用神话形式的普遍价值反观、审视神话内容的特殊价值这一正在到来和即将到来的崭新模式。其实质性的理论突破表现在:援西释中模式和中西互释模式基本上是经验逻辑和经验比较,而用神话形式的普遍价值反观、审视神话内容的特殊价值则根本上是先验逻辑和先验比较。援西释中模式和中西互释模式只是在经验中兜圈子,或者可能把本来是相对的经验东西绝对化(教条主义),或者可能把本该绝对的超验东西相对化(相对主义)。严格说来,只有依据先验逻辑进行的先验比较才真正具有理论上的严格性与普遍性,因为这不是单纯经验上的比较长短和取长补短,而是以真正普遍的、共同的先验价值标准与人性尺度来衡量一切长短。这些标准和尺度之所以是真正普遍的和共同的,原因在于它们并非来自经验归纳,而是来自逻辑的先验演绎,因而本来就无问西东,也不分中西。反过来说,只有觉识并理解这些真正普遍的、共同的先验价值标准与人性尺度,才能真正地辨识东西文化及其优劣得失,而这一点对身处东方文化传统的学者而言尤其是当务之急。

1980 年代中期,青年才俊叶舒宪先生在东方文学课上对《吉尔伽美什史诗》所做的理论分析便令人耳目一新,顿时引起笔者的关注。1985 年 11 月 11 日,正在中文系就读的本科笔者在日记中写道:

> 听叶舒宪老师的东方文学课,"不要以概念阻碍思维",这是一个普遍问题。敢于推翻权威的"创新",要建立在知识占有的力量基础之上。我在知识体系方面的欠缺是所学不能用于实际发现与解决问题

---

① 户晓辉:《贯通中西的学术追求——记叶舒宪先生的比较文学研究》,载《中国比较文学》2001 年第 4 期。

② 参见叶舒宪:《中国神话哲学》,中国社会科学出版社,1992 年,第 1—4 页,"导言"。

上,这是一大弱点,应忌。他在上学时即对哈姆雷特"延宕"给以文化心理上的考察,足见其胆识和知识的后盾。相比之下,自己的欠缺太多!应该真正超脱那些功名利禄的利害得失,否则损失太大了。执着于追求,他日方将必有所成!只要具备真知和实际本领,"青山遮不住"。此乃叶舒宪老师对吾之启示之一。

有一位晚几届的校友生动地记述了类似的听课经历和感受:

> 四月初,当我们刚开始组织学术月活动时,就有人告诉我:"小叶子要来!"这时候,我的脑里忽然闪出一幅神异的图画来:偌大的教室挤得水泄不通,却又出奇的安静,讲台上有一位青年学者正侃侃而谈,教室外,玉兰花开,暗香浮动,月光如水,一切都沉浸在一种奇妙的境界里。

这位青年学者便是小叶子。当然,这只是同学们给他取的外号,他的大名叫叶舒宪。

我是在20世纪80年代进入大学的。那是一个开放包容、鲜艳明媚、青春激扬的年代,也是一个弥漫着激情与浪漫的年代,更是一个文艺的年代。那时,老师没有学术压力,校园也不流行考证,老师的精力几乎都在学生身上,讲课全凭实力和人格魅力,学生的注意力也在读书上,听课全凭兴趣和爱好。我们就像一株株野草,贪婪地吸吮着阳光雨露,在时代的滋养中肆意生长。如果说我现在还保留了一点点阅读和思考的能力,应该说得益于那个时代和那些先生们。

中文系的课程,一般是从古代讲到现代,由国内谈到国外,到大四时,古代文学、现当代文学、西方文学依次侃完了,全系的先生也基本见过了,我们也不再像大一的小学妹们那般好奇和骚动。此外,毕业临近,找工作成了第一要务,对毕业后生活的强烈向往也冲淡了向学之心,故听说大四最后一学期要开设《东方文学》时,说实话我们并没有多少兴趣。

第一眼看到叶先生,我们并不感到意外:个子不高,相貌平平,温温和和,和系里其他的青年老师一样。不过,一节课下来,我们便发现他的奇特之处:他讲课从不看讲稿,也从不翻书,亦很少板书。有时候,想不起细节时,他会从上衣口袋中轻轻抽出一张卡片，瞄一眼，缓缓放回口袋，再侃侃而谈。偶然，他眼角扫到卡片上的内容时，会兀自发笑，但我们却一头雾水，至今也不知道他的卡片上究竟写着什么好笑的文字？他讲课激情澎湃，就像一条奔流不息的江河一样。讲到激动处，他往往声如洪钟，手舞足蹈，全然没有了温文尔雅的样子。有那么几次，他的眼睛望向窗外很远的地方，眼神飘忽，好像远方有什么东西在吸引着他，我们知道，他这是又沉浸在自己的精神世界中去了。他的课，有激情，有深度，有思考，有欢笑，大家趋之如鹜。由于个头小，又是当时全校最年轻的副教授和"享受政府特殊津贴专家"，也比我们大不了多少，大家便亲切地唤他"小叶子"。

毕业班的课堂，不时有人翘课，系里也往往睁一只眼闭一只眼，但只要有小叶子的课，大家次次如数到课！遗憾的是，小叶子的课时很少，好像一周只上一次。每周的这一天，便成了我们的学术盛宴。那种奇妙的精神享受，我拙劣的笔触实在描绘不出，但我对东方文学的无比青睐，无疑早在那时就埋下了细小的种子。在毕业前的各种忙乱中，小叶子结课了，我们也挥别了美丽的校园。①

所不同的是，当时我们男生之间私下里大多尊称叶舒宪先生为"老叶"，而不是"小叶子"。在笔者的记忆里，当年的叶舒宪先生经常打篮球、练哑铃，不是"相貌平平"，而是同时活跃在球场和学场上的英俊小生与运动健将。笔者不禁感慨，同样一个人，同样一门课，对学生们产生的效果和影响却不尽相同。叶舒宪先生的东方文学课对笔者主要是学术上的影响，给有些学生留下的主要是文学细节意义上的记忆，而给另一些学生可能根本留不下多少印记。实际上，叶舒宪先生"有激情，有深度，有思考，有欢笑"的讲课效果恰恰以大量的阅读体验和扎实的理论功底为基础，其结晶《英雄与太阳——〈吉尔伽美什史诗〉的原型结构与象征思维》发表于《民间文学论坛》1986年第1期。该文的正文之前有一段"编者的话"写得朴素又坦诚：

> 叶舒宪《英雄与太阳——〈吉尔伽美什〉的原型结构与象征思维》是一篇好文章，作者把荣格的原型说与弗莱的原型批评运用于剖析《吉尔伽美什》这样的具体作品，说清楚了一部作品除了能够比较

---

① 参见晓娟：《小叶子来了》，网址 https://uizha.com/tech/856118.html，2022 年 12 月 11 日。

容易看清楚的表层叙述层次（结构）之外，还有比较隐蔽的、不易看清的深层象征层次（结构），并对二者的关系（表层叙述层次有矛盾的，而在深层象征层次中并不矛盾）做了能自圆其说的论述。这样，就把目前我国神话、史诗界把对新方法的探索仅停留在口头上的说说的状况，大为推进了。当然，原型说、原型批评说是否就是一种好的方法，万应灵药，如叶舒宪同志所说："我还表示怀疑"。不过，通过他的论述，使我们在方法论的认识上，打开了一扇窗子，也进了一步。

不仅如此，当期杂志还在封三刊出——重点作者叶舒宪先生的照片。这篇文章当时就引起轰动，并在1989年获《民间文学论坛》第二届"银河奖"。它可以表明，叶舒宪先生从一开始就表现出"居高声自远，非是藉秋风"（虞世南：《蝉》）的非凡气度和远见卓识，这

年轻时的叶舒宪先生
（翻拍自《民间文学论坛》1986年第1期）

《民间文学论坛》第二届"银河奖"评选名单（1986—1989）
（翻拍自《民间文学论坛》1989年第5期）

就益发让笔者敬佩不已。

那时的笔者经常去叶舒宪先生所在的教单宿舍请教问题。翻看当年的日记和书信,笔者大致有四个方面的记载。

第一、在学习态度上,叶舒宪先生启发笔者务实求真、厚积薄发,不慕虚荣、不赶时髦。

1985 年 11 月 14 日的笔者日记:

> 刚才,与文军至叶舒宪老师家。他谈道:外语每天要安排四个小时,且要读原著,敢于搞翻译(用之于专题写作)。他的兴趣极广,如果把自己局限在一个领域,将走向死胡同(哲学、人类学、结构主义、符号学、心理学——结合专题需要学)。……他不好为人师,我们谈笑颇为融洽。①

1985 年 11 月 17 日的笔者日记:

> 赶时髦,就像在茂密的原始森林里围追一个飞奔而过的雪白的野兔,起初它的色泽鲜艳感人,而追过去时,它会一溜烟而逝,人群散后,仅能留下失望。而要真正认清知识界的总貌,需要冷静,叶舒宪老师做到了这一点。

1986 年 5 月 19 日的笔者日记:

> 16 日晚,叶老师谈做学问不可赶时髦,应立足自己的基地。近几年的美学、比较文学与现在的比较文化热,都是学术空气不正常的表现。若盲目随从,到头来难免得不偿失。此乃经验之谈。

第二、在学习方法上,叶舒宪先生主张开阔眼界,注重理论能力的培养,追求较高的理论站位,并提示笔者,做研究"要往根儿上挠"。

---

① 参见户晓辉:《日常生活的苦难与希望:实践民俗学田野笔记》,中国社会科学出版社,2017 年,第 493—494 页。

1985年11月21日的笔者日记：

> 俯瞰比分析重要（更为难能），当然不能忽视分析（叶老师做到这一点）。

1987年1月14日的笔者日记：

> 昨日，去叶老师家，谈到"结构"（structure）的确是最深层的东西，尤其用来发掘文化，叶老师鼓励我把结构弄通，认为做一些似是而非的学问，不如做一点儿"硬家伙"，谁也无法翻案。

第三、在外语学习和学术翻译上，叶舒宪先生当年对笔者说，外语是我们腾飞的翅膀，一定要学好。他鼓励笔者学以致用，在翻译的过程中增加词汇量并培养语感，在锻炼语言能力的同时也开阔眼界，增强专业知识的能力，可收一举两得之效。"记得当时翻译列维-斯特劳斯的一篇文章，有几句关于孕童仪式的话，我译错了，被叶老师校了出来，他的一句话，让我一直记忆犹新：'不要自己砸自己的锅'。"①

1986年2月20日的笔者日记：

> 上午，见叶老师。他说，翻译应达到原文一样的效果，要坚持搞自己的方向，只要有"货"，不怕将来无出路。

1986年3月13日的笔者日记：

---

① 户晓辉：《一个人一生能讲几个故事？——译后记》，见［英］詹姆斯·乔治·弗雷泽：《〈旧约〉中的民间传说——宗教、神话和律法的比较研究》，叶舒宪、户晓辉译，陕西师范大学出版总社，2012年，第489页。

昨晚，将译稿交叶老师。①

1986 年 3 月 17 日的笔者日记：

中午，去叶老师处。玩笑中，大发牢骚，认为陕师大学生没有西北大学的学生活。仍建议我考本校研究生，外语不能放松，论文要短，单刀直入。叶老师说我的译文不错，但为放心起见，仍需校对，某些句式需要修改。

1986 年 3 月 25 日的笔者日记：

刚才，叶老师谈到让我搞精神分析和结构主义，对我鼓励很大。

1980 年代末，叶舒宪先生委托笔者翻译法国精神分析学家雅克·拉康（Jacques Lacan，1901—1981）的名篇《〈被窃信件〉的讨论》，还亲笔对笔者的译文加以校正。2000 年，笔者博士毕业后分配到中国社会科学院文学研究所工作。2008 年 5 月 8 日，叶舒宪先生来民间室说起让笔者的学生学习翻译："你背上的那个疮还在吧？让她看看你当年假期不回家是如何学翻译的！"当年笔者在完成译文之后得了瘩背疮，却不一定因翻译而起，叶老师有时就是这么可爱！

在叶舒宪先生的直接影响和指点下，笔者对神话 - 原型批评和结构主义神话学产生兴趣，继而关注神话、学习翻译。笔者后来回忆道：

回想我自己走上翻译这条道路的经历，可谓"一波三折"。起初学习翻译，并不是觉得自己外语好，而是不知不觉之间"滑入"了边学习边翻译的境地。身在中文系，我觉得当时的外语教学并不能真正提高自己的阅读理解水平。于是，在叶舒宪老师的引导下，我自学了

---

① 指叶舒宪先生委托笔者翻译 [法] 列维 - 斯特劳斯的《神话的结构研究》《结构与辩证法》《语言学与人类学》，以及 [美] M. 弗雷里奇的《列维 - 斯特劳斯方法的神话》四篇译稿，收入叶舒宪编选《结构主义神话学》，陕西师范大学出版社，1988 年；这四篇译作的修订版，收入叶舒宪编选《结构主义神话学》（增订版），陕西师范大学出版总社，2011 年。

四册《新概念英语》，然后直接读英语学术著作，并开始学习翻译。

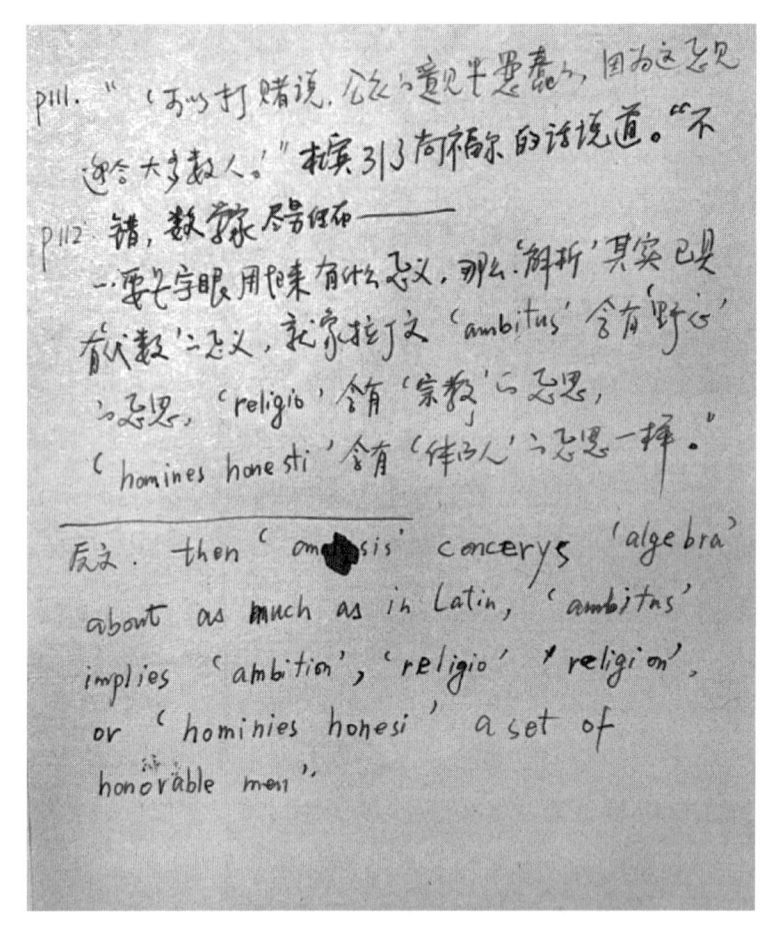

叶老师校正《〈被窃信件〉的讨论》笔记

这就"练就"了我的"哑巴"英语——只是阅读但很少有机会听和说。这种"瘸腿"外语实在不敢说有多好。起初我练习从《大英百科全书》上翻译词条"列维-布留尔"，笔记本上记载的翻译时间是1986年1月16日。后来我迷上结构主义，翻译了乔纳森·卡勒的《结构主义与文学的特质》一文，发表于中国社会科学院文学所编的内部刊物《文学研究参考》1987年第6期；我还从英译文转译了列维-斯特劳斯的几篇文章，被收入《结构主义神话学》（1988）一书。有一年寒假，我没回家，一个人背着字典去教室翻译雅克·拉康的长文《〈被窃信件〉的讨论》。拉康的文字，据说法国读者能理解的就不多，况且被译成英语后又被我转译成汉语！好不容易把三万多字的文章译完了，结果译文竟成了"天书"，连自己都读不懂。只好重新翻译

——这次有意调动了自己的汉语储备，使汉语的表达优势在译文中有所展现。经叶舒宪老师推荐，这篇译文发表在《当代电影》1990年第2期。当时还小有得意，但后来想，真是初生牛犊不怕虎啊！当时对翻译的难度、可能出现的错误等问题几乎全然无所顾忌，也缺少敬畏之心。翻译就像学术，越做胆子越小。①

第四、在论文写作和学术积累方面，叶舒宪先生鼓励笔者学习黑格尔哲学并勇于尝试跨学科、跨文化研究，不仅推荐拙作发表，还为拙书撰写书评。1986年1月6日的笔者日记：

> 下午，与叶老师谈到写论文材料应少而精，恰到好处，否则材料过多会淹没自己（与考证恰恰相反）。英译（汉）之最高境界乃理解原文后，用最通顺与自然的汉文表达出来，再创造体现在此。论文最好能理出提纲，眉目清晰（分层论述）。看黑格尔，值得搞其象征理论（围绕专题）。即使从原文看，东西就很多。叶老师的谦虚很有道理。

1986年4月11日的笔者日记：

> 下午，请叶老师帮助看论文。……叶老师就原文提出许多意见，真感自己缺得太多，表达能力之差，慢慢起步吧！稳一点儿，急又有什么用！

1986年4月25日的笔者日记：

> 看Taylor（泰勒）的 Hegel《黑格尔》，颇有吸引力，Hegel（黑格尔）的辩证力量委实摄人心魄！

---

① 户晓辉：《童话现象学：苦心孤诣谁愿识？——译后记》，见[瑞士]麦克斯·吕蒂：《欧洲民间童话：形式与本质》，户晓辉译，河北教育出版社，2018年，第268—269页。

1986 年 5 月 15 日的笔者日记：

　　昨晚与刚才，到叶老师住处。其学问与为人委实让我五体投地了！我相比之下，难免自愧弗如，但学问并不能急于求成，好在我与他相识不算太晚。我必须立十年大志，十年后（30 岁）必然"出山"。……叶老师鼓励我考托福，并准备研究生考试（外语要做练习，大量的）。

1986 年 6 月 13 日的笔者日记：

　　近些天来，看 Lévi-Strauss（列维－斯特劳斯）的神话学有关文章及中国神话，欲搞神话的结构分析，但至今仍无端倪（clues），因而致使心情很坏！

　　1987 年 6 月 29 日，笔者恳请叶舒宪先生在本科毕业纪念册上题写"教师赠言"，他写的是颇具神话学意味的五个大字"神助自助者"。

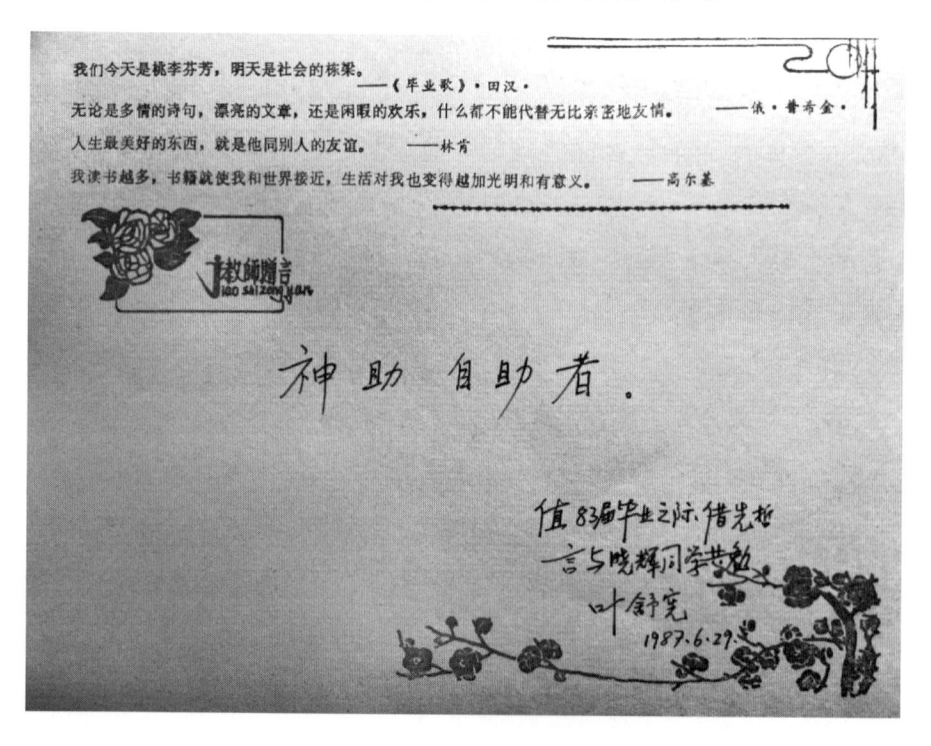

叶老师为笔者题字

　　可以说，叶舒宪先生是笔者走上神话学研究之路的领路人。1990 年，笔者以论文《无意识与神话》在畅广元先生门下获文学硕士学位。虽然去机关工作，但仍对神话研究初心未改①，叶舒宪先生对笔者鼓励有加。1991年11月22日，他在信中对笔者说：

> 你成了家，住上新房，可谓双喜临门，特向你贺个喜吧。这样安定下来后无后顾之忧，也许更有利于学业发展。看到你不断有成果问世，我很欣慰，因为你是我眼看着步步走入学术研究这个领域的。望你不断进取，眼光更放深远一些，将来能有大的成就。
> ……用人类学的视野、材料和跨文化比较方法研究中国古典将是我近年内研究方向，希望你也能在这方面有进展。……
> 又：《中国比较文学》明年拟办比较神话研究专栏，正在寻找好稿子，你若有够分量的论文可寄去试一试，明年三月前。……我已向该刊编辑张智圆推荐了你。

当时，笔者赶在出差前弄了一个"急就章"，按叶舒宪先生提供的地址，寄往编辑部。1992年5月24日，叶舒宪先生在给笔者随书邮寄的附信中说：

> 昨接张智圆君信，说到稿子的事。本想今年两期连续推出"神话原型专栏"，宗旨是以高质量稿件表现国内神话学研究新水准，张君把你的稿子给编辑部同志传阅（该刊半年期，集体审稿制）后提出不少意见，似乎搞得仓促，头绪较乱。我没看你稿，不知究竟。但作为组稿人推荐人我也有责任，今年二期的专栏暂停，主要因稿件深度较欠。我当时没有向你说明，尽量搞出扎实有分量且名副"比较"其实的力作。虽说是约稿，毕竟不同于一般学报、报纸，我们必须为张君的信任争气，此事请你考虑。明年若拿出新作，力争出类拔萃吧，莫使张君为难才好。你地处边远，仍坚持写作，精神可贵。以我之见，最好边研究边补课，学一些中国考据的实学功夫……只靠引介洋人是不够的，但洋的东西是我辈借以超越古人的唯一优势，所以最佳选择是国

---

① 参见户晓辉：《而立之年的学术反思》，载《新疆艺术》（乌鲁木齐）1997年第6期。

学功夫与西学的汇通。此话是我治学的切身体会，提出来谨供你参考。要在强手如林的国内学术界占一席之地，不能只靠发表的数量，更重要的是一种超越众人的风范形象——让人读你一篇还想索求他篇。当年钱宾四（穆）一篇《刘向刘歆父子年谱》登于《燕京学报》，便从乡野而一跃为北大名教授之列，至今仍有余响。当今青年学人好发宏论、空论，其实能流传下去的东西几乎没有，急功近利成了时代通病。

……为争取发言权，我们只有埋头补课。我一直对你寄予厚望，也许要求过高了些，算是共勉吧。

叶舒宪先生随信将新著《中国神话哲学》惠寄给笔者，并在扉页上题词：

昨在图书馆借得 Jakobson 氏 Verbal Art 一书，见书卡上唯有你的签名，睹物思人，感慨颇多。望你身在远乡，求道之圣心不泯！可慰吾心甚矣。

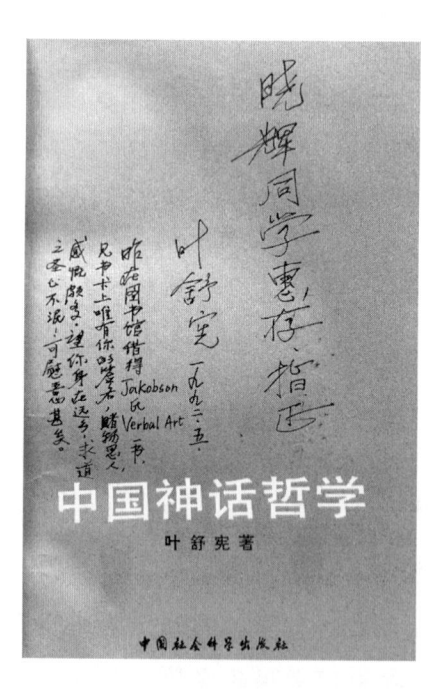

叶舒宪先生给户晓辉所寄著作封面题词

笔者当即在《中国神话哲学》衬页上用铅笔写道：

九二年六月一日收悉

其用言用心良苦，可谓语重心长，

催我用力再三！

户晓辉在《中国神话哲学》一书衬前留念

笔者已经不记得自己回信的内容。1992年6月16日，叶舒宪先生在来信中又安慰笔者说：

> 很抱歉我上次信中言重了，让你感到心头不快。我知道你处在没有什么学术气息的环境里，只想让你能走上正途。其实我的环境也好不了多少，全靠自我信念支撑着搞下去，也许是入了魔道吧。假若多年后国内学坛上有那么一支品格高而新的比较神话学派，我希望你能显示出实力，成为其中的骨干力量。前不久萧兵先生来西安一聚，他近年著述已等身，且主办"活页文史丛刊"、《淮阴师专学报》，常有讨论他大著的专号面世，手下也培养了几位弟子，但在我看来，他们缺少外语这个翅膀，将来发展受到先天限制，很可惜的。古史辨派与清儒大师相比已逊色不少，而今之吾辈又不如古史辨派甚多，唯一的超越希望便在于借助西人新学方法，而脚踏东西又谈何容易？补课需大量时间，现不妨从借助清人入手，边干边学，这是我的想法，仅供

你参考吧。一文之优劣得失无足轻重,你不必有什么精神负担,能有较长远的目标就好。

在叶舒宪先生的鞭策下,笔者对《天女与圣王:一个原型母题的跨文化研究礼记》做了改写并发表于《中国比较文学》1992年第2期。

1993年,笔者出版了跨学科、跨文化尝试的第一本小书《岩画与生殖巫术》①。经叶舒宪先生引介,笔者给萧兵、易中天、臧克和等先生寄书,请他们批评指正。萧兵先生回赠大著《中国文化的精英——太阳英雄神话比较研究》《黑马:中国民俗神话学文集》,还为拙书撰写书评②。易中天先生回赠大著《艺术人类学》,臧克和先生回赠大著《语象论——〈管锥编〉疏证》,并分别在信中对笔者多有鼓励;叶舒宪先生在为拙书撰写的书评中一方面肯定"《岩画与生殖巫术》从原始猎牧业文化与巫术思维的大背景之中确定岩画创作的时空坐标""使全书构思获得一个较高的理论起点,也决定了书中所研讨的问题不是对单个岩画作品的孤立解说,而是岩画语汇的发生机制及其象征转换的普遍规则";另一方面指出"在引发兴趣和思考之余,也同时给人们留下了这样的疑问:如此肯定的理论概括模式是否具有充分的普遍性?能不能适合世界性分布的各地岩画的发展实际情况?当然,此类疑问不是不可解决的。研究者若借鉴一下当今社会学、人类学中已广泛采用的取样技术和量化的统计分析方法,就会使理论概括的准确性获得相应的提高,从而增强论证的说服力吧。这里涉及的实证与理论之间的关系或许就是传统的人文研究同现代社会科学之间的接轨问题的一个侧面,它也关系到岩画研究的发展趋向。提出此点,愿与户晓辉同志共勉"③。这些鼓励和提点对当时深处边地且刚刚走上学术道路的笔者而言,弥足珍贵,没齿难忘。而且,叶舒宪先生提出的"如此肯定的理论概括模式是否具有充分的普遍性""实证与理论之间的关系"以及"传统的人文研究同现代社会科学之间的接轨问题",都成为笔者后来从哲学上寻求答案的重要问题,在很大程度上也是《神话形式的还原之路》反思的理论主题之一。

---

① 户晓辉:《岩画与生殖巫术》,新疆美术摄影出版社,1993年。
② 萧兵:《岩画与生殖巫术》,载《书城》1994年第11期。
③ 叶舒宪:《人文研究的新思路——〈岩画与生殖巫术〉读后》,载《人文杂志》1995年第1期。

叶舒宪先生对笔者的谆谆教诲和不倦提携，既是笔者学术研究的动力源之一，也是笔者在神话学领域摸爬滚打的一盏指路明灯，常常鞭策并激励笔者不敢有所旁骛。师恩浩荡，无以为报。今在神话学研究方面做一点理论小结，将这本《神话形式的还原之路》作为一份学术薄礼，恭贺叶舒宪先生七十华诞！

叶舒宪先生与户晓辉合影

左图为1997年8月15—20日，叶舒宪先生从海南来乌鲁木齐市西域大酒店参加由中国社会科学院少数民族文学研究所、文学研究所、新疆大学、新疆文联民间文艺家协会共同举办的"民族民俗文化与当代社会"国际学术讨论会。笔者在8月17日来到会场与叶舒宪先生合影留念。

极超迈而接地气：将论文写在世界的大地上

张 进

恩师叶舒宪先生即将迎来七十华诞，我感到非常欣喜。衷心祝福先生，感恩先生！作为上海交通大学资深教授、神话学研究院首席专家，先生立足世界，放眼全球，精勤劬劳，著书立说，构建中国本土文化理论话语，宏著卓越，成就斐然。"辨章学术，四重证据、五重叙事融为一体说华夏；考镜源流，神话中国、玉成中国玉学三书铸精魂。"叶先生读万卷书，行万里路，胸怀天下，精审文脉，数十年致力于跨学科研究及理论方法探索，提出关于中华文明探源与华夏精神的整套全新理论命题（诸如神话中国、文化大小传统、四重证据、神话历史、N级编码、文化文本、玉文化先统一中国等），更新观念，重视方法，嘉惠学林，培育栋梁，桃李芬芳。忝列叶先生的学生队伍之中，我感到无比幸福和自豪，那是因为我有幸身沐先生教泽，在先生的学术高峰和灯塔的引领激励之下成长前行！我也时时感到惭愧，因为我与先生的期待还有很大差距，从未做出过让叶先生"朱衣点头"的成绩。

20世纪80年代初，我于初中毕业上小师范后在中学教书，80年代末又考入大学的"走弯路"的一拨人。幸运的是，我一进大学校门，就有机会旁听或选修叶先生开设的"东方文学""比较文学""结构主义与神话－原型批评"等重要课程。叶老师讲授的内容对我们如醍醐灌顶，使我们的宇宙观接受一次次洗礼和重塑。叶老师的课程通常安排在陕西师范大学的大会堂，听众爆满，气氛热烈，精彩纷呈，没能占到座位的学生企足翘首将脸贴在玻璃窗上在场外聆听，每堂课都像是一次大型讲座，通常还伴随着课程录像的工作人员协助劝阻想要强行进入会场的学生，因为会堂内实在没有空位了。叶老师英姿风发，从容不迫，不拿教案，偶尔随手从上衣口袋里摸出一张学术卡片，顺便用余光扫一眼引文是否精确。下课铃响起时，已有学生在会堂门口排起长队，等待机会向叶老师请教问题，久久不愿离开，而叶老师总是耐心细致地一一解答。我大约常常也在这个等候请教问题队伍里，多数情况下没有胆识提出什么真正有价值的学术问题，但会默默聆听叶老师针对其他同学提出的问题所作的深入分析和精彩解答，听者如沐春风，如痴如醉，其盛况就像是同学们的一次次小小的节日！

更幸运的是，大四年级时，我壮着胆子申请叶老师作为我的本科毕业论文指导老师，叶老师欣然同意了，而我对于文艺学和比较文学的学习思考也就从此起步了。恰好叶老师被派到我所在的实习小组担任指导老师，叶老师每天都会到我们实习的西安市第82中学现场指导实习，我便有更多机会向叶老师当面请教，叶老师也时时指点迷津，鞭策鼓励。我也有机会观瞻叶老师"年年岁岁一床书"的卧室兼书房，聆听叶老师对雅各布森"隐喻与转喻的两极"与中国传统"赋比兴"之间关系的精深剖析，以及吃胡萝卜治疗嘴唇干裂的活态智慧。我那时才知道，叶老师饱读诗书、满腹经纶，于天下学问无所不窥，上课所讲，只是他丰富宏大的知识宝库之一角，而这个宝库还不只是静态的概念知识，而且是一个"活态"智库。

在上硕士研究生期间，刚入学不久，我们就听到叶老师要到南方工作，同学们不明就里地念叨着"吾道南矣"，内心悻悻然。我们几个同学相约去看老师，恰逢老师准备行囊，打包书籍，装集装箱，我们有机会协助搬书，中文的、外文的、装订的、散页的，百余箱书，叶老师一本也不愿舍弃，满满当当地占据了集装箱的全部空间。我们都希望叶老师多带些生活用具用品，以便到了新居就能开始做饭住宿，而叶老师唯一要带的生活用具是一辆自行车，是为了方便在新单位跑图书馆和教室之用。我们比画了好大一阵子，差一点儿没给自行车腾出位置。这次经历让我切身感受到，知识和智慧不仅是有力量的，而且是有分量的，不只是精神性的，而且是"物质性的"，会占据空间和场所，会物质性地生产、流通和再生产。

我在中国人民大学上博士期间正是世纪之交，叶老师已调到中国社会科学院工作，我们几个学生相约去看叶老师，是叶老师去书店买书的一个间隙。叶老师亲切地询问我们学习生活的情况，我大概说到一时间找不到方向，比较茫然，从资料搜集到选题和写作等都还没有确定的范围，有点"混日子"的心态。叶老师听到后，似有一丝失望从眼角划过，但没有直接批评我，而是用他循循善诱又极富感染力的惯常语气，告诉我读博是人生中千载难逢的大好机遇，只要肯用功，只要不虚掷光阴，定会有大的提升和发展。在叶老师的鼓励下，我说到有意向选择新历史主义和历史诗学问题作为学位论文选题。让我没有想到的是，叶老师对这个选题及其相关问题已经有很深入的思考和研究，且进行了现场讲解，给我以指导和鼓励。我也随之选定了这个题目，完成了博士学位论文的写作。这个选题的相关研究也随后获得了国家社科基金项目资助，我因此而倍受鼓舞。众所周知，在那个时候，国内有关新历史主义研究的资料还相当有限，即使是专门从事文艺学美学研究的人，也未必对之有系统的了解，而叶老师竟能对之如数家珍。记得有人在评价杜甫时有"尽得古今之体势，而兼人人之所独专"之言，叶老师的学术研究笼罩群言，而又能"兼人人之所独专"，真是我们学习的楷模。

在 2007 年前后，叶老师正在集中研究熊图腾崇拜的问题，为了实地考察熊图腾崇拜在中国西北部的情况，叶老师也应允做我所在的兰州大学的讲席教授，在教学和讲座之余，叶老师还在周边地区做了大量的田野调查工作。我有幸跟随叶老师到甘肃陇南地区做调查。在启程之前，叶老师要我找一本甘肃地图册，我找到一本小地图册。没想到车行到半路，叶老师突问地图册时，我才发现忘带了。叶老师宽容地笑了笑，没有责怪我。但在考察途中几次想用地图做参照，也说明地图的重要性。他讲到如果没有地图的指引，哪怕我们对当地相对比较熟悉，我们调查时也可能就会陷于盲目和凌乱，难于精确定位，也就是说，我们在全局性的把握上就可能不到位。我也为此很懊悔出发前没有仔细检视行囊。十多年过去了，当我们现在可以随时在手机上打开百度或谷歌网络地图查证周边地理信息时，我才真正明白地图在田野作业时的重要意义。调查地点所呈现的知识是"地方的"，但地图告诉我们的信息可能是"全球的"；两相会通，可能才是"全球地方化"的知识，可能才是"世界眼光"与"中国功夫"的融会，可能才是"固态知识"与"活态知识"的结合。这是叶老师时时强调的研究方法，是一种独特的智慧。叶老师是将论文写在中国大地上，而对于叶老师而言，这同时也是将论文写在世界的大地上，因中国的大地也是在世界的大地上。在考察途中，叶老师多次谈到"玉石之路"及其与"丝绸之路"的关系问题，也收集到一些重要的实物和资料，对我来说，这不啻是一次学术盛筵，我的学术视野也得到了极大拓展。

2013年古丝绸之路问题以"一带一路"倡议的国家战略形式提出来了。叶老师随即组织开展了十多次"玉石之路"调查研究活动，取得了丰硕的调研成果，产生了巨大的学术反响和社会影响。我受到国家倡议和叶老师最新研究成果的感召，于2017年向国家社科基金办提交了国家社科基金重大招标选题"丝路审美文化中外互通问题研究"。选题入选后，在进行项目论证和填写项目申请书时，我斗胆请求叶老师屈尊做子项目负责人，没想到叶老师痛快地答应了。我深切感受到叶老师的殷切期望和鼎力支持，感受到师恩的浩荡和博大！承蒙各位前辈学者的认可、支持和鼓励，我们在项目竞标中如愿拿到了这个项目。在项目推进过程中，叶老师拨冗参加了从开题到项目推进会等所有活动，给项目研究以极大的指导和引领，但没有从项目经费中支取任何一次活动的费用。叶老师告诉我，将项目经费用到更需要支持的年轻学者队伍身上。叶老师的"玉学三书"等一系列前沿性研究，不仅引领着我们项目的方向，而且已经成为我们项目再次研究的内容，代表着丝路审美文化中外互通研究的新境界、新成就和新高度。课题组在丝路史前审美文化互通、丝路物质审美文化互通和丝路考古叙事等研究中，正在大力推进对叶老师研究成果的阐释和弘扬。由于受三年新冠肺炎疫情的影响，我们的项目推进稍显迟缓，但我相信，有叶老师的引领、指导和支持，我们一定能够达到预期的目标！我代表课题组向叶老师致敬！

值得庆幸的是，一路上受叶老师教泽沾溉，我在项目研究中总是力争学习和运用叶老师的立场、观点和方法。面对丰富复杂的丝路审美文化，我们坚定地强调走出"轴心时代论"，跨越"狄尔泰鸿沟"，重置"大小传统说"，通向"共同世界"观，走向"丝路审美文化共同体"，追求丝路美学阐释的"多模态共轭"。毋庸置疑，这些都是我学习叶老师学术思想的一点心得体会。运用在课题研究中，它足以使我们的研究别具一格。

叶老师的学术研究，"极超迈而接地气"，前者指其卓越高超、不同凡俗、豁达豪放、视通万里、思接千载；后者指其根脉深植、实诚有力、气韵生动、厚德载物。两相结合，叶老师的论文就写在了中国大地上，扎根在世界的大地之中，富有青春气息，通向美好未来。

恭贺叶老师七十华诞！衷心祝愿叶老师青春永驻，学术之树常青！

与"神话"的相遇,是注定的缘

——在上海交大神话研究院第二届新成果发布会暨专家论坛上的发言

冯晓立

多年以后,当叶舒宪老师已然成为学界大咖,"端端正正,正正端端打坐在金銮",我依然能回想起 1987 年 3 月那个遥远的阳光灿烂的午后——他将一个用塑料纸层层包裹的书稿郑重交给了我。

那时,我还是一个青涩的长发飘散的小编辑,与同样满头青丝的"男神"叶老师相邻而居。我与《神话—原型批评》就此相遇。我平生责编的第一本书就是它;它也是叶老师的第一本书。

此书及叶老师主译的《结构主义神话学》,在 20 世纪 80 年代宽松的、美好的、自由的学术氛围里,产生了极大的反响。此后引用率之高,生命力之旺盛,销售量之大,即令今日的生活于"盛世"的我们这些出版人,也为之感慨。《神话—原型批评》与我社另外两本书《后现代主义与文化理论》《20 世纪外国文艺理论》,成为 20 世纪 80 年代最为人称道的"文化现象",被文艺评论家鲁枢元评价为"1988 年最有价值的三本文艺理论书"。

谁料此后风云突变,一场所谓"反对资产阶级自由化"与"清除精神污染"袭来,叶老师精心构拟的"二十世纪国外文艺学译丛",就此戛然而止,两本书就此成为绝响,使得我立志成为一名优秀的社科文化图书编辑的理想成为泡影。

2009 年,当叶老师在西安的饭桌与我谈及他的"中华文明探源的神话与研究"课题,以及"神话学文库"丛书的构想时,我已成为一个成功的教辅图书策划人和出版社的创利大户,但我怦然心动。久违的对学术的敬仰、对早年夭折项目的遗憾、对叶老师新项目新构想的期待,让我当下决定放弃经营多年且效益突显的教辅读物,改做社科文化读物,开始运作"神话学文库"丛书。

我把它称作"回归",或者是对旧梦的重温和接续。

上天垂青我们,也垂青"神话学文库"丛书。2011年"神话学文库"丛书第一辑17种被列为"十二五"国家重点出版规划项目,并获2012年度国家出版基金及第五届(2017)"全国优秀出版物奖"。2016年第二辑21种被列入"十三五"国家重点出版规划并获得2017年度国家出版基金。一切似乎顺风顺水,但书稿内容的高难度,大大超出我们的预估,尤其是跨学科的特点,对编辑人员的知识储备是一个极大的考验,而书稿翻译的准确性与编校质量的国家高标准要求,一一压得人殚精竭虑、如履薄冰,直至今天开会前最后一本书才完成印制,仓皇带到会上与各位见面。但总算如期完成任务了!

至今,"神话学文库"丛书共出版38种图书,其中译著22种,国人专著16种。当38种大书一溜儿摆在面前时,摸着这新鲜的散发着油墨香的书页,欣赏这精美的封面和印装,听着学界一声声的好评,我恍然明白这十年到底做了什么。那个关于"回归",关于"圆梦",关于出版人的情怀与文化自觉,到底是什么含义。而这一切必须用三十多年的岁月去注解,去消化,才能拼凑出一个并不精彩但很曲折、传奇甚至完全彰显"孤独、寂寞、冷"的故事吗?或者说,作为一个出版人,有什么样的书值得你用一生去追求,去为之奉献青春、奉献心血?而你还乐此不疲?是的,就是"神话学文库"这样的丛书。我已完成第一辑第二辑,还想再做第三辑第四辑。

我追随着叶老师的脚印,除了"神话学文库"丛书,还出版了与他相关的"中国文学人类学原创书系"第一辑21种、第二辑19种,共计40种。我们要打造学科出版高地,打造最好的"文学人类学"和"神话学"出版平台。什么是出版人的文化担当,我想这就是。

一套好的图书的出版,除了作者倾注心血打造优质内容之外,专业的优秀的编辑团队是必不可少的。我的编辑团队就是为此而组建的。多年来我们只做与此相关的选题,编辑能力,专业水准,对神话学或文学人类学学科的了解与掌握,编校质量的放心程度,我不谦虚或自豪地说,都是国内出版业第一流的。把书交给懂的人去做,应该成为在座各位或其他专家的明智的选择。因为我懂你!懂你心心念念的专业和事业,能为你提供最好最专业的出版服务。甚至在编辑书稿时,还能发现你之未发现的错漏与专业盲点。所谓作者与编辑的合作与情分,还有能超过这种相互支持相互成就的双赢吗?

今天，我可以充满自豪地向叶老师及各位报告，第一阶段的任务我已完成。我在等待老师安排下一步的出版任务。

由此，我提出几个建议供叶老师和编委会参考：

在神话大观园中，除了学术的、尖端的探求之外，诸位能否发挥余力搞点普及性的、大众的读物，尤其系统地将世界各地区各民族的神话传说，用讲故事的形式，将其背后的寓意、语境解读出来，做成图文版奉献给青少年读者？

正像早上孙岳教授所言，人类的精神是靠故事生存的。那么中国人的精神靠什么生存？我们能不能来一次由"神话学"向"神话"的回归，在"四重证据"理论的指引下，重述"神话"，重述"中国"，重述那个遥远的难以捉摸的"文化大传统"？做成系列阐释性神话读物？如果说当年袁珂先生筚路蓝缕，将散见于各种典籍的中国神话整理成完整的故事并拉出了中国神话谱系，成就了《中国古代神话与传说》这样的大著，是功莫大焉，是空前的事业，但那还不至于就"绝后"。我相信在座诸位的神话学观念、比较文化的视野、掌握现代传媒手段所占有的资料累积，远远超过前人，一定能做出一些令人惊讶的事来。我期待着类似"神话中国"这样的项目能够在不久之后呱呱坠地。

在此基础上，我们能否紧贴数字经济的飞车，搞起"融媒体出版"，也就是慕课平台或互联网音视频课程。图书出版虽然还是传媒的主体方式之一，但其传播的效能已远远落后于数字传媒。如果我们充分发挥"神话"这个知识经济大资源，发挥其潜力，系统开发诸如"希腊罗马神话""中国神话""北欧神话""印第安神话"等等网课，一定会产生绝非图书可以比拟的双效益。所以我再次提请叶老师与其他专家考虑。

严格说，"神话学文库"丛书在我手里运作了三十多年，经历了铅与火、光与电整个出版时代，但它能否在"知识经济"时代也大放异彩呢？我仍旧充满期待。

编辑行业是一个需要承受孤独与寂寞的冷事业，为人作嫁一生，到头来只能捧几本自己做的书聊以自慰。但这职业就是这样，吊诡的是，我乐意！这也是一份情怀，一份文化自觉；或者说，是一个极富人生况味的美的邂逅，承认或不承认，它像是一个欲说还休欲罢不能的缘！如此而已！

谢谢各位！

开学术风气的一代巨匠

——我眼中的叶舒宪教授

马知遥

我和叶老师认识很久了，那时候我还在陕西师范大学中文系读书，我们的外国文学老师就是叶老师，当时他给我们开了"东方文学"的选修课，我印象中外国文学课是由多名老师集体授课的，基本上都是按照老师们的专长进行分工，叶老师给我们开的"东方文学"选修人数太多，远超过其他的文学课堂，后来便改在学校的阶梯教室进行授课，那教室浩浩荡荡的，是周末用来放电影的地方，少说也能容纳千人吧。叶老师从"说文解字"说起，说起中国的神话，说到汉字背后的原始思维，这些信息对我们来说非常新鲜，他在课堂中触类旁通而又深入浅出的讲解，一下子为我们打开了另一扇窗口，让我们通过文学看到了神秘的文化，知晓了破解文化的基本钥匙，那时我们上大二，刚刚十八岁。得感谢那样的年代——一个文化大爆炸的年代。各种新鲜的外来文艺理论思想冲击着喂养着我们贪婪的求知欲，而叶老师的东方文学把我们带入了一个中外文学比较的世界，在了解异文化的同时开始对本土传统文化进行反思。

最初读到的就是他翻译出版的《神话—原型批评》，当时说实话没读懂，但很有趣，因此没有放弃对他的学术方向的关注。因为他研究文学的方法和我接触到的文学研究方法完全不同，用神话思维的角度去研究文学中的意象、符号，甚至情节，如同一名高明的侦探，从文字背后发掘其中的深层远古密码。曾经试图去学习这些手法，总是难以进入其法门。但这也让我意识到了，神话学方法需要巨量的知识储备：人类学、文学、传统文化、民俗学、文艺学、考古学等多学科的知识。所以，意识到距离和差距，低头读书是最重要的。因此陆续对叶先生的著作和代表性论文都曾经做过跟踪式阅读。

从《中国神话哲学》《英雄与太阳——中国上古史诗原型重构》《〈老子

与神话》《文学与人类学》《千面女神——性别神话象征史》《熊图腾：中华祖先神话探源》等，我们可以看到勤奋的叶老师利用手中的神话学研究的利器，深入对中国上古神话的探究和掘进，开始创设和建设神话学的中国学派，他由此提出的文学人类学更是具有树立旗帜的作用，由此提出学术研究方法改革的四重证据法，更是令人耳目一新。叶老师从事学术研究的特点非常明显：从不扯空谈，而是从学术研究的实践中总结要义，提出观点。所以他的理论和方法虽然来源于西方人类学和比较文化学的一些理论，但应用到中国文化之后，就有了中国特色。借助他提出的神话学理论，我们可以从传统文学批评和研究的视角跳出，以文化学的大视野跨学科的视野重读经典；从他的四重证据法中，我们更能看到跨学科，主动打破学科樊笼的创举，让一些文学或文化事项获得更多阐释的视角和结论；如果早期的学术他主要是译介西方先进的文艺思想和学术方法，那么到了四十岁左右，他基本上开始了对西方理论中国化的实践，通过对上古文学文化的探索，找到解释更古老的无文字时代的中华民族的历史，而且开始大量的田野调查工作，那时候我们已经看到了他从文献学转向田野的努力。《熊图腾：中华祖先神话探源》就是一本从考古发现开始、进行文化比较研究的专著，以一贯的娓娓道来的雅致文风，把深刻难懂的学术问题通俗化，一直是他专著的特色，也是那么多读者喜欢他著作的原因，在这本书里他提出了华夏民族的图腾是"熊"，这有点惊世骇俗的观点，必然带来大众的一些激动的反应。但如果冷静地从他提供的考古发现、田野调查、文献比较中，我们基本上对他的一家之言有很多的赞同。他后来致力于"玉文化"和中华文明探源工程的研究，十余次投入到大西北进行田野工作，并将这些成果以密集的学术论文和专著的方式发表，在学界又一次引发反响。

  后来的玉文化之旅，可以看作是六旬之后叶先生的学术转向和研究重点。在他的文字里，你能体会到一个学者将眼光向下之后，发现了无文字记载的中华文明历史时的欣喜，他提出了和西方学者关于文化大传统和小传统概念不同的中国文化的大小传统。由此，他得出，中国上古时代，那些在以玉为媒介的时代里，蕴含的丰富多彩的神秘的古国文化，虽然没有文字记载，却有文字记载不曾具有的丰富和厚重，他把这些无文字记载的远古的历史称为中国文化的大传统，那些由精英文字记载的历史则代表着中华文明很小的一部分，称为小传统。大传统埋没在无文字的沉默历史中，需要从器物从考古发现中去寻找去解密。

他认为玉石里的中国史，是近万年来一直延续着的不曾中断的历史。他认为在以汉字为标志性媒介的文化小传统中所有执笔的作者，从汉字的第一部字典书《说文解字》的编撰者许慎，到《山海经》的不知名的执笔人，再到《红楼梦》的作者曹雪芹，他们都在暗地里被文化大传统的圣物原型所支配。潜含在玉石这种物质中的精神、信仰和观念，是他们编写的原型与基础。他认为玉代表天，玉代表神，玉代表永生不死。玉石神话信仰的这三大教义，成为东亚地区驱动玉礼器生产和玉文化传播的最有力的观念动力要素。他认为新出土的玉器证实，玉之路先于丝绸之路两千年就已开通。昆仑山美玉输送到中原的历史有四千年之久。

我始终认为叶先生通过神话学方法研究上古文化甚至中国经典文学，通过文学人类学的创建，为中国文学的研究方法做着大胆的尝试并获得了骄人成绩，他从来没有停止对学科方法论的研究和探索，从来没有忘记打破学科藩篱做一个学贯古今中西的学者，他的学术王国在不断扩大的同时，也带动着一批学者和后人沿着他的探索不断前进。对遥远文化的解密，用科学的方法解锁，并让这样的学术方法充满了挑战和吸引力，叶先生做到了。而随着他对玉文化的深刻解读和不断认识，在他那里又会产生多少对学界有巨大挑战和启示的观点我们未可知晓，但那一定是会有诱人的收获等着他。

作为他的老学生，我一直以他的学术作为引领，默默跟随学习，虽然出身现当代文学和他的研究方法还有隔阂，但从博士期间我选择了《怨妇母题与20世纪中国文学》的论题，到后来从现当代自然转向民俗学、人类学的研究，很大程度上，源于本科时代受教叶先生的影响，而我目前做了非物质文化遗产的文化阐释，其中大量使用田野调查和文献材料，不断引用最新的考古发现和神话学的认识，也都源于长期以来对叶先生学术的学习和认识。我想有一天我致力的"非物质文化遗产的文化阐释"一定会有很多理论和思路来自叶先生长期的学术研究，文化的阐释密码一定要从多学科的研究中生发，我们很多的学术盲点也会在不断越界的研究中得到弥补。从这个角度，我认为叶先生是开风气之先的难得的学术巨匠，他的学术正引领或影响着一代代学人，不断地进行文化阐释工作，并致力于不同国别文化的比较。视野打开了，我们的学术才会打开。

相识于偶然　钦佩于学识　敬重于情怀

——与叶舒宪先生交往的二三事

马社强

2021年3月16日下午，一个年轻人推开了我办公室的门，他叫王伟，说是上海交通大学神话学院首席教授叶舒宪的学生，叶舒宪老师在咸阳博物院的官网上看到咸阳博物院收藏有两件新石器时代的玉钺，他受叶老师的委托想了解这两件文物的资料，最好能看看实物。那时，我到咸阳博物院任职才半年多，对馆藏文物并不熟悉，随即叫来藏品管理部门的同志一问，说确实有这样的文物，是新石器时代的石器。我第一反应就是，两件很久以前的石器文物有什么可看的！我安排保管部的同志带王伟去查看，并嘱咐把相关文物资料交给王伟。由于单位事情多，我很快把这件事忘了。

过了几天，王伟又来了，这一次他说叶舒宪老师对咸阳博物院收藏的新石器时代文物非常感兴趣，想尽快从上海来咸阳看文物。我很诧异，叶舒宪1982年毕业于陕西师范大学，现在是上海交通大学神话学院的首席教授，为什么会对新石器时代的石器这么感兴趣？难道他也研究文物？

没多久，王伟告诉我叶老师来西安了，邀请我晚上去陕西师范大学见面，我欣然前往。三月的西安，还有些许凉意。我终于见到了叶舒宪先生，个头不

马社强与叶舒宪初见合影

高，头发稀疏，瘦瘦的，目光炯炯有神，年龄看上去六十多岁，衣着朴素，精神状态很好，说话干净利索，幽默风趣，丝毫没有名校首席教授的架子。当晚在座的还有陕西省考古研究院的张天恩教授，以及陕西师范大学文学院的其他知名教授，他们都是专门过来与叶老师相见的。由于时间短，我和叶先生只是简单聊了几句，他说明天去咸阳博物院实地查看文物，并送给我《玉石之路踏查记》等书。

第二天，叶舒宪先生、张天恩教授、冯玉雷教授、朱鸿教授如约而至。叶先生仔细地查看着每一件文物，我吃惊地发现，在灯光的照耀下，那些黑色的、淡绿色的、被岁月侵蚀的石头透射出绿莹莹的美丽的光，叶老师很肯定地说，这些文物的材质就是蛇纹石玉无疑，时代是距今五六千年前的仰韶

叶舒宪等人在咸阳博物院查看文物

文化时期，而且咸阳博物院收藏了 15 件新石器时代的蛇纹石玉钺实属罕见，比河南灵宝墓地出土的还多两件，陕西杨官寨遗址也仅仅发现了两件，此外，咸阳尹家村遗址采集的这批玉钺不仅数量多，且体量大，最大的长 26 厘米。叶先生说最好马上在咸阳博物院举办一次尹家村遗址出土文物特展，他要组织召开一次高端学术论坛。我也敏锐地意识到我院收藏的这批石器能引起叶老师的重视非常不易，这是这批文物在库房沉睡了六十四年之后第一次被社会如此高度关注！叶老师想马上举办特展的想法很好，但我院仅有的一个预留展厅两个月后要举办"咸阳文物精华展"，这是市局早就定好的事情。我当即与策划展览的同志商量，压缩一下"咸阳文物精华展"的布展时间，给"尹家村遗址出土文物特展"多挤出几个月的时间。

一切看来似乎不可能，一切却都如愿实现了。在叶老师的支持、指导下，我多次找咸阳市文化和旅游局领导以及市委、市政府领导汇报、沟通，争取支持，最终拿到了举办展览和学术论坛的批件。举办经过半个多月紧张的筹备，

"仰韶玉韵——尹家村遗址出土文物特展"开幕式现场

"仰韶玉韵——尹家村遗址出土文物特展"和"玄玉时代高端论坛"在2021年5月22日盛大开幕和成功举办！四十多位知名专家、学者共聚第一帝都咸阳，研讨尹家村出土蛇纹石玉钺的学术价值和历史文化价值。叶先生还从上海拿来了他个人收藏的蛇纹石玉料和玉制品，以及近年来出版的玉文化研究书籍，丰富了展览的内容。上海交通大学将咸阳博物院确定为上海为交通大学神话学研究院"玄玉时代"研学基地，并予以授牌。这次展览和论坛是在新时代条件下，咸阳博物院和中国一流高校在文化研究、探索中开展合作的创新范例和良好开端，让我对与高校进一步合作的前景充满了期待。这次展览和论坛被全国二十余家高端媒体进行了报道，备受关注。无论是在咸阳博物院仰韶玉韵展厅的讲解介绍中，还是在"玄玉时代高端论坛"的讲坛上，叶先生都平易近人，深入浅出，侃侃而谈，丝毫没有名校知名教授的架

叶舒宪在开幕式现场讲解

子，我被叶先生的学识和人格魅力深深吸引着。工作三十余年了，也更换了许多单位和岗位，遇见过许多领导和名人，但像叶先生这样在全国都具有影响力的教授却如此的低调、朴素，如此高龄还孜孜不倦于学术研究的人太少了。尤其是他对中华文化研究探索阐释中表现出的热情和激情，以及对中华文化的醉心痴迷和弘扬传播的责任和情怀，更是令我感动和钦佩！感谢咸阳博物院收藏的蛇纹石玉器文物让我有幸与叶老师结缘，让我认识到五六千年前的咸阳

马社强主持"仰韶玉韵——尹家村遗址出土文物特展"开幕式

叶舒宪在"仰韶玉韵——尹家村遗址出土文物特展"现场讲解

先民就已经能够使用这种制作光滑细腻的玉礼器。对尹家村遗址出土蛇纹石玉器的重新辨识，将咸阳史前先民的聚落生活和城市发展历史研究提早到了一个新的历史时段，意义重大，叶先生功不可没。

因文物结识叶先生后，我在陕西干部网络学院上也发现有叶老师讲授的"世界神话鉴赏"课，我试着打开听，一下子就被叶老师的讲课吸引了，被他提出的"四重证据法"研究玉文化吸引了，他把传世文献、甲骨文、金文、民间流传的非物质文化遗产、出土文物及图像结合起来研究，互相印证，互为补充，真正实现了考古学、文学、历史学、人类学等多学科的跨学科研究，融会贯通。他讲课时语言干净利落，深入浅出，引人入胜，犹如滔滔黄河一泻千里，轻松自如，酣畅淋漓。通过网络课程的学习，我被叶先生的学识又一次深深吸

引了。

2023年4月,叶先生又一次带领专家学者来到了咸阳博物院,考察尹家村遗址出土的玉钺,并计划编撰出版一本关于尹家村遗址出土文物的书籍,我也很期待早日见到叶老师的研究成果。

短短两年多时间,我与叶舒宪老师也仅仅见过三面,我们因玉结缘,因玉相识相交,我钦佩于他渊博的学识,他著作等身,是真正的文化学者!他在年过六十高龄之时,带领团队从新疆到河南,沿着丝绸之路,穿越河西走廊,顺着渭河,一路踏查玉文化开采、运输、发展、利用之路,十五次玉石之路考察,其中的辛劳可想而知。这样的毅力非一般人所能及,这是真正在探寻中华文化的源头,这是在寻找中华文化魅力和自信力的根!

我欣赏他低调、谦虚、朴素、沉稳大气、不急不躁的处世风格。他没有因为身处全国一流高校执教而对咸阳博物院这样一个地市级博物馆有任何怠慢,与他交谈,与他合作做事没有压力,如沐春风,先生人格魅力让我折服!

时值先生七十华诞之际,我略记与先生交往的二三事,以表对先生关心咸阳文物文化研究、关心咸阳博物院事业发展的谢意!敬祝叶先生学术结硕果,桃李满芬芳,福寿又安康!

桃李不曾言，其下自成蹊

——叶舒宪老师对我学术研究的影响散记

宋亦箫

回想我最初接触叶舒宪老师的学术思想并立马对我产生影响的时刻，当是二十多年前我读叶老师著的《诗经的文化阐释——中国诗歌的发生研究》[①]以及这前后叶老师发表在《民族艺术》上的多篇论文。《诗经的文化阐释——中国诗歌的发生研究》出版于1994年，是湖北人民出版社组织的一套丛书"中国文化的人类学破译"系列著作之一，我偶然读到它，已是该书出版的数年之后。书中叶老师对《诗经》诸篇跳出文学视野的人类学和文化视角的解读，让我耳目一新，大受启发。如是开始寻找这个系列的其他著作以及叶老师的其他著述，这些著述多数出版有年，购读不易，但经过我"上穷碧落下黄泉，动手动脚找东西"的不懈努力，基本都收入囊中，这是后话。回到我读到的叶老师的《诗经的文化阐释——中国诗歌的发生研究》中来，书中叶老师提出人类学三重证据法，即在文史研究传统的二重证据基础上，加上人类学的证据，更是让我在方法论上得到了洗礼和自觉。我虽然出身考古，也学习过文化人类学的课程，但是后来在学习和研究中更加注重人类学的理论和方法运用，其始因当在叶老师这里。

前几年，我在出版的两本文集的前言或后记中[②]，追忆叶老师的学术思想对我的影响，还包括两年前《民族艺术》杂志主编许晓明博士向我约的"学人治学"栏目文章《行走在多学科结合研究古典文明的道路上》[③]，我也用一整段话

---

① 叶舒宪：《诗经的文化阐释——中国诗歌的发生研究》，湖北人民出版社，1994年。
② 宋亦箫：《早期东西文化交流研究》，中国书籍出版社，2021年，第255页；宋亦箫：《先秦文物中的神话历史》，花木兰文化事业有限公司，2022年，第1页。
③ 宋亦箫：《行走在多学科结合研究古典文明的道路上》，载《民族艺术》2021年第5期。

感谢了叶老师对我的影响和帮助。这些记录相对简短,现得知叶老师门内弟子及学界同好要在他七十华诞之际出版一本纪念文集,如此难得机会,我正好可以借此总结一下叶老师的学术思想对我的广泛而深刻的影响,这既有利于自己的学术自觉,或许也对后来者有一些先导意义,便不揣谫陋,将叶老师的学术思想和理想以及给我的感受和方法实践,简记于万一。

我的专业是考古学,因为专业背景的差异,年轻时未得机缘从游于叶老师门下,一直引以为憾,好在自古及今,也有私淑一说,我便以叶老师的私淑弟子自居,但愿叶老师不以为忤。

一

上面提到,我阅读了叶老师的《诗经的文化阐释——中国诗歌的发生研究》后,受到了极大震撼,原来文史问题还可以有如此广阔的文化人类学解释角度,于是我开始寻找搜集这套丛书中的其他著作和叶老师的其他著述。由此我也知道了萧兵先生,读了叶老师、萧先生的《庄子》《楚辞》《老子》《山海经》《论语》等经典的人类学破译等著作,收获满满,眼界大开。本来在博士学习阶段,我只是利用考古材料来分析早期东西文化交流问题,现在则认为,除了考古材料,如能借助文化人类学和文学人类学的方法和材料,来探索早期东西文化交流史,自是另一番景象吧。我开始跃跃欲试,并买来叶老师和萧先生的各种论著阅读学习。叶老师著作等身,有的书因出版较早,或当初发行就不广,现今市面早已绝迹。但功夫不负有心人,我几乎找到了叶老师出版的所有著作,记得有两本薄一点的书,即《两种旅行的足迹》和《耶鲁笔记》,发行量小,更是难找,但我不气馁,持之以恒地各种搜寻,硬是被我找到了原版买了下来。2015年叶老师参加湖北省屈原研究会组织的端午节屈原研究年会,我抓住时机在会议间隙找他签名,叶老师当场都感叹,说这两本书绝版多时,很是惊疑我是如何买到的。不过,前两年陕西人民出版社再版了叶老师的一套学术文集,这两本难得一见的小书也在其中得以再版,后来者就不需要像我当初那样苦苦寻觅了。

最近看到胡建升兄编辑的叶老师的著作编年,发现我基本都有。有的还有新旧两个版本。此外,叶老师主编的"神话历史丛书""神话学文库"丛书以及"中国文学人类学原创书系"等,我也基本都收入囊中。如果将这些著作摆放在一起，当有半面墙吧。

除了论著，我也找叶老师的论文来读，当发现《民族艺术》上每期都有叶老师的论文，我就索性订阅这本杂志，直到后来知网使用更方便了，以及家里和办公室书满为患，才停订了这本给我极大影响的杂志。

《两种旅行的足迹》初版封面扉页及叶老师亲笔签名

《耶鲁笔记》初版封面扉页及叶老师亲笔签名

二

叶老师近十多年来，提出了文学人类学派的一系列理论方法，如神话观念决定论、文化大小传统论、文化文本 N 级编码论、神话历史观、神话中国论、玉文化先统一中国论、四种证据法等等①，虽让我有点目不暇接，但却甘之如饴，并多方运用于自己的学术思考和研究中。

叶老师的神话观念决定论，一方面让我意识到，人类的原始思维和观念是神话式的，支配早期人类行为的是神话观念；另一方面，也给深受唯物主义思想洗礼的我们，能够更加重视意识和观念对存在和物质的反作用力，甚至是决定性的作用。这也同于马克斯·韦伯所看到的"宗教观念决定论"。由此也让我更加理解古人，理解古人花费巨大的精力和智慧制造出来的器物，首先不是审美和装饰的需要及实用功能的需要，而是神话观念的需要，是宗教巫术的需要。尽管审美和装饰及实用与神话观念往往也不矛盾乃至后来因为神话观念的淡化，前面那些价值反倒更为突出；这样反而让我们就能理解和了解先秦社会那些精美的陶器、石器、玉器、青铜器，原来都是神话观念的作用物。新石器时代就已大范围流行的玉玦，也首先不是饰物，而是神话观念的产物。由此，我们可以反过来通过这些考古实物和图像，研究造物者和使用者的神话观念。我的多篇神话考古论文，特别是近年来对夏商周祖先神以及雷神的考证论文，正是基于神话观念决定论而研究三代考古实物图像的成果。②

叶老师将"神话历史"定义为"国际新史学的前沿性术语，也是国内文学人类学派倡导的多学科整合打通的概念工具"③。在他看来，研究神话历史，就是要研究文化文本及其编码程序。而且，叶老师将神话历史和神话图像④结合在一起，指出"神话图像的一个重要认知功能在于，相当于找到先于文字而存在和外于文字而存在的一套思想观念表达的符码系统，借此有助于重建无文字时代和无文字民族的复数的神话历史，即史前史和少数民族史"⑤。人类的神话历

---

① 叶舒宪、章米力、柳倩月：《文化符号学——大小传统新视野》，陕西师范大学出版总社，2013年。 还有其他叶舒宪著或编相关著述。
② 宋亦箫：《良渚文化神徽为"大禹骑龟"说》，载《民族艺术》2017年第4期；宋亦箫：《由䘮、商、卨（离、契）字构形论商祖"帝喾""契"之神话》，载《殷都学刊》2022年第1期；宋亦箫：《古玉上的"鹰仔人首"造型与商祖神话》，载《美术研究》2021年第4期；宋亦箫：《论龙凤与帝祖喾、契之关系》，见向宝云：《神话研究集刊》，巴蜀书社，2021年；宋亦箫：《商代刻"巫"符玉人为商祖神及雷神帝喾考》，载《美术研究》2022年第3期。 这些讨论夏商周三代祖先神神话的论文，即将由广西师范大学出版社结集出版，题名《夏商周三代祖先神神话研究》。
③ 叶舒宪：《神话历史与神话图像》，载《民族艺术》2017年第1期。
④ 神话图像是指与考古学密切相关的实物纹饰、图案和造型中含神话意象的部分。 它们是神话的四种外在表现形式，即口传神话、仪式神话、图像神话和文本神话之一。 参见王倩：《作为图像的神话——兼论神话的范畴》，载《民族文学研究》2011年第2期。
⑤ 叶舒宪：《神话历史与神话图像》，载《民族艺术》2017年第1期。

史阶段，因没有文字，往往会通过口传、仪式和图像等形式传承他们的神话和历史，而上古文物中的纹饰、图像或造型，既反映当时的文化和观念，往往也是神话的载体，也即神话的四种表现形式之一的图像神话。这样既表现神话，又反映历史的图像或造型，自然是一种"神话历史"的呈现。

叶老师的神话历史观，激发了我对中国古史传说时代的全新思考，加上对古史辨派的重新回顾以及受苏雪林女士屈赋研究等的影响，让我对中国古史的传说时代有了全新认知。我认为，中国的传说时代，实际也是神话时代，它虽被纳入历史范畴，但那是将神话裁剪雅驯后的"历史"，是谢选骏先生所言的神话的历史化三条途径之一种，即"将神话本身化为历史传说"的"中国式"历史化的道路。① 这样的一种"历史"，若不以"神话历史"名之，恐怕是名不副实的了。当然，世界各民族的早期史，都是"神话历史"。"神话作为历史的元叙述这样一种事实"②，是普遍存在的。约瑟夫·马里也说，"神话因叙述了人类历史的起源和超然存在的历史事件，从而为人类共同体提供了一种具有历史意义的情感象征模式或原型"③，这就是人类的早期史，也即神话历史。因此，以"神话历史"概念来探讨中国上古的传说时代和中华文明起源的研究，是非常贴切和形象的。笔者近年来专注于探索中华文明起源和早期东西文化交流问题，议题多涉艺术考古或神话考古，乃孜孜汲取叶老师及其文学人类学派的理论方法和研究成果，小有所得，去年更是以《先秦文物中的神话历史》为题④，将十多篇讨论昆仑神话、鲧禹神话和其他先秦文物中的神话历史的论文结为一集出版，在我内心，算是对叶老师的一份致敬。

叶老师提出的四重证据法，对于我这个考古出身的问学者来说，天然就觉得亲近。因为四重证据当中，除了第一重证据是传世文献，第三重证据是口传与非物质资料等人类学、民俗学资料外，其第二重证据"出土文献"和第四重证据"考古实物和图像"，则都是通过考古学手段获得的实物资料以及考古学的研究材料。我虽不知道叶老师创立四重证据法的完整心路历程，但仅从王国

---

① 谢选骏：《神话与民族精神》，山东文艺出版社，1986 年，第 333—337 页。
② [美]唐纳德·R·凯利：《多面的历史：从希罗多德到赫尔德的历史探询》，陈恒、宋立宏译，生活·读书·新知三联书店，2003 年。
③ Mali, Joseph. Mythistory: *The Making of a Modern Historiography*. Chicago: The University of Chicago Press, 2003.
④ 宋亦箫：《先秦文物中的神话历史》，花木兰文化事业有限公司，2022 年。

维的二重证据法,到叶老师 1990 年代提出的三重证据法,再到现在的四重证据法,其发展脉络是清晰可见的。而且,叶老师在他的诸多著作以及论文中的大量插图中,绝大部分都是他自己在各地博物馆、考古工地或遗址现场拍摄的器物图或遗址图,好些地方连我这个考古出身的人都没有去过。我还听说,在上海交大叶老师的办公室里,放满了各种考古报告和图录,不熟悉情况的人还以为叶老师在做考古研究。还有叶老师为研究玉文化,组织了十多次的玉帛之路调研,将人类学的田野考察和考古学的田野考察进行了完美的交织。从叶老师的这些经历就可以明白,为什么四重证据法是叶老师首先提出来,而不是身处考古一线的考古工作者率先提出来的。

我在《行走在多学科结合研究古典文明的道路上》那篇谈治学的文章中曾记道,2015 年在湖北黄石召开的中国端午节俗与屈原文化学术研讨会上,利用会议间隙,我去拜访叶老师,聊天中我说,叶老师是从文学、神话学到民俗学、人类学再到考古学;我则是从考古学到人类学、民俗学再到文学和神话学,正好殊途而同归,相反而相成。我后来回想才意识到当时我那么表述是明显托大了,我的些许研究,哪里可以跟叶老师同日而语。但我想表达的实际只是,在研究古典文明的道路上,即便学缘不同,要想做好研究,最终都要走到多学科结合的四重证据法或称多重证据法的道路上来。

三

除了阅读叶老师的论著获得启发,学习叶老师提出的众多文学人类学理论方法应用于自己的学术研究外,在我与叶老师有数的直接交流中,我还得到过叶老师的诸多提携和帮助。

在 2015 年黄石屈原文化研讨会后,我给叶老师发邮件向他请教学问,总能得到他的积极回复。记得当时我写了一篇小文,发给叶老师,请他指正并帮助我向《民族艺术》杂志推荐,叶老师慷慨相助,文章很快就在《民族艺术》上发表。① 可能是叶老师觉得我写的小文还算可以,随后他为《民族艺术》主动向我约稿,正好我写有一篇讨论西王母神话的论文,便恭恭敬敬地奉给叶老师,文章也很快在《民族艺术》上发表了。② 2018 年下半年,叶老师为《百色学院

---

① 宋亦箫:《楚"镇墓兽"功能新解》,载《民族艺术》2016 年第 1 期。
② 宋亦箫:《西王母的原型及其在世界古文明区的传衍》,载《民族艺术》2017 年第 2 期。

学报》的"文学人类学专题：'神话中国'再认识"专栏向我约稿，我正好写了一篇花木兰神话论文，便奉寄给叶老师，随后发表在这一年的第 5 期①。文章发表后，叶老师给我写邮件，鼓励我需像写花木兰这篇论文这样，从古代中国历史人物的神话化入手，写一本专著纳入由他主编的"神话历史丛书"中。只可惜我较为愚钝，没有能深刻领会叶老师的命意，没有敢动笔写。但是后来我还是写了一本以"神话历史"为关键词的小书②，由中国台湾的花木兰出版公司出版，算是间接和婉转地向叶老师交了一份迟到的作业。

2019 年 10 月，二里头遗址博物馆新馆开馆并举办国际学术讨论会，会上有幸再次碰到叶老师，晚餐时叶老师说我在《民族艺术》上每年都发了一篇论文，我说是托叶老师的福了。第二天分组讨论中，叶老师向与会的众多考古界同行介绍了文学人类学派的理论和方法，只可惜给叶老师的时间太短，我相信，考古界接触到叶老师和文学人类学派的理论成果越多，对考古界走向后考古学文化研究时代的帮助就会越大。现在的状态是，文学人类学派向考古界学习，利用考古学材料的主动性非常之高，叶老师本人就是典型。但反过来，考古界向文学人类学派学习的主动性是很不够的。一门学科的发展，当然不能够只顾自己的一亩三分地，能否积极主动向相邻学科学习，是其发展得好不好的一个重要的标准。在这上面，文学人类学界比考古界要做得好很多。

人的一生，不管是在生活上，还是在工作或事业中，都会遇到自己的贵人。叶老师就是我在学术道路上遇到的最重要的贵人之一。我希望叶老师的学术之树长青，继续给予我以绿荫和庇护，我也希望自己能从叶老师及其文学人类学一派获得更多营养成长自己，并为叶老师开创的文学人类学派贡献一分光和热。

---

① 宋亦箫：《文学和神话人物花木兰新论——兼评湖北黄陂成为"木兰故里"的人文意义》，载《百色学院学报》2018 年第 5 期。
② 宋亦箫：《先秦文物中的神话历史》，花木兰文化事业有限公司，2022 年。

聚九州四海薪火，为万年华夏铸魂

——叶舒宪教授的神话学思想管窥

黄 悦

20世纪90年代末，我在中文系读本科时，发现好几门课的老师们在课堂上常提到叶老师，还反复提醒我们，一定要去读他的书，对拓宽眼界、启迪思维很有帮助。通常来说，文学理论、现当代文学、外国文学和古代文学的老师推荐的书目并不重合，但这位叶老师却反复出现在各门课的阅读书单上，实在是有点不同寻常。课下，我陆续从图书馆里借到了《英雄与太阳——中国上古史诗的原型重构》（1991）、《中国神话哲学》（1992）、《诗经的文化阐释——中国诗歌的发生研究》（1994）、《高唐神女与维纳斯——中西文化中的爱与美主题》（1997），一番囫囵吞枣地读下来，感觉这些书擅长用文化人类学的方法释读古代经典，视野开阔，方法新颖，纵横捭阖之间常让人有意料之外，又在情理之中的感觉。那时懵懵懂懂的阅读中，他反复提到的"神话原型"就刻在了我的脑海中，那仿佛一把理解中国文化的"金钥匙"，若隐若现，闪闪发光。

一、破译上古文化的"密码"

后来叶老师解释自己研究神话学的缘起时曾提到，当年留校任教后要教授"东方文学"这门课，备课过程中为了搞清上古文学作品文化背景和思想脉络，追随着茅盾、郑振铎、季羡林等人的足迹，才不小心踏入了神话学的领域。这种"偶然性"显然有自谦的成分，其实叶老师的神话学研究一开始就具有高度的理论自觉，这一点从叶老师选编的《神话—原型批评》（1987）中就能看看出端倪。在这本书的译者序中他剖析了神话-原型批评的理论背景：卡西尔的符号形式哲学是其认识论基础，荣格和弗莱提供了方法上的参照，列维－斯特劳斯为代表的结构主义神话学就是最典范的样本。伴随着20世纪80年代末文学批评的理论热潮，这本初版于1987年的译文集，成了点燃许多研究者神话学热情的引路书。一本售价2.3元的纯理论书，首印数高达10000册，这个数量，即便是以今天的出版惯例为参照，也可见出版社的眼光和魄力。直到2012年陕西师范大学出版总社在"神话学文库"丛书中增订再版此书，二十多年里，这本书一直都是一书难求的状态，很多人，包括我自己，当时手头都只有一本复印而来的"盗版书"。这本书的影响力之大，由此可见一斑，后来各类课题、专著和论文的引用频率中也可印证该书的启蒙之功。

从那时起，直到20世纪90年代前期，叶老师的神话学研究在译介和理论探索中发端，虽然那时他对神话的理解主要还是集中在文学领域，但他并没有止步于此，很快就将这种理论运用于对古老文化典籍的重新解读。20世纪90年代初，他与萧兵、臧克和等志同道合的几位先生合作，连续出版了一批原创性著作，其中最有代表性的就是今天已经被翻译成多种语言的《英雄与太阳——中国上古史诗的原型重构》和《中国神话哲学》。这批著作，后来常被称为"破译"系列。所谓破译，就是要发现后来被遮蔽了的文化本源，这个本源性不仅指向时间上的起点，也意味着思维结构中的最底层。沿着这个思路展开，"破译"系列不仅显得结论新颖，其中充沛的激情与文采也令人赞叹，就和那个时代一样，充满了澎湃的创造力和生命力，成了叶老师最为人称道的"代表作"。这个时期，神话-原型对于叶老师而言，就像藏在文化地层的最深处，需要去探查和发现的宝藏，它可能表现为一套模型结构，也表现为一系列的象征、隐喻，或者说"符号"，而文学经典就是挖掘和验证这些宝物的必由之路。

读书时候，我就觉得好奇，为什么叶老师能在这么短的时间内，连续推出这么多原创性的研究著作，他到底有什么写作秘籍还没有传授给我们呢。有一次，叶老师不经意间透露了自己的"秘密"。那天，我们师生几人一起去探望受伤休养的同学，为了安慰这位同学，叶老师现身说法："别着急，好好养病，卧床休息，正是写作的好时机。当年我上学时打篮球崴了脚，也被要求卧床一个月，趁着这个时间，我就把《英雄与太阳——中国上古史诗的原型重构》写完了。"我们几个在场的人听完心里暗暗惊叹，老师虽然是好心安慰，可他这一番"凡尔赛"式的回忆之下，我们都感觉望尘莫及。

在《诗经的文化阐释——中国诗歌的发生研究》获得高度关注之后，叶老师又和萧兵先生合作，接连对《老子》《庄子》等一系列经典作出了令人耳目一新的阐释。1991 年，与萧兵老师和韩国的郑在书教授合作的《山海经的文化寻踪——"想象地理学"与东西文化碰触》堪称这一思路的代表性成果。这部上下两册，160 余万字的著作厚达 2000 余页，通过清理东北亚地区丰富的文化积累，以"神话地理"的眼光重释《山海经》，建立起跨越国界，以今人知识体系联通古老文化传统的研究范式。卡西尔说过，"人不再生活在一个单纯的物理宇宙之中，而是生活在一个符号宇宙之中。语言、神话、艺术和宗教则是这个符号宇宙的各个部分，它们是组成符号之网的不同丝线，是人类经验的交织之网。人类在思想和经验中取得的一切进步都使这个符号之网更为精巧和牢固"。①在卡西尔所描述的意义之网上，经验是经线，信仰是纬线，二者互相，符号仿佛绳结，承载着物质的流转，也固定着意义的经纬线。以文化解码为指向的人文学科的终极任务，是清理每个绳结的内在结构，以及绳结之间的组织形式。在这一时期深入上古典籍的个案研究中，叶老师的神话观逐渐突破了早期的文学边界，与考古、民俗等材料和学科产生了交集。可以说从结构主义和神话-原型理论出发，率先建立起中国比较神话学的研究范式，探索出一套系统的方法，并对中国文化史的基本结构和关键案例做出了示范。这种研究范式不仅成了后来门下弟子学术训练的样本，也直接启发了不少古代文学、比较文学乃至文化史领域的研究。

二、从寻根到反思："新神话主义"的人文底色

2002 年我本科毕业，想投入叶老师门下继续深造。至今我还记得在参加硕士入学考试的面试时，考官老师问了一个在我看来不可思议的问题："你看过《哈利·波特》吗？看懂了吗？"在这个问题面前，我有点不知所措，不仅是因为当时确实没有读过，更重要的是，我想不通这本儿童文学作品和学院派的经典文学研究之间有什么关系。

这个阶段，叶老师从海南大学调到了中国社科院文学所，又刚刚结束了美国耶鲁大学为期一年的客座讲学，学术研究进入了新的阶段。今天看来，这一时期，是叶老师神话观升级的重要阶段，一方面在海外讲学期间，他以一个他者的身份居留异国，在参与式观察中，对西方后现代文化思潮有了切肤的感受；

---

① ［德］恩斯特·卡西尔：《人论》，甘阳译，上海译文出版社，1985 年，第 33 页。

另一方面，通过与世界各地同行的深入交流，他对中国文化的现代性和世界性，也产生了更为深刻的认识。如果说，前一个阶段，海外的研究为他提供了理论上的参照和比较的素材，那么进入 21 世纪之后，自觉的"比较"已经成为神话学研究的必要维度和价值观基础，借助这种后天获得的"他者眼光"，叶老师的神话学研究开始从古典破译向古今贯通、中外互鉴的方向发展。

当年那场考试过后，我就找了《哈利·波特》来读，显然当时的我已经过了接受它的最佳年龄，觉得好玩是好玩，但对其中深意，还是没有能领会，直到下半年，读到叶老师与这个话题有关的一系列研究论文，才对其中深意逐渐理解，神话及其所代表的思维方式，不仅是理解古典文化传统的"钥匙"，更是沉淀千年的集体记忆和深层纠偏机制，构成了反思现代性的参照。

2002 年 6 月，叶老师在《文艺研究》上发表了题为《巫术思维与文学的复生——〈哈利·波特〉现象的文化阐释》的论文，在回顾了《哈利·波特》在英语世界引发的阅读热潮之后，总结出其取得成功的关键因素在于"巫术思维与文学想象力的结合"。透过这部现象级的通俗文学作品，他敏锐地捕捉到现代艺术中蔚为大观的原始主义风潮，并由这一趋势透视出艺术对"理性"和现代性所发起的挑战。作为学院派里的"瞭望者"，他不仅关注一部通俗文学作品所引发的文化热潮，更看重的是这种"反理性"的浪潮背后对现代性的反思。据此，他与韦伯的"祛魅"（又译作"脱魅"）对话，认为这种文化浪潮中预示着某种"复魅"，即"对资本主义社会过度的物质化、世俗化和市场化的一种反拨，它以再神秘化为主要手段，引导人们的精神向度，引出对精神性的追求，作为对过度理性化（理性异化）的反拨"。这一观念，后来被他概括为"新神话主义"，受到了学界的重视和运用。

在同年发表于《瞭望周刊》的另一篇文章中，面对更广泛的受众，叶老师追溯了《哈利·波特》所继承的凯尔特文化传统，并由此提示被强势文化封存在文化地层中的古老传统，对现代化的世界的独特价值。凯尔特人本是凯撒眼中的"蛮族"，他们的信仰和象征体系，在基督教一统欧洲之后，就被当成"异教"而受到打压，在后来的爱尔兰文学中得以保留，在当代流行文化中又重新复活，并且大放异彩，成为大量文化创意产业的灵感和素材来源。以此为切入口，叶老师强调当时基督教世界流行的"新时代运动"对"异教神话"和东方神话的重新发现，指向的是高度理性化的当代人对"新神话"的需求与渴望。

　　这个时期经常被叶老师提起的还有另外一本中国小说——《马桥词典》，是著名作家韩少功的代表作之一。跟《哈利·波特》比起来，《马桥词典》我可并不陌生，但当时我以为这本以"词典"为名的作品，作为80年代以来"文化寻根"思潮的代表作，其成功之处在于知识精英的浪漫主义激情与民间乡土知识碰撞所产生的魔幻效果。但是，如果继续追问一步，当代文学中蔚为大观的"寻根文学"潮流，为什么寻到了神话之根，这就与"新神话主义"所揭示的规律深层相通。

　　很多人都注意到，叶老师在演讲时常有个"招牌动作"，手臂同时向斜上方伸直展开，配合抬头看向上方的动作，有点像广播体操里的伸展运动，也很像萨满在与神灵沟通，这个动作通常都出现在他演讲最精彩的部分，配合着慷慨激昂、中气十足的语言，仿佛在坚定地传达出某种事实之上的信仰，雄辩而又充满力量。在我看来，这种身体姿态，或许正是他核心观点的直接表达，无论何时，人类文化总是难以摆脱对于信仰的永恒追求，因而对神话学的研究，不能只停留在对知识的碎片式考辨，而是要指向对民族精神机制的探求，指向对人的生存状态的整体性关怀。只有立足于对现代人精神状况的真切关怀，新神话主义的价值才能得以体现，因为其背后的深层逻辑是关注现代社会如何重建信仰的核心。

　　从这个角度来看，西方的"新时代运动"也好，当代小说中的"寻根文学"也好，都是现代人在遭遇精神危机之际，朝向古老智慧的一次集体自救，目的是在绝对理性化的荒原之上，重建属于当代人的信仰。叶老师一直关注这些最新的文化现象，并非刻意追逐热点，而是以学术思考回应现实，与他之前解读中国古代神话的问题意识一脉相承，始终关注的是民族文化的航道与方向。叶老师坚信，在文化的发生期，保存着人类面对基本问题时建立的框架和方案，这些智慧凝聚浓缩成"神话"，流传千年，曾经充当了特定群体认知的标尺、信仰的基石、情感的纽带、身份认同的信物，并终将在人类面对混乱与无助时，提供疗愈的力量和参照。叶老师这种浪漫主义的神话观，被他浓缩概括为"新神话主义"这一理论。今天这一术语已经被广泛使用，用于描述在影视、游戏、网络文学等领域所出现的"类神话"题材的回潮，足以看出叶老师二十年前的先见之明。从这个角度来看，新神话主义所具有的反思维度和批判性具有跨文化、超时空的特点，也在一定程度上回归了康德绝对理性批判的基本命题。

三、从证据到编码的理论升级

如果说，20世纪80年代末叶老师的神话学思想主要是以结构主义为主导的话，那么进入21世纪的第二个十年，则是他理论升级的重要阶段。在20世纪一系列的经典个案研究方法中，他概括出"四重证据法"这一兼具认识论和方法论价值的观点，强调在"二重证据"的基础上，将考古、图像学、民族志等材料纳入证据体系。从2005年提出"四重证据法"到2010年的中国版"文化大小传统论"，再到"文化文本"及其"N级编码"理论、"神话中国论"、"神话历史论"，2013年的"玉文化先统一中国论"，2019年的"万年中国论"及"全景中国论"，神话学在中国学术中的意义不断凸显，至此中国神话学在比较神话学这一历史悠久、以神话这一整合性的概念，对中国学术的文史传统和现代学科分类体系进行了修正，在人类学"大传统""小传统"概念的基础上，重建关于本土的地方性知识体系，以跨学科的视野拓宽了传统文学研究的视野和方法，解决了一系列关键性问题，为建立中国特色的知识体系和理论范式树立了典范。从"破译"到"证据"再到"编码"的理论突破，也体现了叶老师神话观的升级，当他以比较神话学的方法探索文明探源问题时，所寻找的神话就已经不再是固定不变的观念化石，而是一套动态生成的话语机制。

众所周知，20世纪前半段在人文领域影响最为深远的一次理论变革被称为语言学转向，结构主义者通过一系列数学运算式的推演，力求从纷繁复杂的文化现象中提取出人类意义生产的基本单位——符号，而在能指与所指之间建立关系的隐喻和转喻就是神话生成的语法逻辑。语言是文化的外化，这一思路也就构成了神话学中"原型"说的重要基础。20世纪中期，乔姆斯基提出的转换生成语法对原来的结构主义方法提出了补充和修正，他以表层结构和深层结构升级原有的二元关系，并进一步指出句法的表层结构是由深层结构经过转换规则得出的。在探寻这种深层结构的道路上，语言学家与人类学家不谋而合，转向了对"神话"的关注。叶老师的神话学研究从20世纪90年代的"符号"破译到21世纪解码"文化文本"的变化，正是源于对神话的动态性和语境化的理解升级，也是神话学通往文化文本大传统的逻辑基础。因此，他提出"文化文本，不是指客体存在的、静止不动的文本，而是带有历史深度认知效应的一种生成性概念,是指在主客相互作用下不断生成和演变之中的文化符码系统本身"。动态地来看,神话作为一套话语机制,神话既可以通往非理性的迷狂,也可能是一种浪漫主义的身份想象,甚至可能是一套被商业资本或意识形态操纵的幻梦(如罗兰·巴特),或者集权制造出来的幻象(如卡西尔对纳粹神话的批判),理解神话,就是理解文化的编码体系,至此,经由文化文本这一理论,神话学思想完成了一次内核升级。

很多人不理解叶老师近年来一直研究的"玉石"神话,以为是他的收藏爱好盖过了学术追求,其实不然。正是在升级版的神话研究中,他找到了一个贯穿华夏民族万年精神史的独特符号,这个沉淀在我们集体无意识里的象征物,就仿佛祖先留给我们的信物,追寻其流转变化的轨迹,就是在更广阔的视野下重建华夏民族的精神史,进而理解中华民族连续性和统一性的内在机制,这层意思,也曾被费孝通先生精辟地表达为"玉魂国魄"。

叶老师很推崇的理论家弗莱曾经说过:"每一个时代都有一个由思想、意象、信仰、认识、假设、忧虑以及希望组成的结构,它是被那个时代所认可的,用来表现对于人的境况和命运的看法。我把这样的结构称为'神话叙述',而组成它的单位就是'神话'。"[1] 这段话出现在弗莱晚年在加拿大国家电台的演讲中,这位早年致力于在《圣经》中寻找"伟大的代码"的学者,在世纪之交,也走向了一种动态开放的神话观,神话学的任务不仅是寻找线索和密码,更重要的是探求神话的编码规则,掌握这套算法与规则,沿着祖先留下的绳结和信物,才能真正通往对族群、时代和自我的理解,这或许正是神话学真正的当代使命所在。

现在想起来,考研时遭遇的"哈利·波特"问题,好像我人生的"九又四分之三车站",在现实的场景中开启了通往神话学的神奇之旅。有幸入门,问学六载,仅得管中窥豹,不能得其万一,愧怍之余,我也常安慰自己,叶老师的学术风格浓缩了20世纪80年代知识分子的精神底色,经历过思想解放的浪潮,他们显得勇敢而自信,在海量涌现的新知识面前,充满了创造的激情。因此,他们很少以"跑马圈地"的方式固化自己的研究领地,而是在"真问题"的驱动下不断突破自我,突破边界,突破"象牙塔"的精致和苍白。很多人都说叶

---

[1] [加]诺斯罗普·弗莱:《现代百年》,辽宁教育出版社,1998年,第74页。

老师的研究范围遍及古今中外，不容易追随把握。诚然，仅就某一个时期来看，他的研究对象和兴趣显得跳跃很大，在我眼里，他并不执着于修造一座精致理论的城堡，而是以近乎"野蛮"的气魄广泛开垦，经过几十年的积淀，以数量惊人的著作和论文，逐渐标示出了他的理论蓝图。无论这个版图有多么广博辽阔，其中还是有一条主线贯穿始终，那就是对于我们这个民族文化传统的开掘与继承，对于人的精神状况的关切和思考，对于天人之际终极真理的不懈追问。今天叶老师的很多经典神话学著作不仅泽被后学，还被翻译成多国文字，产生了世界性的影响，但他的创新和探索却从未停止，也许在他眼里，那把金钥匙，仍然在不远处闪光，吸引着他勇往直前，永不停留，然而在他所走过的道路上，这一代中国神话学者开疆拓土的成就将成为灯塔和路标，在学术长河中不断指引后学，奔赴无尽的未来。

叶门问学散记

苏永前

记不清具体什么时间了,应该是一个阳光温煦的午后,我和陈顺军师兄在兰州大学本部附近"纸中城邦"图书广场转悠,目光无意中触及一本黑色封面著作:《文学与人类学——知识全球化时代的文学研究》。当时我在武文老师门下读研,因为专业接近的缘故,对这本书印象尤其深刻。细想起来,这应该是我和叶舒宪老师的第一次"相遇",虽然以我的孤陋寡闻,尚不清楚文学人类学究竟何为,就连叶老师的生平也知之甚少,更不敢有投考到他门下的奢望。令人欣喜的是,研二暑假前夕,受程金城老师邀请,叶舒宪老师来兰州大学讲学。讲座在兰大一分部逸夫楼举行,张进老师主持,隐约记得张老师开场白:"叶老师个头不太高,成果非常丰富,若将叶老师著作摞起来,真正的'著作等身'。"偌大报告厅座无虚席,叶老师在台上正襟危坐,口若悬河,一开始略显矜持,不久便物我两忘,既而声情并茂,手之舞之。追溯"蛙"字的原型编码时,叶老师模仿婴儿啼哭声,惟妙惟肖。讲座间隙,许多学子众星捧月般簇拥在叶老师周围,笨口拙舌的我只有坐在后排远远观望。

萌生考入叶老师门下的愿望,已是五年之后的事。硕士毕业后,怀着对南方的种种遐想,我远赴千里之外的闽南,在漳州师范学院中文系执教。因与学校有约,工作四年方能考博。协议期满时,正值硕士同门刘文江兄在社科院吕微老师门下读博,对我而言多少有些近水楼台之便,于是从文江兄那里打听到叶老师邮箱,怀着忐忑的心情发了邮件。叶老师的回复简洁明快,虽然只有些许言语,仍给了我莫大动力。初试成绩公布时,我大失所望:专业成绩尚可,英语不尽人意。犹豫再三,还是鼓足勇气给叶老师发了邮件,汇报了自己的成绩,心想这次权当练习,先给老师留个印象,大不了明年再考。不料很快收到叶老师邮件:"我在荷兰,五月回去。专业两门你分数最高,本以为没问题了。

等回去再看看情况吧。"接下来是十分焦灼的等待。约五月上旬，突然接到文学所负责招生的张媛老师电话，告知破格进入复试。至今能想起接到电话时，我因极度兴奋而有些夸张的语调，以至张媛老师在电话另一端忍俊不禁。后来听叶老师说，幸亏这次报考他的考生外语无一人上线，否则只有另择他人。

复试在社科院文学所会议室举行，除叶老师外，印象中现场还有党圣元、高建平、吕微、彭亚非几位老师。社科院当时等额复试，整个过程有惊无险。复试结束时，叶老师让我在比较文学办公室等他，交给我一叠复印好的英文资料，语重心长地说："比较文学专业，外语尤其重要，你英语比较薄弱，这些资料及早做翻译练习。"书稿复印自美国神话学家马丽加·金芭塔丝《女神的语言》一书，后来在叶老师的督促帮助下，我翻译的这部分文字，连同华北科技学院吴亚娟博士（曾跟随叶舒宪老师访学）翻译的另一部分，作为"文明起源的神话学研究丛书"在社科文献出版社出版。毫不夸张地说，这本译著得以问世，完全仰赖叶老师的鞭策激励。

九月份博士入学，研究生院新校区尚未完工，我们在望京校园暂住。文学所位于建国门社科院总部大楼内，两地相去不远。第一学期结束时，房山校区落成，几辆大巴连人带行李将我们浩浩荡荡运到几十里外的远郊。当时地铁房山线尚未完全贯通，进城的话，中间还要转一段长途公交，到北京西站又换乘地铁。若一大早去所里，真有点披星戴月的味道。好在叶老师待学生宽厚，不要求我们常去所里汇报，平时只要安心上课，按布置的书单阅读写作即可。按照社科院惯例，每周二专家返所。每次我们去所里，叶老师早已到达，询问完近期读书情况，便催促我们去总部图书馆抓紧借阅，有时则亲自带我们去图书馆。叶老师昂首阔步前面疾行，我们踩着碎步气喘吁吁后面紧随，有时忍不住私下嘀咕：老师早已功成名就，干吗这么刻苦！叶老师对学术的执着、对学生的期待，偶尔让我们有些哭笑不得。大约每位弟子入学，叶老师总会教导一番："国外、港台的博士生，多数要读五年以上，你们只读三年，能学到多少东西！"然后充满期待地望着我们："多读一两年好吗？"每当此时，我们总是顾左右而言他。真到毕业时，叶老师似乎忘了这事，该签字的一律签字。其实我们何尝不知，能在叶老师身边读书学习该多好，可惜按时下情形，早毕业意味着早受益，在现实诱惑与学术理想之间，我们心安理得地选择了前者。

一次去叶老师办公室，正好遇见杨义先生穿着标志性的大裤衩，一边吞云吐雾，一边与叶老师谈古论今。见我进来，叶老师打开电脑，让我校对一篇稿件。那天我恰好带了一篇有关杨义先生的论文，其实是政治课作业。研究生院的政治课，更像是学术讲座，由各研究所专家分别做一场报告，结课时需根据某位专家授课内容提交一篇论文。文学所由杨义先生授课，我便围绕"重绘中国文学地图"写了一篇文章。为省事起见，文章也打算交给叶老师，权当一次学期作业。看到杨义先生在场，我不敢贸然拿出文章，生怕有些造次。过了许久，杨义先生终于意犹未尽地走出办公室。我这才拿出论文，叶老师快速扫了一遍，急了："刚才杨义老师在场，为什么不拿出来？我们赶紧找他。"走到楼道，杨义先生已不见踪影。叶老师匆忙带我沿文学所挨家挨户敲门，终于在现代文学室找见。叶老师递上论文："我这个学生的习作，看能不能帮忙推荐一下，算是鼓励。"杨义先生略加浏览，欣然应允。后来果真推荐给了研究生院学报。临近发表时，编辑部告知，按学报惯例，在读博士生的文章需要导师写一段评语。我转告叶老师，评语很快发来，编辑部附在文章末尾刊出。在我所有论文中，这篇文章应该是最有纪念意义的。

偶有闲暇，叶老师会带众弟子逛北京书市，遗憾的是，我读博期间未能赶上这一师门盛事。书市之外，叶老师带弟子常去的地方，还有北京大大小小的古玩市场，这也是师门特有的田野训练。博二的时候，有一次叶老师突然给我和陈金星师弟打电话，约我们去报国寺古玩市场。我们赶到时，远远看见叶老师站在约定地点颔首微笑。报国寺人头攒动，我和金星有如刘姥姥进了大观园，处处感觉新鲜。叶老师带我们一路指点，对各种玉器了如指掌。碰巧遇到一件盘子大小的谷纹璧，叶老师赏玩再三，向对方还价，卖家不允，只好转身离开，对方竟不挽留。转悠了一会儿，叶老师突然将我们拉到一边，拿出一沓钱，面带神秘地告诉我们：按另一价格再去和老板谈判。我们依嘱托而行，果然顺利成交。我和师弟乐颠颠地捧着玉璧交给叶老师，叶老师开怀大笑，不知从哪里找来一张报纸，将玉璧略加包裹塞进怀里。走出古玩市场，到地铁口时，叶老师箕坐在一边的台阶上，掏出玉璧在玻璃雨棚上蹭了蹭，玻璃了无痕迹，叶老师甚为得意，乐呵呵一脸灿烂。

博士毕业后，因原单位离老家过于遥远，当时尚无高铁，坐火车回甘肃庄浪，辗转四十多小时。虽然漳州环境宜人，闽南师大（漳州师院此时已更名）亦不乏良师益友，但西北人在闽南，总有一种漂泊无定之感，于是决定重返故里。最初的打算是到省会兰州高校求职，叶老师时任西安外国语大学特聘教授，不久前又在西外中文学院成立了文学人类学研究中心，于是推荐我到西外任教。按照约定，叶老师每年需在西外讲学两周。每次回西安讲学，叶老师总会带领众多友人逛古玩市场，大唐西市、雁塔古玩城，都留下叶老师的足迹。我呢，一则在新单位安家不久囊中羞涩，二则对古玩行业总有几分畏惧，每次随从，只是充当看客。一次在雁塔古玩城，老板拿出一件古色古香的小玉雕，马背上驮着一只猴子，寓意"马上封侯"。叶老师仔细摩挲了一会儿，环顾四周："你们谁属马？这个赶紧买下。"大家面面相觑，结果那天属马的只有我，既然叶老师发话，焉有不买之理，好在价格不算很贵，在我接受的范围之内。玉雕带回家后，我小心翼翼安放在书架上，不料一次拿书时，碰落玉雕，摔碎了一角。

大约2015年秋，叶老师母亲在西安仙逝，许多人知道时，叶老师已悄然处理完所有事务。后来谈起此事，叶老师平淡地说：叶落归根，自然而然的事，没必要给大家增添麻烦。我常想，以叶老师的朋友圈和影响力，老人的葬礼该有多隆重！可这就是叶舒宪老师：学术之外的事，尽可能低调处理，一切从简。此时叶老师已在西安外国语大学受聘十年，正好完成两个聘期。我受学校之托数次向叶老师征询续聘事宜，叶老师答复："我来西外，本来也算公私兼顾，一方面讲学，一方面顺便看望老娘。现在老人已去世，我以后来西安的日子少了。"或许是过于敏感，我从叶老师的言语中感到几分惆怅与沉重。我知道，叶老师对这座古城充满感情，对西外充满感情。可作为真正以学术为志业的一位学人，叶老师有太多地方要走，太多事情要做。老人的去世，对叶老师来说，也许意味着一个时代的结束。

我记忆中的叶舒宪师

仲红卫

我没有想到，叶舒宪老师到明年就要七十岁了。我知道叶老师是 1954 年生人，但每次见面，总觉得他精力充沛，思维敏捷，除了白发多了一点，面相依然与二三十年前相差不大，所以在潜意识里，似乎还认为他是五十来岁的中年学者。直到接到有关叶老师七秩华诞的征稿通知，才觉得时间真如白驹过隙。感慨之余，又想：我写些什么好呢？过往的事情，点点滴滴仿佛都在昨天，当日细碎如沙的日常琐事，忽然之间好像每一件都充满了温情。犹豫再犹豫，我觉得还是写一写我学生时代与叶老师的交往。无他，因为一则时间久远，过去的事情容易引人回忆；二则因为所谓生命，大约实际上就是由这些细碎的琐事串联而成吧。

我初识叶老师，是 20 世纪八九十年代之交在陕西师范大学中文系读本科的时候，算起来已经三十多年了。

也许是大学二年级的某一天——确切的日子记不清楚了，我们宿舍的一位，买了一本名叫《神话—原型批评》的书回来，封面上写着叶舒宪编选。大家传阅的时候，买书的同学说你们知不知道师大有四大才子，而本系的叶舒宪老师就是其中之一。这是我第一次知道叶舒宪这个名字。此后留意观察，发现因为"四大才子"的盛名，学生们大多都很崇拜他。因为好奇，我还到图书馆找叶老师的文章看，虽然不大看得懂，但这是第一次接触到与教材里讲的内容不相同的思想和方法，因而颇觉新颖。大约是三年级的第一个学期吧，因为上外国文学课，终于第一次面见了叶老师。我记得当叶老师跨进教室的那一刻，其实心里有一些小小的失望——不高的个头，长着一张娃娃脸，穿着似乎也很普通，完全不是想象中的英俊书生，但是当他的眼睛扫过来时，那温和中带着尖锐的眼光，实在是令人难忘。叶老师上课很专注，他语气平和，时不时会有一些板书,有时还会走下讲台,站在第一排课桌前讲解,偶尔会走到学生中间看一看。上课的内容,是外国文学中东方文学那部分,我依稀只记得《吉尔伽美什》和泥板书,别的都忘记了。

因为有了为我们班上课的"交往",所以第二年春天的校运会,我们几位班干部商量,打算请叶老师参加我们班级的接力赛。一开始大家很忐忑,毕竟师生之间有着一条看不见的距离,而且叶老师是"搞学问"的,对于学生运动会不一定感兴趣。没想到派人——也许是宛冰吧,我记不得了到底是谁去沟通,叶老师竟然答应了。那时师大的田径场还很简陋,我们坐在水泥做的长条看台上,春天的微风带着灰尘细细地吹过来,头顶巨大的法国梧桐不停地落下毛茸茸的花絮。在一片激动而好奇的目光中,师生合作的接力赛开始了。尽管叶老师跑得很努力,可是结果很不幸——这是大家能够预料到的,我们班那一组是最后一名,因为参赛的四位选手,除了特招的一位专门搞长跑的运动员之外,包括叶老师在内的其余三位都是没有战斗力的"菜鸟",一起跑就落后了。不过,落后就落后呗,我们的态度是"重在参与",尤其是能请来叶老师,就足够大家自豪了。

在认识叶老师一年多的时间内,我们之间实际上并未有私人性交往。也就是说,我认识叶老师,而叶老师并不认识我。这其实也是大学师生之间的常态,至少在中国是这样。我和叶老师互相认识,已经到了第八个学期,因为我选了叶老师作自己的毕业论文指导教师。我印象中叶老师召集自己指导的几名学生开了两次集体会议。第一次在某一座楼——可能是图书馆的楼顶上,一个偏僻的角落,叶老师逐个询问我们的写作意向,我说自己对神话感兴趣,叶老师推荐我先读几本书,其中有闻一多和丁山的著作。我回去后找了叶老师推荐的书来阅读,最终选了中国洪水神话作为研究对象。初稿交上去后,叶老师又约我们在另一位外国文学老师的宿舍见了一次面,详细指出初稿的不足和应该完善的地方。这是我第一次学习写作一篇相对严谨的学术论文,叶老师的指导给我最大的启示是,使我认识到观点必须建立在逻辑和材料密切结合的基础之上。这一篇小文章,后来又经过几次修改,在三年后我硕士研究生毕业的时候,发表于《陕西师范大学学报》。这也是我正式发表的第一篇论文。叶老师的指导留给我的另一个印象,是他很少谈论学术之外的其他事情。即使提起来,也是一两句就立即打住;而谈论起学术,则是滔滔不断,仿佛整个人都笼罩在一片灵光之中。

1993年晚春的一天，叶老师到研究生宿舍来找我和张进，希望我们协助他搬家。听叶老师说，他准备调到海南大学去工作，但是家里缺人手，刚好认识我们两个，所以叫去帮忙。那时海南刚刚开始开发，是一片真正的热土，内地的许多人涌入海南，用"千军万马过海峡"来比喻一点也不夸张。叶老师有事且能用得上学生，我们自然愉快地答应了，实际上内心还有些窃喜，因为好不容易才有机会能给叶老师帮上忙。这样，叶老师带了我俩去了他在师大家属院东侧门的房子，又带了我们去他家。叶老师的家当实在很简单，因为除了书还是书。我记得正式搬家的那天，我和张进来到陕西药检所内叶老师家里，叶老师的母亲——一位头发有些白，非常和蔼的小个子女性——开了门，将我们领进一间不大的房子门口，柔声地说："舒宪，有人找你。"，然后就退回了自己的房间。叶老师似乎正在桌边整理什么东西，看到我们，便让我们进入堆满一捆捆书籍的房间。我们坐下说了一会儿话，叶老师说这些书是自己"吃饭的家伙"，所以必须要带上。这句话我至今记得很清楚，也对我的人生观产生了很大的影响，因为它在不经意间一下子打破了笼罩在"学问"身上的光环。后来，我常常想：世界上的事情，其实很多都是既神圣同时又世俗的，你无法将它们区分开来。所谓"烦恼"与"菩提"，不过是一件事情的两面而已。

真正搬东西的时间并不长，因为已经捆扎好了，只需要从三楼——也可能是二楼，记不清了——搬下去就行，所以大约半小时就基本完工了。我们在楼下等待，一会儿开进来一辆带一个集装箱的货车。我们把一捆捆的书递上去，叶老师在上面放整齐，最后居然装了大约四分之三集装箱。至于其他需要托运的行李，除了一辆还很新的自行车，差不多什么都没有。这真应了那一句老话——秀才搬家，全是书。等到车开走，叶老师请我们两个吃中午饭。大家一起步行到了小寨，每人吃了一大碗面。吃饭的时候，叶老师感慨地说，在陕西师大一个月只有二百多块钱，到了海南一个月差不多有一千元。我们心中五味杂陈，不由得担心起自己的前程，也不由得对于遥远的南方充满了幻想。

1995年我研究生毕业，跑到广东一所地方高校任教。这年冬天我到海南大学参加一个会议，打听到叶老师的电话，想约叶老师见一面。晚上八九点的时候叶老师骑着自行车到了宾馆。我们聊了个把钟头，叶老师说，你有没有出去转转？外面全是长着茅草的荒地。又说，你看看外面的高楼，全部黑灯瞎火，没人。后来不久，海南的经济泡沫果然破了。

这一次以后，我在十多年时间中没有见到叶老师。大约是 2010 年，我和爱人到北京旅游，约叶老师吃饭。2015 年、2017 年又请叶老师到自己供职的学校开了两次讲座，也蒙叶老师的垂青，到西安和开封参加了两次有关文学人类学的会议。2020 年以后至今有四年多时间，没有再见过叶老师。

"少壮能几时，鬓发各已苍。"想起如烟往事，有时不免让人觉得惆怅。相隔千里，只能在这里遥祝敬爱的叶老师身体健康，期盼不远的一天，还能再与老师秉烛共话。

如琢如磨：记叶舒宪老师对我学术研究的影响

徐 峰

我是学习和从事考古学研究工作的，除了长期钻研考古学研究外，在多年的学习中，也对文学人类学抱有兴趣，不时从中吸收营养，受到了著名神话学家叶舒宪先生的不少影响。这要从我读大学时候说起。

2000 年，我入读南京师范大学文博系，当时敝系初创，系里教师大半来自地方考古研究所和博物馆，师资力量尚在薄弱的起步阶段。所学课程除了文博专业常开设的"考古学通论""博物馆学概论""中国古代玉器""中国古代青铜器"等必、选修课程外，为了弥补文博系初创课程开设不够系统的短板，院系还为我们安排了历史系的课程，于是"中国通史"和"世界通史"我们全上了一遍，尽管因为知识量太大，所学必然囫囵吞枣，但就我个人而言，或许倒也可以称为本科阶段的"宽基础"学习。在学习大历史类课程、阅读历史书籍之余，我还对人类学、神话学、艺术学持有较浓厚的兴趣，课余时间常在图书馆乱翻书。记得当时读的印象较深的人类学著作包括了列维-斯特劳斯的《野性的思维》《忧郁的热带》、列维·布留尔的《原始思维》、弗雷泽的《金枝：巫术与宗教之研究》等经典名著。在泛读的日子里，有一次在图书馆与名为《诗经的文化阐释——中国诗歌的发生研究》邂逅了。这本书黄色的封面、黑色的书名，以华丽的凤鸟纹点缀，书很厚重，展读开来，不觉为之吸引。这并非一部对《诗经》进行的文学式研究，而是从跨文化的视角来重新审视《风》《雅》《颂》的由来。这本书的作者名叫——叶舒宪。

《诗经的文化阐释——中国诗歌的发生研究》属于"中国文化的人类学破译"系列丛书之一。除了《诗经》外，叶舒宪还撰写了《庄子的文化解析》《山海经的文化寻踪》等系列著作。这套系列旨在借鉴当代人类学的模式研究方式，以对若干中国传统文化典籍，尤其是上古文化的种种"神秘"，做整体性的破译或所谓"现代阐释"。追求"微宏观互渗,点线面结合"的境界。在自序中,叶舒宪详尽梳理了三重证据法的由来、前贤的尝试、得失、欣赏与阻力。面对要不要借鉴自己传统中缺如的世界性通观视野和人类学方法的争论,叶明确地表明立场:不是"要不要",而是"怎样"。要变单向的移植与嫁接为双向的汇通与相互阐发。多年之后,当我将"精神文化考古"作为自己的一个主攻领域时,我同样认为精神文化考古不是"要不要做"的问题,而是"怎么做"的问题。须知,在中国考古学界,既有认为从考古发现中去探究古代社会的精神文明是考古学中最精彩的观点,也有把研究人的"精神"视为考古学超负荷任务的见解。我无法确认自己对这个问题的看法与叶舒宪一致是兴趣相投,还是多年读其书过程中受其影响而不自知,但可以肯定的是,在"怎么做"的层面,不以学科为限,利用三重或多重证据来重释古代文化,我受叶舒宪研究的影响与收获最多。所谓"三重证据法",是在王国维"纸上材料"和"地下材料"基础上加上文化人类学的材料。尽管早在20世纪二三十年代,闻一多、郑振铎等人的研究便将民俗和神话材料提高到足以同经史文献和地下材料并重的高度,取得了三重证据的考据学新格局,但是要论到将三重证据法提到方法论的高度以及在此基础上不断深化,并提出诸多关联性理论,论学界典型之人物,则非叶舒宪莫属。

作为第三重证据的文化人类学材料,其性质也是多元而复杂的。在由神话、艺术和仪式构成的西方人类学传统中,神话被置于首要位置,它被视为一种叙事方式,属于宇宙观的一个组成部分。神话叙事是对自然和历史的符号化表达,是一种集体表征。众所周知,叶舒宪是中国神话学会会长,对神话研究久久耕耘。他倡导用神话思维来理解古代中国,撰写了一系列神话学著作。比如《中国神话哲学》这部著作通过人类神话思维的普遍性来考察中国神话的哲学意义,广泛吸收了当代世界人文科学发展中前沿的理论与方法。神话观念支配了人类仪式行为和叙事表达的规则。诸多神话通过口传、文字记载以及图像文本传承下来。所以叶舒宪在《神话历史与神话图像》一文中精辟地指出:"随着考古学大发现的时代而来的一大批神话图像的存在,给神话研究者向先于汉字而存在的史前文化大传统全面进发,提供出全新的基础性资料。"更重要的是,面对神话图像呈现出的无文字时代或无文字族群社会的神话历史景观,最好的关照方式是聚焦图像本身,而不是急于将其纳入文字小传统的窠臼之中。

注意到考古遗存中神话历史的存在后，叶舒宪将神话思维进一步拓展到中华文明探源领域，极富远见地提出从神话学视角开启中华文明探源研究。从材料属性来说，神话属于人类精神文化范畴。讨论文明起源，不探索人类的精神文化，显然是不完整的。"中华文明探源工程"已在2007年第二阶段将精神文化包含在社会组织课题中。公允地说，从神话学视角进入文明探源研究，丰富和充实了考古学界文明探源的研究。

就我个人而言，我近年的若干研究尝试发掘了史前器物和图像中的神话元素。例如，关于良渚玉琮、玉璧、神人兽面纹、鸟立阶梯状边框图像等对象的讨论，均是认为它们包含了一个史前时期太阳运行和起落的神话。我论证的方法，同样借助了多重证据的比较，在证据链方面，一般都强调首先使用考古学证据，也就是叶舒宪的文字中频繁可见的"物证优先"。

从不同属性的材料证据再作深入思考，它们反映的是不同时期人们不同的叙事和物化（Materialization）方式，代表了不同的文本传统。在这方面，叶舒宪机智地将美国人类学家雷德菲尔德的"大传统"（精英文化）与"小传统"（民间知识、俚俗文化）调转和互换——将有文字记录的文化传承视为小传统，将文字产生之前的文化传承视为大传统。他认为中国是三千三百年前开始进入小传统的。所有重要的文化原型全部来自无文字的大传统。这一见识让我联想起民国重要学人傅斯年在《考古学的新方法》中说过的一句话："中国人考古的旧方法，都是用文字做基本，就一物一物地研究。文字以外，所得的非常之少。外国人以世界文化眼光去观察，以人类文化做标准，故能得整个的文化意义。"叶舒宪的这番阐述，可谓接续前人之眼光而又更加发扬。这一认识也恰与近年史前考古在考古学中的权重合拍。

"大传统"与"小传统"的二分毕竟有些笼统，传统是如何变化和连续的（当然也有丢失）呢？叶舒宪提出文化编码的概念来应对这个问题。叶认为，从人类一致的心理原型到特定文化中的意象化表达是一个N重编码的过程。无文字时代的文物和图像，充当着文化意义的原型编码作用，可称为一级编码；其次是汉字的形成，那是二级编码或次级编码。……三级编码指早先用汉字书写下来的古代经典。……今日的作家写作，处在这一历史编码程序的顶端，称之为N级编码。

叶舒宪用N级编码概念讨论了不少器物和图像，比如从彩陶上的蛙纹到莫言的《蛙》。而要论到用力用情最深的一种物品,则是玉。叶认为玉是中国文化大传统基因,是早于甲骨文的古代中国文化中唯一具有体系性的神圣符号。古玉具有超越汉字书写和文献的不可替代的华夏史前史信息库作用。在具体的玉文化编码举例中,他说:"从汉字的第一部字典书《说文解字》的编著者许慎,到《山海经》的不知名的执笔人,再到《红楼梦》的作者曹雪芹,他们都在暗地里被文化大传统的圣物原型所支配。潜含在玉石这种物质中的精神、信仰和观念,是他们写作和编码的原型与基础。"玉不仅仅是一种器物,它相当于华夏文明的原始宗教,决定了文明的特质。叶舒宪认为:"如果要用一个字来概括中国的玉石信仰,那就是一个'国'字——四方的城墙守护着一种物质:玉。"我想到了四个字:玉魂国魄。

从三重证据法到文化大传统,从 N 级编码理论到一系列玉石信仰的个案研究,再到最新提出的文化文本理论,叶舒宪用实际的学术研究践行着他在《诗经的文化阐释——中国诗歌的发生研究》一书中说过的"怎样做"的立场。诚然,任何一位学者在具体做的过程中,都不能保证他提出的观点完全正确,讹误、偏见在所难免。但是,叶舒宪数十年来立足本土材料、打破壁垒、融通中西、阐发概念、建构理论的努力和成效已经清晰显著,影响广阔而深远。

我在近二十年的学习研究生涯中,保持阅读叶舒宪老师的专著、论文,潜移默化中受之影响是十分自然的。后来有缘有幸与叶老师相识,记得是在 2013 年陕西师范大学的学术会议上,第一次见到叶老师。之后数年中,分别在上海、南京、西安三座城市,与叶老师交流,向其请益。印象较深的是 2023 年春,叶老师来南艺做讲座,与他有两天的交流。讲座上,叶老师谈玉石信仰,激情澎湃,仿若"玉教"的布道者;讲座下,随其去朝天宫仓巷古玩城鉴玉,精力充沛。叶老师以随身宝玉示我,那是一件玛瑙玉斧,灵巧通透,质中有天然纹理,酷似群凤,电光一照,乃是凤鸟朝阳之象。

"如玉"的观念流淌在中国人的文化传统中。社会学大家费孝通晚年支持玉学的研究,他用"玉从石出"来隐喻知识分子中如何诞生精英,中国文化的精华如何出来。叶舒宪老师集研玉、赏玉、怀玉于一身,完美诠释了"君子无故、玉不去身"的观念。从历史长河中绵绵而来的"如玉"的大传统已经在他个人的生命史中呈现出一番新的境界。

筚路蓝缕　薪火相传

——叶舒宪老师与《百色学院学报》"文学人类学研究"栏目

黄　玲

学术期刊能够将学者的最新思考与前沿成果以富有时效性的方式向社会传播，而常态化的栏目和每期聚焦一个主题展开多角度探讨的形式，也使得这些新鲜生动的思考成果能够成为多维度的对话与交锋，产生极大的学术影响力。从 2008 年开始，在原《广西民族大学学报》徐杰舜主编的引荐下，叶舒宪老师担任《百色学院学报》"文学人类学研究"的栏目主持人，每一期都给学报撰稿、组稿。"文学人类学研究"栏目所刊发的文章，包括"文化文本的 N 级编码""神话观念决定论""重述中国：文学人类学的新话语"等主题，以神话学、考古学、人类学、民族学之知识考古和田野调查，重申学术观念上"人类学转向"之重要性，达成对文明史整体性认识的自觉培育和文学多元性与立体性的深度阐释。《百色学院学报》的"文学人类学研究"栏目，犹如一个窗口，从中可以看到学界前辈的开拓引领，年轻学者的孜孜以求，大家潜心专研、辛勤耕耘，研究成果源源不断，多有创新且不乏亮点，很多文章在中外学术界产生了广泛的影响，也获得《新华文摘》《中国高校文科学报文摘》《人大复印资料》等权威转载机构的转载，这些都是中国文学人类学同人，在文化自觉与反思西方学术话语的背景下，为建构中国学术话语所作的努力与贡献。

《百色学院学报》"文学人类学研究"栏目在叶老师的引领下走过了十几年的历程，先后于 2012 年被全国文科学报民族系统联络中心评为"第二届民族地区学报（期刊）优秀栏目"，第五届（2014 年）、第六届（2019 年）被全国高等学校文科学报研究会评为"全国高校社科期刊特色栏目"，这些成就都与叶老师的支持密不可分。尤其让人感佩的是，十几年来，叶老师不管工作多么繁忙，每一期都以专题讨论的方式给我们组来精良的稿件，每一期也必有叶老师覃思研深、极富创见的文章。近几年文学人类学研究在中国学术界广受认可、声誉日上的大好形势下，叶老师也还能够坚持为学报撰稿和组稿。记得在玉石之路前后共 15 次的田野调查中，叶老师总是能够迅速地将调查的发现与思考凝聚为调查报告发给我们刊发，例如《西玉东输雁门关》《大地湾出土玉器初识——第十三次玉帛之路文化考察秦安站简报》等等。这些来自田野现场和调查实践的新发现、新问题与新思考，带着漫漫旅途和风尘仆仆，也带着一位赤诚学者的筚路蓝缕与上下求索的专研精神。

  2012 年，叶老师应邀到百色学院讲学，其间去民族博物馆、粤东会馆等地参观，还到人民公园花鸟市场与一些民间考古爱好者了解百色的历史文化。叶老师在仔细观察百色出土的八十万年前的手斧，这些都成为《求索盘古之斧钺：创世神话的考古研究》《创世、宇宙秩序与显圣物——四重证据法探索史前神话》等文章的重要证据材料。叶老师同时也提醒我们，可关注右江流域河谷台地新石器的考古调查和神话考释，并以文学人类学的跨学科视野，以四重证据法的具体实践进行调研，开展地方文化资源的梳理与研究。虽短短几天，但叶老师非常用心地结合为地方的资源禀赋和实际情况，为高校科研教学与社会文化发展提出了非常接地气和富有操作性的建议。

  叶老师孜孜不倦躬耕学术的精神也非常让人感动。学报编辑部每次收到叶老师的稿件，从选题到写作，都能感受到一份热乎乎、沉甸甸的学者情怀。而每次出刊前的稿件校对，叶老师也是按要求事无巨细对所用文献逐一核实，对编辑提出的一些修改意见认真思考细致研判，其严谨扎实和虚怀若谷的治学精神渗透在字里行间，成为促进我们工作与思考的精神动力。

  行到水穷处，坐起看云时，人生很多事情似乎在冥冥中有着缘分的指引。最早在硕士学习期间常在母校陕西师范大学和西安外国语学院聆听叶老师的授课与讲座，博士毕业论文写作也深受文学人类学理论和方法的指导。2011 年博士毕业后回到家乡的高校工作，负责《百色学院学报》"文学人类学"栏目的相关组稿与编辑工作，竟然与叶老师不期而遇。能将工作职责与学问探索有机结合，无疑是人生之幸事。在参与叶老师主持的"文学人类学研究"栏目的组稿与编辑过程中，我得以持续深入地追踪文学人类学的发展动态，在文学人类学开创的一片片学术景观中游历、学习与探索，文学人类学的学科融合与触类旁通，也给自己的研究也带来了很多的启发与提升。正是由于文学人类学结下的缘分，我有幸进入厦门大学师从人类学家彭兆荣教授进行博士后研究，在中国–东盟跨国共享非遗和文学民族志研究方面继续学习深造，在学术的道路上更进一步。

生生不息，薪火相传。在此，衷心祝愿中国文学人类学研究的学术队伍越来越壮大，文学人类学研究的学问蓝图越绘越美好！也衷心祝福叶舒宪老师如意安康，桃李天下，学术之树长青。

做好精品出版　推动学科创新

——"神话学文库"丛书编辑手记

邓　微

一

"神话学文库"丛书主编、上海交通大学文科资深教授、神话学研究院首席专家叶舒宪教授是著名学者，他在比较文学、文学人类学研究等方面的研究处于国内领先地位，学问广博，著作等身。叶舒宪教授也是陕西师范大学的杰出校友，还是陕西师大出版总社"突出贡献"作者。叶教授三十多年来一直关心支持陕西师范大学出版总社，1987年陕西师范大学出版社成立不久，就有幸出版了他的两部译著《神话—原型批评》和《结构主义神话学》，在学界和出版界产生了极大极深的影响。

由叶舒宪教授主编的"神话学文库"丛书第一辑、第二辑、第三辑先后列入"十二五""十三五""十四五"国家重点图书出版规划，并先后获得国家出版基金的资助。

"十二五"国家重点图书出版规划项目、国家出版基金项目"神话学文库"丛书（第一辑）于2013年完成出版推出，共17种，2014年初在中国社会科学院召开发布会，引起学术界热议。

"十三五"国家重点图书出版规划项目"神话学文库"丛书（第二辑）于2017年3月经国家出版基金管理委员会批准立项，被确定为国家出版基金项目。项目成果规模21种，总字数约750万字，其中译著14种，国内原创著作7种。2019年12月21日在上海交通大学神话学研究院召开发布会，再次引起学界、出版界和媒体的广泛关注。"神话学文库"丛书（第一辑）获评国家出版基金"优秀项目"，荣获第五届中华优秀出版物奖提名奖。"神话学文库"丛书（第二辑）荣获第八届中华优秀出版物奖。

叶舒宪教授曾说："编撰'神话学文库'的最初设想，是通过比较神话学这一门具有领先意义的边缘性新学科，给整个文科的理论创新和跨文化研究视野打开一扇窗口。"目前，陕西师范大学出版总社已成功出版了38种中外神话学研究论著，成为1902年中国神话学发端以来一个多世纪最具有规模的神话学研究成果的集结，其学术积累效果和社会效益正在日益显现。

经过十几年的坚持，"神话学文库"丛书作为国内人文社会科学界大规模的跨学科研究成果集成，既包括对神话学国际前沿成果的集中译介，也包括改革开放大潮所催生出的文学人类学派的多部标志性成果。"文库"的问世，辐射文史哲艺等人文学各学科的学术寻根和前沿问题。

二

叶舒宪教授在设计、选择文库书目时，之所以兼容著作和译著，其宗旨是将中国文明起源问题放置在人类文明史的总体程序中，兼及苏美尔文明、古埃及文明、巴比伦文明、赫梯文明、克里特文明、迈锡尼文明、印度文明、凯尔特文明、韩国文明和日本文明等。从文明互鉴的尝试所得出的一条定理是：所有的古文明起源期，都受到神话观念的驱动和支配。文明互鉴的全球视野有助于提升和更新我国文科的知识体系，并有力促进中国版文化理论的建构和以深度认知为特征的文化基因视角的形成。

"神话学文库"丛书（第一辑）17种图书中，分别为《结构主义神话学》《神话—原型批评》《20世纪希腊神话研究史略》《现代口承神话的民族志研究——以四个汉族社区为个案》《中国神话母题索引》《凯尔特神话传说》《〈旧约〉中的民间传说——宗教、神话和律法的比较研究》《玄武神话、传说与信仰》《蓬莱神话——神山、海洋与洲岛的神圣叙事》《伏羲神话传说与信仰研究》《苏美尔神话》《洪水神话》《日本神话的考古学》《米诺王权与太阳女神——一个近东的共同体》《文化符号学——大小传统新视野》《山海经的神话思维》《中国神话学百年文论选》（上下册）。

"神话学文库"丛书（第二辑）21种图书中，《心理学与神话》《萨满之声：梦幻叙事概览》《从前苏格拉底到柏拉图的神话和哲学》《神话的哲学思考》《众神之战：印欧神话的社会编码》《古代近东历史编撰学中的神话与政治》《神话与历史：古希腊英雄故事的历史和文化内涵》《图像与神话：日月神话研究》《好莱坞神话学教父约瑟夫·坎贝尔研究》《熔炉与坩埚：炼金术的起源和结构》《魔杖与阴影：〈金枝〉及其在西方的影响研究》《神圣的创造：神话的生物学踪迹》等 12 种，属于神话学与心理学、宗教学、哲学、历史学、美术史、影视文化和创意写作、炼金术、人类学、生物学等多门学科的交叉互动方面的研究著作。

而《希腊神话的迈锡尼源头》《希腊神话与美索不达米亚：荷马颂歌与赫西俄德诗作中的类同和影响》等，带有给西方文明重新寻根溯源的认识更新意义。

通过《巴比伦与亚述神话》、《韩国神话研究》、《薄伽梵往世书》（全 2 册）、《神话动物园：神话、传说与文学中的动物》等译著，读者可从文明互鉴的意义上获得启迪。

《中国洪水再殖型神话研究：母题分析法的一个案例》展现了华夏上古神话大力弘扬战胜自然灾害的正能量主题。《神话叙事与社会发展研究》侧重阐述中国神话的变迁史，展示中华民族的社会建构，以及中华民族不断发展壮大的波澜壮阔的历史。《中国神话学研究前沿》显示了改革开放在中国学界催生的文学人类学派的神话研究成果。

三

"神话学文库"丛书学术性、专业性强，涉及面广，要求"高标准、高水平、高质量"，且译著较多。众所周知，译著涉及版权问题，其中费了不少周折。我们利用多种方式，与文库主编、翻译作者紧密合作，打听线索，解决版权问题。首先寻找国内的版权代理公司了解需引进图书的权利归属关系，在版权代理方的协助下，比较顺利地与泰勒弗朗西斯出版集团、哈佛大学出版社等出版方签订了部分图书的版权协议。其次，有一些图书我们不清楚是由哪些机构代理版权，就按外文图书版权页信息，在外方出版社官方网站与其版权部门取得联系，沟通协商，再签订协议。最后，我们还通过译者与权利方签订了一些图书的版权协议。比如《韩国神话研究》译者刘志峰利用他在韩国访学期间认识的朋友，很快打听到韩方出版社与原著作者徐大锡先生的联系方式，在译者的帮助下，我们很快与韩国集文堂出版社签定了版权协议。

"神话学文库"丛书内容涵盖面大，翻译、校订、审稿、编辑工作难度很大。为确保项目质量，总社领导、项目负责人多次与文库主编沟通，在书稿质量以及项目操作进度等方面达成共识，并对项目整体运作流程制定时间节点，按重点图书出版规划项目与国家出版基金项目实施的各项要求，严格履行三审三校制度，严格履行重大选题备案制度。主编叶舒宪教授在审读书稿后，还邀请相关专家对书稿进行仔细校订，有效地提升了书稿质量。而"神话学文库"丛书能够顺利地完成编辑出版，其因在于陕西师范大学出版总社拥有一支高素质的编辑队伍。参与文库编辑出版的二十多位编辑以高度负责任的态度和精雕细琢的精神，对书稿文字进行润色，仔细打磨文字表述，查证史实，追溯出处，调整图片版式，对照外文原书检查翻译差错，核实注释与引文，核查参考文献信息，充分利用校对软件弥补人工校异同的不足，为完成该项目付出了心血与努力。

在图书装帧及版式设计方面，我们与设计方反复沟通，选取最优设计方案，叶舒宪教授提供了自己在世界各地博物馆和图书馆拍摄的照片作为封面图片，还有一些图书的封面图片是我们在海外美术馆购买的。比如我们在英国泰特现代美术馆（Tate Modern）网站上购买了英国 19 世纪上半叶学院派画家代表约瑟夫·特纳（Joseph Turner）的油画作品《金枝》的高清图片用于《魔杖与阴影：〈金枝〉及其在西方的影响研究》的封面。

在"神话学文库"丛书出版后，项目组积极推广宣传，努力提升图书销量，扩大文库影响力。文库中的《神话叙事与社会发展研究》一书阿拉伯文版、韩文版已获国家社科基金中华学术外译项目正式立项，正在紧锣密鼓地翻译校订，未来将在埃及开罗文学出版社、韩国民俗苑出版社出版。

在"神话学文库"丛书出版运作的同时，叶舒宪教授与陕西师范大学出版总社继续合作，推出了"中国文学人类学原创书系"第一辑、第二辑共 38 种，正值中国改革开放四十周年纪念之际，对改革开放的时代大潮在人文学界催生的这个新兴学科，给出一个较全面的回顾与总结，以便继往开来，积极拓展人文学科的教学与研究新局面。

与叶舒宪教授一起工作的经历给我们每一位参与其中的编辑留下了一笔宝贵的人生财富。"神话学文库"丛书（第三辑）正在陆续出版运作中，我们将继续努力，推出更多体现中国精神的文化精品，为出版强国建设添砖加瓦。

值此叶舒宪教授从教四十二年纪念文丛出版之际，衷心祝福叶老师身体健康，永葆学术青春。

从《中华创世神话六讲》谈起

张呈瑞

每个时代都应有每个时代的神话,而如今的我们有吗?现代人只是把中华神话思维简单地解读为神话故事,丢掉或擅自改变了精髓,类似于"中华神话故事""中华神话人物"的书籍层出不穷,连喜马拉雅等新兴软件中也充斥着"神话"。可我们真的懂神话吗?我们有深度挖掘过神话吗?现在亟须在中华大地上重述神话中国,实现学者的观照与思想的回归。

作为前沿交叉学科的神话学,就是在努力解决这些问题,它经过新时期以来三十年的实践积累,终于走向以文化符号编码论和四重证据法为其特有内容的中国本土文化理论体系建设的发展方向,成为一种具有深度解释能力和影响力的学术新话语,承担起扩展文学视野、重述中国的时代使命。

作为这一学科的尖端学者叶舒宪,一直是我敬仰的学者。对叶舒宪老师的仰慕之情可以追溯到自己的大学时代,在陕西师范大学文渊楼第一次听叶老师的讲座,聆听他充满热情的演讲,跟着他展开奇特的神话联想。讲座后,还会在图书馆翻阅叶老师所写的书籍,第一本是《诗经的文化阐释——中国诗歌的发生研究》。在研究生阶段,有幸再次成为叶老师的学生,在陈瑞球楼报告厅聆听他对于猫头鹰与蛙的解读。工作后,责编叶老师的第一本书就是《中华创世神话六讲》,图书出版后,我是无比激动的,第一次,我和叶老师的名字印在了同一本书上。

责编这本书是我自毕业后离学术最近的一次。叶老师总是善于把特别深奥的理论讲得很浅显,也很善于抓住著名历史事件与时下热点,阐释自己的理论。读叶老师的书我总有这样一种感觉,这种联想,不是聪明绝顶的人,怎么能做到呢?

叶老师在书中反复提到的也是他最精髓、最重要的理论——四重证据法与大、小传统理论。一重证据：文献，二重证据：出土文字，三重证据：口传与非遗，四重证据：文物和图像。小传统指文字书写，大传统指先于文字的图像。运用这些理论，叶老师分析了龙的原型是熊，我们现在一直说自己是龙的传人，但可能我们更应该说自己是熊的传人。

叶老师在书中提到一幅图，有人有龙，龙是升天入地下海的穿越者，是海陆空三栖的交通工具。人站在龙尾巴上，从地升天，这文物是从湖北荆州新挖掘出来的，出土的地点叫熊家冢。我们还可以在本子上写一下"熊"字，把下面四个点勾掉，剩下来的就是"熊"的本字——"能"。叶老师说是为了区别现实的生物和抽象的概念，例如能力、能源，才造出了加上四个点的新字，把"熊"和"能"分开了，其实"熊"就是"能"。这到底是为什么呢？因为熊冬眠时间长达五六个月，躺在那儿好像死了一样，但是夏天又活着出来了。这就是生命的自我更新之能，生命的能量就体现在这儿，不用借助外力，自己就复活了，没有比这个更"能"的生物标本了。"能"，变成了人们需要模仿的对象。冬眠之前，熊漫山遍野地吃，体重增加一倍，之后冬季的五个多月就靠自己身上的"能"来生存。北方有一个民间习俗就是模仿它，叫吃秋膘，都是仿生学。第一次，我们把生活中的一些现象与神话联系在了一起，解释了我们为什么一直坚持着自古流传下来的习俗。

叶老师还举例，在一个汉画像石的门楣上，有这样的图像：左青龙，右白虎，当中的动物看起来像麒麟，却是两足，站在那里舞蹈，还有小尾巴。最后叶老师给出结论，这其实是一只熊，但在天空中占据中央主神位置的是一只神熊，而不是动物园当中的熊。之前电视上播放华夏武功，其中有一个招式就是"熊晃"，来自华佗的"五禽戏"。中国武术当中有很多招式模仿野兽，认为它们力大无穷，生命力无限，希望自己修炼到和它们一样。虽然我们忘记了它的原理，但是传承还在，这就是第三重证据的证明力量。华佗时代熊就是神，我们要学习的是它的修炼方式。这幅图就是第四重证据，比任何文字都有效。一旦挖出古老的图像，确认没有造假后，那么就代表着那个时候的人的世界观、宇宙观——熊，只是后来才嬗变成了龙。

叶老师在讲述鸮、凤之变时，举例在四川方言中把猫头鹰叫作鬼车，意思是其眼睛像车轮子一样转，所以还叫毂辘鸟，眼睛在转，代表着生死在轮回，阴阳在转换，生命在再生，所以殷商人才崇拜猫头鹰。再如陕西华县（今为华州区）出土的陶鸮面，毫无争议就是一个猫头鹰的头，圆圈一样的眼睛。辽宁出土的勾云形玉佩，最突出的是旋涡状的两个圆眼睛，只有一种猛禽有这样的眼睛，那就是鸮。类似的东西台北故宫博物院也展出了一件，叫带齿兽面纹玉佩，玉雕下面有几个凸起，有人认为是动物的牙齿，其实应该是猫头鹰展翅之后，张开的尾翼……种种第三重证据和第四重证据表明，最起码商代以前和商代都是崇拜猫头鹰的，政权的更替之后才嬗变成对凤鸟的崇拜，因为周人编织了一个神话叫凤鸣岐山。鸮熊变凤龙，这个观点我记了很久。

继《中华创世神话六讲》之后，我又陆陆续续责编了好几部叶老师的著作，在和叶老师的交流过程中，更能感受到叶老师的人品高尚与思想高深，时常为跟不上叶老师的思维而扼腕。叶老师是一位非常爱惜羽毛的大师，每次阅读叶老师看过的校样，对我来说都是一个学习与提升的机会，当然也会为还有这么多遗漏而感到羞愧，我还记得收到叶老师的批评邮件时的面红耳赤。作为一个资历尚浅的编辑，叶老师给了我足够多的包容与信任，包容了我的稚嫩做法，并且在《玉文化先统一长三角》的封面选择上，又相信了我的判断。跌跌撞撞的前行中，有叶老师就有方向。

在生活上，叶老师又是一位非常幽默和亲切但又不谙世事的老师。他会在看我养的宝贝狸花猫照片时说："这路上随便抓吧，哪里都是。"他会在我们一起去吃小龙虾时说："点小龙虾还可以加配菜啊，下次知道怎么点了。"他还会染一点点金色的头发，在我们指出来后，故作没听到地走开。一位大师，似乎突然间生动起来，叶老师永远有一颗年轻的心。

在即将到来的叶舒宪老师七十华诞，作为叶老师的学生，我献上最诚挚的祝福：天涯海角有尽处，只有师恩无穷期。叶老师，生日快乐！

观澜索源　韫玉山辉

荆云波

九月初，是开学迎新的日子。校园弥漫着金桂的馨香，还有新生求知的面孔。不禁想起十八年前的我，也是怀揣一颗求知若渴的心，义无反顾踏上了川大读博求学路。教师节临近，感念师恩，想记录自己追随叶师舒宪先生研学的点点滴滴，聊以纪念恩师七秩华诞。无奈唯恐笔力不逮，迟迟不敢动笔，竟翻出斯蒂芬·茨威格的传记大作《人类群星闪耀时》找感觉，看看著名作家是怎样撰写影响历史进程的人物传记。看了几篇，文风完全对不上，但歌德的一句话深得我心，他曾深怀敬意地将历史比作"上帝的神秘作坊"，茨威格说在这个作坊里，在一个民族内部，总是需要有几百万人，才能产生一个天才；同样，总是需要有无数的光阴无谓地流逝，才能等到一个具有历史意义的时刻——一个人类的群星闪耀时刻出现。我相信，我的博导叶舒宪先生就是最为璀璨的那颗星，指引我们不断前行。

一、一朝入门沐杏雨，终生无悔念师恩

初次与先生见面，是在四川大学2003年我硕士临近毕业的那段时间，聆听了一场别开生面、令人难忘的讲座，不用问，讲座人当然是叶老师。紧接着就是文学与新闻学院的毕业典礼，硕士生和博士生在一起举行，曹顺庆院长讲话，隆重介绍在座的毕业生当中重量级的学者，那就是博士毕业生当中的佼佼者叶舒宪教授。能与著名学者一起参加毕业典礼，我感到三生有幸，但那时万万没有想到，两年后我和叶师竟然有缘成为师生。那时叶老师也不认识我。

2005年，我考入了四川大学攻读比较文学与世界文学专业博士学位，将我招进来的是曹顺庆先生，那时他担任文学与新闻学院的院长，事务繁多，在开学典礼上宣布了真正指导我的导师是叶舒宪教授。命运的齿轮转动就是这么巧

合,这也正是我期待已久的愿望。

很快,我和叶老师取得了联系,他给我发了几篇近期写作发表的论文,并让我先看他的那套新出版的"破译"系列专著,包括《中国神话哲学》《高唐神女与维纳斯:中西文化中的爱与美主题》《诗经的文化阐释——中国诗歌的发生研究》《庄子的文化解析》《〈老子〉与神话》《英雄与太阳——中国上古史诗原型重构》,这套丛书是叶老师尝试用文学人类学、比较宗教学、神话-原型理论解释中国文化原典和中国神话谱系的力作,当时叶老师凭借一系列研究成果已经成为文学人类学这门新兴学科的领军人物,与萧兵先生、方克强教授、彭兆荣教授、徐新建教授等学者一起为比较文学的中国化发展开辟了一条全新的道路。

博一的课程安排比较多,除了英语政治等公共课,主要课程大多由曹顺庆、徐新建老师在上,与叶老师的联系是通过电话和电子邮件,老师布置任务,解答疑惑,审阅读书报告、论文。为了弥补当面指导的时间不足,叶老师尽可能每年都来川大,或者通过带领学生参加学术会议,基本做到每学期至少见一次面。聆听学术讲座学术报告、进行座谈讨论,是常规的面见学习方式,叶老师带领学生逛书店、推荐必读书目、选购图书也成为独特的指导秘方,川大的学生如此,北京的学生也同样有被老师带领购书的经历。

记得 2005 年 11 月初,叶老师到川大讲学做报告,结束后带领学生到川大书店,熟练地从书架上拿出菲奥纳·鲍伊的《宗教人类学导论》、伊利亚德的《神圣与世俗》、涂尔干的《宗教生活的基本形式》、马克斯·韦伯的《社会科学方法论》等图书,告诉我们这些书是必读经典书目,务必认真阅读,还要求我写出《宗教人类学导论》的读书报告,后来,这篇读书报告在《世界宗教文化》期刊上发表。老师这样带领学生买书的行为,不止一次两次,记忆中也只有叶老师做到了。

叶老师的到来,除了门生、文学人类学专业学生,还能吸引许多其他专业的粉丝。喝茶摆谈是成都特有的文化,叶老师每次到来也不能幸免。在一次喝茶座谈中,大家将叶老师围在中间,提问一些感兴趣的学术问题以及做学问的方法,叶老师都一一耐心解答,在悠闲放松的氛围中,令人受益匪浅。聊天中得知叶老师每天早上四点多就起床读书,几十年如一日雷打不动。我们打趣说,叶老师属于学问大的高产学者,做学问还那么认真勤勉,我们这些晚辈学生本来学问不深还没有拼尽全力，如同在龟兔赛跑的游戏中，乌龟却要休息睡大觉，跑得快的兔子反而不知疲倦地一直在奔跑，那何时乌龟才能追赶上兔子呢？

玩笑归玩笑，学问还是要踏踏实实做。读博期间，在老师的指导下，阅读了大量的中外著作，在神话 - 原型理论、仪式理论、文学人类学、比较宗教学、中国传统礼仪文化方面积累了较为扎实的理论基础，为日后的学术研究做了很好的铺垫。也要感谢老师的督促和严格要求，才保证了论文的顺利发表，川大要求博士生在读期间发表三篇 C 刊论文才能毕业，我做到了，三年顺利按时毕业。

二、纸上得来终觉浅，绝知此事要躬行

叶老师非常强调知行合一，他鼓励学生走出书斋，走向田野，在实践中增长学问才能练出真功夫。参观博物馆、逛古玩市场是叶老师每到一地必然要做的事情。如果凑巧，他也会带领学生参观博物馆，光顾古玩市场，边看边讲解传授一些关于玉、关于礼器、关于考古的知识。在此过程中，叶老师和玉结下了不解之缘，许多学生受影响也和玉结缘。

叶老师从爱好玉、研究玉入手，引发了许多有价值的研究课题，开启了以物证史的四重证据法的方法论实践。比如从红山文化遗址发掘的玉熊、玉玦（熊纹龙身），联系黄帝部落的称号"有熊氏"，考察追溯中华民族的图腾崇拜，应是熊图腾，并非龙图腾。2006 年 8 月在河南召开的国际中国神话学学术研讨会上，叶老师首次在中外学者当中提出这一观点，震惊学界。叶老师接受了官方媒体采访，解释了龙图腾是后来部落兼并、民族融合统一以后才形成的。《河南日报》《郑州晚报》《周口日报》都以大量篇幅报道了叶老师的学术观点和研究推论。会后，叶老师鼓励我到新郑黄帝故里去做田野考察，看看民间有没有关于黄帝部落称呼"有熊氏"的传说。会议结束后，趁暑假，我先到新郑县志办，了解到新郑能庄还遗留着黄帝父亲少典的坟墓，随后赶到能庄实地采访了前任村党支部书记，并在他的带领下，参观了至今依然存在的少典坟。随后写了一篇题为"熊与能的认同与变异"的田野考查论文发表，之后，在 2007 年叶老师的专著《熊图腾：中国祖先神话探源》出版时，作为附录，收录其中。

2008 年 5 月 12 日，四川汶川发生了 8.0 级大地震，当月下旬，我和谢美英师姐的毕业论文答辩是在余震中进行的，为了这次答辩，叶老师专门从北京到

川大参加我们的答辩会。答辩结束后,叶老师在我们几个学生的陪同下,参观了四川大学博物馆,其间发生震感强烈的余震,陈列架上的展品都在晃动,一众人夺门而出,叶老师纹丝不动,我也跟随老师身旁,平静后,叶老师问我当时怎么不跑,我答有老师在,不怕。

师生们一起喝茶讨论时,叶老师提出了"文学人类学应发挥出应有的在场作用,参与到文学救灾的精神抚慰和知识引导当中"。当时,彭兆荣老师和徐新建老师也在场,他们也提出学者应在赈灾活动中担负起使命,贡献自己的智慧力量。徐老师还提议师生们联合起来,各尽所能撰写文章,进行书写层面的人文关怀。三位老师不愧是文学人类学领域的"三驾马车",关键时刻可见他们的人文关怀和民族大义。根据老师们讨论的内容和结果,决定在四川大学文学与新闻学院主办的《比较文学报》上出一期"文学救灾"专题。我和徐老师的博士高岚师妹承担起了这期办报任务,组稿,写报道,初步排版,联系印刷厂,一遍遍校对,不辞劳苦。报纸印刷出来,得到了叶老师的肯定,乐黛云会长在比较文学年会上也给予了充分肯定。师生们撰写的文章也被收录到由徐新建老师主编、四川大学出版社出版的文学与人类学论丛《灾难与人文关怀——"汶川地震"的文学人类学纪实》。其中,我写的《灾难与仪式:国殇日之民族志》,于 2009 年作为汶川地震一周年的纪念文章被《民族艺术》期刊刊发。

三、石韫玉而山辉,水怀珠而川媚

跟随老师的学术步伐,在学业上的训练和精进让我受益终身。

每次参加学术会议,叶老师会指定学生撰写会议综述或者会议通讯报道,我写过几次,包括 2006 年的国际中国神话学学术会议,这是学习他人学术思想、提升自我学术综述能力的绝佳机会。

我的毕业论文选题是叶师指定的,让我做关于中国礼仪文化原典《仪礼》的文学人类学阐释。刚一拿到题目,我有点抵触,因为知晓自古"治礼"不易,《礼仪》研究的许多古代学者皓首穷经终其一生,也很难在这个领域有所作为,何况我的古代汉语底子不够扎实。后来,在老师的鼓励下,我从刻苦钻研读懂一篇篇古代礼仪做起,参阅了大量的古代经学礼仪研究论著和西方的神话仪式理论,然后再从整部礼仪的一个个专题入手,从文学人类学的视角,研究周代礼仪当中的一些话题,如仪式当中的神话、仪式当中的巫术、礼仪当中的玉器、礼仪的权力话语叙事以及信仰等等，最终形成 20 余万字的博士论文，得到论文外审专家和答辩委员会的一致好评，在此基础上经过修改，2010 年由南方日报出版社出版，书名为《文化记忆与仪式叙事：〈仪礼〉的文化阐释》，这是我学术生涯中的第一本专著，得到广东省重点出版项目资助。沿着这条道路，我又继续深耕，形成"婚礼的神话原型与仪式传承研究"的课题，于 2015 年申请到了国家社科基金的项目资助。

毕业后，老师依然关心着我的学术成长与发展。他到河南讲学做报告时，我只要没课就会去聆听学习，新冠肺炎疫情期间，也多次在线上听过老师的讲座。老师总是叮咛，多看书，多到古玩市场和各地的博物馆走走看看，还不忘将他新出版的著作《玉石里的中国》《玉石之路踏查三续记》《玄玉时代：五千年中国的新求证》《祖灵在天：玉人像与柄形器的故事五千年》或邮寄或面赠予我。从中了解到老师多年坚持脚步不歇、笔耕不辍，一直在用实际行动丈量玉石传承之路，追溯文字之前的中华文明一万年大传统的根源，一直在亲力践行他提出的三重证据法、四重证据法的学术研究方法论，一直在用神话研究的方法解释解决当下大国崛起神话想象带来无穷创造力的魅力。从华为的鸿蒙超级虚拟系统的智能技术突破，到载人航天工程的天宫 1 号，再到南天门计划，都让我们看到神话在文学之外参与智能科技发展的想象永动力作用。

如果说父母给了我们生物学意义上的生命，那么导师则赋予了我们学术意义上的第二生命，扶上马，再送一程，我们事业走多远，除个人努力，也拜老师所赐，尽管和其他优秀的师兄弟姐妹相比，还有很大差距，学问做得也不够出色，但至少在事业上能立于不败之地，在工作中不落于人后，除了感念师恩，只有用更加努力的行动来报答老师的无私培育。

高山仰止，景行行止

陈金星

我第一次见到叶老师是在 2006 年中国比较文学青年骨干教师培训会，那一次听叶老师讲座，他侃侃而谈，旁征博引，令我眼界大开。后来我回到学校后，讲课内容就采用了《〈老子〉与神话》中的材料。这件事我曾在博士论文中提及过。

2011 年，我有幸考入中国社会科学院研究生院，成为叶老师的学生。叶老师言传身教，有三点感受留给我的印象比较深刻。

一是读万卷书，行万里路。刚入学，叶老师就带我逛社科院的图书馆，他指着一大排书说："谁读的书越多，谁的学问越大。"有老师透露，叶老师每到一地，都会随身带着双肩包，搜罗图书资料。叶老师曾经带我逛过社科院附近的书店。他一口气买了一包的书。那次我陪叶老师逛书店，体会到要读万卷书，要保持对前沿学术信息的敏感，不吝买书。行万里路方面，叶老师一直要求我们多去博物馆，多跑田野现场。我在北京学习时逛了国家博物馆、北京博物馆、大葆台汉墓博物馆等多家博物馆。我还去过徐州博物馆、上海博物馆、湖南省博物馆、山东省博物馆，还有我们福建的一些地方博物馆。2023 年的文学人类学年会报到那天，我们叶门的几个学生在不同的时间去贵州省博物馆。有的是下午一点去的，有的是两点去的，有的是三点去的。这都是叶老师培养出来的习惯。迄今为止，叶老师组织了十五次玉帛之路考察。我要向叶老师学习，多读多看，行走山川。

二是以世界眼光，做中国学问。刚入学的时候，叶老师就交给我一篇文章——德里达的英文版论文《白色神话》，让我写一篇读书报告。后来他又让我主译《心理学与神话》，还让我关注国外 2000 年之后的学术著作。这是培养世界眼光。还有一方面是做中国学问。现在网络资讯很发达，国外很多的学术著作我们都能读到。但很重要的一点是要具备本土问题意识,做原创性的中国学问,以期与世界学术对话。

三是勤奋严谨。叶老师的邮件不少是深夜发给我的。这一点我学不来,我熬不了夜,但我领悟到这种勤奋治学的精神,我争取做到滴水穿石,久久为功。勤奋方面,还有一件事值得一提,就是我博士论文写完初稿,交给叶老师审读。叶老师交还给我初稿时,记得那一次我是五点半去赶地铁,早上七点多见到叶老师。拿到叶老师交给我的稿子,里面用红笔写了不少批注,当时我心里真得很感动。现在我给学生改毕业论文,也是要求他们打印出来,我则会用红笔做比较详细的批注。这都是受了叶老师的影响。

叶老师对我的影响除了学术上的启迪外,他对学生生活上的关心也令我感佩。比如在我毕业前夕,叶老师来社科院研究生院看望我和师弟小夏,还到我俩的宿舍转了一圈,这让我感到特别温暖。叶老师曾建议我去徐州考察博物馆。我夜间乘卧铺车到徐州,考察了徐州博物馆与徐州汉画博物馆后随即返回。他知晓这一情况后,执意要给我报销路费,这让我特别感动。

"高山仰止,景行行止。虽不能至,心向往之。"叶老师是我们这些学生的楷模。一想到他,我就感佩莫名,不敢偷懒。今后,我会继续向叶老师学习。这里我有一首小诗献给叶老师:

纵横八万里,上下五千年。
昆仑青玉叶,光明耀大千。

也开风气也为师

——恩师叶舒宪先生印象记

方 艳

我和叶老师第一次见面，是在2005年，那年博士入学考试之后。现在的孩子考试前和老师联系一下，发个邮件，打个电话，甚至直接去拜见一下，那样的事情在俺们脑袋里面是想不到的，就蒙着头憨憨地看了老师的书，那时候最喜欢的是《中国神话哲学》，觉得大为新奇而有趣，然后就乐颠乐颠地跑去北京考试了。老实说，当时对于老师的学术成就、所谓学校的江湖地位完全是茫然的，也幸好无知者无畏，笔试成绩那是相当的理想，就到了面试，社科院的面试，老师们出题是天马行空的，好像找了篇无头无尾的英文资料让俺来猜出处，现在回想起来，当时很温和地给我提示的就是叶老师，那天应该是我们师生缘分的开始。

和叶老师的第二次见面，印象很深刻，地点是在社科院太阳宫的宿舍，那个房子不大，老式的两室一厅，一墙一地的书，各种陶罐，三足鬲，至于猫头鹰什么的，当时好像还没看到。推算一下，那个时候老师已到知天命之年，可是风神俊朗，谈吐之间真正是"抬眸四顾乾坤阔"，非常有感染力，不知不觉中，就激荡起小小心灵中满满的学术热望来，所以后来我们常常说老师颇有教主气质，当然也只敢背后说说而已。

都说但开风气不为师，叶老师开文学人类学之先河，立德立言。我辈忝列门墙，确实非常幸运。老师对我们的影响绝不仅仅是以其学术信仰感召后生，他是实实在在地言传身教，为学生开天眼的恩师。

入学后，老师是要给我们开几门课的，不过，我觉得最受益的是他每隔一两周就领我们去图书馆一趟，和去超市一样，他在架子上挑，他递一本，俺们接一本，一本一本又一本，抱着，跟在他身后，就好像："从氤氲的热气里伸进筷子，夹起豆腐，一一地放在我们的酱油碟里。"就是这种感觉。不过，有时，他挑到一本新出的好书，本来想递给我们，想了想，还是"我自己先看吧"，这样的时候也是有的。

我在硕士阶段也遇到了极好的老师，但是因为转专业等各种原因，认真说起来，即便是硕士毕业后进大学教书，那时对于学术科研，甚至怎么写论文，都没有真正的得其门径，引领我踏上今天这样一条学术道路的人是叶老师。我记得经常在图书馆阅览室翻到老师新写的论文，我便靠在期刊架上看了起来，从期刊架到座位也就十几米距离，但似乎就有什么将你吸在那儿，不看完就不能动的。从无数次的阅读中，我明白了好的论文是一定要有内气贯注的，有语言的逻辑的力量的，学术论文也可以是好看的，后来我自己就有一个标准，写完论文后读一遍，读完心潮澎湃，慷慨激昂，有拔剑四顾之意，便是好文章！

博士毕业后，我回到了原来的学校，老师当时是不以为然的，或者说是有点遗憾的。现在回想不在老师身边的这些年，确实走了些弯路。我记得毕业后一年，申报国家社科，等结果，心情焦躁，老师说"我拿第一个国社，都五十了，你急什么"，后来又陆续申报了几个基金，老师知道了，又说"少拿项目，拿那么多项目干什么"。当然，这几年，老师似乎也知道"世情如此"，偶尔还祝贺一下，不过，在老师眼里始终最重要的是"像毕业论文那样的，你再好好写两本书出来"，我想这是老师对于每一个学生最殷切的期盼，也是他最深刻的教示，对于一个学者来说，真正要紧的是建构自己的学术体系，或者说开拓出属于自己的学术园地。

时光荏苒，这一晃眼快二十年了，不知不觉中老师已近古稀，我们也都人到中年。最近一次和老师见面，是今年的六月，他来徐州，我去接站，先生听说司机在等，便健步如飞，一往无前地从电梯上往下冲，我在后面一边追着跑，一边喊"老师，等等俺"，当时想，或许作为学生，我们终其一生，可能都很难跟上他的步伐，更无法企及老师的高度，但谁说"此时没有房屋，就不必建造"，只要我们一直仰头向上，循着云中仙鹤的歌声，追寻那前进的方向，无论昆仑玉山，还是海上蓬莱，相信总有到达之时。

那么，十年、二十年、三十年以后，叶老师百岁寿诞的时候，或许，我们都能够将寻获的春山之宝，献于师尊之前，为自身也为这时代交上一份让老师欣慰的答卷吧。

"对'大传统'的神秘之门勇敢叩问"

——写在叶师七十岁诞辰之际

于玉蓉

我是 2009 年考到中国社会科学院研究生院,投至文学研究所比较文学研究室叶舒宪研究员门下,在叶师指导下攻读博士学位。套用现在网络上流行的一句话:"从此命运的齿轮开始转动……"

以前只能作为小粉丝在图书馆读叶老师的《英雄与太阳——中国上古史诗原型重构》,而今我竟然成为叶老师的博士生且时常能见到像太阳一样炫目的偶像,于我而言,这是一则命运的神话。博一的时候,研究生院是在望京花家地,离社科院不远,我们经常有机会在周二"返所日"去建国门见导师。那时叶老师才五十多岁,学术上如日中天,生活里如和风煦日般亲切。每见一次叶老师,我都感觉晒了一次太阳,所以我的博一过得非常"头脑发热",误把导师身上的光辉看成是自己的光芒,感觉自己将来一定会在学术上有所成就似的。这种谜之自信,随着研究生院搬到了良乡而慢慢地趋于冷静,一方面是见导师的机会因为路远而减少;另一方面,已然切切实实地地感受到了博士学业的重负与压力。

当时叶老师经过多年深耕神话学领域,已经开宗立派。继神话学泰斗袁珂先生之后,他不仅自己写了多部神话学里程碑的著作,并且着力于提携后进,指导青年学者从神话学的角度对中国文化元典展开全新解读。在我之前,有师姐们写下《断裂中的神圣重构:〈春秋〉的神话隐喻》《礼制文明与神话编码:〈礼记〉的文化阐释》《神话叙事与集体记忆:〈淮南子〉的文化阐释》等;在我之后,有师弟师妹们写下《神话思维与中古历史书写——以通行本〈后汉书〉为中心》《神圣仪式与神秘符号——〈墨子〉的神话历史研究》等,都是深刻领会叶师"神话历史"精髓,各自用功写下的专著,在探索文明本源的编码和文化构建规则等方面各有所得。而我的博士论文的选题是按此思路重新解读西汉司马迁的《史记》。但我资质愚钝，似乎总是不得其门而入，开题时间拖了又拖，由原来想去见导师到后来怕见导师，原来对学术的热情似乎都转化成了焦虑。最终在叶老师以及社科院其他老师们的大力帮助下，2011年总算是按期博士毕业。后进入到中央民族大学博士后流动站工作。博士后期间我还是继续以此为题深入研究，但始终难以形成自己满意的书稿。

一直到2021年，我的专著《究天人之际：〈史记〉神话学研究》获得"中国博士后文库"资助，由中国社会科学出版社出版。在专著的后记中，我写道："书稿虽几经修改，但每次重读，都不禁为书中'大胆'的观点和粗疏的论证而汗颜。跨学科虽然容易出新，但却对研究者提出了更高的要求。细读《史记》五十万字已经是不小的工作量，此外还要梳理《史记》研究史，了解神话学、文学人类学、史学、考古学甚至天文学的基本常识和学术前沿。看的书越多，就发现要读的书更多。最后呈现出的研究成果是差强人意的，但仍抱着不悔少作之心，将其整理出版，以期能够得到师长、同行们的批评指正，使我能有的放矢地去修改、完善。"我有时也想为自己的愚钝和怠惰找找借口，比如我的专业背景。我虽然本科读的中文系，也上过比较文学与世界文学等相关课程，但硕士的方向却是"中国古代文学"，所以相比其他同门本身就是"比较文学"或者"文艺学"或者"民间文学"方向，我要补习的专业知识要更多一些。但博士三年太短，博士后两年太快，工作后上课太忙，书稿就被一搁再搁。眼看其他同门的专著都列入了"神话历史丛书"系列陆续出版，我却无缘列入其中，不能不说是一种遗憾。

以至于我之后每次在课堂上讲《红楼梦》楔子里使用的"女娲补天"神话的时候，自我代入感都很强，总感觉自己就是那一块有心补天、无力回天的顽劣的石头。原文是这么写的：

> 原来女娲氏炼石补天之时，于大荒山无稽崖炼成高经十二丈、方经二十四丈顽石三万六千五百零一块。娲皇氏只用了三万六千五百块，只单单剩了一块未用，便弃在此山青埂峰下。谁知此石自经锻炼之后，灵性已通，因见众石俱得补天，独自己无材不堪入选，遂自怨自叹，日夜悲号惭愧。

当然我也没有日夜悲号，但惭愧肯定是有的。博士后出站之后，我留在中央民族大学预科教育学院任教，每每别人问我的博导是谁，我都会又骄傲又惭愧地回答道，"是叶舒宪老师"。骄傲是真的，惭愧也是真的。工作十年了，我参加的学术会议有限，认识的学者实属不多，但所遇学人，无论长少，无论专业是文学、哲学、历史或考古学、人类学、民族学甚至是美术，几乎没有哪一个人文学者没有读过叶老师的书。他们总会自然而然地谈起自己读到叶老师的书的感受。有的学者年纪和叶老师相仿，但由于叶老师成名早，所以很多他的同龄人还会回想起20世纪八九十年代读到"文艺新学科建设丛书"当中的《中国神话哲学》所受到的震撼；有的老师比我年纪稍长，他们当年在陕西师范大学上过叶老师的课，那时的叶老师年轻而新锐，每一节课对学生来讲都是头脑风暴；还有的青年学者，他们都是在文学理论课堂听自己的老师提到过"神话－原型批评"，这是叶老师最早译介到国内的文学理论流派。更多的学人，是在埋头于自己的研究方向时，不经意地读到叶老师的书或者论文，往往会受到一种仿佛推开一扇全新之门一样的启发，因为叶老师的理论和研究是跨学科且带有革新性的。每当这个时候，我都在心里为叶老师感到骄傲。因为这种辐射人文学科的影响力比任何职务或者是名号更能说明一个学者的价值，公道自在人心，学人们心中自有一把秤。只有这样发自内心的认可才真正是"不废江河万古流"吧。

"我读过他的书。"这句话我也从已驾鹤西去的李学勤先生口中听说。博士后期间，我有缘为李先生做过口述历史的采访。当我提到自己是社科院文学研究所叶舒宪研究员的博士生时，李先生也提到了他读过叶老师的论文和专著，并强调神话学对于历史与考古研究的重要性。后来叶老师的《图说中华文明发生史》（2014）即将付梓，我拿着书稿请李先生写序，李先生欣然允诺。他认为这本专著提出用"发生史"一词来指说中华文明发生和成熟的过程，是非常妥当的见解。他在序言中还这样写道：

> 王国维先生90年前在讲授《古史新证》时所说："上古之事传说与史实混而不分，史实之中固不免有所缘饰，与传说无异，而传说之中亦往往有史实为素地，二者不易区分。"从方法论的层面看，"传说时代"与"历史时代"还是有着难于截然划开的深层关系。叶舒宪先

生可能正是有鉴于此,在《图说中华文明发生史》这部书里提出了中华文明的"大传统"与"小传统"的理论概念。……《图说中华文明发生史》便是这样一部力图"突破文字'小传统'的成见束缚"的书。叶舒宪先生博采大量考古文物素材,结合丰富的人类学、神话学知识,对他所形容的"大传统"神秘之门进行了勇敢的叩问。

作为历史学家、考古学家、古文字学家,李学勤先生措辞用语向来简洁、严谨且平实,但他最后用了颇有文学色彩的一句话形容叶老师的治学方式,我觉得十分恰当且传神。在我看来,叶老师的学术之旅一直在移步换形,始终在国际学术前沿探索,不断自我创新,但无论是神话-原型批评、神话历史、四重证据法、文学人类学、大传统、玉文化……其中有一条主线始终未变,那就是力争要跳脱出书面文本或者说是传世文献的桎梏,在文字之外,注重口传的、图像的、活态的、实物的、民俗的价值,用一种全方位的视角去重新审视中华文明起源、古史研究以及中华文化传统基因,这是一种对未知领域进行探索的魄力,更是需要一种向旧有秩序发起挑战的勇气。

我以前以自己教学的课程是"中国古代文学"为由,慢慢疏离了叶老师的研究范式。但中国古代文学不需要这种新的探索吗?廖可斌先生在论文《中国古代文学研究的琐碎化》里指出:"目前的古代文学研究是存在危机的,主要表现为三种现象,即重复、琐细和疏离,对此我们不能视而不见。"经过十年的中国古代文学史的教学,我也越来越感受到古代文学研究的模式化,很多研究正是重复、琐细和疏离。如果说廖可斌先生如同一个老中医诊断出当前古代文学研究的症结,那么叶老师的研究范式便犹如一剂良药。

这两年在讲授"中国古代文学史"这门课程时,我除了详细地讲解中国古代神话,也会在讲古代文学经典篇目时,尝试叶师的研究范式,甚至我直接把叶老师的观点搬到课堂上来用。比如说关于《论语》,各大文学史惯常地将其归纳为先秦诸子散文的早期代表作品,无非是总结《论语》"语录体""语言隽永""塑造了孔子及其弟子面目各异的人物形象"等几个方面的文学特征。叶老师在《〈论语〉:大传统视野的新认识》这本书中,即针对看似"天经地义"的文学史惯用阐述,指出其将《论语》简单地归为经学或散文的偏颇之处,因为老的"经书"偏见与新的"散文"偏见都全然缺乏口传文学的概念和意识,陷入了把《论语》当成"书"或者"文"的书写文化误区。这本书一开篇就写道："大传统指先于和外于文字书写的文化传统；文字传统则为小传统。《论语》作为'口传文化'和语录体范文，用'圣：口耳相传'的办法，近取譬，远采象，以'诗意栖居'和'生命交流方式'，传达着'兴于诗、立于礼、成于乐'的价值人生和美学理想。"当我读到这段话的时候，我觉得《论语》在我面前焕发了新颜；而当我把段话放到PPT中在课堂展示时，我看到了学生们眼里的惊奇，也许从来没有人和她们强调过，《论语》为什么总是"子曰""子曰"，因为它最初就是口耳相传的啊。

今年下半年，我从预科教育学院调到了文学院"古代文学教研室"，主要担任汉语言文学专业"中国古代文学史"必修课，而我更加坚定了在备课时、在课堂上、在科研中践行叶老师研究范式的决心和信心。这不仅是我开拓自己教研新径的必由之路，也算是我报答叶师三春晖的师恩的方式吧。读博士时，对叶老师更多的是自己对导师的"偏爱"式的崇拜，而如今，我对叶老师的崇敬随时日而愈发深沉，这更多的是人至中年、惯看了学术界的怪状乱象，慢慢明白什么是学术、什么是学者、什么是学问之后，对于一位学贯中西、领风气之先、且始终勇于超越自我的真学者的敬重。

叶师以夸父逐日之姿态，穷其一生执着地追求学术理想。或者说，他本身就是太阳，至少在我心目中，从认识老师的第一天起，他就如同太阳神一般，散发着光辉。我始终不愿相信叶师已经七十岁，因为他的眼神永远充满赤子的好奇与纯真，是干净的、磊落的、睿智的、宽厚的、慈善的，最重要的是勇敢的！诚如李学勤先生所言，"对'大传统'的神秘之门勇敢叩问"，年至七旬，矢志不渝！

望之俨然，即之也温

——叶老师印象二三记

安 琪

今年春天，结束了漫长的隔离与蛰伏，我们教研室的同事约着叶老师在餐厅小聚。我因孩子太小，脱不开身，只好带了小孩和阿姨一同赴约。阿姨是陕西农村人，很朴实，听说要与偌大一位教授同桌吃饭，有点紧张。

"跟他说啥好呢？俺从没见过这么有学问的人。"

"是真佛只说家常，一起去嘛。"我鼓励她。

到了餐厅落座之后，叶老师看着阿姨，一开口就是地道的陕西话：

"您陕西哪里人？"

"渭南。"

"哎呀，渭南好地方……"

阿姨一顿饭吃完，得出结论："你老师心眼可好。"

我故意逗她："你咋看出来的？"

"咦，一看就知道吗。"

没什么学问的阿姨能一眼看透学问很大的叶老师"心眼好"，我的洞察力实在不如她。十几年前刚认识叶老师的时候，见他动不动板着脸把学生训得蔫头耷脑，心想果然学问越大脾气越大啊，凭空就对他生出几份畏惧。后来发现叶老师说的话我几乎听不懂——不论是某本书的名字，还是玉石的分类，如他发现你听不懂，他的声音就会变得更严厉，更不留情面。有一次开读书会，叶老师提到上古的玉具有固态和液态的神圣性，我一时没忍住，插嘴表示质疑，玉怎么可能是液体？太夸张了。他登时立起眼睛提高声音："《山海经》里的玉是什么样的？其源沸沸扬扬，黄帝是食是飨——神仙的饮料，怎么不是液体？"从此我得了一个教训，在他面前不能信口开河。"诺大一个学者"应有的样子

——严肃，不苟言笑，"除了学术我不跟你讨论其他"，等等，也在我心里牢牢固定下来了。

2014年7月，我参加由叶老师带领的野外考察队，去甘肃考察河湟地区的古代玉石传播路线。进入田野的老师，每天都在颠覆我对"偌大一个学者"的旧认识。比如，他抵达兰州的第一件事居然是率领大家去商场买装备，因为发现我们的状态都很不理想，书包不够大，鞋底不够厚，而且没有一个人想到带手电筒。"你们今晚回去把书包都倒空。"他说。"倒空书包做什么？""明天去捡玉啊！满地都是！"果然第二天到了一个"满地都是玉"的好地方。是玉还是石头？看不出来，反正都是白白生生的，攥在手里搓一会儿就盘出一层黄黄的油皮。为了给大家说明地理方位，叶老师跳上一个小沙包，冲锋衣在风里鼓得老高，颇有振臂一呼应者云集的英气。在他的带动下，一车人都弯腰捡个不停，每个人的包都重重的。之后每到一个地方，都会反复上演这一幕。有一天我和另外两人中途分路去了敦煌，错过了跟着大部队踏查著名的马鬃山玉矿的机会。等回到住处，叶老师冲我招招手，示意我跟他来。他打开书包，满是白花花的玉石。"喜欢哪块你自己挑！"我挑了一块平平扁扁的，后来一直放在桌上做镇纸用。一看见这块玉镇纸，就想起沙漠里光彩四溢的叶老师，和他想要分享的"捡玉的幸福"。

在瓜州戈壁滩上寻找一个叫"兔葫芦"的地方。天很热，脚下的荒原似乎老也走不完。一片沉默中，叶老师突然发话："你们说兔葫芦是啥意思？"大家都累得没精打采，无非就是个方言呗。他自言自语："兔葫芦，兔葫芦……这会不会就是吐火罗啊？"我们团队中正好有新疆考古的权威——"只说三句话"的刘学堂教授，两人开始认真地讨论这个可能性，大家都来了精神，凑过来跟着听，路远天热也不大在意了。回程中，我们三三两两地走着，叶老师又突然发话："小心！不要踩……"我抬起脚，除了砂石什么也没有啊，但他知道："哈萨克人的坟。平的，看不出来，你要绕着走。"

还有吃的事。民勤的羊肉是真好，滑嫩肥腴，大家都吃得撑到脖子。吃完羊肉吃酸奶，一碗一碗端上来。这时候，叶老师婆婆妈妈地叮嘱大家："少喝点酸奶，尝尝就好，不然等会儿坐车……戈壁滩可没有厕所哦！"说完很可爱地笑笑。

《论语》里形容君子"望之俨然，即之也温"。我觉得用来形容叶老师，也很贴切。

学术之外：叶老师二三事

郭明军

2012年8月，重庆永川，茶山竹海，第一次见到叶舒宪老师。与当时在场的其他很多朋友不同的是，在此之前，我对叶老师的了解仅限于考博时买了他的《文学人类学教程》教材，并且是稀里糊涂买了两本。在那恍如柏拉图学园的学习环境里，接下来的七天七夜，还未真正入门学术的我向诸位真正有学术追求和学术理想的大佬们学习了许多。学术之外，我们一起爬山，一起K歌，一起沿着幽深的竹林小径散步……现在想来，那种状态真的是师友之间最美好的状态。

当中的某一天，叶老师在讲台上说，由于随身携带的书数量有限，希望有多余书的同学捐献给他，他再分享给其他没有的同学。我恰好有两本《文学人类学教程》，一本放在了家里，一本随身携带到了现场。于是，当天傍晚，我敲开了叶老师房间的门，去送这本书。没想到的是，叶老师拉住我讲了很多鼓励的话，还送给我他的另外一本书——《阉割与狂狷》。由此，我对叶老师的学术领域有了越来越多的了解。

当年9月，我正式成为四川大学徐新建老师的一名博士生。而叶老师当时还在四川大学文学与人类学研究所担任博士生导师，这样，交集逐渐多了起来。

众所熟知，叶老师因研究中国玉文化开始痴迷古玉并热衷收藏，而被称为"玉痴"，又由于在不同场合提出中国上古玉教的理论，而被大家戏称为"玉教教主"。因此，叶老师与玉的一个小故事值得分享。叶老师和西安这个城市结缘颇深，据传，每隔一段时间都会回到西安住一段时间，主要是为了陪伴家人，同时也做一些学术交流等事务。这件事发生在貌似2014年还是2015年，具体时间我记不清了，但大家在一起吃饭逛西安小东门古玩市场的场景却历历在目。

那天，叶老师约李永平、苏永前两位老师吃饭，也叫了我。地点定在西安老店的"陕西第一碗"。叶老师说，现在有很多后起的或老牌的当地特色饭店装修得不错，环境也好，但他更喜欢这里，数十年的老习惯，只要回西安，就会到这家店吃一次饭。吃羊肉泡馍期间，叶老师展示了他随身携带的一块和田玉，并讲，有关玉的知识和鉴赏辨识方法不能只满足于从学院派那里获取，真正的知识和经验往往在民间，你必须走进古玩市场，和那些店主、小商小贩打成一片，才能在实践中获得精髓。我没有想到的是，这场饭间讲座是为了下一步去小东门古玩市场做提前预热。

夏日的小东门古玩市场甚是热闹，叶老师在前快步疾行，我等在后奋起直追。这一点都不像逛，这是狂走，我心里想。但叶老师心里有数，在哪家门口稍做停留，和老板点头致意，在哪家店铺内徘徊良久，和店主深入交流，有板有眼；哪家店里有古玉，哪家店里多为俄料，心知肚明。其间，叶老师为了给我们做现场教学，在一家店里停了一段时间，老板热情地和叶老师打招呼，熟络得像多年的老朋友，从里屋拿出一个盒子，翻出里面的玉把件让大家看。叶老师的大概意思是，这些玉把件都是和田玉，白度和油度一般，不是太古老，明清及以下居多，你们可以挑一挑买来玩一玩，回去盘一盘。我跟着来之前根本没准备，连现金都没带，只好从李永平老师那里借来300元，挑了一件寓意为"洋洋得意"的小把件，因为我属羊，讨个彩头。后来，我一个人逛古玩市场，只敢买点儿类似的小把件，其他的都怕掉坑里，但也算有了点心得经验。

另外一件事发生在2019年8月初，在澳门举办的第22届国际比较文学大会之后，我们一家刚好和叶老师同行去机场。叶老师背着一个超大的背包，推着一件行李箱。一路上，我们真正从叶老师身上体会到了什么叫老当益壮。和叶老师同行过的人应该都有体验，他的步伐非常迅速，走路像一阵风，即便背着背包，拉着行李箱也是如此。我和妻子因为要照顾两个孩子，也帮不上什么忙，倒是叶老师经常一边走路一边回头照拂着我们，让我很是愧疚。到了机场，我们要到不同的登机口，而这时下起了大暴雨，临分开时我把一把小伞递给他遮雨。后来的体验是，即便我们打着雨伞也差不多浑身湿透，鞋子进了水。我有点担心叶老师，不知他是如何度过这场大雨的。等我们到了住处，安排好一切后，已经是晚上8点多。我给叶老师发了个短信，问他的情况，他回复说一切都还顺利，我才放下心来，感叹道："叶老师真是强大！"

叶老师有很多值得记录的趣事，这几件虽然是生活小事，但它们与我直接相关，非常值得记录。

神话诗人叶老师

张洪友

有幸在叶师门下求学,很感恩,也很愧疚。写这篇小文,内心充满忐忑。有很多话要说,却又不知如何表达。意义之重和语言之轻,让书写变得艰涩,在混乱的语言间延宕。

九年前,叶老师手写批改完我的博士毕业论文,在论文的末尾手写了整整一张对我未来学术研究的期许。那些文字如跳跃的火焰,在我眼前闪烁。很可惜,博士毕业将近十年,学术成绩很是尴尬。

我是在四川大学读的博士,叶老师是校外博导,来川大的次数不多。平时就在徐新建、赵毅衡、刘亚丁等老师的课上学习,算是"吃百家饭"长大的娃儿。有博士同学戏称我是"有奶便是娘",挺让人伤心的。没课的时候,自己就像无所皈依的幽灵,游荡在宿舍、图书馆和教室之间,实在憋不住了,就去给未必懂文学的学生讲外国文学。因此,每次和自己老师相见的机会都很珍贵,内心充满如流浪很久的孩子突然回家的踏实感。每次交流都成为具有特殊意义的事件和值得铭记庆祝的节日。此刻,电脑屏幕上闪烁的光点划破了虚无,文字从神秘世界跳跃而出。屏幕仿佛成了一架具有穿梭能力的时光机,让我又重温与老师交往的很多时刻。回忆是一次精神寻根的旅程,是一次远去归来的历程,也是一个由向过去的返回和向未来的延展而形成的褶子。在回忆中,生活中的碎片因叶老师的在场而被点亮,这些被点亮的碎片组成了意义深邃的星云。此刻,我才发现,因为老师的在场,我的生活是如此有意义。

一、神话诗人

叶老师在讲座时激情饱满,非常投入,很具感染力,大家开玩笑称他为通神的"萨满"。而我更喜欢"神话诗人"这个词,叶老师是神话诗人。很多时候，听老师的讲座，或者阅读老师的著作，总会想起海子名诗《面朝大海，春暖花开》中的名句"那幸福的闪电告诉我的，我将告诉每一个人"。神话、学术给予他的快乐和启迪，他也希望和众人分享。如果诗可以是世俗时代文本形式的最高褒奖，叶老师的著作和讲演便是活形态的传承神话智慧的诗。

在《神话诗人柏拉图》中，否定神话的大哲学家柏拉图本人便是借用神话并且创造神话的神话诗人，他的写作方式体现出从 mythos（神话）向 logos（理性）转变的过程中，两种思维方式的碰撞、冲突和融合。约瑟夫·坎贝尔认为，神话诗人是创造与时代密切相关的活态神话的创造者，可以是科学家、哲学家、艺术家或文学家。我特别迷恋的这个词。因为一直从事外国文学的教学工作，所以，也总是尝试在阅读荷马、但丁、歌德、拜伦、艾略特和博尔赫斯等诗人的作品时，尝试探讨其作品中的神话书写问题。

神话诗人，是远离日常世界进入灵性世界探险，并从灵性世界带着恩赐归来的勇士。萨满是史前社会神话诗人的突出代表。后世富有独创性的思想者和作者都是这个传统的继承人。从对文化贡献的角度来说，他们是文化英雄。英雄神话是叶老师学术研究的起点（《英雄与太阳——中国上古史诗的原型重构》），也是他一生坚持的学术信念。他如在未知世界探险的神话英雄，一直尝试突破学科的辖制，通过结合世界视野与本土学问，在远去和归来双重视野中，寻找关于神话的新视角和新启发。他的探险所得，便是所提出一系列新颖的具有启发性的观点，比如神话历史、儒家神话、玉石神话、神话中国、文化大传统等，而四重证据法可以看成是他对探险模式的更新换代，将传世文献、出土文献，民俗和人类学知识、图像和实物等不同的证据综合起来，在实证和阐释结合中，寻找突破固有辖制的新知识。

二、即凡而圣

突破学术与生活之间的人为边界，由凡俗进入学术，从学术透视凡俗，是老师给我的启发。道在万物之中，生活处处都蕴藏着思想的宝藏，只是缺少发现的眼光和激活的方法。2010 年冬，在西安第一次见到叶老师。我此前对老师了解不多，当时感觉老师特别和蔼，朴实，没任何架子，话也不多，甚至比我还有点拘束。称赞师门师姐学术做得好，老师说她"干活"干得漂亮。而他后来将自己对神话的热爱说成是"发烧"。和老师接触多了，我发现，老师特别喜欢用俗语和谚语。

海子有诗:"给每一条河每一座山取一个温暖的名字",这是言灵信仰在海子诗歌中的体现,通过命名,现实世界被诗化。而叶老师通过创造性地运用生活语言使自己与自己所热爱的事业建立与众不同的联系,也是言灵信仰在日常生活中的运用。就像热恋中的人们,恋人们通过独属于彼此的昵称,建立拥有独特权的亲密关系。叶老师的讲座或著作中会运用一些生活中人们早已习以为常的方言和俗语。生活语言是沉睡的诗,叶老师则唤醒了它们的诗意和早已被人们所遗忘的更为深层的含义。这就是叶老师的语言炼金术吧。

从生活中寻找灵感获取新知,是20世纪很多大哲学家共有的思路。"语言是世界的图式"是维特根斯坦从生活场景中所得到的启发,而他的"语言游戏"和"家族相似理论",与日常生活之间的关系就更不用提了。海德格尔的哲学著作中经常出现的"烦""常人""上手"等俗语,更是他希望通过解读这些语词,希望能够摆脱传统西方形而上学对存在的遮蔽,从而描述通达存在的道路。近年大火的哲学家德勒兹"游牧""褶子""块茎"更是从新鲜的、生活化的隐喻中寻找思想的灵感。

与这些大哲学的思路差不多,叶老师对生活用语的运用拉近生活与学术之间的距离。因此,叶老师的学术研究是与现实生活密切关联的学术。他所提出的文学禳灾,他在学术研究中关注神话文学中的灾难叙事,更可以看成叶老师对2008年汶川大地震的学术关怀。《现代性危机与文化寻根》从SARS病毒反思现代性,在十多年后的新冠肺炎疫情中依然具有非常重要的意义。知识分子的使命感责任感,使叶老师的学术著作具有了超越时空的价值。

初次见叶老师,老师给了我两个任务:一个是去参观博物馆,这是师门所有学生的必修课;另一个是去西安回民街,尝尝那边的小吃,这是他知道我是回族后,给我的特殊任务。前一个任务,我认真执行,除了看书,就是去博物馆,虽然当时自己的积累有限,还是觉得很有收获。不过,我当时住在西安外国语大学附近,那里距离回民街太远了,我就没去。所以,就随便在附近饭馆吃了陕西著名的羊肉泡馍,也不知道正宗不正宗,也没啥感觉。我平时的生活很随意,一顿拉面就可以欺骗肚子的,也就没思考这个任务与学术研究有什么关系。后来读了老师的散文集《两种旅行的足迹》和他翻译的《好吃——食物与文化之谜》才明白老师的用意。

很早就阅读过普鲁斯特《追忆逝水年华》中关于玛蒂尔德小甜点的著名开头，也总为日本的新感觉派、马尔克斯小说对不同感觉的奇妙运用所叹服，当时也仅仅是将它们看成作家通过不同感觉寻求写作和审美范式突破的创作方式，没有深挖饮食所具有的文化意义。

工作后才深刻体会了饮食所具有的独特内涵。在祖国的西南生活了很多年，孱弱的胃一直没能习惯米饭，每次去超市购物，总会拼命购买各类面食。在很多人异样的眼光中，提着满满一大袋加了糖的并不正宗的馒头，当时的成就感只有长期生活在南方的北方朋友们才能理解吧。对食物的执念，寄托了漂泊在异乡的游子们对家的情愫。在心灵返乡的个人仪式中，食物扮演着重要的地位。通过嗅觉和味觉融合而成的个体生命记忆，又被食物重新唤醒，"在家"的幻觉油然而生。在个体生命史中，食物建构了一个使人穿越在不同时空的界面，当下和回忆的交叠增加了生命的厚重感。

某些传统的饮食禁忌更是通过文化编码形塑个体行为，甚至划定人之为人的边界。在《少年派的奇幻漂流》中，主人公"派"是虔敬的信徒，不杀生的素食主义者。然而，独自一人漂泊在大海之上，食物早已吃完。为了生存下去，他只能一边痛哭着说"对不起"，一边却将鱼杀死，生吃鱼肉。他从"文化人"向"自然人"滑落，从象征界抛离到了实在界，残酷的现实剥除了文明社会的温情脉脉的面纱，呈现出的则是生命吞噬生命的自然法则。饮食禁忌则是通过部分拒绝动物的本能，从而使人能够从弱肉强食的生命吞噬生命的动物世界脱离，实现生命层次的升华。

三、吾爱真理，吾亦爱吾师

"吾爱吾师，吾更爱真理。"大家都知道亚里士多德的这句名言。亚里士多德是伟大的，但是这句千古名言，却并不聪明，有些自私和糊涂。老师成了他树立自己热爱真理形象的垫脚石。所以，我不同意亚氏的立场和做法。我更赞成"吾爱真理，吾亦爱吾师"。

我对文学人类学的理解和研究一直很肤浅，至今也谈不上入门。当时被调剂到叶老师门下的时候，因为此前没有一点积累而对未知产生了焦虑和恐惧，不过，绝对不是对强绑在文学人类学这架战车上心存不满。自己的硕士论文写的陀思妥耶夫斯基，自己感觉有了一点基础，所以，博士研究想顺着这条思路做下去，自己当时还有一个已经开展还尚未完成的阅读和写作计划，不过，这些却又不得不做出改变。自己的变通能力差，从一个问题向另一个问题过渡的时候，做得不好。在我的生命中，文学不是福柯意义上的学科，也不是由霸权话语建构的知识，文学是陪伴我度过最艰难时刻的伙伴，他们由许多自己所喜欢的作家作品组成。为了迎合一些学术观点而放弃陪伴我度过艰难岁月的伙伴，这种事情，我不会做。

当自己成为研究生导师，给自己的学生讲文学人类学的时候，突然对文学人类学有了不一样的理解。"主位"与"客位"的相互转换所带来的不同体验，可以加深对知识和思想的感悟。这种方式与罗孚、陈寅恪等人的"同情之理解"、海德格尔的尼采阐释（阐释伟大之所以伟大，并从根源上改变它）有相通之处。

当自己已经熟悉了文学人类学的问题由来和研究思路再重新去思考一些问题时，便有种豁然开朗的感觉。陀思妥耶夫斯基领域内众学者喜欢讨论"圣愚""阈限人"等问题，最早源于人类学的相关研究。我现在特别痴迷博尔赫斯，更是因为他将小说叙述、传统神话、人类学知识和哲学思考奇妙地杂糅在一起。而这种杂糅和融合，是我的理想。我个人特别喜欢神话诗人，并且断断续续展开的阅读教学和写作计划，也是受坎贝尔和叶老师的启发。我尝试着从文学人类学视野分析外国文学名著，并且在课堂教学中进行了些许实践，教学效果还不错。如果不是学习文学人类学，也未必会关注这些问题，也不可能获得这些感悟。现在又被学院强制要求给研究生上"现当代西方文论"课。现在也可以趁机进行贯通和对话式的思考，现代西方理论对神话研究有什么启发？文学人类学研究和福柯、拉康、德勒兹和布尔迪厄的理论有没有相互借鉴的地方呢？

后来接触了一些批评文学人类学的学者，这些人压根没读过文学人类学的书，但是，他们那种真理在握的气势和神态，让人很疑惑。与此同时，也特别心疼萧兵先生、叶老师、徐老师和彭老师等从事文学人类学研究的学者，也真切地体会到学术方法和学术观点的创新所面对的困难。这些批评者基于臆测和幻想建构了一个集各类谬误于一身的他者，其目的不是学术反思而是反衬掌握真理的自我。这是坚持真理，还是学术作秀？学术允许反思和批评，没有十全十美的研究范式，任何范式都存在不足和缺点，反思和批评才能推动学术进步，但是，以无知或误读为基础、以美化自我为目的的学术审判，已经超出了学术研究的范畴。对别人的审判基于自己对别人的理解，很多时候，不是别人的思想出了问题，而是他自己对别人思想的理解出了问题。他们是否更应该好好反省下自己的理解力呢？

对老师的敬爱与真理无关，它指向的是由相爱相杀的生活碎片所蕴含的温暖瞬间，由老师对学生的提点关怀和指导组成。叶老师虽然不善于用让人温暖的词语表达亲切的感情，但他却做了太多让学生热泪盈眶的事情。在读博期间，叶老师嘱托在外访学的黄悦师姐帮忙复印材料。博士刚毕业时，叶老师便叮嘱我要有自己的学术和人生规划。博士论文出版时，老师帮忙找封面图片，甚至书名都是老师建议拟定的。新冠肺炎疫情期间，叶老师请荆云波师姐的同事张艳蕊老师帮忙为该书写书评。离开西南某高校来到了大西北另一所高校，叶老师嘱托两个熟人，让他们帮忙关照我。在2022年疫情最严重的时刻，叶老师发来长长的邮件，让我做好防疫。师门群比较沉默的时候，叶老师就会给我们点把火，现场教学，启发我们思考。

叶老师用实际行动表达他对学生的关爱，也用实际行动指导着我们。我的博士论文上都是老师密密麻麻的手写批注，论文最后几页写满了老师充满鼓励和期许的文字。从事教师工作后，自己不敢有一丝懈怠，不敢嫌弃任何学生，因为有个同时期比他们底子更差的学生被老师认真指导过。

自己少不更事，总惹老师生气，被批评过很多次。当了老师后，面对一群曾经的自己，才真正感同身受地体会老师是多么不容易。我总想用学术研究来弥补。通读老师全部著作，写一篇像样的学术长文，这是博士毕业后最大的心愿。但是却因被单位强制安排了很多行政工作而迟迟没能兑现。各类铺天盖地的行政琐事让已经筹划好的写作计划搁浅，很多在耳边徘徊很久的观点或者最终成为堆积在电脑角落中被遗忘了的文档碎片，或者消退在了无意识的深渊之中。

虽然在疫情的间隙换了工作，却并没有改变漂泊的状态，只是从一个他乡流浪到另一个他乡，唯一不变的是在远离学术的精神荒原流浪。漂泊是英雄探险的第一个阶段，残酷的现实更具有净化功能，可以剥离思想中任何不切实际的幻想。海德格尔描述被抛的此在向死而生的生存状态中便暗含着英雄神话的悲怆性。饥饿的人们更能体会食物的重要价值，也只有尝尽颠沛流离的人，才更能体会"家"所具有的深刻内涵。感谢老师用他对学术的热爱和执着，给了我们一个学术的家。

近日重新阅读老师的散文集《两种旅行的足迹》和《耶鲁笔记》，看到老师年轻时帅气和青涩的样子，不免有些心酸，不知不觉间，人们眼中的小叶成了老叶，头发白了。智慧是时光女神摧残人类所留下的附属品。此刻，家常话混杂了论文体的八股腔，语言变得夹生。自己苍白的文字夹在各位大咖的宏文之间，略显尴尬。我就用这种尴尬的在场表达下对老师的感恩和祝福吧。

从本土化到中国式现代化

——感佩叶舒宪学术理论自觉之路

吴玉萍

如果说文学人类学前期的理论还是一种本土化的尝试,即外来理论的适履性改造,比如大小传统、原型批评等,那么后期的理论就是一种中国式现代化的基因式培根铸魂,比如玉成中国、玉石信仰与华夏文明。从进入玉文化探索开始,叶舒宪一路"踏查",从田野包围理论,用独有的学术话语诠释新时代的强国之音。正如叶师所言,玉成中国论诠释了中国式现代化是和平现代化(化干戈为玉帛);多民族共同体的文明国家,最大的奥秘就藏在万年不断的玉文化传播中。

我是叶舒宪老师在上海交通大学带的第一届博士,2011年入学。因为交大"土著"的关系,我一度想换个新环境读书,加之硕士所学是文艺学,去复旦大学攻读现当代文学博士学位是当时计划的方向。这个既定目标因一场讲座而改变。

2010年端午前的一个晚上,人文学院礼堂安排了一场讲座,由叶舒宪教授主讲儒家神话。在以工科见长的学校,能安排人文讲座,我们都很兴奋。当晚早早到了礼堂,前排就座等候。讲座开始后,身着天蓝色衬衫的叶老师走到发言席,激情的演讲,磅礴的知识,新颖的观点,精妙的释读,叶老师像一位布道者深深吸引着我。一周后得知叶老师会被引进上海交大,那一刻我动了心思,决定改变考博计划,继续留在交大跟叶老师做学问。

因为叶老师不常在,人文学院306办公室由唐启翠师姐驻守,我找了个机会去见唐师姐。冬日的午后,306室的阳光很好,唐师姐很亲切,跟我介绍了文学人类学、介绍了叶老师的研究,并且推荐我读《中国神话哲学》和叶老师的博士论文《文学与人类学——知识全球化时代的文学研究》。我开始接触并学习文学人类学的相关知识，这门学科与我硕士所学完全不一样，我被全新的观点、前沿的思想、先进的方法所吸引，原来我们文化的背后还有"文化"。

没过多久，叶老师回上海，唐师姐约我到办公室交流。第一次面对面交流，我很忐忑，不知道该说什么，也怕自己说错。怀着这份不安，我走进306室。叶老师出乎意料的和蔼，他跟我说了文艺学与文学人类学的异同，让我打开思路，用全新的视野去理解文学、去探索非理性世界。我听了很受鼓舞，接下来开始系统的阅读。在看完《探索非理性的世界——原型批评的理论与方法》《神话意象》《活着的女神》等后，我被文学人类学彻底吸引，更有信心备考了。

2011年9月，我如愿入学，留在上海交大人文学院跟着叶老师继续读博；2015年6月，我从上海交大顺利毕业。入学那会，人文学院还没有成立神话学研究院，只有文学人类学研究中心。中心有叶老师，唐启翠师姐，张玉和我。叶老师因为经常外出开会或去做田野考察，只要回来，都会做三件事，一是问我们的读书情况，二是给我们带书籍资料，三是帮我们改善伙食。记得在确定好博士论文选题之后，叶老师时常关注墨子研究，只要遇到新的材料都会告诉我。有一次回沪，他将发表在杂志上的墨子论文撕下来带予我，拿到资料的那一刻，我感动得想哭。后来，叶老师给我买了《墨子引得》、教我"八面读书法"，尤其是在博士论文的修改上，精细到标点。这份论文改稿值得我终身珍藏，而叶老师治学的态度更值得我一辈子学习。

除了富足我们的精神，物质生活上叶老师也格外关照我们。他总说我和张玉两人是学生，没有收入，而唐师姐也不宽裕。因此，但凡叶老师回沪都会请客吃饭，即便吃食堂，他也会多点几份菜。那两年，我们习惯跟着老师在上海交大闵行校区5000亩校园里散步聊天。记得有一次在第五餐厅吃完饭，我们沿着思源南路在学校散步，我对老师说了一些彼时学习的困惑，他表示理解。同时他还说了一句话让我深深震撼并感动。他说做文学人类学就是为了开拓一种研究风气，完成一桩从0到1的事业。我想叶老师做到了，文学人类学做到了。

2024年元月，国家新调整的研究生学科目录，文学人类学列为文艺学下的三级学科方向。

如叶老师常说，他们是从工厂走进大学的一代，知识和书本像巨大的磁场吸引着他们，如饥似渴地读书是本能。经过大学期间的"饱读"，从选编《神话—原型批评》《结构主义神话学》(1987) 开始，叶老师显然已经对西方的理论"吃透"。带着对中华文化的特殊情感，以先秦典籍为切口，叶老师开始了本土化的尝试，文化破译与阐释，是迈出的第一步，也是最坚实的一步。最初的是"中国文化的人类学破译"系列丛书（从 1991 年开始），紧接着是"文学人类学丛书"，再到"神话学文库"丛书（第一辑、第二辑）、"神话历史丛书"（第一辑、第二辑）以及"文明起源的神话学研究丛书"，原型理论、四重证据法、大小传统理论、N 级编码，神话观念决定论等，文学人类学所用的这些理论与方法像一把把金钥匙，将中华文化的"四象八卦十六体三十二面"阐释得酣畅淋漓，也仿佛改革的春风，吹得传统文学研究满园春色。

如果说用外来理论进行本土化的阐释是始于学术情怀，那么后期转向玉文化研究到玉石神话结合华夏精神和探源中华文明，则是一种显性的中国式现代化理论，一种高度的文化自觉与文化自信。叶老师坚持理论联系实际，坚持从书斋走向田野，坚持打通文字与无文字，他做的是一种真正的中国学问。如果说把论文写在祖国大地上是一种号召，叶老师就是号召的先驱，脚下的泥土与心中的真情，最直接的体现便是学术著作。《玉石之路踏查记》《玉石之路踏查续记》《玉石里的中国》《玉石之路踏查三续记》等著作的相继问世，让我们清晰看到了玉石的传输链以及玉文化的传播链，这是玉石神话、玉石信仰在华夏文明中的根性、魂性体现。玉成中国的提出更是让我们感受到了中华文明的突出连续性。世界上古老文明中没有断裂过的只有中国，当习近平总书记在故宫言此论断时，文学人类学已然完成了对这一论断的证明。

攻玉炼金释文明，叶老师带着能量与胆量为文学人类学开路，带着自觉与自信亮剑理论中国式现代化。期待吾师在伟大复兴的新时代续书豪篇。祝福吾师！

从追随到追求

杨荔斌

2023年的暑假，我和我的家人终于开启了我们一直期盼的内蒙古赤峰之行。我爱人的期盼，是缘于他的挚友在赤峰市挂职工作，前往赤峰探望相聚便成为他惦念不已的一桩心愿。而每回他与挚友交流，红山文化一定是必不可少的话题。孩子们的期盼，则是在观看了诸如《寻古中国·玉石记》等多部精彩的文化纪录片之后，对赤峰、对红山文化充满了一睹真容的强烈期待。我的期盼，在学术研究的兴趣使然之外，内心深处还多了一份向我的博士导师叶舒宪教授致敬的虔诚之情。

叶老师不仅于2006年4月的早春时节，就在赤峰留下了探访红山文化遗址的足迹，而且在2007年8月出版的《熊图腾：中国祖先神话探源》一书中详尽记录了其田野调查研究的点滴。如书中所述，老师当年是从西直门火车站（现在称北京北站）出发，向北从古北口出长城，经滦平再去往东北方向的赤峰，行程486公里，用时九个多小时。而我们如今搭乘的北京至赤峰的高铁，已改为从北京朝阳站出发，经承德南站、建平站到达赤峰，全长510公里，用时却缩短为大约两个半小时。我们行走的线路虽已完全不同，但是当高铁跨越了多条河流，穿越了燕山山脉，我的脑海中挥之不去的依然是老师对于"长城内外是一家"的精当描述："北京的八达岭长城作为首都郊外的旅游胜地，虽然名气很大，但并不是秦始皇汉武帝时代所造的古长城，而是几百年前新修的明代长城！……秦长城和汉长城要远得多，位置在明长城以北数百公里的地方。按照'长城内外是一家'的比喻，赤峰，连同今日的辽宁沈阳、河北北部诸县市，如张家口和阳原县、内蒙古的呼和浩特以及包头，都是在秦长城和汉长城之界内！如此说来，我们如今要去探访的赤峰、辽西的史前红山文化区，其实也不是什么塞外，而是关内。走出明长城的旅程，会给今人造成一种假象，形成历史的错位。"

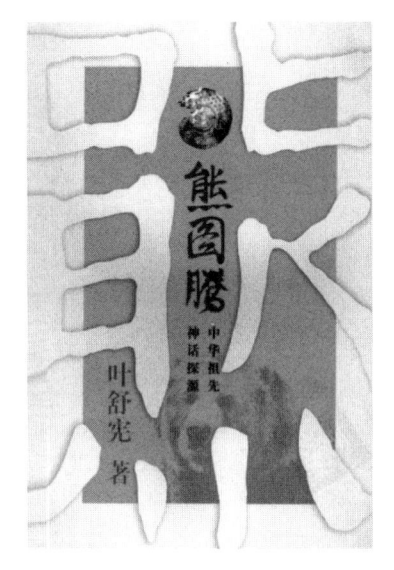

叶舒宪著《熊图腾：中华祖先神话探源》

是啊！曾几何时，在历史文学关于长城横卧的文字描述中，我们更多地铭记了那些刀光剑影、烽火连天的峥嵘岁月，感触了那份苦寒孤清、生死相离的幽幽悲情，也沉淀了那种玉帛相见、守望山河的信仰情怀，却渐渐淡忘在连贯长城南北的地域时空中，中原农耕文化与草原游牧文化、山地渔猎文化的相互激荡、交流交融才始终是滋养这个东方文明古国的主流。

追随着老师的足迹，只有真正踏足过长城南北这片辽阔而深沉的土地，方能校正、修补、完善我们从纸上得来的那些有限认知。这便是我在上海交通大学攻读博士学位时师从叶舒宪教授在文学人类学的研究方向上获得的学术能量。仍记得，在"文学人类学"第一课的课堂上，叶老师就语重心长地对我们说，文学研究不能满足于文字书写的历史描摹，而应该从广阔的考古和民间口传史料中重拾起四散遗落的文化遗珠，用"神话历史"这样一根红丝线将无文字时代的大传统与文字书写的小传统勾连、贯穿起来，努力重建被文字叙述的历史隐藏乃至割裂的传统脉络，用异于常识的"反常识"形态呈现对包含文学艺术在内的中华文明发生和发展的新认知。

由此，从博士课业学习之余，赴上海博物馆、浙江省博物馆、良渚博物院、北京首都博物馆等地参观研习，到写作博士论文阶段，在广西百色市那坡县进行有关黑衣壮山歌的田野调查，我越来越深刻地体会到，对中国少数民族文化艺术的研究，势必要将其放置在整个中国传统文化的大版图中去审视和考察，同时通过四重证据法的运用而对文化文本进行文化编码探究，才能有效实现对其文化内涵的深挖。

这一番以立体阐释的理念来拓展和深化黑衣壮山歌研究的实践，于我自身而言，不仅是富有创新性的学术训练，更是受益终身的学术经验积累。当我回到广西民族大学文学院的教学岗位，无论是面对本科生，还是面对硕士、博士研究生，我的授业解惑之道始终坚持着从叶老师身上获得的文学人类学研究的立场和精神，并在未来个人的学术研究规划中不断加以融合和激扬。

行路漫漫，幸有明灯指引。回想起 2012 年 12 月，叶老师来到广西民族大学，为民大文学院的"文学人类学与多民族文化研究中心"揭牌，彼时老师对我们接力振兴文学人类学研究的嘱托和期许是那么厚重、那么殷切。身为叶老师的学生，我必定谨记师说，握紧文学人类学的旗帜，一路向前。

2012 年 12 月，叶舒宪教授为广西民族大学文学院
"文学人类学与多民族文化研究中心"揭牌

金声玉振领路人

章米力

从上海交大博士毕业后,我怀着忐忑之心,成为一名创业者。之所以忐忑,倒不是对自己没信心,而是怕叶老师失望,"占用"了多年学术资源,却没有继续从事研究,这算不算浪费?借此建升师兄约稿契机,我恰好能仔细梳理师从叶舒宪教授的收获。

一、革故鼎新,唯创新者进

论及创造性,真难以望吾师之项背,初入师门时,便被"文化大传统""神话历史""神话中国"等新命题震撼,几乎所有能读书的时间都被我用来恶补相关书籍和论文,却不以为苦,只因推开文学人类学大门,眼前的世界太过精彩。

上叶老师的课,完全是一种脑力享受,面对艰涩的研究对象,用上老师的理论工具,竟感受到四两拨千斤之力。在研究领域,理论创新尤为珍贵,老师身体力行,以"善学者尽其理,善行者究其难"的治学精神推动学科不断进步。

老师有勇气学术创新,但他也是最反对沙上建塔的。他们这代学者在求学年纪曾受限于资源匮乏,手中并无"好牌"。在一次课堂上,老师竟"羡慕"我们能有这么多好书可以读,得益于中国几十年来的飞速发展,我们已经是学术"富二代"。但与此同时,我们也面对越来越多的诱惑。老师让我们明白,做学问没有捷径,只能多读书,读透书,倘若离开深厚的积累,就易掉进投机取巧的陷阱。

文学人类学理论创新的基础是脚踏实地,老师切实践行了"把学问做在祖国大地上"。搞研究的目的是什么?虽已著作等身,但相信老师仍有自己的"追问"。受老师影响,学生们都在书斋之外有田野,我们这位"善行"的老师，出没在西北边陲，穿越无人区，夜宿风沙里，遍访考古遗址，好一个"上穷碧落下黄泉，动手动脚找东西"。

经过数十年的积淀，老师的原创方法论大小传统论、四重证据法、N级编码，为我们做研究提供了一件件称手的"法宝"，让人在学术迷宫中能够找到出路，甚至时不时"恍然大悟"。他不畏争议，不断完善理论体系，同时始终保持学习新知的热情，倘若与他聊一聊日新月异的人工智能，他亦能娓娓道来。

二、他山之石，我借来攻玉

那几件称手的"法宝"，伴随我在事业发展之路上披荆斩棘。

当初阴差阳错地创立了一家第三方调研公司，在服务客户过程中，我发现一个问题：无论是企业总部还是政务部门，在决策时，通常缺乏高质量的数据支撑。原因有很多，比如人手短缺、工作方法局限、经费不够、调研缺位等。我随即意识到，老师的多维考据思路，以及人类学田野调查法，是可以借鉴的"他山之玉"。为什么不试试把先进的学术范式"推广"到社会治理领域呢？

于是，从技术层面，我们研发了一套实证数据采集系统，通过移动互联网模式，使管理部门随时都能发布针对具体事务的调研。举个例子，文旅部门发布调研，游客们可自发"接单"到辖区内的景点、娱乐场所、宾馆民宿等场所亲身体验评价，把过程中的反馈素材，通过问卷、照片、视频等形式上传App，使管理部门及时了解一线现场的潜在风险、优缺点，从而达到精益管理的目标，降本增效。

从调研模式上，我们打通了让群众参与社会治理的路径，让有意向的人，只要通过实名认证，即可成为一位临时的"田野调查员"，大幅提升了调研采集质量。

从社会效益上，我们另辟蹊径提供了一种零工经济模式，让愿意参与的调查员劳有所得，多劳多得，也为管理部门节约了大量人力，丰富了与群众"对话"的方式。

事实证明，我们的实证调研方式有广泛的用武之地，已经在食品安全、文旅生产安全、网络订餐经营规范、城市市容管理、门店服务质量等领域做出了小小成绩。

而我自己，也乐得在工作中体验"田野调查"，我曾经访谈过深圳市七十多个街道市场监管所数百名监管人员，走访过长沙、佛山、上海等地几百家小餐饮从业者，并运用多重证据法的思路，把政策文件、访谈交流、工作文档、现场行为观测等调研素材结合做分析报告，切实解决了一些治理难点。

老师之识，借我攻玉。

三、为人师表，吾辈领路人

一转眼，认识叶老师也十多年了。我住得离上海交大不远，平时也常和师友联络相聚，我们时时谈及老师的为人。身为交大资深教授，老师非但没有架子，反而是我们心目中特别"酷"的一位先生。他从不愿意麻烦别人，哪怕是对自己的学生，也抱有最大的尊重。

老师对我们的影响，已远超知识传授。在老师身上，我学到了专注。心无杂念，专注自己的事业，做时间的朋友，不计较当下所得，时间会给认真的人最好的回报。

我学到了谦虚，始终抱着"不知为不知"的客观态度，在没有搞清楚一件事情前，不要轻易评价，不要自以为是。

我学到了守信，老师终日躬耕于书海文章，忙碌于三尺讲台，哪怕再忙，答应的稿件就应当准时提交，不因自己是名家而找理由。

我更感动于老师的"赤子之心"，他近乎虔诚地传道授业，激发一批又一批年轻学人关注中国文学和文化内部的丰富关联性，探索华夏文明的文化母题。他不仅皓首穷经，也不吝于传播文学人类学的最新学术成果，哪怕对象只是门外汉。多一人了解，传统文化的守护者就会多一人。

在博士论文答辩前，我是忐忑的，对比师友们，我是一个彻彻底底的外行，以前学的是传播学，所以怕自己基本功不扎实，怕闹笑话，不敢挑战经典文献。老师鼓励我结合自己的工作经历，用好理论工具，勤写文章勤发表……当我手捧出版后的博士论文时，意识到这段求学生涯对我有多么重要——未知不可怕，勤能补拙。

今年是叶老师七十大寿，谁又能看出这位精神矍铄的老先生有古稀之龄呢？都说"革命人永远是年轻"，老师这样一位笃行不息的奋斗者也永远是年轻。作为学生，我感激他；作为一名普通的文化爱好者，我更感激他，感激他为21世纪文学理论与批评作出的卓越贡献，感激他带我们拨开云雾见天日，感激他在中国人心中鸣响的"金声玉振"。

幸为桃李入叶门，喜得师言指迷津

——记与叶门的二十载情缘

谢美英

叶舒宪先生七十寿辰今日至，从教四十又一年，这个吉祥喜庆的日子值得庆贺。先生成果卓然，在国学经典、文学人类学、比较文学、神话学、美学和文学理论、民间文学多门学科都作出开创性的贡献，其著作在古代经典的现代阐释、文学研究的范式转型、国学研究方法革新、文化大传统的发现与重构等多个领域都具有学术地标的重大价值。虽早在2004年，我以《原型・寻根・重构——叶舒宪文学人类学研究探析》为题完成硕士毕业论文，获得硕士学位。后又主持四川省重点项目"叶舒宪文学人类学研究"，发表相关论文三篇：《中西相容 译用并举——谈叶舒宪对西方文论的译介研究》，《文化中国》（加拿大）2006年第2期；《中华祖先图腾神话源流的探索——兼谈叶舒宪文学人类学写作的世纪转变》，《文化中国》（加拿大）2009年第1期；《走出小学科 探寻大传统——叶舒宪的学术之路》，《民族艺术》2012年第3期。但正如古希腊哲学家芝诺所言："人的知识就像一个圆，圆内的已知，圆外是未知。你知道得越多，你的圆圈就会越大，圆的周长也会越大，你未知接触的空间也越大。你知道的东西越多，不知道的东西也会越多。"随着时间的推移，知识的渐长，我发现前期对先生的评述是挂一漏万之举。值此嘉日，我只能回顾先生对我的谆谆教诲，谈谈先生对后辈的关爱与提携，表达对先生的感恩与敬意。

一、幸为桃李入叶门

2001年，作为湖南科技大学文艺方向的硕士研究生，没任何文学人类学研究基础的我，却非常喜欢叶老师的书，当时阅读最多的就是先生的书。在硕士生导师的鼓励下，我初生牛犊不怕虎，以叶舒宪文学人类学研究为选题撰写硕士毕业论文。但当时毕业论文只是涉及叶老师的一些表层研究，因此也不敢提交给叶老师审阅。

硕士论文虽然差强人意，但让我有幸成为先生的博士研究生。得知录取消息和导师信息时，心情是兴奋而又忐忑的。兴奋的是我成了大师的弟子，忐忑的是基础薄弱的我能否如期完成学业，不让师门蒙羞。我在给叶老师的第一封邮件中表达硕士三年没学古代文学，且完全是为发表论文和考博而学习的现实。老师当时这样回复我，"中国文学的深厚积累是比较的基础，中国文学以上古最重要，必须熟读诗骚老庄语孟等，可结合课程（曹老师课要求读十三经！）自己加强补习，但不必有压力。坚持下来，必然有收获"。师心如矩，照亮我的前程路。

2004年10月，我在西安外国语学院第一次见到叶老师。当时他在该校讲座。那次见面，叶老师给我博士论文选题指定方向——用文化人类学方法解读《尔雅》。当时我是恐慌的，因为在此之前，我对《尔雅》的了解仅限于"它是中国现存最早的一部词典"。庆幸的是对于我的肤浅与无知，先生显示出无比的宽容和理解，总是鼓励多于批评。恩师的耳提面命，不仅帮我打开视野，还教我深悟做人和写作的艰难。邮箱中上百封邮件记录着先生不仅对我博士论文的开通报告、写作提纲严格把关，而且还对我每篇习作进行精简删改、深挖亮点、逐字点评，使我从博士入门时的花拳绣腿成长到博士毕业时的初有成效。

二、喜得师言指迷津

熟知叶老师的人都清楚先生会舌根不辍，滔滔不绝地讲座数小时为学生"传道受业解惑"，也常常以博物馆、书店、图书馆、古玩市场为"第二课堂"拓宽学生研究视野。回顾求学生涯的点点滴滴，老师的一席话，犹如醍醐灌顶，让我终身受益。

1. 想要学习，任何时候都不晚

记得在西安外国语学院首次见到先生，作为"学术小白"的我忐忑不安地向老师表明我专业上的不足和学习上的不自信。叶老师用自己和萧老师的人生经历鼓励我："萧兵老师在你这个年龄被定为右派，强制劳动，四根手指伤残还笔耕不辍，顽强学习。我像你这么大的时候还是本科生。而你现在已经是一名博士生了，遇到读书的好时期。我们就要拼命，因为我们要补课。"而在四川大学读博的四年,虽然老师远在北京,但他随时都会通过邮件询问我最近读了什么书?补了什么课?写了什么文章。每次老师收到我们的文章,在批注的同时,会将与之相关的同类文章、自己的新书和新发表的文章发给我学习,让我意识到自己需要在哪些方面修改完善自己的文章。让我兴奋的是,每次老师都有新发表的新文章,这些文章恰好又能指导我新文章的修改,使我茅塞顿开。正是这种"无形的鞭策"让我不敢偷懒,在毕业论文写作时一直实施"一周内消化老师的修改意见,完成修改,一周内查阅新的资料思考新的研究点,二周内完成新论文的写作"的月度计划,使我如期完成论文写作,顺利毕业。

2. 学会坚持,在钻研中找到写作乐趣

按照四川大学博士毕业的要求,要获得人文社科的博士学位,需完成一篇不少于15万字的博士论文,同时需在CSSCI发表学术论文3篇。因此在读博一年半载后,写作和发表论文的压力特别大。叶老师感受到了我的焦虑与迷茫,通过邮件开导我"做学问要能坐冷板凳",坐冷板凳就是要学会坚持,在钻研问题中找到写作乐趣,不要觉得写作是为了完成任务,更不要为发表而过度紧张,要自觉地去写,在总结和反思中发现问题。

叶老师在学术坚持路上,给我们印象最深的就是他的勤奋。翻开当年叶老师发我的邮件,发现很多邮件是晚上十二点后,甚至凌晨三四点或五六点回复的。曾经问过他,回答:或没睡,或刚起。春节时,每每想电话表达我的祝福,但遗憾的是手机里经常会说"您拨叫的手机已关机"。后来才知道,叶老师从来都不会在春节休息,而是抓紧时间又写了几篇论文。

3. 做学术是为了回答问题,一分证据说一分话

在叶老师看来,做学术就是为了"回答问题",也就是遵从自己内心的想法,针对学术问题,表达自己的声音。四十多年来,叶老师日夜穿行在文史哲、人类学、社会学、经济学、神话学、考古学、语言学、文字学中,搜寻中国学术界的重大问题并敏锐地回应着,可谓问题到哪里,知识即到哪里。在反思与创新中不断拓展文学人类学研究的深度和广度。文学人类学、第四重证据、大传统和小传统、神话中国、玉教、玉石之路等在学术界是分量超重的术语,表明其在中国文学人类学和比较文学的学术研究上不断创新与深入拓展,作出了开创性贡献。

学术研究中,叶老师时常警示我们做学问要"言之有物,持之有据""有

几分证据说几分话"。不能专抄名词术语，拾人牙慧，要把学术研究做深，做细，做实。建议我们初写论文者在开头说明文中的观点、提法，哪些是因袭前人的，哪些是发挥前人的，哪些是反驳纠正前人的，哪些是对前人的补充和超越。他曾将学术研究譬喻为法官断案，他说："法庭宣判的时候，不看原告不看被告，就看物证。"我们怎么证明中国的历史不仅有夏商周还有伏羲、盘古？如果单靠文字记载，国际承认中国的历史就从商朝文明开始，中国的历史就只有三千多年。这肯定不符合中国人的民族情感，但民族情感在学术法庭上是没有证据效力的。那我们的研究就要回答问题。要通过研究去发现比夏朝更早的是什么，有没有国家？有没有城墙？有没有玉？……当这一切呈现出来的时候，我们就有了实证。叶先生的"四重证据法""大传统"正是用前文字时代大传统的物证"玉石"来补充文字证据的不足，有效证明中华文化共同体具有上下八千年的历史长度。

三、破除壁垒获新知

文学人类学作为一门新兴交叉学科，坚持打通文史哲、艺术、语言学、考古学、政治学、经济学等学科知识，提倡跨学科研究。作为文学人类学在中国的先行者，叶舒宪先生常告诫我们没有一门学科是从来就有的，也不会有一门学科万古不变的长存下去。学科的设置是人类认识发展到特定阶段的需要，是权宜之策，而非一劳永逸。跨学科的知识视野从事文学研究是一种新趋势。在他看来：将文学分成中国的和外国的，中国又分成古典、现代的、当代的、近代的，越分越窄，无疑会让研究者成为"铁路警察"，只管这一段。据此我们必须跳出自己的学科框架，将研究对象放在跨学科背景中加以定位与评价，才能真正了解"火车从哪里来到哪里去"。

成为叶舒宪老师的博士生后，他了解到我是中文本科生、文艺学研究生，要求我阅读《金枝：巫术与宗教之研究》《神圣与世俗》《宗教思想史》《地方性知识》《知识考古学》《原始分类》《活的隐喻》等社会学、人类学专著，补甲骨文、金文、语言学、人类学的课。

2004 年，我第一次去西安见叶老师。叶老师见面就问我以前到过西安没？听说我第一次到西安，马上建议我不用在课堂上去听他的讲座（他当时在学校进行为期一周的讲座），而是叫我去陕西博物馆感知和认识璀璨辉煌的人类文明。后来才知道，作为行走在书斋与田野之间的学者，叶先生最大的爱好就是围着学生，带领和指导学生逛博物馆，逛书店。后来我在写作博士论文《〈尔雅〉名物新解》时，偶尔用到出土文物或考古学知识，他都这样鼓励我："以出土文物遗址为研究依据，比在文献中注解这些古汉语的词语要来得比较确实一些。"遗憾的是由于本人笨拙，但论文里"跨学科"研究只是偶尔用之，没能深入。但我觉得如果没有叶老师的"跨学科"引导，我应该还只能想到在书本中找学问，不会走入民间，走向"田野"，更不会想到去调研宜宾地方文化，传承本土文化。

回想读博四年，正是因为老师语重心长的鼓励和以身作则的鞭策让我体会到跨学科研究视野的重要性、研究方法更新的必要性、多重证据互证的有效性。毕业已有十五个年头，老师的谆谆教诲和悉心教导，催我奋进，促我成长。值此叶老师七十华诞之际，特赋小诗一首，贺叶舒宪公七十寿辰，敬祝先生福如东海、寿比南山：

叶公传道树荣勋，桃李有幸入叶门

舒心解惑聆教诲，谢遇恩师解迷津。
宪章典籍天骄论，美学伦纲英雄心。
先贤伟业神话韵，彦圣鸿猷迷思存。
生花笔书万卷尹，京华光启千秋春。
福泽绵长厚德信，寿旦遐昌博古今。
如闻钟铎文心隐，比较深描原型申。
东风发覆大荒问，南国氤氲韶声寻。
海天梦远载道永，山川仰望弘毅循。

附：友党超亿贺寿诗一首。

2020年11月26日，我在绵阳师范学院民间文化研究中心开会，偶遇中心党超亿老师。攀谈中，党老师得知我是先生的学生，其表达对叶师学问的敬仰及对我为叶门弟子的羡慕，当即写藏头诗一首：

致叶公高足　谢美英老师

谢树胤启芳华，川江万里烟花。
美人玉影月下，羁旅长歌轻踏。
英姿心怀悠蕴，学养气度弘达。
君悦迷思神话，朗梦彼岸未遐。

叶茂舒泰藏雅，金枝旧俗煦霞。
公正宪章成典，笃信图腾念袖。
高阳有熊本纪，老聃庄周超拔。
足印无尘逸远，故道一纵天涯。

今闻叶师七十华诞，其又赋百言诗一首，托我转交，以示其敬意！足见叶老师的文学人类学研究真是星星之火有燎原之势。现录于下：

百言诗贺叶舒宪先生杖国之礼

叶茂桃李丰，文达天下兴。
舒羲日月永，艺概博雅风。
宪著泰斗奉，学林俊彦崇。
先哲论道统，大道原型生。
生命长歌颂，师恩赤心拥。
福与仁德共，寿和彭祖同。
广厦安黎众，高堂庇景明。
泽国神话境，齐民迷思通。
四象太荒并，五洲鸿梦成。
海疆纵横定，岳旦英雄平。
（晚生超乙癸卯年桂月于蜀地）

逐玉而行　随玉而安

——关于叶舒宪老师的田野琐忆

杨　骊

从2014年开始，叶舒宪老师带领中国比较文学学会文学人类学研究分会的同人展开了玉帛之路系列考察活动，先后组织了十六次玉帛之路田野考察，开启中华文明的玉文化寻根之旅，通过拉网式的考察从长江流域到黑龙江流域的玉帛之路，对中国早期玉文化的发生与交流情况进行了系统的调查研究。仅2023年第十六次玉帛之路的考察行程就将近五千公里，这十六次田野行程加起来真可以说八万里路云和月了。机缘巧合，我有幸参与了其中五次考察，也对田野中的叶老师有了另一种观察视角，把那些在田野中的记忆碎片连缀起来，便呈现出叶老师的另一面镜像。

一、在田野中秒变"社牛"

叶老师教黄悦师姐她们的时候，经常领着她们去书店淘书，那是"书痴"时期的叶老师留给师姐们的学习生活记忆。2010年前后，叶老师教我们的时候，则是经常领着我们去古玩城淘宝，这是"玉痴"时期的叶老师留给我们的学习生活记忆。我永远都不会忘记那个冬天，叶老师穿着一件皮夹克大步流星地穿行在成都送仙桥古玩城的各个店铺里，林科吉、谢美英和我一路小跑地跟在他身后，似懂非懂地听他如数家珍地讲"玉经"。

其实，叶老师平时是一个话不多的人，跟学生交流也总是三言两语，微言大义，点到为止——很多没说完的内容全靠学生自己脑补……然而，到了古玩城，叶老师却立即变身社交界牛人！跟古玩店的老板唠上嗑儿那叫一个顺溜，三言两语就说得人家老板把保险箱底儿的东西都掏出来给他看。我曾经在兰州、西安、成都、东北多地的古玩城看见叶老师操着当地的方言跟古玩商贩套近乎砍价钱。在成都送仙桥，他居然也能跟古玩小贩来两句椒盐四川话"很巴适"，"少点嘛"，我在旁边听得眼睛都睁圆了。不夸张地说，叶老师在古玩收藏界人脉很广，天南地北都有他的朋友，下至地摊小贩，可以称兄道弟；上至顶级藏家，可以坐而论器。

少有的一次没有人脉是在考察通榆县博物馆的时候，当地没有熟人，加之时间仓促，我们只是在网上查了地图并百度了博物馆简况，没想到去了当地才发现老馆已经关闭，新馆布展未完，我们来回奔波了几个小时还扑了个空。叶老师痛心疾首地说，咱们每到一个田野点一定得先联系人脉啊。

后来我在田野中观察，叶老师之所以人脉广布，主要在于他的人格魅力。叶老师与人交往特别真诚质朴，以心交心，从不摆架子。好几次田野考察时，我们已经跟租车司机谈好了价格，行程结束时叶老师往往还要自己另外掏钱给司机小费。他说，你看人家多辛苦！挣钱多不容易！言语之间有一种很诚恳的尊重与感激。有一次，我们的租车司机趁着我们参观博物馆的时间空当约会女朋友，不想我们到了博物馆却发现没有开门看不成，那位司机跟他女朋友才见面几分钟又分开了。叶老师心里很过意不去，后来一直碎碎念说我们等于是棒打鸳鸯了。对田野考察中帮过忙的人，叶老师会念叨人家的好，无以为报时就会给人赠书以表谢意，一趟田野考察下来，叶老师往往要回赠好多书给各方人脉。

叶老师经常告诉我们，玉文化是华夏文明的特征之一，就在于它是一部华夏民族"物的民族志"，是中华文明探源的一把钥匙。学习玉文化，首先要懂得看玉识玉，学习玉器鉴定是基本功课，古玩城就是我们的一线田野点。做田野一定要放下身段虚心向古玩商贩学习，从零开始，不耻下问。刚读博的时候，叶老师曾谆谆教导我：一个学到了玉器鉴定真本事的文学人类学博士（fieldwork），成绩才算得上优秀。

叶老师组织的玉帛之路考察，每到一地除了考察遗址和博物馆，必定少不了古玩城。有一次，我们参观完辽上京博物馆已是午饭时分，叶老师眼尖看见博物馆对面有个古玩城。因为行程安排的时间很紧，要去看古玩城，就要挤掉吃午饭的时间，但叶老师宁愿不吃饭也要和朱鸿老师去古玩城里逛逛。我和唐启翠饿得前胸贴后背，坚决留在车上啃干粮不跟着他们去"折腾"。过了半小时，他们两人各有斩获回到车上，笑语晏晏欣然忘饥。

很多人无法理解叶老师对于古玩城田野点的执着，还以为叶老师是否变身为收藏家，我曾经也无法理解。因为从学术研究的规范来说，这些古玩店的玉器都没有出土地点，在研究中是很难作为证据采用。但叶老师却说，做学术不能全指望着考古，不能坐等着考古发掘喂饭吃，得自己主动出击去找材料，才能有更多的突破。因为大家都知道，考古发掘要受到人力、物力以及时间地点的限制，并不能够及时为研究的进展提供相关的证据，而很多有价值的线索恰恰是在古玩城通过跟古玩商贩交流得到的。

比如，我们发现甘肃旱峡古玉矿的那一次玉帛之路考察，就是当地文玩界朋友给我们提供的线索。2017年，冯玉雷、叶老师和我应邀参加在甘肃玉门市举行的玉门关与丝绸之路历史文化学术研讨。玉门关所在地一直是近现代学术史上争议不休的命题，从沙畹到斯坦因，从王国维到陈梦家到夏鼐等，都各有考证、所指不一。在会上，学者专家们就"玉门关在何处"的问题展开了激烈讨论，莫衷一是。刚从酒泉考察回来的叶老师却带来一个惊人的消息：在酒泉城区鼓楼的基建施工过程中，不断挖出大量玉石残料，酒泉很可能是古代大型玉石加工和贸易场地。俗语所言的"金张掖、银武威、玉酒泉"，"玉酒泉"之名不是空穴来风的。研讨会后，冯玉雷从朋友那里得到线索就拉着叶老师和我马不停蹄地赶去敦煌，过了三危山一路向西，到了沙漠无人区。在当地文玩界朋友的带领下，我们看到了沙漠里的玉矿脉、人工洞穴以及很多陶器碎片，发现这里很可能是一个古玉矿。后来，《丝绸之路》杂志发表了叶老师、冯玉雷和我的田野考察日记，这是关于旱峡古玉矿最早的考察笔记①。2020年，甘肃旱峡玉矿经过考古发掘之后，被评为"2020年度全国十大考古新发现"，从某种意义上讲，旱峡玉矿的发现改写了西玉东输的学术史。

作为人类学学者，叶老师非常强调田野考察的重要性，这种接地气的治学方式，能让学问走出书斋，让书本上的知识真正落地。一次考察途中，叶老师曾经豪气干云地说，要把学问做到祖国大地上！有谁能像我们这样一个县一个县地拉网式调查！田调到现在已经跑了几百个县，材料多得后半辈子都写不完。历史是大筛子，多数文献记载把民间的血肉都过滤完了，只有走向民间才能真

---

① 参见叶舒宪：《玉出三危——第十三次玉帛之路文化考察简报》，载《丝绸之路》2018年第1期；冯玉雷：《三危藏美玉 光耀映敦煌——第十三次玉帛之路文化考察》，载《丝绸之路》2018年第1期；杨骊：《三危山古玉矿考察纪实》，载《丝绸之路》2018年第1期。

正触摸到血肉丰满的真知。

还有一次,我们在火车站的德克士小憩等车,叶老师拿出他的手机照片给大家介绍他收藏的史前玉斧。他一边划拉着照片,一边滔滔不绝地跟我们讲这些藏品的好。叶老师一谈到古玉就两眼放光,他很得意地说,这些东西放到任何一个博物馆都不逊色。了解叶老师的人都知道,叶老师收藏古玉并非为了独享,他最大的心愿就是能建一个玉帛之路博物馆,用可见可感的物证说话,展示中华玉文化的源远流长。

二、心力决定精力

叶老师精力旺盛在学术圈是出了名的,在田野考察中更是比小伙子精神头儿还足。有一次我们在内蒙古考察,一路的长途奔袭让我、唐启翠、朱鸿老师都在后排昏昏欲睡,叶老师却坐在副驾跟向导聊得不亦乐乎。刚开始坐在后排的我们还偶尔能搭上两句话,到后来,唐启翠和朱鸿老师都睡着了。我在迷迷糊糊、摇摇晃晃中依稀听到他们的谈话声,下车后叶老师兴奋地说他又找到一个线索。

2016年,我们在渭河源考察的时候,正值酷暑,很多时候要顶着炎炎烈日在野地里踏勘,我的智能手环有次竟然显示走了十万步。踏勘完回到车上,我恨不得把座位当成床躺倒,却在睡思朦胧中隐约听到叶老师中气十足的声音,正在激情昂扬地与同行老师们一路争论着考察心得。跟叶老师一起乘车,很少看见他在车上打盹,我们也曾背地里讨论叶老师为什么精力那么旺盛。除了叶老师年轻时有过在工厂锻炼的超强体力,可能更是他心里喷薄着对学术的纯粹激情,所以才能时刻保持满血状态,心力决定精力啊!

那次渭河源考察有甘肃网的媒体人随行报道,要求考察组成员每天写一篇田野考察笔记即时发布。其实,我们每天的考察过程已经很辛苦了,早上七八点钟出发,一整天车马劳顿下来,晚上回到宾馆早则八九点钟,晚则九十点钟,要完成一篇考察笔记已经是非常艰巨的任务。叶老师却完全是"超人做派":他通常是晚上赶路回到宾馆之后写到十二点多便能完成一篇笔记,早上五点多钟起床到吃早饭前再完成一篇笔记,每天睡觉的时间不超过五个小时,简直把大家"卷"得无地自容。有一天,张天恩老师说,看见叶老师天还没亮就打着赤膊趴在桌子上奋笔疾书。后来,叶老师自己说,有时候怕起得太早吵着同住的人，他甚至抱着手提电脑到洗手间去写作。

因为精力旺盛，叶老师在田调中非常敏锐，总是能迅速抓住问题关键点。"环太湖玉帛之路"考察时，我们参观了南京博物院。因为参观的时间太短，等我们匆匆出来的时候，只有"唯快不破"的叶老师看完了他要看的文物。他提醒大家，里面展出了一个巨大的白玉璜和白玉璧。按照礼制，白玉璧只有天子才能用，这位汉王显然僭越了。看得慢的人听叶老师这么说都后悔不迭，只能感叹参观博物馆是个技术活儿，外行看热闹，内行看门道，能看到什么东西全靠自己的眼力了。

2023年8月，第十六次玉帛之路田野考察我们走的是内蒙古-东三省一线。那几天受"杜苏芮"台风的影响，东北的暴雨和洪水也特别吓人。在这个时间段进行考察有太多不可控因素，我们的行程也因为暴雨和洪水不得不随机调整。每次我念着手机上发布的天气预警时，叶老师便说君子要"随玉而安"。在哈尔滨的时候，因为雨太大，大家从头到脚淋了个透湿，所幸还没有人感冒。但我们刚刚参观完博物馆，第二天哈尔滨就因为特大暴雨停工停学，连黑龙江博物馆也闭馆了。此后的考察行程，基本上是我们跟暴雨洪水赛跑，每天前脚刚离开，暴雨和洪水就接踵而至了。在考察过程中，有好几趟都要坐绿皮火车才能到达目的地，在车上，我们看到了多年前的场景：不少人直接垫一块胶布，躺在火车座椅下的地板上蜷曲着睡觉了。这样的考察真是接地气，后来"随玉而安"就成了我们考察组的口头禅了。其实，考察刚开始时叶老师身有小恙，手臂上肿了一个大包，我们都怕恶化成丹毒。但叶老师一边吃着中成药，一边每晚吃西瓜清热解暑，执拗地坚持着不肯中断考察。再后来，因为田野考察的辛苦，我们同行几人都相继生病，而叶老师却凭着他强大的自愈力，成为最先恢复健康的一个人。到了最后一天，考察组兵分三路，我取道去天津考察，唐启翠飞到海拉尔考察，就剩下叶老师和朱鸿老师两个人在赤峰轮流举着旗帜照相。叶老师依然精神满满，跟我们发消息说："人在旗在，旗在考察在！"

三、田野出真知

在田野考察中，叶老师总是最执着坚韧的那一个，哪怕是只剩一个人，他也要坚持到最后完成考察任务。当然，种瓜得瓜，田野最终也以丰厚的成果回馈他的付出。

我印象最深刻的是渭河道玉帛之路考察。我们在武山县博物馆发现了蛇纹石的玄色玉琮，工作人员说玉源可能来自武山鸳鸯玉矿，这个线索让叶老师上心了。考察日程快结束时，叶老师临时决定多安排一天去考察武山鸳鸯玉。因为前面一周多高强度田野考察，大家已经很累，都想着早点回家。叶老师却固执地说："不行！我得亲自去那个玉矿看看！"最后，尽管考察组没有人跟叶老师同行，他还是坚持在当地向导的陪同下，亲自去考察了那个玉矿，还拿到了玉石样本。看到叶老师手里举着玉石样本的照片，他那样子雀跃着像孩子似的，单纯而快乐。正是那次实地踏查的灵感让叶老师勾勒出了最初的西玉东输路线图：从五千三百多年前的中原仰韶文化用玉到距今四千年上下的齐家文化和龙山文化用玉，正是渭河上游大量出产的深色蛇纹石玉料西玉东输的结果。① 西玉东输的路线在玉学界也早有学者进行过设想，然而，却没有人像叶老师这样一步一个脚印实地踏勘，用实证材料和数据去验证并修正前人的设想。

一年之后，叶老师为了《秦安大地湾》考古报告附录中一份玉器检测材料，需亲自到大地湾遗址博物馆库房核实情况，因为那里是西玉东输的重要节点。其实，在此前叶老师和我已经去过大地湾好几次了，这次要去查实大地湾出土的深色蛇纹石玉器，我心里确实有点嫌麻烦也不太乐意去，然而架不住叶老师的执着，只能陪他再跑一趟。作为一个惜时如金的人，叶老师见不得自己的时间表有一点空档，结果搞得我们的田野考察成了特种兵式的行程。当时只安排了半天的考察时间：早上从兰州出发坐高铁到秦安，天水市社科联的宋进喜副主席带着司机接上我们一路狂奔到大地湾遗址博物馆，然后再一路狂奔返回秦安赶中午一点半的高铁。为了让我们赶上高铁，宋主席嫌弃司机不熟悉路况开得太慢，亲自上阵在山路十八弯上来了一回极限飙车。多亏了路神保佑，我们总算提前 20 分钟平安到达车站。上车前，叶老师和我坐在车站外的路边摊，他要了一个馕，我要了一份凉皮，一共 10 元钱，快速解决了我们的午餐。不过，饭虽然吃得简单，此行收获却不小，我们看到大地湾遗址博物馆库房里的蛇纹石玉器远不止考古报告附录里的那些。大地湾二期文化（距今六千年前）就开始使用玉器，这是中国西部玉文化的起点，比起叶老师一年前考察武山鸳鸯玉时所得西部玄玉时代的起始年代又上推了一千年。②

---

① 叶舒宪：《玄黄赤白——古玉色价值谱系的大传统底蕴》，载《民族艺术》2017 年第 3 期。
② 杨骊：《大地湾考察纪行：陇南玄玉六千年》，载《百色学院学报》2018 年第 1 期。

与书斋式的人类学研究不同，田野考察的魅力就在于，总是有第一手材料刷新书本认知。跟着叶老师跑田野的这些年，我也亲眼见证了田调的实证材料是如何让叶老师孕育出一个又一个学术创见。在环太湖玉帛之路考察中，通过对良渚玉器的实地考察，叶老师用"史前新六器说"（钺、琮、璧、璜、冠、锥）修正了传统学术界奉为圭臬的《周礼》"老六器说"（琮、璧、圭、璋、琥、璜），透析出了玉礼器动态变化的过程。也正是通过考察中对史前玉器分布情况的梳理，叶老师发现了"玉文化先统一中国"的进程是"先统一长三角，再统一中原"[1]。

今年的内蒙古－东三省玉帛之路考察，当我们亲眼看见博物馆展柜里的玉器，才相信东北史前文化玉器有一定数量的贝加尔湖玉料，也印证了此前少数学者提出的贝加尔湖玉源之说[2]。后来，叶老师在与古玩收藏家的交流中得知，贝加尔湖到外蒙古一线也有类似红山文化玉器出土。他又开始了兴致勃勃的谋划：要把万年中国玉文化的源流进一步摸清楚，这玉帛之路的田野考察还得走到国外去。听了叶老师的话，我不禁感慨，在逐玉而行探索真知的路上，年近七旬叶老师依旧跳动着那颗激情不减的赤子之心。

---

[1] 参见叶舒宪主编：《玉文化先统一长三角》，上海交通大学出版社，2021年。
[2] 参见郭大顺：《从"以玉示目"看西辽河流域与外贝加尔湖地区史前文化关系——兼谈红山文化玉料的来源》，见杨伯达主编：《中国玉文化玉学论丛（四编）》（上），紫禁城出版社，2006年，第3—11页。

把学问做在田野上

——我眼中的叶舒宪先生

杜永仁

2012年6月下旬,我到西北师范大学《丝绸之路》杂志社工作。作为《丝绸之路》杂志副主编,见证了杂志社联合多家单位举办的十五次玉帛之路考察活动及学术活动。考察的起因,是为中国文学人类学研究分会叶舒宪等学者2012年结项的中国社科院重大项目"中华文明探源的神话学研究"预定的未来研究方向——从时间和空间上求证华夏文明的资源依赖现象。2013年9月和10月习近平主席在访问哈萨克斯坦和印度尼西亚时提出的"一带一路"倡议,丝绸之路作为东方文明中最具魅力的文化资源而久负盛名,其本身就是一个文化品牌,既蕴含着丰厚多彩的历史内涵,又具有生动活泼的现实内容,有取之不尽的资源优势,尤其对国内外读者的吸引力与影响力与日俱增。目前,国内以"丝绸之路"命名的刊物独此一份,它在甘肃、西北乃至全国同类刊物中的地位无可取代。《丝绸之路》以"传承华夏文明,展现人类风采"为办刊宗旨,兼及知识性、学术性、现实性、趣味性,集中展示中国西部的壮美山川和悠久历史文化,努力在历史与现实、中国与世界、专家与群众、文化与经济之间铺路架桥。响应国家号召,追寻玉石之路的文化踪迹,探讨齐家文化在华夏文明中的地位和作用,结合甘肃省齐家文化资源,充分利用国内外学术团队的力量,以《丝绸之路》杂志为平台,讲好"一带一路"的故事,自此,从2014年至2019年,在《丝绸之路》杂志社的组织、联合下,文化学术交流的十五次玉帛之路考察活动于2014年6月拉开了序幕,叶舒宪先生是这十五次考察活动的首席专家,他主导开展了拉网式的实地考察。

一、"田野"教授用脚步丈量"玉石之路"

为解开"玉石之路"这一谜题,叶舒宪先生作为首席专家率领并举办的玉

帛之路系列考察活动竟长达十多年,足迹遍及新疆、青海、甘肃、宁夏、陕西、内蒙古、山西、河北、河南等省份,具体为:

2014年6月举办了第一次玉帛之路考察,考察者有叶舒宪、易华等,主要沿玉石之路山西道考察了《穆天子传》中所记载的周穆王前往昆仑山寻找西王母,也就是先秦时代西玉东输的路线,认识到晋陕两地龙山文化后期(距今约四千年)玉礼器生产采用的玉料,有相当部分来自西北地区。

2014年7月举办了第二次玉帛之路考察,主要围绕史前文化——齐家文化和四坝文化遗址进行考察,提出"游动的昆仑"与"游动的玉门关"等历史现象。

2015年2月举办了第三次玉帛之路考察,《丝绸之路》杂志社一行五人,组织实施了"环腾格里沙漠大考察",重点考察了原丝绸之路及其丝绸之路北道、灵州道的渊源。证明今日的沙漠戈壁无人区,古代早有驼马贸易商道穿行。

2015年4月举办了第四次玉帛之路考察,考察围绕甘肃临夏地区的齐家文化遗址和临洮马衔山玉矿,聚焦齐家文化玉器生产的就地取材情况。叶舒宪研究指出齐家文化对中国玉文化史的意义,不仅在于其自身的玉器体系为华夏文明玉礼器体系产生奠基作用,而且在于其开启了西玉东输的四千年历程。

2015年6月举办了第五次玉帛之路考察,考察跨越甘肃、宁夏、内蒙古三省区的六千多公里,其草原玉石之路调研成果,彰显田野考察经验对拓展四重证据法的重要实践意义。

2015年7月举办了第六次玉帛之路考察,是聚焦河套地区史前文化即龙山文化分布情况,特别是黄河两岸的晋陕史前玉文化,试图从文化传播的视角找回驱动华夏文明发生的重要交通线路,搜寻西北齐家文化通过黄河与龙山文化的互动关联。在黄河以东的山西兴县二十里铺的猪山上找到一座失落四千多年的史前石头城和祭坛,或许其还兼有天文观测台功能。

2015年夏举办了第七次和第八次玉帛之路考察,分别对新疆的北道和南道做出追踪调查和玉石标本采样,为打造一个中国文化特有的国家品牌做前期学术铺垫。

2016年1月举办了第九次玉帛之路考察,是对关陇道文化考察。在陇东镇原县看到距今四千五百年以上的常山下层文化用玉,以墨绿色蛇纹石料为主。通过介于陇山两侧的渭河流域与泾河流域的古道关联,寻找西玉东输的入关路网,兼及琉璃之路和黄金之路的传播以及秦式玉器与西戎文化的关系。

2016年7月举办了第十次玉帛之路考察,继续考察丝路东线的关陇道文化,以玉帛之路(渭河道)为主,探明齐家玉器沿渭河的延伸分布情况,得出创新性认识,即仰韶文化期的蛇纹石玉资源从武山沿着渭河向东传播的轨迹。这就突破了玉石之路四千年的旧认识,拓展到五千年的时间范围。

2017年5月举办了第十一次玉帛之路考察,是对陇东陕北道考察,初步摸清有关玄玉时代的空间分布问题,提出玄玉时代是中原与西部玉文化的起源期。

2017年6月举办了第十二次玉帛之路考察,是对玉门道考察,主要考察玉门花海汉长城,采集到马鬃山玉矿的玉料,这表明马鬃山玉是在新疆和田玉之外很早就输送到中原的战略物资,其路线有北道(草原戈壁道)和南道(河西走廊道)。

2017年8月举办了第十三次玉帛之路考察,是对敦煌三危山、金塔县羊井子湾、秦安县大地湾考察。此次考察的最重要收获是在敦煌以东约六十公里的三危山一个山口内看到面积广大的古代玉矿,提出了"玉出三危山"观点。

2018年8月举办了第十四次玉帛之路考察,获得关于仰韶文化庙底沟期至龙山文化时期的玄玉玉器的补充性资料和实物标本,给2017年提出的旨在求证中原华夏文明五千年脉络的"玄玉时代"学术假说,以及具有五千年历史深度的西玉东输运动,提供了更广泛地域和更丰富的实物证据。

2019年4月举办了第十五次玉帛之路文化考察,主要对"玉文化先统一长三角——系列史前遗址文物"进行实地调研。通过此次文化考察,较为全面地梳理了从马家浜文化经历崧泽文化、再到良渚文化的长三角史前玉文化的发展情况,重新认知了玉文化如何先统一长三角、再统一中国的文化历程。

总之,十五次玉帛之路考察代表一种没有先例的学术和文化事业,对于重建中国国家文化品牌,拓展爱国主义教育和文化旅游、文化创意产业,具有充分的理论引领意义和现实指导意义,是一次文化再发现之旅,其意义重大。叶舒宪先生通过田野考察和文献资料研究,认为华夏文明的"DNA"就存在于影响至今却被人们长久忽视的玉文化中,尤其是得名于甘肃广河县齐家坪新石器时代文化遗址的齐家文化。认为玉石里的中国史,是近万年来一直延续着的不曾中断的历史。新出土的玉器证实,玉之路先于丝绸之路两千年就已开通。昆仑山美玉输送到中原的历史有四千年之久。认为中原地区玉文化起源的第一个时代是以"玄玉时代"为基本特色，上限距今五千五百年，下限距今四千年。2006年，叶先生在其《第四重证据——比较图像学的视觉说服力》一文中明确提出来"四重证据法"概念。而后，台湾《兴大中文学报》发表了叶舒宪先生的《鲧禹启化熊的神话通释——四重证据的立体释古方法》一文，系统地提出了四重证据法的概念，在学界引起较大影响。

二、玉帛之路考察成果呈现

《丝绸之路》杂志社通过举办学术会议、座谈，以新媒体、《丝绸之路》杂志发表学术文章以及出版考察丛书等形式推广玉帛之路考察成果和学术成果。

《丝绸之路》杂志充分运用以叶舒宪先生为首席专家的玉帛之路考察成果，研发出敦煌玉文化创意系列产品《敦煌飞天》《反弹琵琶》《观音》《西北师范大学纪念玉牌》《西北师范大学校训玉牌》等，并通过申请单位网站（丝绸之路出版传媒）及中国玉文化高端论坛进行推广。

2018年11月18日，承办了第三届丝绸之路（敦煌）国际文化博览会系列活动——"玉华帛彩"为主题的诗文吟唱会，此次活动汇集诗歌、乐舞、吟唱于一体，叶舒宪先生《华夏玉帛信仰（组诗六首）》，由陈新长书法家书写、朗诵。咏颂丝路文化之玉帛精神，打造玉帛之路文化品牌，促进了文化旅游产业的发展。

此外，《丝绸之路》杂志社先后承办、协办的"丝绸之路文化与中华民族文学国际学术研讨会""中国玉石之路与玉兵文化研讨会"在上海交大举行了"玉帛之路文化考察丛书暨十三次考察成果发布会"等学术会议，进一步营造了浓厚的学术氛围，提高了《丝绸之路》杂志的影响力。

《丝绸之路》杂志社通过打造系列化活动，加深读者对该期刊的印象，打造产品的"品牌化"，逐步实现产品的品牌效应，提高杂志质量，实现期刊高质量发展。

三、沐浴春风、徜徉于学术

叶舒宪先生的学术思想对编辑人员及参与玉帛之路考察的人员影响之大。当时在《丝绸之路》杂志社工作的瞿萍老师，硕士专业为现当代文学。因整理叶舒宪先生的文章、文集，从而转变研究方向，参与考察并同军政、刘樱合著

《图说玉帛之路考察》。之后,考上兰州大学敦煌学博士,现已毕业并就职于浙江省绍兴市委党校,主要研究丝绸之路历史文化、丝绸之路文学、西部文学。武威市融媒体中心电视编发中心主任徐永盛老师、白银市第十中学王承栋老师,因参与玉帛之路考察,结缘于叶舒宪先生,在其参与考察后对其文学创作和学术研究均有大幅度的提升。为此,徐永盛老师先后出版了专著《玉之格》《长河奔大漠》。2016 年 8 月,王承栋老师参加《丝绸之路》杂志社赴阿右旗采风,并撰写了草原丝绸之路语言文化专家考察手记《天籁神韵——用心听到的阿拉善右旗》一文,影响较大。

四、硕学通儒、潜心学术

叶先生学术成果丰硕,学术观点具有前瞻性。通过细读叶先生的学术专著,能引导我们找到很多研究课题,即一是渭河与玉河名称的由来与演变,这涉及当地大禹治水和大禹导渭传说,也涉及地方方言,正如宝鸡一带的方言把渭河叫"yu";还称为"羽河"的第四种解释;二是关桃园遗址前仰韶文化灰坑出土的白玉环,可证关桃园也是迄今所知中原和西部地区最早发现玉器的地方,其意义重大;三是从天水市甘谷县博物馆的汉代铜"天马",可知西玉东输的现象到西马东输的现象之间有一定的先后关系;等等。

在中国当代人文学者中,叶舒宪是比较独特的一位,他的研究方法自成一家,在"熔铸古今、贯通中西"的学术方向上不断精进,为中国文学人类学、比较文学的深度拓展及中华民族民间文化遗产保护作出了开创性的贡献。

文学人类学小说创作的探索

马尚文

大河家,是我魂牵梦绕的故乡,写一部小说讲述大河家的故事,是我多年的心愿。如今,这桩于我如同人生礼仪般的使命终于了结,掩卷覃思,欣慰之余百感交集。

20世纪70年代,懵懂的我牵着父亲的手踏进保安山庄的学堂,开启了我的求学生涯。在那个物质匮乏、生活拮据的年代,能够卸下男儿养家糊口的重担,无疑是极其幸运的,这样的美事完全得益于父亲的远见和执着。从此,怀着对父亲的无限感恩,我百般珍惜来之不易的学习机会,从刚开始识字断句到后来的周记作文,逐渐养成了勤奋好学的习惯。记得那时,小人书、连环画让我着迷,《水浒传》《西游记》《说岳全传》常常让我爱不释手。虽然不能甚解其意,但其中的故事让我如痴如醉,常常绘声绘色地给同学和家人们讲演。回想起来,读书带给我的快乐和自足着实滋养了我整个童年,而爱读书的我也终究没有让父亲失望。读完初中后,我顺利考入了中央民大附中,乡亲周邻们纷纷前来为我披红搭彩,真挚送行。望着父亲脸上的笑意,我心里洋溢着自豪和自信,暗暗下定决心,一定要用知识改变命运,将来争取机会回报生我养我的故土。当我走进学校偌大的图书馆,瞬间被难以名状的兴奋感攫住,像是一只刚刚学会展翅的雏鹰不知疲倦地翱翔在知识的海洋中。那时候,我对金庸的武侠小说特别痴迷,"飞雪连天射白鹿,笑书神侠倚碧鸳"都通读过,甚至在给二哥写信的时候还详细描述过《倚天屠龙记》的情节。金庸笔下那些荡气回肠的英雄故事、缠绵悱恻的爱情故事给我留下了深刻的记忆,也许就是从那时起,自己心中已然埋下了梦想的种子,想象着有朝一日要用自己的笔来描写故乡的往事。高中三年,匆匆一瞥,我也如愿考上陕西师范大学汉语言文学系,开始接受正规的学科教育和专业培养。从文学的起源、形式的演变,到体裁的成型、流派的特征；从诗经、唐诗，到宋词、元曲；从古代文学、外国文学，到现代文学、当代文学，都成为我学习涉猎的范围。对我来说，这些课程就像是一座座丰富的文化宝库，催迫着我成长前行，愉悦着我的精神世界。当然，我也读了很多诗歌和小说，古有李白、杜甫，现有北岛、舒婷、海子、鲁迅、巴金，以及外国的泰戈尔、巴尔扎克、莎士比亚、歌德、莫泊桑、契科夫、列夫·托尔斯泰等，我一次又一次地被作者的思想和书中的情节震撼和感动，让我时常陶醉于文学的无穷魅力之中。上学期间，我们还能在周末看到由小说改编的电影，要知道彼时的保安山庄，一年都不一定看到一场露天电影，而我却能在宽敞的室内影院惬意地看着画面清晰的电影，还能参加班级组织的文学影评。回想起来，真是幸福无比。阅读小说、讨论小说，很大程度上帮助我提高对小说的理解，加深了对小说的感情。更令我兴奋的是，我们还有幸聆听陕西著名作家的文学课。可能与老家甘肃地域相邻、民风相近的缘故，我对柳青、路遥、陈忠实等陕西作家有着天生的好感和亲近，他们的代表作《创业史》《平凡的世界》《白鹿原》都是我最喜欢的书籍，他们关于生命的理解、生活的刻画、语言的把控、情节的处理总能让人引起共鸣，也激发出我文学创作的激情，我如饥似渴地阅读着，为精彩的故事情不自禁地叫绝，因悲怆的情节不由自主地伤感，几乎进入了主人公的情感世界。终于，我开始尝试撰写诗歌、构思小说，闯进文学社团，勇敢地分享自己的文字作品，通过邮政筒投递诗歌稿件。记得那是 20 世纪 80 年代初期，我的一首现代诗《河那边有座桥》在临夏《民族报》发表，这是我的文学作品第一次变成铅字，当时激动的心情难以言表。也就是从那时起我与文学结下了难以割舍的不解之缘，阅读和写作成了生活的常态。大学毕业后，我虽然一直从事行政工作，但一直在利用业余时间坚持写作，诗歌、散文陆续发表在各类报纸杂志上。当然，我的作品主要以家乡和民族为题材，反映大河家和保安族的人文历史、地理风土和民俗风情，直至这部小说截稿，我也始终没有离开过这片给予我丰沛精神养分的文化土壤，这也是我暗自庆幸的一件事。

回到这部小说，绕不开的还是"大河家"和"保安族"这两块于我而言的命运福地和精神高地。民族和故乡，应该先说清楚人的事。

在没有民族概念之前，保安人的提法是更确切的，之所以称之为保安人，是因为其发祥地在今天的青海省同仁市的保安城，1952 年民族识别中定名保安族，也是因为这段渊源。保安城早在汉、唐之际，曾先后为西羌、吐谷浑、吐蕃的属地。13世纪初,成吉思汗在统一蒙古诸部以后,在大规模的西征过程中,将中亚诸国大批被俘的青壮年编入"探马赤军",将掳掠的大量手工工匠和有技艺之人发往蒙古军中随军服役,或押送后方进行生产。这些人包括回族、哈剌鲁族、康里、阿尔浑、撒尔塔、汪古等多种人,大部分信仰伊斯兰教,当时被通称为"色目人"。1225年,成吉思汗由中亚回归蒙古,这批信仰伊斯兰教的色目人随蒙古军队足迹进入且留牧西北等地。1227年,成吉思汗蒙古军队灭掉西夏,并"渡河攻积石州",占领了包括同仁在内的河州地区,河州成为蒙古军队的重要据点。1247年,西藏萨班会见蒙古太子阔端后,蒙古军在西藏地区的往来随之频繁。从此,同仁一带成为兵家过往的交通要道。1252年,忽必烈率军进入临洮一带,河州等地又成为蒙古军队重镇,同仁保安地区成为重要的边卡。直到1630年蒙古和硕特部领主顾实汗因哈顿忽刺的威胁,离开新疆,进据今青海全境,保安地区既为重要的"边卡",又成为包括有中亚诸国人和蒙古驻军在内沟通内地与西域贸易的据点。而蒙古军队中信仰伊斯兰教的色目人组成的"探马赤军"和"各色技术营"的人驻扎在隆务河畔,他们"上马则备战斗,下马则屯聚牧养",亦兵亦农。1259年,元世祖忽必烈统一全国后,随着战争的减少,元朝将"探马赤军"编入民籍,就地驻扎屯垦,允许他们娶妻生子,成家立业,成为"民户"。从此,在同仁一带戍边屯垦的军士,就成为保安族的"先民"。

元朝建立后,在各地除实行行省制外,又实行了诸王封建制。至元九年(1272年),元世祖封皇子忙哥剌为第一代安西王,河州地区包括同仁在内都是他的屯兵重地。至元十七年(1280年)忙哥剌之子阿难答袭安西王位。阿难答自幼为一位穆斯林抚养,遂皈依伊斯兰教。在他承袭王位后,立即在其领地及所辖蒙古军中广泛传播伊斯兰教。结果,据《多桑蒙古史》记载,其"所部士卒15万人,闻从而信教者居其大半"。这就使得阿难答及所辖地区成为回族人和其他信仰伊斯兰教者向往的中心。同时,大量的蒙古人信仰伊斯兰教,使蒙古人与原来从中亚诸国东来的信仰伊斯兰教的色目人更加接近,由此也必然影响了同人一带部分藏族、土族和汉族人,从而促进了这一地区保安族的形成。

明初以来,为加强对同仁地区的管辖,洪武四年(1371年),明朝政府在积石州设立千户所和贵德守御百户所。万历年间,为了进一步巩固边防,增修各地城堡,添兵驻守各地,在同仁隆务地区设置"保安营",并扩建周围长684

丈、高 2.5 丈的——土城——"保安城"。隶属河州卫，置都指挥，管辖"保安十二族"。原信仰伊斯兰教的居民则主要聚居于隆务河畔的保安城、下庄和尕撒尔等地。随着"保安营"的发展和扩大，后来明朝政府增加了由各地调来屯田戍边的大批内地军士，保安地方的民族成分有所变化，回族、蒙古族、藏族、汉族、土族等先民相邻共居，联姻结亲，在长期的共同生活中，形成了共同语言，具有了共同心理素质，最终大致在明朝中叶自然融合成一个新的民族——保安族。

明末清初之际，今青海同仁的"四寨子"，即尕撒尔、年都乎、吴屯、保安，就是保安族先民生活的主要区域。尕撒尔、保安（妥加）、下庄三地更有"保安三庄"之称。清朝初年，保安地区仍归河州卫管辖，保安堡驻有清兵，招募当地撒拉、土、藏、保安人充当兵丁。乾隆年间保安地区增设营制，改属循化厅，改都指挥为都司。保安族先民世世代代居住在隆务河边，同其他兄弟民族共同开发了这块土地。由于当时的社会现实和自然灾害等原因，保安族于清咸丰末年到同治初年举族东迁至大河家。

大河家，地处甘肃、青海两省交界处，依山傍水、风景秀丽、人烟辐辏，西依巍峨的积石山脉。积石山，屹立于黄河之畔，峻壁巉岩，雄奇险峻，是黄土高原与青藏高原的天然分水岭，西面隔积石关与青海省循化撒拉族自治县相接，北面隔黄河与青海省民和回族土族自治县相望，东北侧与甘肃省永靖县相邻，是两省四县交界之地，地理位置十分优越。

大河家曾是丝绸之路南道要冲，河湟地区著名的茶马贸易互市，自古以来就是兵家必争之地。从商周开始一直到秦汉之际，大河家一带成为西羌民族的重要活动舞台。汉武帝时期，西汉国力强盛，汉武帝派骠骑大将军霍去病远征河西，击败匈奴，开辟了河西四郡，并进入河湟地区，在这一地区设置了枹罕、允吾、令居等县，作为防御羌人入侵的屏障。公元前 111 年，汉武帝派将军李息、郎中令徐自为率兵征讨河湟羌人，在湟中设置"护羌校尉"，开始经略河湟地区，大河家一带正式纳入西汉政府的版图。公元前 60 年，西汉在大河家一带设立了河关县，"盖取滨黄河之关塞"而得名，约辖今青海东部黄河以南部分地区和今积石山县一带，属金城郡，这里被正式纳入汉朝的郡县体系。西晋时期，废河关县，改设临津县，属晋兴郡。十六国时，大河家成为前凉、西凉、南凉、北凉和西秦争夺的要地。到了唐代，名将李靖、侯君集、哥舒翰等讨伐吐蕃时曾战于大河家一带，并设立积石军驻守。宋金时期因该地处于北宋与西夏、金与西夏的交界地带，北宋与西夏、金与西夏曾激烈攻取此地，致使大河家一带三方混战局面连续了近一百年，金国占领该地后，设立了积石州。公元1226年，蒙古灭西夏后，攻克河州，大河家划入蒙古汗国版图。元初属陕西行中书省巩昌路。明洪武四年（1371年），置河州卫，受辖于陕西都司西安行都卫。清初，大河家属临洮府河州管辖，乾隆二十七年（1762年），移河州同知于循化营，设循化厅，大河家归其管辖。

1912年，甘肃省行政区划分为七道，大河家属兰山道河州。1913年，北洋政府废府、州制，将河州改为导河县；1929年，改导河县为临夏县；1980年，积石山保安族东乡族撒拉族自治县从临夏县划出。自此，大河家从乡到镇在积石山守候岁月四十载。

文学作品可以铺就一条打破文化壁垒和障碍的大道，是不同民族的人们理解认同彼此文化的捷径，更是凝聚友爱、真诚、热情、照亮美好未来的旗帜和火炬。我的这部小说，以生活在黄河岸边保安人的前世今生为主线，把悠久璀璨的丝路文化、黄河文化、大禹文化、民俗文化连串成珠，昭示中华民族自古以来多元一体的本质特征，赓续中华优秀传统文化的基因血脉，从而凝聚起铸牢中华民族共同体意识的信心和力量。这也是我创作这部小说的初衷。

走进田野、访谈长者、查阅史料成了我工作闲暇期间的全部，十多万字的笔记、心得浸透着我创作这部小说的心路历程。当我搁下笔，停止了敲打键盘，恍惚间发现时间已整整过了十年。让我欣慰的是，一路走来，任凭世事沉浮，我从未放弃对文学的热爱和坚守，写作和创作一直陪伴着我，让无数的不眠之夜多了几分惬意。

今天，《大河家》终于付梓出版了，兴奋之余，又多了几分忐忑和不安。深恐自己浅薄的才学、稚嫩的笔触无法向读者尽述和呈现故乡的前世今生，也无法倾诉和表达自己对大河家刻骨铭心的爱意深情。但冥冥之中，我总觉得有一股力量牵引着我勇敢地担负起创作的初心和使命，纵使与艰难相伴、与困惑为伍，总能冲破思想的羁绊，获得写作的灵感。

这部小说，既是作为保安人的我呈交乡亲的作业，也是作为文科生的我总结术业的成果。无论读者大众将以怎样的眼光和态度检视审阅，我都将坦然接受并珍视为精神财富，毕竟对先民的敬畏，对历史的探索，对文化的认知，我都已用全部的才学和心智融汇于此。在这个伟大时代,我能够在新起点上,为推动文化繁荣、建设中华民族现代文明尽到微薄之力,感到非常庆幸和无比自豪!

叶舒宪教授是我在大学时最为敬重的老师,恩师在神话学、文化人类学、文学人类学、考古学研究等方面造诣极深,成就斐然。叶老师自始至终关注关心我的这部作品,给予了很多专业的建议和悉心的指导,更令我感动的是,叶老师不辞辛劳,在繁重的学术研究之余为我拨冗作序。在此,由衷地深表感谢!著名书画家董戈翔老师是我非常钦佩的文化贤达,生前对我十分关爱,曾为我的诗集《积石新韵》挥笔题签,又为我的这部小说《大河家》题写书名,感恩感怀,铭记在心!

云南大学出版社展丽玲等老师为本书的编审、校验、刊印付出了辛勤的劳动,他们孜孜不倦、严谨求实的工作作风令人由衷地感佩!同时,在这部小说的创作过程中,很多领导、同事、朋友给予了帮助和支持,在此一并致谢!

需要说明的是,这部作品为历史文化题材的小说,其中的情节、场景、人物等如有雷同,纯属巧合。

惟愿,我们能永葆初心使命,以最真、最善、最美的心灵和文字讴歌伟大时代,赞美幸福生活,在唤起更多读者心灵感知的同时引起精神共鸣。

是为记。

玉帛之路：穿越历史的目光

——文学人类学家叶舒宪先生印象

高天佑

今年暑假，西北师范大学甘肃文化发展研究院常务副院长、一级作家冯玉雷先生，携夫人兰州石化职业技术大学张远欣教授，在去陇南市宕昌县参加"铸牢中华民族共同体意识学术研讨会"前夕，先到陇南市区武都来访，由我陪同参观了新建的陇南市博物馆，特别是对于陇南境内出土的史前文化陶器和玉器进行了专题考察。一见面，他赠送我一本叶舒宪先生的著作《玉石之路踏查续记》，如获至宝，爱不释手。这是先生前八次"玉石之路踏查"的考察手记、记者问答和缘起总结，图文并茂，文笔潇洒，不仅知识性、趣味性超强，而且时时处处可见作者敏锐的情思、独到的眼光和精睿闪烁的思想火花。

回到兰州一周，八月底冯玉雷转来《叶舒宪先生七十华诞纪念文集征稿启事》，之后还专门打电话征询意见、敦促此事。殊不知我和叶舒宪先生虽然仅有过两次短暂谋面，但对叶先生早仰慕已久，心中还真有话想说说呢。

作为当代人文科学、社会科学著名学者，叶舒宪先生在中国古代神话、先秦文学、中外比较文学、文学人类学等学科领域可谓大名鼎鼎、如雷贯耳。记得早在20世纪90年代后期，作为甘肃省成县师范学校的一名语文教师，我到位于兰州市雁滩区青白石对岸的甘肃教育学院中文系进修汉语言文学教育专业本科。其间，我对先秦文学情有独钟，特别是对《诗经》《楚辞》研究做了一定功课，本打算要考西北师范大学中文系赵逵夫先生的研究生。为此，经常去到图书馆、阅览室查阅资料，尤其是中国人民大学报刊复印资料，经常可以看到袁珂、萧兵、叶舒宪等著名学者的大作，心想何时有机会能够与这些一流专家学者、著名教授谋取一面之缘，聆听教诲、当面请益。但当时以甘肃省之落后，以我等无名之小辈，这样的念头，只能是一个美好的愿望，奢侈的梦想。

进修期间，我除了为拿到中文本科文凭勉力问学之外，更重要的一件事便是联系出版关于东汉摩崖石刻《西狭颂》的两部著作：其一是《西狭摩崖石刻群研究》，其二是《西狭颂研究在日本》。1999年9月由兰州大学出版社出版了前者，次年又出版了后者，并且于年底破格晋升为高级讲师，相当于副教授；第三年，又因为这两部著作和我的民主党派基层组织副主委身份而被破格提拔为成县副县长。从此，我由成县师范、陇南师范学校教师进而改行从事行政管理工作，身为公务员至今二十四年，可想而知远离学术有多久矣！

好在我初心不改，一直没有完全放弃自己所钟爱的文学写作、地方文史探讨和学术研究。2017年5月，通过天水师范学院苏海洋博士介绍，我有幸在陇南市接待并结识了中国社会科学院民族学与人类学研究所研究员易华先生；作为玉帛之路考察团成员之一，他专程考察陇南市齐家文化玉器出土和研究情况，可惜当时市级博物馆尚未完成资源整合和布展。是他告诉我8月在玉门市即将召开"玉门、玉门关历史文化学术研讨会"，我说这是我最喜欢参加的会议活动；热情的易华先生立即给主办者、玉门市文化馆馆长王璞先生打电话介绍了我，于是我受到了参会邀请；为此，我在短时间之内草成一篇参会论文《玉门"火烧沟文化"学术价值简论》。

诚然，在国内学术大咖云集、教授林立的本次学术研讨会上，我这个亦官亦文、半官半文的人，只有像海绵一样疯狂吸收百科知识的营养，学习借鉴专家学者们先进的学术理念和研究方法，感觉又回到了大学备考研究生的状态。当然，事后回想，此次最令人难以忘怀的是结识了几位卓越的师友。记得在报到当天晚上，就在大厅的休闲间，经易华兄——介绍，我有幸认识了自上海而来、久负盛名的叶舒宪先生，以及时任《丝绸之路》杂志社社长、主编，著名作家冯玉雷先生；并且在热情兴奋的状态中与他们合影留念。其中叶舒宪先生，中等偏矮的个头、健壮的身板、爽朗的笑声，完全不像六十开外的专家学者，倒更像是一个山地运动健将。第二天学术研讨会上，叶先生借助PPT电脑课件，结合自己在甘肃最近多年多次多地于民间收藏家手中所见玉器玉料，实践结合理论，器物结合观点，侃侃而谈、洒脱自如，对于历史时期玉门关的形成和功能做出了令人信服的讲解，给人留下了非常深刻的印象。

就像一个热恋中的少年，他会时时刻刻关注着心中的女神一般，会后我也经常关注着叶舒宪先生的行踪。当我得知他与冯玉雷要去敦煌旱峡考察古代玉矿遗迹之时，我多么希望能够同行踏勘，原因不仅是因为我在会后也要乘着绿皮火车去敦煌，去考察"敦煌文博园"和看望知名企业家、收藏家赵秀玲女士和画家高峰先生等陇南籍老乡朋友；而且作为骨灰级收藏家，我相信我见过的玉器，我对于西北玉石文化的体验与认知，绝对不在他们之下。但是，由于初次相识，为免唐突，还是没有说出口，也未能达成内心的愿望。后来从易华兄的微信中得知，这是他们众多玉帛之路考察计划中的一次而已。为此，我回来之后在网上搜寻到多达十三次玉帛之路考察活动的情况，特意将这些见诸媒体的新闻报道，逐一下载、打包为一个文件夹，籍此图文信息，我也得以了解清楚了他们整个活动的来龙去脉、行踪先后和意欲何为。从那时起至今，这种关注因为我有他们的微信而持续未断，虽然至今我也不是中国文学人类学会的会员，但对于叶舒宪先生而言，也许他至今都没有觉察到还有一个小他一轮的异性兄弟，如此默默关注着他和他的相关研究已经多年，就算是一个真诚的文化粉丝吧。

玉门初识之后，2020年夏天，临夏民间人士组织成立"夏文化研究会"，当我从易华兄那得知他和叶舒宪、冯玉雷等先生以及著名考古学家王仁湘、汤惠生、刘金堂等先生都在临夏参会并正在考察马家窑、齐家文化遗址之时，我刚好在兰州出差，参加民盟甘肃省委会每年一度的全体委员会；时间刚好相互衔接，互不影响，于是乎会后请我外甥刘永峰驾车，协同临夏主委祁昌才一起专程前去临夏赴约相见。同样的，在驻地天元万达锦华酒店大厅交流合影，会后送行道别之时又在此闲聊，正是叶舒宪先生告诉我："广河县三甲集'青年饭馆'的羊肉面片，超级好吃。"于是乎我特意把此细节记录在拙诗《临夏行吟》组诗之中：

三甲集

一个川道里的区区小镇
却有着不亚于县的名声
广河县，三甲集
就是临夏的东大门

改革开放之初，这里的
皮毛，堆如山积
西北小巴黎，久负盛名
作为屈指可数的皮毛市场
三甲集，稳居全国
三大集散中心之一
人头攒动，人声鼎沸
当赶集的号帽，浮游如云
这里便流淌漫溢着，真金白银

三甲集，有许多传说
上海来的教授叶舒宪先生
不仅仅是夏玉文化的向导
也是民族美食的发现者
临别的早晨，他特别告诉我
三甲集路边，青年饭馆
有西北最好吃的羊肉面片
我说：记下了
下次路过，一定去咥他一碗①

若非亲历亲见、耳闻目睹，你是否能够想象得到一个研究神话、文学、玉器和远古文明的专家，竟也是一位喜好人间烟火、关注地方小吃的美食家呢？

虽然与叶舒宪先生面对面交流学术问题的机会很少，但对于他一系列的理论创新和学术观点，还是通过微信、图书、新闻等渠道略有耳闻，可谓心向往之、时在念中。例如，对于他首创和倡导的"三重证据法"，乃至"四重证据法"，我于2018年初在给清水文史学者温小牛先生所著《邽山秦风》一书序言中即有引用和介绍：

---

① 高天佑：《临夏行吟》，见高天佑主编："得陇望蜀诗丛"（第2辑），敦煌文艺出版社，2022年。

"二重证据法被认为是20世纪中国考古学和考据学的重大革新,后来又有多人在二重证据法的基础上发展出'三重证据法',根据个人着眼点之不同,主要有以下四种代表性观点……(四)叶舒宪的三重证据法:是在二重证据法的基础上,再加上文化人类学的资料与方法的运用,是三者互相沟通融合的结果。因此,叶氏所谓'三重证据法'便是:1. 考据学的资料与方法;2. 甲骨学的资料与方法;3. 人类学的资料与方法。""可见,所谓'三重证据法',虽然因学者各自所重而使用材料与方法各不相同,但无非是除历史学、文献学和考古学、文物学之外的史料和方法。有人对此做过区别论述,认为在国学大师王国维所谓'二重证据法'之外,人类学资料的引进可谓是'三重证据法',而民俗学资料的引进可谓是'四重证据法'。总之,学术研究的开拓与创新,无非就是新材料的引进和新方法的使用。"①

就文史研究而言,理论和方法的创新是最困难的事情。然而,正是因为叶舒宪先生精通文史、博学多识,古今中外、皆有涉猎,所以理论和方法的创新,于他而言就像一棵参天大树,不仅花繁叶茂,而且果实累累。

面对叶舒宪先生著作等身、文章铺天盖地,真的是让人艳羡不已。我想每个从事社会科学、人文科学的学者,其人生理想境界大体不过如此吧。然而,这根本不是叶舒宪先生学术生命的全部和内核。那么,他如此近乎疯狂般的东奔西跑考察,日夜写作著述,其本意和初心究竟是为了什么呢?当我随意翻阅冯玉雷老弟所赠先生著作《玉石之路踏查续记》,其中第二次玉帛之路考察即有其夫子自道:

"认识到齐家文化是约4000年前崛起于西北的崇玉文化,齐家文化玉器与中原文明起源,在时间空间上都关联密切,遂成为近十年来持续关注的研究对象。因为要研究4000年前的西北史前玉文化分布,理所当然地要关注西玉东输这样一种中国特有的资源调配之文化现象,由此便进入到玉石之路的调查课题。这才逐渐地意识到:在鸦片战争

---

① 高澍《清水文脉,薪火相传》,见温小牛编著:《郏山秦风》,敦煌文艺出版社,2022年,"序二"。

之后由来华的德国人李希霍芬提出的'丝绸之路'说，虽然如今已经流行于世界，却不符合国人对这条文化传播通道的认知习惯。早年我跟随西方话语提出的重开丝绸之路主张，现在看来大方向没有错，在话语选择上却难逃西方中心的模式窠臼。近几十年来，国内的考古文博学界把这条路称为'昆山玉路'或'玉石之路'。若是兼顾中西方的视角，折中一下，还是像常建诗中所咏的那样，采用先秦以来的古汉语习语'玉帛'一词来命名，较为妥当。从跟着洋人叫丝路，到回归本土称谓叫玉路或玉帛之路，这不仅是叫猫还是叫咪的名字问题，其中隐含着从西学东渐以来的本土文化自卑感，到恢复文化自觉和文化自信后的话语策略大问题。所以，我们不得不较真。"[①]

由此可见，先生之所为不仅仅是一个单纯的名称问题、学术问题，而是事关"恢复文化自觉和文化自信后的话语策略大问题"。换言之，作为一个文化的先知先觉者，他不仅老早就看到了我国改革开放之初重视东南方沿海开放国家战略的局限性，提出"重开丝路"的超前观点，主张改革开放也要兼顾中西部的发展；而且，经由对于远古时代玉帛之路的深入和全面考察，既从现实经济发展产生了所谓"西气东输""西油东送""西电东输"等资源型输出规律，也从史前时期、夏商周三代直到秦汉已将长期以来的西玉东输文化经济传统，看到了中国整个上古历史的规律性走向。

"当时我之所以有这样的想法，和在西北生活近三十年的地理经验是分不开的。文章中还提到从中国历史上观察到的一种思维定式现象：如果把炎黄的东迁看成是中国文化空间运动最早的动量，那么后来的历史运动方向只不过是这一动量的结果，由此而造成文化惯性力，使后代那些帝王们忘乎所以，偏执地面向着生命和希望的方位——东方，导演出一幕又一幕的历史剧。每当一个王朝日薄西山，需要重振元气，东山再起的时候，更新统治的最佳选择莫过于空间的定向移位——东迁。于是，中国历史上出现惊人相似的运动模式：

---

① 时舒宪：《乌孙为何不称王？——第二次玉帛之路踏查后语》，见叶舒宪：《玉石之路踏查续记》，上海科学技术文献出版社，2017年，第66—67页。

"西周——东周

"西汉——东汉

"西晋——东晋？"①

真是一个善于发现和善于总结的学者，其实纵观整个中国历史，自古而今，由西向东，的确是"一种思维定式现象"和一种"文化惯性力"。不止如此，还有"西魏——东魏""西秦——东秦（异代）""西蜀——东蜀（异代）""西吴（异代）——东吴""西凉——东凉（异代）"等等，可见这种"思维定式现象"之普遍，亦可见这种"文化惯性力"之坚韧。

2023年8月，高天佑陪同冯玉雷先生参观武都民办"寺洼文化博物馆"

---

① 时舒宪：《乌孙为何不称王？——第二次玉帛之路踏查后语》，见叶舒宪：《玉石之路踏查续记》，上海科学技术文献出版社，2017年，第65页。

此外，我还发现了一件趣事。西北师范大学甘肃文化发展研究院常务副院长冯玉雷先生，本来是位一级作家。但近二十年来，特别是与其恩师叶舒宪先生共同组织、参与和实施玉帛之路考察活动之后，竟然出奇地痴迷于玉器的学习、收藏、鉴定和研究。当年，他在《丝绸之路》杂志当主编时，不仅每期《丝绸之路》杂志封面上都是出土玉器，借以宣传普及源远流长的玉文化；而且现在利用研究院的平台，直接面向全校本科生开设了公选课《中国玉文化》，成为"中国玉文化"在高校的普及者、宣传者和推广者。同时，冯玉雷先生对于玉器、陶器等文物艺术品的鉴定功夫也是陡然而升，从作家到学者的华丽转身令人惊讶，更令人钦佩。

行文至此，我又联想到了拙著《玉桴集》，这是甘肃人民出版社 2013 年 2 月出版的高天佑著作序跋评论文集。为何名为"玉桴集"？其书中"后记"有所揭示：

> 据我所知，近年来，他一直思考着、谋求着如何以西北刚健气质为宗，辅以南方柔韧精神，通过建立"陇学"，弘扬伏羲周易文化，使优秀传统文化与现代创新意识紧密结合，共同为中华民族伟大复兴提供智力支持。因此，他主张应以"创建陇学、复兴文化"为宗旨，高扬"活学传统、经世致用"之旗帜，重回学术自由王国。是君子，就应该"求名当求千古名，谋利当谋万世利"。所以，对于他自己走过的学术、行政道路来一次回头看，对于过去的学术成果做一次全面检索和反省，重整旗鼓，从头再来，就显得非常必要。正是基于此，我们商定通过编辑此书，把他十多年来已经出版和印行著作的序、跋（包括后记）和评论汇集起来，借导师之智慧，靠朋友之力量，帮助他谋划人生棋局，坚守学术阵地；主打文化品牌，打开创新视域；架起鼋鼓，操桴（鼓槌）助威；从而在弘扬优秀传统文化的前提下，进一步壮大"陇学"血脉；通过深入挖掘陇右作为中华远古文明发源地的文化富矿，为重建中华民族文化自信力，提振民族战斗力，坚守传统文化家园，创造新世纪中国人的辉煌而奉献拳拳之心，贡献绵薄之

力！所以，特命本书为《玉桴集》！①

这是借助于我的夫人、《玉桴集》编著者之一许彤女士之口，对于时任陇南市政协副秘书长、研究室主任，时年48岁的我所做出的人生道路、事业选择和价值判断。而此时此刻，我尚未与易华、叶舒宪、冯玉雷等先生结缘相识，不说"英雄所见略同"吧，但在学术追求、经世致用和对于西北文化的认知上，至少我和易华、冯玉雷等文友，以及比我年长一轮的叶舒宪先生似乎"心有灵犀一点通"呢。当然，他不仅比我们几位后学觉醒得更早，行动得更快；而且站得更高，看得更远，这是毋庸置疑的。正因如此，我等一干人方才甘愿步随其后，以师相待，礼敬有加。

毋庸讳言，作为"60后"，我们这一代人和"50后"一样，具有相似的政治生态和人生经历，也具有相同的人生观和价值观。面对当今世界百年未有之大变局和中华民族伟大复兴，作为作家诗人、作为专家学者，虽然我们的研究领域和学术着眼点不尽相同，但都有一份赤子情怀、赤诚之心和文化担当。当然，在此方面我们更应该具有一种文化的自觉，那就是满心真诚地向玉帛之路的发现者叶舒宪先生学习，向玉帛之路的探寻者叶舒宪先生致敬！

我曾经在一首诗中写道："如果翅膀，可以穿越天空；那么思想，就可以穿越大地。"② 现在，我要说："如果诗歌，可以穿越心灵；那么目光，就可以穿越历史。"

作为古稀之年的叶舒宪先生，他学识渊博、目光敏锐，人在上海，面对大海；胸怀世界，观照文明；他用大半生书写的中国文化史，无疑就是一座文化的高山。"高山仰止，景行行止；虽不能至，然心向往之。"③ 在此，我愿把司马迁于《史记·孔子世家》中专门引用《诗经·小雅·车辖》赞美孔子的诗句，敬献给先生，衷心祝愿先生贵体安康！人笔双健，事业辉煌！

---

① 秦戎、许彤编著：《玉桴集》，甘肃人民出版社，2013年，第244页。
② 秦戎：《飞越甘肃》，见高天佑主编："得陇望蜀诗丛"（第2辑），敦煌文艺出版社，2022年。
③ [汉]司马迁：《史记》，北京中华书局，1982年。

有一道玉光，洞见别样凉州

徐永盛

案前一直放着叶舒宪先生的《图说中华文明发生史》，这是特意从网上选购的叶著，格外偏爱。封面是远古而来的绿，玉佩的绿，温暖而宁静。

每每怠惰，见到书，宛如见到先生，忆起与先生游思河西的点点滴滴。每每困学之际，打开书，便洞见一束清澈而清新的光，直抵心田。

因为先生，让我分明看到一束别样的玉光，洞见别样的凉州，读懂脚下的土地。

一、相逢凉州

面对凉州，面对史学，我一直认为自己是一个牙牙学语的孩子。然听闻先生大名久矣，仰慕先生亦久矣。钦佩于叶舒宪先生的为学为文与为人，不胜向往。

2014年夏，西北师范大学教授、时任《丝绸之路》杂志社社长冯玉雷兄来电，由甘肃省委宣传部、甘肃省文物局、西北师范大学、中国文学人类学研究会主办，丝绸之路与华夏文明协同创新中心、《丝绸之路》杂志社等单位承办的"中国玉石之路与齐家文化研讨会"暨"玉帛之路文化考察活动"即将启动，中国社会科学院比较文学研究中心主任、中国文学人类学研究分会会长叶舒宪，文化部原副部长、故宫博物院院长郑欣淼，中国社会科学院人类学与民族学研究所研究员易华、新疆师范大学考古学者刘学堂、作家孙海芳等专家学者将参加此次活动。征询我有无意愿参加，并考虑承制一部以玉帛之路为主题的电视片。

我倍感兴奋，倍感珍惜。

兴奋于我能够见到倾慕已久的叶舒宪先生和数位史学大咖，珍惜于我能够有缘参加这样一场高端而富有探索意义的考察活动。当然，这一切首先得感谢玉雷兄多年来始终如一的鼓励和提携。

更令我兴奋的是，本次考察活动的第一站，就定在家乡武威。历史的大凉州，永远是中国人永恒的精神边疆，是解读中国历史绕不过的节点。感恩，感念。

2014年7月13日，雨后兰州显示出另一番明媚，"中国玉石之路与齐家文化研讨会"暨"玉帛之路文化考察活动"在西北师大如期举行启动仪式。和煦的阳光、清新的空气，连同玉帛之路考察活动的主题，共同营造出一种如玉的感觉，温婉雅致。

然而，我因俗务缠身，无法赴兰参加启动仪式，只好约定在武威等待相逢。通过同事发来的一张张照片和视频，我急切地分享着每一个感人的时刻。因为这是一次有意思的聚会。大家为了一个共同的课题而来。

神话，是人类的童年。著有《金枝玉叶——比较神话学的中国视角》《河西走廊——西部神话与华夏源流》等四十余部著作的叶舒宪教授潜心于丝绸之路的学术研究，这位执着而富有激情的学者看到了文化传统的"拐点"，看到了在丝绸之路上熠熠生辉的玉石。先生敏锐的眸子可掠过亘古荒原，从丝绸之路"小传统"与玉石之路"大传统"的文化视角中提出了丝绸之路的前身为玉石之路的论题。学术的一个信号，将丝绸之路时间段向前推移了两千多年。而人与石头间的亲密和故事，在几代人的口口相传中被演绎成神话，最终被凝结成了一个民族的共同记忆。叶舒宪先生从神话学的记忆视角看到了玉的另一方魅力与神奇，如果说神话观念是"大传统"的文化基因，那么玉石就是中国"大传统"的象征符号。

清华大学教授李学勤先生说，叶舒宪在解读中华文明发生史的过程中，突破束缚，以中华文明的"大传统"和"小传统"之论廓清了学术的迷雾，透过神话看到了信史的光芒。中国社会科学院考古研究所王仁湘研究员指出，将玉石与神话的意义提升到前所未见的认知高度，这是叶著所做的突出贡献。

玉帛之路，这是一条怎样的路？它与人们熟知的丝绸之路有着怎样的关系？这条路，与齐家文化有着怎样的关联？这一系列的问题，都将在考察中探幽洞微，在探寻中寻找答案。

有学者言，这是自周穆王和张骞以来，第三次由官方派出的西玉东输实地考察团。

有媒体称，这次活动的举办，首次让"玉帛之路"这个文化概念闪亮登场，引人瞩目。

这是一次对齐家文化的再发现之旅。

这是一次对三千年前周穆王西行路线的考察之旅。

这是丰富和诠释"一带一路"文化内涵的提升之旅。

这同样是一次探幽华夏文明核心价值的精神之旅。

7月13日下午，玉帛之路考察团一行从兰州出发，沿312国道西北行进，走上了古老的玉帛之路，在绵延四千三百多公里的征途上开始了漫行。

"乌鞘雨雾乱云飞，汉使旌旗绕翠微。"横亘于天祝境内的乌鞘岭是河西走廊东部的起点，同样是玉帛之路必越的峻岭。下午5点，车过乌鞘岭。沿途走来，马莲花正开，蒲公英亭亭玉立，牛鼻子草在山甸湿地上疯狂地生长。冲上"下有鲜花上飞雪"的半坡草甸，叶舒宪兴味盎然地寻找着汉唐遗留的一砖一瓦，欣赏着闲淡的流云。身后，是蜿蜒于山野的汉明长城。

"量合乾坤明参日月，学兼中外道冠古今。"在被誉为"陇右学宫之冠"的武威文庙，叶舒宪怀着朝觐的心情遍访这里的每一座建筑。先生惊叹于文庙建筑的艺术之美，更惊叹于这里保留完好的历代匾额。透过"书城不夜"，先生看到了古凉州经久不衰的魅力。

走进武威，不能不去中国旅游标志"马踏飞燕"的出土地——武威雷台。叶舒宪考察团成员一起沿着悠长的甬道，进入汉墓，考察古井汉砖、研读藻井耳室。拾级步云台，登临高台，畅发幽古之情。

然而，叶舒宪念念不忘的是在武威的齐家文化遗存——武威皇娘娘台。先生说，汉唐文物，全国各地比比皆是。但珍贵的齐家文化遗存，在全国仅存的不多。武威，要做好这篇文章。

凉州多古台，古台多传奇。位于武威城西北的皇娘娘台便是其中之一。这是一个有故事的地方。最早的时候，它不叫皇娘娘台，人们称它为窦融台。西汉末年，官为属国都尉的窦融被推选为金城、武威、张掖、酒泉、敦煌五郡大将军。窦融据守河西期间，选贤任能，为政宽和，上下一心，致使姑臧"富邑"市日四合，凉州境内晏然富殖，百姓安居乐业。为了纪念这位五郡大将军，后人在凉州城里修建了"窦融台"。

东晋十六国时期，李暠和他的妻子尹夫人励精图治，建立了"李尹政权"。李暠去世后，儿子李歆继位，尹氏被尊为太后。不久，李歆穷兵黩武，起兵攻打北凉，结果全军覆没，母亲尹氏也被沮渠蒙逊囚禁于凉州窦融台。唐代开国皇帝李渊是西凉国王李暠之后，为了纪念祖先，遂将凉州窦融台命名为尹夫人台，还在台上修建了尹台寺。因为尹夫人是皇后娘娘，民间就把这座台子叫作皇娘娘台。

但是，皇娘娘台的经典远远不止于此。这还是一座史前文化的高台，这里有着更为久远的故事。1957至1975年，甘肃考古工作者在这里发现了中国黄河上游新石器时代晚期至青铜时代早期齐家文化的遗址。成年男女合葬墓、中国迄今成批出土年代最早的红铜器和玉礼器，是皇娘娘台遗址最重要的发现。距今四千年左右的皇娘娘台，是研究齐家文化的经典遗址。

面对这样的一处遗址，考察团成员表现出了一种空前的向往和期待。一直从事考古研究的刘学堂教授展开想象的翅膀，用诗意的语言向人们诠释着皇娘娘台考古的内涵。易华认为，皇娘娘台成批铜器的出土，表明中国西北地区率先进入青铜时代。皇娘娘台不仅是甘肃最重要的齐家文化遗址，而且是全国青铜时代独特的代表性遗址。

叶舒宪先生最关注的是玉。他认为，最能代表玉文化西渐的，是武威皇娘娘台齐家文化墓葬出土的大量随葬玉礼器，这是中国版图上迄今所知史前玉礼器规模出现的最西端站点。金声玉振，象征着东亚本地起源的定居玉器文化与外来青铜游牧文化在此交汇融合。

7月15日，考察团成员在当地文物部门工作人员的带领下，驱车前往皇娘娘台遗址。随着武威市新城区的规划建设，川流不息的建筑用车和轰鸣的机械打破了曾有的宁静。叶舒宪翻过一个又一个的建筑堆，凝望着，思考着，寻找着。寻寻觅觅中，依然没有看到任何齐家文化遗迹和文物保护的标志，传说中的皇娘娘台已渗化为民间的传说。

失望、遗憾，在那个清晨弥散在考察团所处的每一个时空。叶舒宪和易华不断地感慨，齐家文化核心区在甘肃。皇娘娘台遗址是甘肃近四十年前正式发掘的三大齐家文化遗址之一，秦魏家遗址和大何庄遗址已被刘家峡水库永久淹没。作为三大齐家文化遗址唯一幸存者，具有无可比拟的学术价值和历史意义。救救皇娘娘台遗址！

皇娘娘台，是一个历史的坐标点，它承载着华夏文明厚重的历史；是武威历史文化的史前标志，展示着凉州四千年的历史。怀着难言的心情告别皇娘娘台，一路上，叶舒宪和专家学者交流最多的还是皇娘娘台。在那些真诚的学者心中，此地应该采取有效的措施予以保护。每逢和叶舒宪独处，先生便向我说起这件事。像是在鼓励，像是在道歉。我能理解先生的赤子之心，他对文化的衷爱胜于生命。尤其在玉文化、夏文化、齐家文化研究者的心里，皇娘娘台是一个绕不过去、不可多得的历史信物。她的遗失或毁灭，无疑是文化的一大损失。

考察活动结束后，我在第一时间与当地文化部门负责同志取得联系，并在第一时间请示相关领导，拉开了皇娘娘台遗址的保护工作。金秋十月，皇娘娘台遗址保护工作全面展开，来自河南的探测考古队受甘肃省文物局委托，利用钻孔取土探测技术确定皇娘娘台保护范围，并规划形成遗址保护区。

此举，使武威历史文化内涵空前丰富，着色不少。

此举，是武威文化之幸，华夏文明之幸。

二、问道民勤

人生有缘河西相逢，玉帛之路与君同行。

生命当中有许多不可言明的缘分。在走向玉帛之路考察的前一日，我刚刚收到由中国电影出版社出版的文集《梦里水乡》《谷水之恋》《文化武威》和《夜话视听》。我将拙作送给考察团的专家学者请教斧正，叶舒宪先生欣然为我留下了"玉帛之路到武威，永盛新著顿生辉"的题字留念。

带着先生的激励，顶着烈日骄阳，一起深入民勤沙漠腹地考察。登临三角城，凭吊潴野泽，寻迹沙井文化，考察瑞安古堡。

在起伏的沙丘和摇曳的沙生植物间，民勤三角城孤零零地屹立其间。走近这里，遍地皆是红沙陶片。有一处地表裸露地堆着红烧泥块，烧制程度不同，色样不一，多见手印痕迹。四周遍布夹砂红陶片，或粗或细，个别为彩陶。陶片的断代和三角城遗址文化类型引起了专家学者的讨论。叶舒宪认为，这里应是一处史前时期的陶窑遗址。这座城池可追溯到三千年前，不应该是汉城。叶舒宪说，置身古人居住生活过的场所，你会听到一砖一瓦与你的对话。

正午烈日下，叶舒宪带着考察团成员沿着安特生走过的那一条道路，兴冲冲地向着民勤柳湖墩沙井文化遗址进发。遥想数千年，这里的先民们行走在石羊河畔，居住在石羊河畔。然而，今天的沙井子一片宁静，安特生的骆驼队也已成为遥远的回忆。梭梭、红柳、蓬蒿和那奔跑的野兔，让人穿越在远古与今朝、原野与遗迹之间。而那柳树、沙枣、葡萄和那向日葵，在黄沙的映衬下，呈现着现代农业的浓浓气息。叶舒宪兴奋地持着相机，拍摄着大漠深处的蓝天白云、绿树良田。叶舒宪说，以红陶双耳罐为代表的沙井文化是甘肃年代最晚的含有彩陶的古文化，也是我国最晚的含有彩陶的古文化。几千年前，这片土地已经拥有了相当成熟的远古文化。

在民勤其考察中，我担任半个向导。我向专家学者讲着这些年寻访大西河的遭遇、梦醒青土湖的慷慨。在倾听与思考中，叶舒宪先生却想起了青玉湖，想到了灵州道。先生在之后出版的《玉石之路踏查记》考察专著中不断地发出疑问：

——民勤此地，为什么像一个异常凸起的梯形，朝向东北方突出地耸立在河西走廊东段狭长通道上方？

——古人为什么会选择在这样一个荒凉之地修建城池？

——汉代统治者为什么要把民勤当地的长城修筑成一个狭长的夹道，莫非这里是河西走廊伸向东北方的一条通道？

——如果有这样的通道，那么，从民勤县北部白亭海一带延伸向远方的通路能够抵达何处？

——一个边陲战事频仍之地，连城遗址的玛瑙作坊又意味着什么？"玉石之路"在这里究竟隐藏着多少秘密？

1950年版的中国地图里，发源于祁连雪山的石羊河系尾端分布着两个大湖，青玉湖和白亭海。今天复活了的这座湖泊，究竟是青土湖还是青玉湖？

众多的疑问叠合在一起时，赋予民勤历史文化全新的内涵。

在河西走廊隆起的驼峰间，民勤在北，武威在南。这是一条狭长的绿洲走廊。叶舒宪先生形象地说，这是丝绸之路上河西走廊东段插入腾格里沙漠的一颗"大枣"。这枚"大枣"以长城为缘，以古城为芯，构成镇番护都的坚强"硬核"。叶舒宪先生认为，民勤境内的汉长城顺着石羊河流向，从民勤西南部伸向东北部。以县城和苏武庙一带为起点，以东湖镇大庙为最远端，绵延五六十公里，如同一个狭长的夹道。这两条平行的汉长城遗址，如同大枣的枣核。

叶舒宪提出，根据《汉书·地理志》《水经注》中的有关记载，位于民勤县西沙窝的连城可能为汉武威县城，至唐依然沿用。当地文史资料上记载，该城平面呈长方形，城墙夯土版筑，西南隅玛瑙碎片遍布，似玛瑙作坊。民勤境内没有玛瑙，连城遗址玛瑙作坊的玛瑙来自何方？是什么人在这里加工玛瑙，他们用玛瑙制作什么？又是什么人在这里运输玛瑙？制作出的玛瑙玉器又走向了何方？

在次年的草原丝绸之路考察中，叶舒宪先生顺道从阿拉善盟捡拾到了如许的玛瑙。前后关联中，叶舒宪提出，难道两三千年前的阿拉善玛瑙就从民勤这里运过，并在民勤连城加工成玉器出售？那么，买方又是谁呢？如果不只在本地消费，又会输送到哪里去贸易？叶舒宪认为，结合"西马"的用料来源之谜，一条玉石之路的新线索浮出了水面。

查阅资料，叶舒宪提出，从武威经民勤到宁夏吴忠和固原一线，属于一般所说的丝绸之路灵州道。这条道路上是否曾经大量输送西域玉石资源到中原，可从《旧五代史·康福传》记录的一个历史事件得到充分的澄清。后唐明宗年间，康福官任朔方河西节度使，他目睹一次突袭吐蕃运输队的缴获情况："……因令将军牛知柔领兵送赴镇。行次青冈峡，会大雪，令人登山望之，见川下烟火，吐蕃数千帐在焉，寇不之觉，因分军三道以掩之。蕃众大骇，弃帐幕而走，杀之殆尽，获玉璞、羊马甚多。"

叶舒宪说，吐蕃运输队规模庞大，居然有"数千帐"壮观的景致。运输队被缴获的大批战利品物资是"甚多"的玉璞、羊和马三种。吐蕃运输队扎营的地点"青冈峡"，是甘肃环县通往宁夏灵州的一个峡谷。从灵州过黄河，再穿越腾格里沙漠，即可抵达民勤北端的白亭海，沿着石羊河南下，便可到达凉州，回到丝绸之路河西道。

青冈峡里韦州路，
十去从军九不回。
白骨似沙沙似雪，
将军休上望乡台。

问道民勤，叶舒宪"大枣"的隐喻形象而深远，对灵州道的思考掷地有声。欲解民勤迷，须问灵州道。自此，环行腾格里，寻访灵州道，一直成为我一个强烈的念想。2021年国庆期间，我终于沿着先生提及的线路自驾考察，终究圆了心中的梦想。

陀思妥耶夫斯基说，在往日的梦想中翻寻，在这堆死灰中搜索一星半点余烬，试图把它吹旺，让复燃的火温暖冷却了的心，让曾经如此为他所钟爱，如此触动灵魂、连血液也为之沸腾、热泪夺眶而出的一切，让曾经使他眼花缭乱、飘飘欲仙的一切在心中复苏。

用一把火复燃一团火，先生就是那寻迹问道于田野的一把火。

三、寻梦河西

一山一川玉世界，玉帛路上有你我。

在叶舒宪的引领下，考察团继续走向河西走廊，走向苍茫田野，寻找复燃的火，寻找让血液沸腾、让灵魂复苏的星星火光。

一路走来，难忘张掖山丹县四坝文化遗址。夕阳抚摸着四坝的精魂，眼前出现的是史前的人们挈家以从、跋履险阻的场景。站立四坝滩，西望，东眺，叶舒宪提出了"玉张掖"的说法。

难忘烈日旷野下前往张掖民乐县西灰山文化遗址的跋涉。叶舒宪一直走在队伍的最前面，永远的兴奋，永远的思考。一块陶片、一个石子、一块金属、一层沙砾，都能引起先生的高度关注，生发浓厚的兴趣。

难忘神秘黑水国史前文化遗址的相逢。在那里，甘肃文物考古研究所陈国科带着来自北京、兰州的大学生正在挖掘考古。学者相见，分外亲切。将别时，叶舒宪先生提议，将车上的矿泉水和西瓜送给烈日下辛苦工作的一线考古人员。大家都被先生的建议所感动。因为先生送去的，不仅是清凉，更是希望、信心和精神。

难忘徒步考察瓜州兔葫芦史前文化遗址的旅程。长达十五公里的步行，是一次灵魂的洗礼、意志的较量。然而，当时近六旬的叶舒宪依然走在考察团的最前面，步履轻盈而执着，精神矍铄而昂扬。没有一点一滴的犹豫，没有一丝一毫的疲惫。在那里，胶泥、黄沙、枯根、衰草，演绎着生态的变化和文化的更迭。在那里，人们发现了大量的陶、铜、石、贝、铁器，叶舒宪和专家学者发现了类似和田籽料的玉石标本，惊喜地看到了大量玉石加工的半成品。先生还捡到了珍贵的元清花。

更难忘，寻玉酒泉瓜州县的玉石山。

"欲知朝中事，乡下问野人。"就在寻访兔葫芦遗址的路上，叶舒宪意外得知，此地有座山，山上有稀物。那稀物，似玉。这样的信息，无疑是天大的惊喜。先生异常兴奋，迅速提议改变原定的考察路线，利用有限的时间前往考察。当地文物工作者担忧先生身体，担忧用餐不便，且不知山名，路途艰险，多有难色。但先生热情宽抚终得同意，大家兴致勃勃乘车奔赴。

前行的路线，正是当年林则徐西行的路线。这条路，还有圣僧玄奘前往西域的足迹。"苟利国家生死以，岂因祸福避趋之。"这样的前行很壮观，心绪亦很复杂。四辆载着考察团成员迫切心情的越野车，拉着西瓜、大饼和面包，浩浩荡荡向着瓜州的边境区域前进。驶过高速，穿过崎岖的小路，便没入了戈壁。车辆左冲右突，上下颠簸。行行重行行，几个小时后，终于在一个山口停下。当地文化部门的同志说，就是这座山里，据说有玉。先生笑称，我们在考察途中做了一个"大头梦"，还给这座不知名的山命名为"大头山"。

考察团的成员们开始了兴奋而充满期待的寻玉。沿着通往大山深处的山谷间，巨石林立，错落无序，多少年来山洪冲刷下的山谷显示着岁月的力道。大家相互提醒，走过山花山草的地方，特别注意，小心有蛇。虽没遇到蛇，但不知名的一种蚊虫表现出了特别的热情，总是围着人们飞舞。冷不丁地猛咬一口，疼痛异常。更有甚者，隔着衣服也总是遭遇蚊虫叮咬。先生和考察团成员顾不得蚊虫叮咬，沿着山沟从下至上、从上至下捡拾玉石。时不时捡起一块石或玉的东西，相互问询，共同探讨。

苍茫山野间，叶舒宪和十多名成员参差前行。大家在寻玉的同时，默默用心悟证，用心感受。叶舒宪说，若不是这一天的西域圆梦白玉日的亲身经历，谁会相信，《山海经》作者的叙述是不是子虚乌有呢？此后有媒体报道说，踏访大头山这座古今史书上都不见记录的白玉之山的时候，叶舒宪和考察团的成员们仿佛孩童走入了幻境。他们在不断追梦。

这是西行路上的圆梦之日。因为制作电视片的需要，更因为一种仪式感的表达，先生提议，我们用大小各异的玉石堆积出了硕大的"玉帛之路"字眼。

走过兔葫芦遗址和瓜州大头山，叶舒宪一直在思考，从甘肃到新疆和青海，是否有昆仑山和田玉以外的其他地方也有玉石输送中原的可能性呢？如果答案是肯定的，那么又会有多少和田玉之外的西部玉石资源在古代就已经被发现和开采呢？这些不同地区的玉石资源又是通过什么样的路径输送到中原的呢？

在思考和行走中，先生更加清晰地意识到，虽然在河西的博物馆里很少见到玉的存在，但玉水苑、嘉峪关、兔葫芦、大头山、马鬃山、玉门关这一个个地域符号的链接无疑在告诉人们，在史无前例延续数千年的西玉东输中，自西域进入中原国家的玉石资源具有多样性。除了新疆和田玉之外，甘肃、青海同样是西玉东输的玉石资源地。鉴此，先生后来提出了玉出陇原二马山（马衔山、马鬃山）的命题。先生还认为，鉴于玉门关的多样性和历史游动性，用"游动的玉门关"理念来考虑问题，或可跳出历史的谜团。

悠悠玉帛路，欲说已忘言。

盛夏时节，这些在先生带领下的文化"疯子"顶着烈日，一路奔波，徒步行走，真情丈量，无疑是一场职责、使命与激情的拉力赛。叶舒宪带领考察团一路走来，在烈日下奔波寻找，在夜间思考书写。在历时16天行程八千多里的玉帛之路考察中，每个凌晨，先生早早起床开始工作。为了不影响同室休息，先生悄悄躲进卫生间，查证资料，书写考察手记。早餐后，又和考察团成员一道出发，一路畅谈所见所得。艰辛的考察，对于先生竟成了一种享受。由此，我对游思与田野考察有了全新的理解。由此，我开始狂热地喜欢上了田野行走。而先生的勤奋与睿智，自兹更成为我坚定的精神标杆和前行动力。

2014年7月26日，在定西香泉镇的云山村，叶舒宪和考察团成员结束了为期16天的玉帛之路考察活动。闭幕式上，先生谈及一路所见基层文化工作者痴热之情怀，数次哽咽，令人动容，肃然起敬。作别之后，每时每刻涌动起简单而真诚的思念，总是激励我生命不可造次，时光更当珍惜。

点点滴滴，似无瑕白玉，清纯真诚，皆在内心深处励我前行。

四、记录玉帛

玉为信物，古道绵绵。

触摸文化的史前史，那里有一片扑朔迷离的大地，有一片时而阳光明媚时而乌云密布的天空，有一批批前仆后继的行者，有一段段血火传奇。烽火狼烟、刀耕火种、巫玉盛行……写满在史前的石、玉、骨、铁、铜、陶上。玉，就在史前的日头下闪着熠熠的光芒。并在不断的探索与发现中走进人们的视野，走进国人的灵魂。

考察结束，便开始记录式的书写。

我承认自己是一只笨鸟。对于那场高大上的玉帛之路考察之旅及其之后的书写，我是远远没有那样的能力和道行。在考察团成员中，虽然我是唯一一个工作生活在基层、纯粹谈不上是文化人或者专家学者之类的成员。或者客气一点说，我是那种最大优势就在于最能"接地气"的那一类。对于这样一个层次的成员来说，谈不上考察，谈不上研究，更谈不上去完成一个宏大的书写；但是，叶舒宪一直鼓励我，人的格局不是生来就决定的，人的格局也不是一成不变的。心若不动，风又如何？你努力了，便是无憾。开怎样的花，结怎样的果，我们都不能强求太多。关键在于，我们怎样执着地、坚实地成长过。在几度欲罢的时刻，是叶先生和其他专家学者朋友给了我无言的激励。就这样，带着创作纪录片的初衷，我像昔日玉帛之路上的骆驼或者筏子那样缓慢地走过了一站又一站，从识玉、解玉到感玉、思玉，我以一枚通灵老玉的视野记玉、写玉，最终诞生了十五多万字的《玉之格》，并荣幸地与先生的大著一同列入"华夏文明之源"丛书得以出版。次年，次次年，我又先后出版了《长河奔大漠》《青山横北郭》同属于玉帛之路考察的系列论著。冯玉雷先生谬赞，这是深入灵魂的书写。我固执地认为，这是叶舒宪和诸位专家学者教我的作文。

在文字书写的同时，还要去完成《玉帛之路》纪录片的创作。同行的孙海芳一直担心，在"专业主义"情结的引导下，观众对纪录片的审视带有一种不自觉的傲慢与挑剔。如何建构这部纪录片的文化框架，如何描述这一路考察的所感所获，需要编导具备宏大的架构能力。为了能够更好地完成纪录片的架构和叙事，作为考察活动的发起者，冯玉雷热情地为我提供了叶舒宪、刘学堂、孙海芳、安琪和他尚未出版的考察专著，以期对我有所帮助。

遨游史海，迷茫不知归路。夙兴夜寐，唯恐托付不效。抱着诚惶诚恐敬畏之心，艰难地开始了纪录片的架构与书写。最终，从考察活动切口，以小见大，跨越式地拉开史前四千多年的文明叙事。立足考察活动故事点，延伸玉石学术知识点，点破纪录主体关键点。四集电视纪录片《玉帛之路》分别以《玉出昆冈》《驿路寻玉》《玉振金声》《玉耀陇原》为题，每集六十分钟，通过"中国玉帛之路暨齐家文化考察活动"这一现实事实的客观纪录，影片全面反映了专家学者对玉帛之路的背景研究、路线研究、玉资源研究、齐家古国研究和华夏史前文明探讨，集中展示了产生于陇原大地上的马家窑文化、齐家文化、四坝文化、火烧沟文化、沙井文化、辛店文化的独特魅力，全景再现了华夏史前文明时期玉帛之路产生、发展、演变的"历史真实"，理性探讨了玉石神话信仰、神话王权建构和玉所承载的以"和合精神"为代表的核心价值，阐释了陇原大地对华夏文明发祥、传承的必然关系和积极影响，说明了甘肃是中国远古时代文化改革开放融汇的前沿，是华夏文明重要的发祥地。

"良玉假雕琢，好诗费吟哦。"《玉帛之路》纪录片的创作，得到了西北师范大学和考察沿线兰州市、武威市、张掖市、酒泉市、定西市等市县宣传、文化、广电等部门的热情支持，得到了考察团成员的关心指导。郑欣淼老先生百忙之中多次致电询问，亲切指导相关问题；易华研究员百忙之中审核修改文本，提供叙事线索；冯玉雷担任文学指导，并提供了由他作词、赵小钧作曲的主题音乐和主题歌《莲花》；孙海芳、卢法政、刘学堂、安琪等都给予了各种帮助和支持，国家一级书画家、陕西书画研究院副院长郭钧西先生为本片热情题写了片名。同人冯旭文、袁洁、赵建平和我的家人都怀一颗如玉般虔诚的心，凭着满腔的真诚和激情投入工作。特别是叶舒宪先生，他担任学术顾问，多次审核指导文本，提出叙事中存在的模糊表达和疏漏之处，更仔细观看纪录片视频，逐条列出在画面选取等方面存在的问题。至今，我依然保留着先生列出的修改清单。仅第一、二集，先生就指出二十多个问题。许多细微之处的勘误，令人感动。比如文本写到皇娘娘台出土玉器八十多件，先生指出，应是一座大墓中就出土八十多件玉器，而不是总和；再比如四坝文化距今应是三千七百年，不到四千年，可以用"近四千年"，不宜说"四千年"。视频在介绍皇娘娘台玉器时，出现了三星堆的玉器；在介绍石峁玉器时，出现了玉人像；在介绍红山文化玉器时，出现了大玉琮，而红山文化没有玉琮，等等。先生建议应该修正，还专门提供了相关的照片。细微之处见精神。我和同人被先生严谨治学之态度和专业求精之风范深深折服。

风沙磨砺俏玉容。2015 年，对我而言，是玉帛之路考察活动阶段性的丰收年。四集电视纪录片《玉帛之路》文本在《丝绸之路》增发专刊，我和创制组成员分别撰写的心得体会文章均在《丝绸之路》全文刊登。纪录片在中国甘肃网和考察沿线相关城市电视台展播，并荣获全国纪录片"学院奖"。论文《用现实真实再现历史真实——浅谈四集电视纪录片〈玉帛之路〉的创制理念与实践》被中国广播电视协会评为优秀论文一等奖。2015年6月17日,"首届中国玉文化高端论坛"在西北师大举办。论坛期间,陆续展播了《玉帛之路》相关片段,我还有幸做了交流发言。席间,与叶舒宪同坐。先生与诸学者高度评价《玉帛之路》的学术价值和艺术价值。从不沾酒的先生还举杯向我祝贺,竖起大拇指,说我最大的优点是乐于好学,肯于钻研。先生之言,更为我勇敢精进平添不竭动力。别后的日子,反复告诫自己携着先生的激励继续前行,恪守君子比德于玉的操守,真诚寻找安放心灵的家园。

还须提及的是,为了书写《玉帛之路》,认真阅读了叶舒宪考察专著《玉石之路踏查记》。专著分上、中、下篇,实为煌煌。专著中,再次发现先生现场考察之外独特的思考与分析,更发现了不一样的凉州。先生带着对西玉东输文化大通道的思考,重新看待佛教文物,专门设立章节《再访武威:从西玉东输看西佛东输》,谈论了"玉"和"佛"在凉州的"姻缘"。

先生提出,西玉东输是华夏文明起源期的文化运动,具有原型之路的意义;西佛东输则是在西玉东输路线上再度传播文化的通道,具有派生的性质。先生说,一旦熟悉西玉东输的文化传播模式,就不难明白,佛像传播所走的路径与和田玉进入中原的路径大体一致。"凉州模式"的原型,其实就是玉帛之路所奠定的文化传播模式。先生参阅宿白的《考古发现与中西文化交流》研究佛教石窟的传播脉络,从甘肃西部到东部依次有敦煌莫高窟、武威天梯山和天水麦积山石窟。按理接下来佛教石窟传播应该从天水继续向东传播,但出人意料的是,陕西境内没有在年代上衔接天梯山和麦积山的著名石窟,传播的下一站居然越过整个黄河中游地区,直接到了接近华北的山西大同云冈石窟。再通过北魏统治者的迁都,从大同迁到洛阳,带来中原地区最宏伟的佛教石窟——龙门石窟。先生说,原来没有认真思索过佛教石窟传播路径问题,总感到这种由北向南的传播中原路径有些蹊跷,因不明所以现回头看武威地区佛教遗迹,终于找到新的视角。武威为五凉割据时代的文化中心,五凉统治者笃信佛教并大力促进佛教石窟寺的修造,这给征服北凉的北魏统治者提供了前代的佛教造像经验与原型。

在叶舒宪先生眼里,武威是体验"神话中国"原理的大课堂。这里不仅有四千年前出土的齐家文化玉礼器,而且也有两千年建制历史的汉代凉州城及文物;有一千五百年前开凿的天梯山石窟神佛造像,更有同样距今约一千五百年的天赐石佛瑞像及其完整的传奇叙事。先生用见文见史见图见真相的"四重证据法"推理分析,认为从瑞玉到瑞像,是玉教置换为佛教的轨迹。先生感叹,从玉石神话到石佛神话,从玉教信仰到佛教信仰,中国文化史上最重要的一次神圣对象的大转换,竟在河西走廊在凉州悄然完成。从某种程度上说,西玉东输的玉石之路,构成了后来西佛东传的传播路径。

感念戈壁滩上走过的"玉帛时光",回忆如玉如帛。2015年夏,草原丝绸之路、玉帛之路考察活动再次启动。叶舒宪、冯玉雷和易华等专家学者环腾格里考察,前往阿拉善右旗。同样因为俗务,我的脚步只能从河西出发,绕道雅布赖,在阿拉善右旗与考察团会合。

踏遍青山人未老。在夜色笼罩的阿右旗边疆小镇,再次幸遇叶舒宪先生,甚是兴奋。纯粹的文化精神早已消除了彼此的陌生,先生高兴地与我握手拥抱,为我佩戴上了此次考察团成员的胸牌。简单的晚餐后,是促膝长谈。先生鼓励我认真书写家乡的大河文化,完成《长河奔大漠》的考察与记录。次日清晨,共同参观过阿拉善右旗博物馆后,合影留念,依依惜别。

再见亦是玉帛,淡如一匹水,真如一湖玉。之后八年间,未曾与先生谋面,但一直关注先生信息,践行先生治学精神。带着先生的鼓励与教导,以先生为镜,勤学不怠。2019年金秋,我与冯玉雷、雷广臻、周明全、展丽玲、黄刚、孙桂芳、徐永盛、叶凤玲、王承栋、冯雅颂、周楚然等志同道合者结伴,前往内蒙古敖汉旗访祖寻玉。迎着八千年的风,走进兴隆洼,探访"华夏第一村";走进兴隆沟,朝觐"中华祖神";在科尔沁沙地与老哈河之间,寻访七千年前的赵宝沟文化;走近大甸子,感受夏家店文化的神奇与阔大;在五千年前的草帽山遗址,鉴赏神奇的"米"字、"十"字等刻画符号;在夏家店下层文化中心祭祀遗址城子山,感受城市的建制和天文的神秘。置身时空长廊,探秘文明曙光。走近华夏文明长河中熠熠生辉的玉玦、玉龙,领略红山文化之美,也再次真切地感知和体悟着先生西玉东传、北玉南传、东玉西传的理论。苍穹中,宛见先生明眸,宛见玉帛之光。

因玉结缘,是一种造化,是一种幸福。

"言念君子,温其如玉。""有匪君子,如切如磋,如琢如磨。"从远古的诗词中走来,华夏美玉翩翩起舞,超然不群。玉和研玉思玉的人,相看两不厌,其耀自照。从相识到相会,看到了叶舒宪先生的勤勉智慧与学识涵养,更体会了先生如玉般的人格写照。"君子比德于玉"，先生温婉若玉。先生，守着玉的情操，守着玉的向度，先生就是玉的化身。

认识叶舒宪先生，改变的是"小我"，成就的是"大我"。

对凉州而言，先生以独特的视角发现了埋藏于此的华夏文明发生的巨大秘密。先生"让无言的出土器物发出声音，甚至说出话来，从中探索无文字记载的远古时代的社会和文化信息，从而重构出失落的历史线索。"一如先生之清俊，先生以不乏缤纷之色的笔触读懂"物的叙事"，让我们看到了一个全新的大凉州。

对陇原而言，先生潜心齐家文化数十载，游走陇原大地，痴迷田野考察，无可辩驳地高调定位齐家文化，奠定中国文化基调。更以确凿的证据有力地告诉世人，甘肃不是文化的荒漠，是中国文化的母体，是中国远古时代文化改革开放融汇的前沿，亦是我们共同的精神家园。

对国人而言，先生情在"玉"中，意在"玉"外。部部论著都在告诉人们，玉帛之路的研究，不单纯是路网结构、历史命题的书写与提升，更是对中华民族独一无二文化基因的再唤醒，对华夏文明"DNA"的再解读。

想起一首诗，"凉州是我旧时游，醉墨横剑到处留。君忆故人休惆怅，南园北寺壁间求。"回首，先生深邃而微笑的眼神，正掠过这里的每一寸土地。

看到一束光，那是玉之光。透露这束光，洞见别样陇原，洞见别样凉州。

我眼中的叶老师

张远欣

叶老师都七十岁了吗？我感觉他好像也就五十多一点。但细想一下也算合理，他是我爱人冯玉雷的老师，虽然是他大学期间最年轻的老师之一，但是今年我爱人都五十五岁了，与长他十五岁的叶老师站在一起，看起来年龄差距确实不大，这大概是南方人显得俊秀年轻一些，更可能是学术涵养让人青春常驻。

想起今年4月和爱人一起去西安，在闫庆生老师家中谈起一些往事，师母说，当年叶老师背着书包出现在陕西师范大学校园，真是太聪明、太帅气了。又想起我的一位杰出校友，毕业于中国石油大学、中瑞混血的中国工程院院士、石油开发专家王德民先生，有一阵网上盛传他年轻时的照片，他却说，只有不正经的人才总是谈论别人的外貌。

爱人常说起叶老师、闫老师、程老师等大学阶段的老师，以前我忙着工作和孩子，听完之后印象不深，十几年前，爱人担任《丝绸之路》杂志社社长、主编，他和叶老师团队一起组织参加过十五次玉帛之路的考察，那是我第一次看到叶老师的照片，才发现原来他那么年轻精干，此前印象中爱人的大学老师本该是有些年纪、沉稳持重、四平八稳的。叶老师给人的印象确是精气神十足，干净利落。这同他做学问一样，同读他文章给人的感觉一样，同听他讲座的感觉一样。

爱人常说，他们每次出去考察，往往都是人迹罕至的地方，有时一天坐车差不多十几个小时，叶老师总是背着一大包书，在车上就开始读，一天的行程后即使晚上近半夜才吃晚饭和住宿，叶老师还能继续写稿子。因此在他的带领感召下，考察团成员也都加班写稿，但出活快、质量高，无人能企及老师。

很多次考察活动或学术交流，叶老师还给他的学生及其他成员发很多书："玉雷，今晚把这些书看完！"

总感觉,叶老师看书写文章的速度比常人快十倍以上,一目十行大概说的就是他这样聪慧的人,而且他总能很快从文中理出脉络,并与头脑中海量存储的学术迅速搭接,形成他熟悉的主干及分叉的一个立体庞杂的网络。

叶老师的专业原是文学,后来搞人类学、玉学、神话、考古等,他常给学生和考察团成员说:"考古的人对咱们有意见呢。像陕西话所说,'马槽里伸出个驴嘴,人家当然反感了'"。爱人每每说起这句话都哈哈大笑,叶老师的魅力又多了幽默这一项。他的话也透露出做交叉学科研究的苦衷。

我听过爱人说过很多遍"四重证据法",这是叶老师的著名理论,每每读叶老师的文章,觉得很好读懂,他阐述的理论虽然很前沿很高深,但总能用自己的语言风格阐述得通顺通俗,读起来很痛快。

我不能准确评价叶老师的学术理论或文章风格,因为我是典型的外行,与众多祝贺叶老师七十华诞撰写文章的学者相比,我这更是马槽里伸出的驴嘴。工科出身的我从小就喜欢文史,当我评上职称孩子也上了大学后,在轻松完成本职教学工作的前提下,我把大量的时间花在了文史爱好方面,耳濡目染,对爱人和叶老师他们热衷的玉学、神话、考古等也很感兴趣。我读过一些叶老师的文章和书籍,也在网上搜看过多场叶老师的讲座或讲课视频。

我见过叶老师两次,第一次是2019年暑假,我们全家文化游途经山西、内蒙古、辽宁后到达北京,与叶老师、王仁湘老师、易华老师相聚,爱人与几位很是熟识,他们都是十几次"玉帛之路"考察的主要成员,他们一起写文章、出书,亦师亦友。而我是第一次见到叶老师等人,不敢多说话,也不知道说什么,打个招呼后就开始洗耳恭听。第二次见面在西安是今年4月,在爱人的母校、叶老师曾经工作过的地方——陕西师范大学,他们合办的一次学术活动。4月21日傍晚,西安大雨,爱人带我在酒店门口等候迎接叶老师一行,再见叶老师,我还是嗫嚅着打招呼问好。

其实,我喜欢一个人静静地读叶老师的文字,虽然读得不多不全,我在厨房蒸馒头揉面或长时间做家务的时候,往往把网上叶老师的长视频打开,这样干活一点也不枯燥,由于信息量大,这样的视频我能听好几遍。

很多视频中叶老师都没露面,或者只在一开始露个面,但看着那些课件,尤其是其中的图片,听叶老师那带劲儿的声调,如龙血玄黄、最早中国、玄玉时代、中国和外国众多的神话人物,我在体验一次次的文化洗礼和享受。

爱人给他的朋友介绍我时，总是说我学的是石油化工，教的也是石油化工。是的，那是我的专业，听起来很硬，所以，我是没有资格没有能力评价叶老师的学术成果的，只能从我对叶老师的一些感受方面谈谈。

这几年我也读了很多学者的论文，有些考古或历史方面专家教授写的文章，太注重引经据典，一件事、一个观点，这个专家怎么说的那个专家就怎么认为的；在这本古籍里怎么说的，在那本古籍里就怎么提的，这些论文虽然看似渊博严谨，但文章读起来很不美气，他们缺乏叶老师文章的洒脱。当然，学者的文章著作都该是具有深厚扎实的学术背景的，如只重自己的感觉也让人难以信服。

叶老师的文字、他的授课讲座、他的学术成果、学术思想，大概是能恰当地运用文学的方式，如与常人交流一样，他说的话他写的文，高级，但好懂。

他就像高出众生的智者，俯瞰历史长河的林林总总，沙漠戈壁的角角落落。他能洞察人类思维的每一个褶皱，而且能很快提炼、拔高，形成一个又一个的理论命题，然后聚合为体系。

虽然他是研究人类学的，但我又觉得他是那么脱俗，总是沉浸在读书思考写文章中，据说他最近才在手机上装了微信。而他每天只在固定的时间看一下手机，因为他有忙不完的事，时间太珍贵了。而我似乎能够理解他的快乐，每打通一处学术的关节，那种感觉真是妙不可言。

我还是不愿相信叶老师已经快七十岁了，大概因看过他年轻时的照片，感觉他永远就是那个状态。我有时也会遐想，如果找到一个虫洞，时光倒流，我像个隐身人一样，和爱人冯玉雷一起，走在绿树成荫的陕西师范大学校园，坐在教室里听叶老师饱含激情、才情、性情的讲课，尾随他们一起考察，聆听他们交谈。

我其实是幸运的，与很多人相比，我认识了叶老师。

情系源远流长的玉帛之路

——与叶舒宪先生交往二三事

王承栋

一

与叶舒宪先生初次见面，是在2015年。

那时的我，只是一个无知而狂妄的青年，总是一路走，一路望，一个人走在西北黄土梁。给自己取了笔名——大漠孤剑。以为我本孤剑，虽在大漠，却也能铿锵而鸣（自我吹嘘）；以为自己对乡土文化的研究已经很有建树，却不知，仍是井底之蛙。好在有许多如师如父、亦兄亦友的前行者，给予我无私的帮助，让我获益无限。

2015年6月，《丝绸之路》杂志社、文学人类学学会组织第五届玉帛之路草原道考察，途经西、海、固，承蒙时任《丝绸之路》杂志社社长的冯玉雷先生厚爱，我有幸成为局部考察成员，可随其程，于是得以寻访其地。

6月10日，我自白银赶往固原市，和大队人马会合。让我感动的是，同行的专家教授都以极其严谨的治学态度、随和的待人方式打动着我。和我住在一起的考察团成员、原甘肃广播电视局巡视员、电视艺术家刘炘老师虽已六十八岁，但看起来如小伙子一般，充满朝气活力。为了赶稿，他熬到半夜，却还在不停地催促我睡觉，第二天六点钟依旧按时起床，并且一再询问是否影响我的睡眠。

还在我收拾东西时，冯玉雷先生已经敲门招呼大家。吃早点时，考察团团长、中国社会科学院比较文学中心主任、上海交通大学讲席教授、中国文学人类学研究分会会长叶舒宪先生不仅自己背包带东西，而且还顺便收集大家的住房卡，给大家办理退房手续。而考察团成员、中国社会科学院民族学与人类学研究所研究员易华先生为完成自己规定的任务,竟然放弃吃早点。中国甘肃网记者金琼则亲自加我微信,商议改稿……所有的这些,都让我切实感到行万里路亦是很重要且独特的获取知识的途径。我深感在人与人交往中,有许多书本上根本无法学到的知识。

临出发前,冯玉雷社长在住宿的万和酒店前,为我主持了隆重而简朴的授牌仪式。当考察团团长叶舒宪先生亲自把"2015草原玉石之路(第五次玉帛之路)文化考察暨首届中国玉文化高端论坛"的胸牌挂在我的脖子上时,我瞬间理解了当时要求相关活动"隆重而简朴"的意义,突然感到一种庄严,一种神圣,同时,也深感担忧,害怕自己心余力拙。其实,对于我来说,不论丝绸之路,还是玉帛之路,都属于路边汉,因此,借用网络语来说,的确是"亚历山大",看来,今后还得倍加努力才行。

这之后,我们出固原市,前往西吉县。叶先生让我开车带路,说这样时时看到前面有自己的人,更加亲切,仿佛行走在熟悉的家乡一般。记得当时两边绿树葱葱、青山悠悠,特别是一颗颗古柳,让人仿佛置身江南水乡一般,感到无限的欢心。走出固原市不远,天空竟然洒下一阵细雨,于是王维的《送元二使安西》涌上心头,不过,此时,诗句得修改一下:"固原朝雨浥轻尘,群山青青杨柳春。劝君更尽一杯酒,西出萧关有故人。"啊!

在西吉县钱币博物馆,我们参观了馆藏文物凤凰纹玉琮。当时叶先生戴着白色的手套,仔细地研究。对我影响颇深的不止是先生的学术讲解,还有第一次近距离地感知先生对文物的敬畏,也是这次参观,让我产生了对玉器玉石的喜爱并开始一些断断续续的研究。

接下来,我们借道月亮上天都,往返海原县,参观海原博物馆及菜园文化遗址,考察团大队人马奔赴银川,我则返回白银。

西海固之行,带给我很多的知识,也留下很多的思考。

二

原以为,与叶先生只是短暂的交往,过后再难见面,不料时隔几天,"2015草原玉石之路(第五次玉帛之路)文化考察暨首届中国玉文化高端论坛"6月17日在西北师范大学专家楼召开。本次论坛是基于"2015草原玉石之路"原野考察的初步总结。我作为阶段性考察人员,再次有幸参加会议。

考察团团长叶舒宪先生主持会议，叶先生认为，对前期就已经开启的玉石之路的深入调查与研究，对于认识华夏文明的大传统遗产，具有重要意义。先生谈道，2014 至 2015 年，文学人类学研究分会积极谋求与山西、陕西、甘肃、宁夏、内蒙古、新疆等各地相关单位协作，策划玉石之路系列考察活动，预计六次，前五次已经实施完成。

其后的事实远远超越原本的计划，截至目前，叶舒宪、冯玉雷等学者组织的玉帛之路考察共完成十五次田野之旅。玉帛之路的文化考察，为研究传承中华优秀传统文化作出了巨大的贡献。

这当中，我虽不能亲自参与，但时刻关注相关活动及成果，值得一提的是，2015 年端午我参观大地湾博物馆，了解史前文化大地湾，撰文《秦安漫游记》，后刊发于中国甘肃网，文章的内容，便是受到前期学术考察的影响。

中华文明有五千年的悠久历史，且绵延不绝，其有文字记载及实物为证，自是无可非议。但八千年前至五千年前，人类从愚昧走向文明的前夜，也是史前社会发展变化的重要时期，鲜有文字，也缺少实证。恰在这一时期，大地湾先民发明了中国目前最早见到的彩陶，将中国彩陶文化发端的时间上溯至距今八千年前；先民们同时种植生产了我国北方第一批粮食品种——黍，从而奠定了大地湾作为我国原始农业发源地的重要地位。

八千年前，对我们而言实在是太遥远了！八千年前是没有任何文字记载的史前时期，按历史学的界定这一时期属新石器时代。但我看到，多数资料至今将大地湾文化归属仰韶文化，这里，我深为大地湾鸣不平！我们完全可以说，这就是大地湾文化！其遗址是研究远古人类活动，特别是史前文化形成及其再展的一座丰富的宝藏。

我这一浅见，先前在参观大地湾时，已经产生，但人微言轻，一直不敢立说，怕贻笑大方，只敢私下妄论。无独有偶，2016 年 1 月 29 日中国甘肃网刊发上海交通大学致远讲席教授、中国文学人类学研究分会会长叶舒宪先生"第九次玉帛之路考察活动"笔记，其中《假如安特生先来大地湾》有载：

> 1921 年，北洋政府聘任的瑞典地矿顾问安特生在河南渑池县仰韶村发现史前文化，命名为仰韶文化。这一重大发现成为中国考古学诞生的标志事件。1924 年，安特生来到甘肃后，先后发现马家窑文化、

齐家文化、寺洼文化、辛店文化等。所有这些西北史前考古文化的命名都一直延续至今。但是在年代上均在仰韶文化之后。这就给新兴的中国考古学带来一种与生俱来的成见，好像只有仰韶文化是源头，西北的其他史前文化都是在仰韶文化基础上发展出来的。假如当年的安特生也来到秦安的大地湾考察，情况会怎样呢？假如安特生在去仰韶村之前先来大地湾，情况又会怎样呢？可以推测的结果是，至少那种认为史前文化自东向西传播的错觉模式不会出现。大地湾文化因为其年代的久远被排在北方史前文化的早期位置，随后出现彩陶文化的自西向东传播运动，催生出仰韶文化。在这种源流关系中，当然不会出现中原中心主义偏见所支配的命名现象——将大地湾文化称为"仰韶文化的甘肃类型"。这完全是弄错了文化父子关系的一种误读。

现实生活中，人们固信的知识，未必全部正确。有位知名的艺术家，一直唱"长城外，古道边"，直到耄耋之年，幼小的孙子才给他纠正。

之前我一直认为葫芦河流淌在宁夏西吉海原，直到大地湾，才得知，葫芦河正是古代的瓦亭水、陇水，其流域涉及两省区八县一区，流经静宁、庄浪、秦安，在天水三阳川与渭河交汇，是渭河的第一大支流。

很多的时候，孤独和寂寞根本不是别人所能理解的，也根本不是用语言文字所能表达的，那种非亲自体验而不可得的感受，只能深埋经历者内心，久久沉默，甚至最终被封藏。

看到叶先生的观点，我再次斗胆猜测：大地湾文化，就是大地湾文化，不应再称之为仰韶文化的早期或前仰韶文化。换言之，如一定要拉上关系，那么，仰韶文化或许可以算是大地湾文化的拓展。

这关系到正名，并非只为纠正拗口。

感谢叶先生的学术观念，给予我理论上的指引，精神上的支持。

三

现实生活中，冲破我们内心隐秘的壁垒，或者说击中我们内心最深处的柔软，并不是一些高大上的事理，恰恰是一瞬间，平凡和渺小的温情。叶先生给我的感觉，正是如此。

叶舒宪先生热衷田野考察，他高屋建瓴，吃苦耐劳，出版过多部人类学方面的文化考察专著。源于对地方文化的热爱，我曾经兼任《丝绸之路》杂志社白银基地主任，也做了一些点滴的考察研究。叶先生的著作，特别是关于玉帛之路及西北文化的不少学术文章，借助《丝绸之路》杂志的传播，让包括我在内的会州文史研究者协会成员获益颇丰。

无论是身处繁华都市上海，还是行走苍茫西北田野，这位年近古稀之年的老人，都让我的岁月燃烧起激情。从他的身上，我似乎找到了深层的情感共鸣，打破了肤浅的行为羁绊。

南北朝时期，西魏末丞相宇文泰行军至今甘肃省靖远一带，会师于此，土人张信馨资飨六军，宇文泰大悦，因命置州，以"会"为名。汉至唐代，此处均为交通要道。特别是作为汉、唐边塞重镇，北宋、西夏、金的对峙前沿，大明王朝与元代蒙古族军队抗衡的边疆，清王朝的内地，这里留下了许多扑朔迷离的城堡、关寨、长城、烽燧、丝路、古渡，布满了历史的烟云。会州作为古丝绸之路的咽喉要道，西域与中原文化交流传播的重要途径，因此此地沿线有大量的文化遗存。

因为对这片土地的狂热眷恋，产生了很多的文史探讨者。2012年，我和陈永红、王东林、张治军等人，依托QQ相互联系，商议成立民间爱好者组织"会州拾遗群"。2015年，受玉帛之路探索实践的影响，我们数次组织探索活动。2016年新年伊始，会州拾遗群成员探访盐池古道。探寻期间，为了进一步团结集聚社会各界文化人士，繁荣区域文化氛围，促进当地历史的学习研究和传播交流，服务白银市文化发展需求，拟升格为白银史学会，后因重名，兼考文化，最后定名为"会州文史研究者协会"，并积极开展活动，坚持每年召开一次年会。

建立本协会的宗旨是为爱好地方历史文化的同志们提供一个互相交流、学习的平台，如有机会组织现场考察，进一步挖掘历代古会州（靖远、平川、白银、会宁、景泰、海原）及周边历史文化遗产、考证历史遗迹，让更多的人了解本地光辉灿烂的历史底蕴。文者撰文宣扬，绘者丹青渲染，促成开发保护，提高古会州在丝绸之路上的知名度。

之所以如此命名，一是我们研究的范围在古会州大地及其周边地区；二是我们不仅关注历史，而且兼及风俗、民情等文化范畴；三是我们毕竟和"爱好者"略有不同,但又达不到"专家"的水准,充其量算是"研究者";四是毕竟算一个小组织。

自2012年以来,古会州大地的本土文化爱好者们,热衷当地的历史、文化、民俗的探索;热衷当地的长城、烽燧、城堡的寻访;热衷于当地的圣贤、学者、名人的研究,他们不计名利,不计报酬,一次次地自费组织活动,先后走过索桥渡、苦水堡、荒草关、三角城、磁窑沟、甘盐池、西安州、哨马营、芦沟堡、石头城、柳州城、鹯阴城;穿越过黄家洼、锁黄川、西格拉滩、祖厉河沿岸,等等,自认为取得了不少的成绩。这当中,玉帛之路前前后后的考察活动,不时地成为我们效仿的榜样。特别是考察团中叶舒宪先生、冯玉雷先生等文化大家的田野考察和文字作品,对一群近乎狂热的爱好者,起到了从精神到实践的重要指引作用。

不仅如此,受叶先生思想及行动的影响,我还跟随冯玉雷先生走出了古会州,放眼西北大地,力图全面地了解中华优秀的传统文化,特别是以古会州为重点的地域文化,兼以地方玉器的探索,更让我深感中华文化的博大精深。

2018年7月,有幸参加西部丝绸之路文化考察活动,考察地域主要在河西和青海海西。丝绸之路一直被视为古代中国与中亚、西方进行经济、文化交流的代名词。由《丝绸之路》杂志社主办,自2014年6月开启玉帛之路考察,至2017年,考察活动坚持进行五年,共完成有组织的十三次田野调研,覆盖西部七个省区的一百五十多个县市,驱车与徒步的总行程近四万公里,取得了巨大的科考成果。这些活动的举办,都离不开叶先生的亲历与指导。

2019年10月4日,一个收获的时节,我又前往敖汉旗,终于见到了赫赫有名的"华夏第一村兴隆洼"。在这里,我特别关注到1992年秋,从兴隆洼遗址117号墓人头骨的两侧,竟然发现一对玉玦饰,据此确认就是早期的玦饰耳环,堪称"中国第一耳环"。这是中国目前考古发掘年代最早的磨光玉制耳环。1994年10月1日从135号墓还出土一对大型玉玦,其制作精美,直径约六厘米,是迄今为止发现的兴隆洼文化玦饰中最宏大的杰作,堪称"玦王"。这些玉器,对于研究中国古玉文化,有着极高的实证价值。

重温往昔的记忆,我又见到叶先生的执着朴实,或许正是这种平凡,造就了先生的伟大,正是这种努力拼搏,筑起了先生的学术成就,也为传承发扬中华的优秀传统文化铺垫了重要的基石。

四

与叶先生的交往，还有一次空间的互动。

2022年3月，冯玉雷先生给我发信，内蒙古社科院邀请叶舒宪老师给草原玉石之路项目出版一部书，冯社长建议我把之前参加玉帛之路的相关资料整理整理，再加上我自己的考察研究，写一篇文章，传给叶老师。

2022年5月6日凌晨，我改完稿件，给叶先生发邮件，汇报我的写作情况，附带寄上作品。内容如下：

> 尊敬的叶老师您好，我是白银市的王承栋，和您一起参加过第五次玉帛之路西海固段的考察。《丝绸之路》杂志社社长冯玉雷老师让我写一篇草原玉石之路的文章，先将初稿发给您，请您百忙之中提出修改意见。
>
> 谢谢，顺祝安康。
>
> 王承栋
2022年5月6日

焦急地等待，焦急地期盼，内心诚惶诚恐。因为先生是文化界的名人，又是知名大学的教授，是否会关注到一个小小的乡土文化爱好者？我甚是怀疑！没有想到的是，在我焦急等待，满是期望之时，当日下午就收到了先生的回复：

> 承栋兄好，多年不见，看文章回忆当年的相伴旅途，非常感慨！你的大文我将照单收入《草原玉石之路》一书，或明年在北京出版。这也许是对实地考察的很好纪念。
>
> 谢谢！
>
> 叶舒宪上

我一下子就破防了。先生乃何等高尊人士，我又是何等普通人物，怎敢如此称谓？真是诚惶诚恐。想起传统秦腔《辕门斩子》中的唱词："八千岁与我作了对，这猛虎焉敢斗蛟龙。"只不过，此时的情景是："叶教授和我站了队，这我怎敢出凡尘？"可事实已经如此，我又连夜修改稿件，力图完善文稿，以报答先生的知遇之情。

紧接着，在2022年5月7日，先生又给我发来邮件，想必是先生看完了我的作品，发现不少瑕疵，特以教导。我自知文章问题不少，只是先生没有直说，而是发来简单的提示，连带附件：

　　好的，承栋兄，这是我的部分，一次有关玉路的讲座稿，供你修改时参考吧。

附件是先生的大作《文化再自觉：玉石之路与玉成中国原理》。

这一次，绝不仅仅是简单的回复，而是先生在传授秘方。因为很多的时候，我们睡着了，但未必其他人一定不清醒，所以，往往在我们对事情浑然不觉时，别人已经远远地超越了我们。先生对玉石文化的源头及传播之路有很多方面的研究，堪称大佬。但对于名不见经传的我，能够出示其蓝本，让我得到的何止是亦文亦德的传递，何止是亦师亦友的恩情！

遵照先生的指点，我仔细修改文字，充实内容，再次发送先生。
2022年6月6日先生回复：

　　谢谢王兄！
　　这部书总算编出轮廓了。给你的题目稍加修改，以配合全书。

这次，先生只是对我的文章题目做了修改，附带书稿的编排体例及所有的文章目录。我想，依照先生的执着认真，肯定对文稿又进行了审校，但低调的他，不会随意地炫耀表功罢了。

书写以上文字，不仅是为了感念先生，更是要学习他优秀、坚定、高尚、信念；要永葆先进品格，传承精神魅力，这样才不负先生诲人不倦的付出。

青山静穆、清风徐来的谦谦君子

——我眼中的叶舒宪先生

张艳蕊

自 2019 年 11 月,中国比较文学学会文学人类学研究分会第八届年会结识叶舒宪先生,迄今近四载。漫漫四年间再未有缘一见,但邮件往返间,不是师生宛如师生,在我心目中,先生不仅是著作等身、构建中国本土理论话语的大学者、大宗师,更是平易近人、耳提面命的良师益友。

一、神往与初识

对叶舒宪先生可谓闻名已久。早在 20 世纪末攻读比较文学暨世界文学专业硕士研究生期间,在系统阅读、学习相关专业书籍时,便看到诸多著作与文章皆为叶先生所著,在师友相聚时也经常听到大家各种仰慕之声。彼时开始关注先生的研究,二十年来看到先生著述不断,范围涉及古今中外,内容涵盖文学、文论及文化诸领域,文学人类学在先生的带领下逐渐成为国内影响力最大的本土文化流派,心向往之余更知个人渺小,只将先生作为学术"大神"供奉在心中。

然而,2019 年 11 月 23 日那天,我竟然见到了这位心目中的"大神",并有幸与大神近距离交流。至今,那时的情形仍历历在目。记得当时是跟好友荆云波老师一起去参会的,一到相思湖宾馆大厅,就看到窗前沙发上坐着两位长者。荆老师立刻走上去打招呼,原来那位面容清癯者就是叶舒宪先生,另一位则是彭兆荣先生。彭兆荣先生谈吐幽默,叶先生说话时始终面带微笑,令人如沐春风。从郑州到南宁宛如从隆冬进入初夏,下了火车脱了厚厚的冬衣还身着厚厚的毛衣,本想一到宾馆就去洗漱换衣的,但叶先生的亲切、儒雅令人难以抗拒,于是乎,在接下来的近两个小时,在他们师生天南地北聊得不亦乐乎中,我就汗流浃背地坐在旁边，怀着初见"大神"的激动心情静静聆听。

在接下来的开幕式及会议期间，听到了叶先生激情洋溢的精彩发言，了解到叶先生对中国文学人类学发展的贡献、他主张的四重证据学说及多年来行万里路对玉成中国的田野考证等。会议中和早餐期间，有幸几次坐在叶先生近旁，近距离感受到叶先生的平易近人、虚怀若谷。对先生读万卷书、行万里路，深入偏远田间地头、小摊商铺挖掘考证玉石源头、路径、材质等的接地气的做法，以及这种将学问做到山河大地、大众民间的学术风范，都使我敬佩之余深为感喟，不由心生奢望，我能否去先生处访学一年以就近求教呢？可惜，天生怯懦的我，不仅没有勇气直接向叶先生求恳，甚至在热情的荆老师帮我去引荐、游说时也不敢走上前去争取！

后来每每回忆与叶先生交流的这短短几天，着实惭愧居多。想来，在为张洪友博士专著《好莱坞神话学教父约瑟夫·坎贝尔研究》写完书评后（这是会议将结束时鼓足勇气毛遂自荐接受的任务），大概就无缘再与叶先生交流了。

二、求教与提点

本以为南宁会议后只能再次将大神供奉在心中，不会在现实中有任何交集，这大概也是现实生活中平凡小人物结识各领域大拿的普遍结局吧。

但令我感动的是，各种会议不断、著述不断、堪称日理万机的叶先生还记得我想在他麾下求学之事，让荆老师转达了期望。尽管囿于学校相关要求，我未能如愿就近求教，但此后叶老师就成为我经常利用邮件求教的对象。每次问候先生、询问相关问题，先生几乎都是第一时间回复，对我的问题也是不厌其烦、耐心解答。人的一生有很多遗憾，作为一名求学者，最大的遗憾是无论个人如何努力，却在学说纷纭、迷雾重重中始终不见柳暗花明，一直未能窥其堂奥。与先生结识之后，这种遗憾终于不再刺心。

多年以来，无论是求学还是从教、科研，我的研究领域先后转变多次，虽有工作需要、兴趣使然之故，但更大原因在于缺少一双慧眼，看不到正确的研究方向，在多领域都只是浅尝辄止、无缘深耕，为此，内心颇为自卑。但先生安慰我说，"凡是只关注本专业的都是铁路警察"，令我深感安慰。近年来，我因研究外国影视一直未能有所突破，先生提醒我要将侧重点放在讲述中国故事，要在中国电影的研究和提高方面发力，这为我指明了研究方向。我因上课繁多而无暇他顾，先生告诫我要在上课之余追踪新知识，并提供相应渠道。文学人类学有新进展，先生忙碌之余总会设法提醒我去了解。在先生提点之下，我从中国比较文学学会云讲堂的腾讯会议上聆听了先生的《文化文本的一级编码》，感悟神话的魅力；从上海书城新书发布直播活动中，了解到人们在鼓吹现代性机遇的众声喧哗中先生强调要有强烈的危机意识，要体味学者的敏锐感知；从先生在为土耳其孔子学院所作的网络讲座中，在对出土文物的关注中，在对将古典文化通过各种传播媒介推向大众的努力中，我在不断接受新知、学习新知的同时，深深震撼于先生不遗余力提升中国理论话语权的本土自觉。先生还认真审阅我写的书评《文化自觉视域中的〈玄玉时代〉》，从头至尾做了细心修订，甚至到具体的语句乃至字、词，也会从新文科建设的角度进行宏观把握。

"青山静穆、清风徐来"。先生的学术造诣堪比大山之深沉厚重，令人肃然起敬，交流愈多欲觉高山仰止、难以企及；而其人格魅力则让人望之弥亲，越交往越觉平易近人、亲切温和，宛如清风徐来。

先生以四重证据、五重叙事讲述中国故事，以神话中国、玉成中国挖掘华夏之源，为当代学者指出了一条打通田野与书本的学术研究之路；先生主张打通学科壁垒、提倡跨学科研究，更以打破门户之见、积极提携后进之举，为我等平凡之辈提供了学术路径和学术资源。而我，正受惠于先生的学术提点与人格影响，当努力践行先生指引的学术之路与价值导向，不负先生期待。

我们心目中的叶舒宪老师

赵录旺

叶舒宪老师是我们同学心目中的传奇，几十年来一直如此。

第一次见叶老师，是在陕西师范大学8号教学楼的楼道。作为大一的新生，在晚自习的休息时间，我胆怯地看到一群高年级的学生在楼道里围着一位谈笑风生、神采飞扬的精干小伙聊天，那种气氛让当时没见过世面的我惊讶不已，至今难忘。后来才得知那是陕师大中文系具有传奇色彩的年轻教授叶舒宪老师，从此以后，叶舒宪老师传奇般的故事一个接一个传来！

叶老师在原型理论的研究方面很厉害、叶老师正在学习英语准备出国、叶老师要去澳大利亚参加学术研讨会、叶老师的神话－原型理论书出版了……同学们在宿舍教室里到处在谈论着叶老师！在我们上大学的八十年代，神话－原型、主体性美学、复合性格理论等概念让学中文的同学们充满了诸多不理解及好奇。特别是听说叶老师正在学英语准备出国参加学术研讨此事，更是让人感觉不可思议！回想起来，正是叶老师这一代人，让中国的学者再一次走向世界，让世界听到中国的声音。

大学期间，除了听过几次叶老师面向全校的学术报告之外，我真正聆听叶老师讲课，还是在大学临近毕业的最后一学期。记得好像是当时中文系觉得最后一学期大家没什么事，浪费时间太可惜，而且中文系的好多名师的课大家也没听过，有点太遗憾，于是临时给我们年级加了几门选修课，其中一门选修课就是叶老师讲授的外国文学。记得第一次上课，叶老师拎着一个小包，像个孩子一样，笑盈盈地看着大家迈上讲台，偌大的联合教室顿时静悄悄的。叶老师侃侃而谈，充满了思想的睿智，他对外国文学进行的原型理论解读，给我们打开了一个立体的世界文学的图景，从根本上改变了我对外国文学的理解和想象，特别是在和中国文学的对比解读中，让我们的思维和理解猛然间豁然开朗。工作多年之后，我有幸在一期《中国古典文学》杂志上读到叶老师的一篇关于《离骚》的神话－原型解读的文章，其睿智的思想、昂扬的想象、诗意的文字，令我心潮荡漾，仿佛又回到了课堂坐在叶老师面前听他入情入理地讲述。这篇文章，成为我此后多年教学中给学生进行文本阐释的范例。叶老师的理论研究，不拘泥、不迷信，以现代理论解读中国文化，阐发中国文化的精神，自然精到，让中国文化和世界文化情理相通，让学问具有了一种崇高的人类学境界。

大学毕业了，同学们分散各地，开始了各自的创业和奋斗的生涯。但每当大家有机会见面，都不禁怀念当年大学的老师，讲述自己和每一位老师一点一滴的缘分和故事，其中大家每次必然要谈起的就有叶老师。在大家的谈论中，我们知道了叶老师在学术界转战奋斗的传奇故事，知道了叶老师提出的"四重考据法"及其理论体系，知道了叶老师一本一本的学术专著的出版发行，叶老师依然是我们念念不忘的具有精神召唤力的恩师，他的学术生涯回荡在我们的生活和工作中，总是唤起中文系人独有的一种浪漫情愫和精神向往。

记得毕业二十多年后，我们一位同学还浪漫地谈起对叶老师的情结。她说，叶老师炯炯有神的眼睛、富有磁力的声音，是那么让人陶醉！作为叶老师几十年的铁粉，真想再见见叶老师，只是叶老师这么大的名人，怎么会有时间见一个当年不起眼的学生呢！有一次叶老师来西安讲学，我借机把这个同学的愿望笑着告诉了叶老师。叶老师高兴地说，来吗，大家想来都来吗！同学们的名字我都记得。于是，我们十几个同学晚饭后去拜望叶老师。叶老师热情地接待了我们，依然是孩子一样笑盈盈的面容、依然是亲切的富有磁力的动人声音、依然是炯炯有神的眼睛和充满睿智的思想！几十年岁月，似乎没有让他变老，变老的好像是我们这些学生。因为前来拜访叶老师的人太多，我们在叶老师的挽留声中告辞了。出来后，我们女同学激动地说："叶老师太帅了，我太幸福了！"

虽然叶老师名声很大，学术地位很高，但他在我们这些无名的学生面前，总是平易近人，善解人意，充满了爱惜之情。几十年后，能和叶老师再次接触的缘分来自冯玉雷同学。冯玉雷在主办《丝绸之路》杂志期间，与叶老师一同组织实施了十六次玉帛之路文化考察活动，影响非常大，其中敦煌三危山旱峡玉矿被甘肃省文物部门重视并被考古发掘，就与他们的第十三次玉帛之路考察活动密不可分。这个玉矿遗址的考古发掘被评为"2019年全国十大考古新发现"。

最初，得知叶老师在西安讲学，冯玉雷托我去拜访叶老师。我借机听了叶老师在母校做的几次报告，重温当年那神思飞扬的课堂。叶老师见了我，热情而亲切，问长问短，关怀备至，让我充分感受到作为他的学生的尊严感！慢慢地我又和叶老师熟悉起来，见面时难免提到学业上和工作上的困惑。叶老师总是笑着说："说来听听！"然后不厌其烦地分析问题的症结、出主意、提建议，让我在面对任何问题时能获得应有的自信和力量。叶老师身上有种无形的精神魅力，总是推动人积极向前，敢于面对和克服困难。

不怕困难、敢于吃苦、勇于开拓的精神，在叶老师身上更是有生动鲜活的体现！印象中，他是一个聪明睿智、坐书房、站课堂的书生；但实际上他却是能吃大苦、敢赴险、勇于开拓的充满睿智的勇士，让我这年轻的学生敬佩不已。在玉帛之路的十几次考察中，叶老师率领的团队大多是从西安或兰州出发，之后沿着玉帛之路前进。考察队不管寒暑，都要穿越关陇大山，越过高原沟壑，一路考察而去，那真是一次次能吃大苦的艰难跋涉！每次从西安或兰州出发前，我大多是陪玉雷一起在宾馆等叶老师半夜从外地赶来，会齐后，第二天就出发考察。尽管我没有参加他们的考察队，但我关注着他们的行踪，看着他们在酷暑中、大雪中，行走在人迹罕至的深山沟壑，在古文化遗迹的发掘中激动地和古人交流、和天地交流，让历史在当代发出有力的回声！每当看到叶老师不顾年龄，穿着牧羊人一样粗朴的服装，行走在大地上，我总是心潮澎湃，敬佩不已。从他身上我深刻地感受到一个学者内心不屈的倔强劲、感受到了一个学者对人类的一种至爱之情，也感受到他用生命把学问写在祖国的大地上的神圣！神而会之，我曾经写了一首诗来赞美叶老师和他们的团队：

> 静坐峰巅俯群峦，山川逶迤路迢远。
> 日行千年问先民，披荆斩棘筑家园。
> 雁雀颉颃戏空天，茅蒿参差野荒原。
> 残帛遗玉天地书，心会神通今古谈。
> 临风轻笑友朋聚，遥想烽烟桑梓田。

叶老师领导的玉帛之路考察，前后十五次，收集资料丰富翔实，成果丰硕。

叶老师作为学者和思想者吃苦耐劳、勇敢开拓的坚韧精神更是给我们树立了为人为学的高标，成为我们学习的榜样。其间，留下的生动传神的传奇故事，更成为我们一种精神力量！

不知不觉间，叶老师七十岁了，我们这些不知名的老学生们也老了！但在我们心目中，叶老师依然是年轻帅气的小伙，依然是笑盈盈的孩子，依然是目光炯炯、神采飞扬的智者，是我们念兹在兹的说不尽的一种精神传奇。老师不老，我们学生也就不老！

"神" 妙缘起 "话" 说往事

韩昊彤

我与叶舒宪老师初识于2013年，那时老师主编的大作"神话学文库"丛书刚刚出版，陈列于各大书店的民俗学研究书架。从书架边偶然路过的我，被"神话"二字迷住了眼，不由驻足，我打量着书架上那些令人神往的关键字，渐渐地目光追不上思维的脚步。一时间，丝丝杂乱的思绪拧在了一起，变得有力而强壮，足够支撑我从"凯尔特神话"飞驰到"苏美尔神话"；又从"大洪水神话时期"穿越到"太阳神话时期"……等回过神来时，我仿佛游遍了整个远古世界，最后留在手中的只有两本厚厚的《中国神话学百年文论选》。一起收款付钱时，同学们看到一个刚读上计算机专业的大一新生，手握的却是民俗学、神话学这一类中国语言文学研究的图书，不由发出疑问："同学，你拿错书了吧？"我不知如何回答他们的问题。我本想说，"这不是拿错书了，而是一套太多这次只拿两本太少了"，又想说，"这么好的书你们也可以看看"；还想说，"这可是神话资料的宝库啊！"最终，我把这些可能只有我自己明白的自言自语收了回去，向他们打趣："我想转专业到中文系，提前拿来看看。"说完，我不禁将手中的两本书握得更紧了些，直到走出书店门外，所有的喃喃低语才平息下去。"大哉乾元，万物资始"，在这套书籍的引导下，每翻开新的一页就是迈出崭新的一步，遥远的"过去"与"未来"由此链接！

小时候的我总喜欢拿着玩具编故事，那时稚嫩，不知何为神话，只是依稀在碎片化的回忆中记得"黄帝""夸父"等字眼，并用这些名字为自己的"奥特曼"玩具贴上标签。上了小学，我总是对语文书中的神话故事着迷。有一副精美的插画是撑开天地的盘古，我时常拿起一张白纸在上面描绘，笔尖触画的线条之中有一板一眼沿着老师教导的临摹，还有一撇一捺的分叉包含着自己对神话的遐思。后来上了高中，我开始尝试撰写神话故事改编的小说，题名为

《入世录》，意为神话从远古的"集体记忆"之中踏碎时光而来，历经千万凡人的重述与改编传到今世。神话不仅仅是我们与上古神话人物对话的媒介，更是我们与未来自己沟通的信条，神话之中的浪漫与不羁也会抚慰我们疲惫的灵魂并给予需要的养料。换句话说，在今人思辨与远古神话来回对话的过程中，未来不会仅仅被框定在科学逻辑的方寸之中，因此如何在神话小说改编的过程中既承接古人的思考，又能顺理成章地叠加上当代的思想印记，变成了高中时的我无法解决的难题。当时，我手中只有一本《图解山海经》，我便学着网络小说的样子，顺着山海经奇诡的想象，以东南西北的方位观糅合自己读过的各类神话故事。写着写着我才发现，原来"想象"也有穷尽的时候。停笔备考，最终走向理工科学习之路的我，本以为要彻底和"神话"挥手告别，直到那次在书店与叶舒宪老师"相识"，我才再度拾起了信心。

毫无疑问，叶老师主编的"神话学文库"系列丛书成了我入门神话学的启蒙读物，更是指引我未来工作与研究中心的第一缕曙光。大学期间我借阅了叶老师撰写的书籍，如《诗经的文化阐释——中国诗歌的发生研究》《老子的文化解读——性与神话学之研究》等，并由叶老师的"介绍"认识了袁珂、马昌仪、李零等国内神话学、民俗学研究大家，以及列维-斯特劳斯、普洛普、福柯、弗雷泽等著名国外人类学、神话学研究专家。在叶老师的指导下，一股熊熊燃烧的"神话研究"之火已然在我体内燃烧。虽然那时的我还没有真正开始"研究"神话，但我结合自身的兴趣爱及专业优势，一边继续丰满架构神话小说《入世录》的架构，一边用计算机可视化手段编写一些神话人物的模型。而后在爱丁堡攻读研究生学位时，我带上了《山海经的文化寻踪》以及《中国神话学百年文论选》，并通过选修课"故事版创作""计算机模型建构"等课程的小作业，向苏格兰人推广叶老师研究体系下的中国神话。回国之后，一次偶然的机会我撰写的神话小说被央视发现，央视九频道邀请我为《山海经奇》项目撰稿。机会摆在面前，我不敢有丝毫怠慢，一进项目组我便发表了很多对《山海经》的见解，其中大量引用到了阅读多年的《山海经的文化寻踪》，由此也获得了大家的认可。无独有偶，项目负责的总导演告诉我这次项目的总顾问恰好是叶舒宪老师！而我的第一个任务便是为项目梳理叶老师对于《山海经》发表的神话学观点。历经月余，我梳理出《山海经》的文化原型阐释五万余字，大大推进了项目的总体进度，而我也因为这篇文章得以与自己多年的偶像叶舒宪老师取得联系！

2019年时，我和叶老师的交流仅限于邮件。自从开始阅读老师的作品，老师严谨的治学观点给我留下了深刻的印象，老师的形象在我心中宛若圣山昆仑之上的"上帝"，因此每封邮件我都逐字逐句的斟酌，生怕自己回复不当便失了联系。然而令我意外的是，老师回复每封邮件的语气都平易近人，完全没有我之前想象的那般生冷。老师对我央视的工作以及硕士时就读的人工智能专业十分感兴趣，刚开始便给我安排了制作"玉石之路"地图及制作"熊图腾"文物视频的任务，目的是让我更好地理解老师近年来利用四重证据法得出的一些最新的学术观点。我在整个制作与学习的过程中乐此不疲，不仅利用杨伯达老师的观点全面学习了史前玉文化的知识，同时还学习了叶老师近年新作如《图说中华文明发生史》《中华文明探源的神话学研究》《玉石信仰与华夏精神》等。随着我对于叶老师的"四重证据法"有了更深的理解，在神话学研究的道路上我渐渐产生了自己的看法，并开始着手撰写一些神话科普小短文。科普短文提升了我的写作能力，在发表了三篇文章之后，我开始尝试撰写大论文。本以为在神话学论文撰写的过程中，我也可以像老师一样旁征博引完善观点，但现实的冷水一次又一次地拍向我，让我觉得自己像是一个一窍不通的门外汉，我只得向叶老师求教。幸运的是叶老师很乐意聆听我的想法，并邀请我去他家做客。我诚惶诚恐地带着文章提前到了老师小区楼下，一遍遍在楼下思考着见老师第一面时应该说些什么，又一遍遍温习自己的文章生怕遗漏了需要请教老师的问题。没承想计划赶不上变化，我走错了门，弯弯绕绕耽误了很长时间，以至于见到老师时紧张得都不知如何开口。

这是第一次见面，紧张得有些语无伦次的我只得听老师问什么，我便答什么。老师好像感觉到了我的紧张，向我打趣："小韩，你这学科跨度无异于背着石磨上山啊！"我本想告诉老师我不怕苦也不怕累，能研究与学习神话学一直是我的梦想与追求，但话未出口，老师却先鼓励了我："不过你要找好你的研究方向，这石磨也能化为你最大的优势。"老师的话在耳边回荡，我之前一直忽略了计算机与人文学科的跨学科结合，我所想的都是如何恶补自己这些年与传统教学体系下中文系学子之间那道巨大的鸿沟。在我思考时不觉已到老师家落座，正当我惊叹于老师整面墙的书籍之时，老师竟先为我倒了壶茶水，并和蔼可亲招呼我坐下。瞬间，老师的亲切感彻底打破了我对大学者的刻板印象，他于我而言好像亲人一般熟络与亲切。当然，我还是不敢怠慢，端起茶水站在一边，等老师扫阅我的文章。老师一眼就看出我这篇文章的弊病，直言不讳地指出问题，如选题太偏向理论、定义边界宽泛、证据不足等。待我一一记录问题时，不觉天色已晚，老师邀我留下吃晚饭。他带我去了这边楼下点了他最爱的"小食堂"，以及剁椒鱼头等"大菜"，席间老师问了一个我铭记至今的问题："小韩，你觉得从小到大你读过多少神话故事？"我不假思索地回答道："我觉得我读过了大部分主流的神话故事。"老师神色一正，语重心长地告诉当时那个还略带着自信的我："中国的神话故事浩如烟海啊，浩如烟海啊！或许我们一辈子都读不完。"这句话深深地烙印在我的脑海，原本我只以为老师在教导我治学态度的谦逊与对待材料的敬畏，多年后我才真正明白，从民俗口传神话资料到文物叙述的神话资源，中国的神话真的是浩如烟海，茫茫而不可及。我所能做的研究也只是取其中一瓢，尝尽其中滋味，再与旁人说道而已。

后来，我顺利完成了叶老师分配给我的"中华创世神话"翻译项目，英文名是 *The Genesis of China's Fifty Nationalities* 成书十五万字有余。又跟随叶老师参加了大大小小学术会议若干，听取与学习了民俗学、神话学等领域的最新研究成果。最终在 2021 年时，我作为叶舒宪老师的科研助理，进入了上海交大神话学研究院工作。在院工作的半年间，我学习了叶老师最新完稿出版的"中华创世神话研究系列工程"书籍若干，以及老师最新的理论成果"文化文本"，并最终完成了数份书评。叶老师也会时常分享给我他最新的学术研究成果，让我一边阅读一边校对英文摘要。此外，每周末我还跟随叶老师参加各种高端学术论坛，一边记笔记一边撰写会议简报，用以推广。年底时，我还在叶老师的推荐下完成了"创世神话与中华文明探源 2021 年度论坛"的会务组织与工作。这半年学术助理的工作，极大地提升了我对学术工作者与神话学学术研究方面的认知，当然也让我了解了"文学人类学派"的研究方向。简言之，无论是四重证据法、N 级编码理论、神话历史观，抑或是文化文本，学派在叶老师的带领下，都坚定地走在以跨学科视角为基础的研究道路上，利用文学民族志研究重释经典探源华夏文明。2022 年上海新冠肺炎疫情肆虐，我研究院的工作也只得线上进行，我一边读书一边完成了神话学研究院胡建升教授安排的"约瑟夫坎贝尔'众神的面具'"系列丛书的翻译工作，以及叶老师布置的台湾"矮黑人祭"的文章翻译工作，并在年底帮助研究院建立了自己的第一个微信公众号。

直至今年，我仍然做着所热爱的工作，不仅为研究院制作了初版宣传片，而且还完成了研究《史记》中所记载的楚国"熊姓"王族的任务，以及制作贝加尔湖到中国东北部地区的玉文化传播路线地图等作业。

恰巧的是，今年八月份我参与主创与策划的央视九频道版《山海惊奇》正式播出。回忆起因项目结识叶老师之初，以及到现在所经历与学习的一切恍若一场梦境。我神游于蓬莱仙山、洞天福地，幸得"仙人"指点，方能行至今日。未来也当砥砺前行，沿"仙人"之路踏遍田野、深入经藏。凡夫不敢痴言超越，只求不枉"仙人"教诲。

最后，钟鼓馔玉换不来老师对学生的悉心指导，愿此好梦能长醉不醒！

谨以此文恭祝老师七秩华诞，福如东海，寿比南山！

天生我材必有用，会挂云帆济沧海

——叶舒宪先生印象

卢法政

那是2014年8月某日上午，甘肃省定西市南郊宾馆大礼堂。由叶舒宪先生主导组织的第一次玉帛之路考察总结大会正在进行中。

考察团完成了从兰州西行经武威、张掖、敦煌翻越祁连山，短暂驻足西宁返回定西后召开的一次概括考察成果、展望研究未来的一次非常重要的总结大会。会上，中国社会科学院叶舒宪教授正做此次考察的主旨演讲。他从不同的角度历陈了甘肃这块热土在中华历史上的重要性，从新旧石器时代至青铜器时代为数众多的大量人类文明遗存，再到河西走廊和渭河流域在玉帛之路历史上起到的重要作用，联系当时学术界对上述重要性的认识还不到位，以及研究领域对这一块重视程度不够的情景，教授感到作为历史人文的一名研究人员责任重大，对当前的现状感到惋惜，以致其演讲动情因几次哽咽而中断。

这一幕场景深深地震撼了我，以致事过十年后回想起来仍然历历在目，恍如眼前。

知识界有造诣有成就的重量级人物我接触不多，印象里他们大多文质彬彬、慢条斯理、咬文嚼字，如此慷慨激昂热血沸腾，视学术研究为己任重于生命的学者还是第一次见识。人们敬仰战场上冒着枪林弹雨冲锋陷阵，生死置之度外的英勇战士，歌颂为国捐躯大义凛然的英烈先贤，崇尚为国为民视死如归的慷慨义士。那么，眼前叶先生为中华民族历史的挖掘研究而奋斗与上述壮举有什么本质的不同？

回想那次十来天的考察里程，一天工作十几个小时，早起晚归、风餐露宿是家常便饭，每到一处遗址，从公路停车点徒步赶往地处偏僻的考察点距离都不近，一天下来消耗很多体力，有些体弱的团员往往支撑不住。开始我还担心北京来的叶先生能不能挺得下来，谁知团长冯老师告诉我，这种拼命似的考察方式正是叶先生所倡导的。这还不算啥，他往往一人背着行李包翻山越岭几天才回到附近的县城。忙完一天的野外考察任务，晚上叶先生等学者还要写出当天的考察日记和明天媒体上发表的文章，体能精力发挥到了极致，这样的大学者还真没有见过！

那一年叶先生六十岁。

有人说，50年代初出生的这批人命运最苦：长身体换乳牙的时候生活困难遭遇三年自然灾害，小升初中时"文化大革命"停课闹革命，基本荒废了学业，参加工作三十来岁该提拔使用的时候重知识讲学历，五十多岁正享受老资格带来的惬意时忽然企业改制破产，职工潮水一样下岗。这样看来，50年代初出生的这辈人还真是饱经风霜。难道这一代人就完全废了？也不尽然。有人粗略统计了一下，这批人在政界、科学界、工商界、文化界有造诣的佼佼者大有人在，某种意义上在各个领域承担着重任，是中华人民共和国实实在在的脊梁！这一代人，从最艰苦最基层做起，用拼命精神面对工作，面对学习，面对课题，焉有不出彩之理？

面前的叶先生就是这个群体中的一位集大成者。他住过陕北安塞县的窑洞，又进兵工厂做过学徒工，干过体力活，一年到头是吃不完的包菜下饭，艰苦的现实激发出巨大的求知欲，他抱看书本没白没黑地啃，恨不得把自己的肚腹一下子变成个大书篓，能装下无穷的知识。凭着刻苦和毅力，以及超人的智商，他如愿走进大学校园，成为优秀学生、留校助教、大学教授、中国社科院研究员、知名学者。半个世纪下来学贯中西、著作等身、桃李满天下……

我不了解学术界行规和内情，以一个局外人的视角观之，叶先生一生最闪光的东西应该是他身上这种不屈不挠、锲而不舍、自强不息的坚毅的精神力量。有了这些精神，叶先生不管在哪个行业，哪个领域，也不管从事什么具体工作，相信他绝对像是乱石堆下的一粒树种，在哪都能生根，发芽，穿过乱石的阻隔，最终成长为令人仰目的参天大树。

癸卯年正值叶先生稀龄之寿，祝福先生福寿绵绵，事业丰丰，在攀登的路上再创人生的辉煌！

我为叶舒宪先生组诗《华夏玉帛信仰》谱曲

刘新民

2018年五一劳动节过后的一天，《丝绸之路》杂志主编、作家冯玉雷打来电话：由甘肃省委宣传部、西北师范大学主办，兰州市安宁区委宣传部、陕西师范大学人文社会科学高等研究院、《丝绸之路》杂志社、中国甘肃网、敦煌乐舞团等共同承办的"第三届丝绸之路（敦煌）国际文化博览会系列活动——玉华帛彩·国际诗文吟唱会"将于11月17日晚在西北师范大学音乐厅举办。请你为玉帛之路田野考察首席专家上海交通大学叶舒宪教授的六首古体诗《华夏玉帛信仰》谱曲，准备在"玉华帛彩·国际诗文吟唱会"上演出。我马上把六首古诗发给你，好尽早投入创作。这也是一项带有创新性的事情，务必费心。

当我看到叶舒宪先生的六首古体诗时非常感慨，字里行间渗透着他对中国玉帛文化的自觉思考与热爱，对中国历史文化研究之深远都浓缩在六首古体诗里。我突然联想到唐朝诗人杜甫用诗写史的一生，他用诗记录生活、也记录历史、更抒发个人感情，被后人誉为"诗圣"。今天，我看到叶先生用古体诗叙述、阐述自己对玉帛文化之产生、渊源、地位、内涵的思考，揭示中国历史、民间传说中对玉帛的崇拜与信仰，浓缩了诗人参与《丝绸之路》杂志等单位发起的十四次玉帛之路田野调查和中国众多考古挖掘新成就后研究、思考所带来的新观点。

在六首《华夏玉帛信仰》古体诗开篇之一《玉帛为精》，叶先生开宗明义，揭示了玉、帛在古代中国礼仪活动中被视为最神圣的物品"玉帛为二精，语出观射父。"说明玉帛具有特殊的象征意义：在古代社会中，玉和帛首先是物质上的贵重礼品，其次更是精神层面上的贵重礼物。

当我看到"玉帛为精"的标题时，一句五度向上的音符流淌出来，铺展成一幅悠远、空灵、辽阔、静洁的画面。

`| 6̲ 3̲ 2̲ 6̲ 7̲ 5̲ 6̲#4̲ | 3. 2̲ 3 - | 6̲ 3̲ 2̲ 6̲ 7̲ 5̲ 6̲ 3̇ | 2̇. 1̇ 2̇ - | 3 3̲ 2̲#4̲ 3 |`

诗人用"玉帛为二精,语出观射父。"两句开篇,"为二精"点明玉和帛的特殊地位和意义。此时,我的脑海里马上有了叙述、感悟的动机:

`| 3̲ 3̲ 1̲ 7̲1̲ | 6̲ 3̲ 2̲#4̲ 3. 3̲ #6̲ - 7̲ 5̲ 6̲ |`
　　玉 帛 为二精,语出观射父。楚 王　问礼仪,

"楚王问礼仪"的"楚王"从弱拍起音,音调拉长后紧接着"问礼仪",把楚王对玉帛礼仪的急切之情托起,再落入"答以二元素"。接下来,很顺利地进入叙述段落:"精乃神之因,精为圣基础。"这两句诗进一步强调了玉和帛的神圣性。它们被视为神灵的化身,是人类精神世界的根源和基础。在这个意义上,玉和帛代表了人类对神灵的信仰和崇拜,是人类精神世界的重要组成部分。

`| 5̲ 3̲#4̲ 2̲ 3 - | 2̲ 6̲ 1̲ 1̲ 2̲ | 3̲ 3̲ 7̲ 5̲ 6̲ - |`
　　答以二元素。　精乃神之因,精为圣基础。

旋律是在节奏的张弛之间、音调的高低起伏之间进行的。诗歌也是这样的规律,在张弛中抒发诗人的情怀。"精灵魂魄易,专看此二物。"上句"精灵魂魄易"具有张开的意境,于是,我把音符节奏打开,曲调变化为上方二级大三和弦的分解旋律:

`| 3. 2̲ 3 - |#4̲ 3̲ 2̲ 6̲ 3 - |`
　　精　灵　魂魄易,

再往下一句"专看此二物",音高向下移位,结束这一段。接下去,音高突然向上提升四度重复再现上一句旋律,歌词却唱出"华夏信仰根",听着更加高昂、舒展。随后,是一串由高到低的大三度、小三度八分音符阶梯式下行唱着虚词"唔",恰似一声感慨,最后点出"三代传秦楚"结束第一段。

`| 6. 5̲ 6 - | 7̲ 5̲ 6̲ - | 7̲ 5̲ 6̲#4̲ 5̲ 3̲ 4̲ 2̲ | 3 - - - | 2 0 3̲ 5̲ #5̲ 7̲ 6 - - - :|`
　　华　夏　信仰根,唔　　　　　三 代传秦 楚。

诗写到这里已经结束了。但是,作为歌曲还没有结束,还需要继续进行。因为,我们的耳朵有期待感、满足感在等着。为了进一步加深听觉印象,我"变化重复"了上两句"华夏信仰根,三代传秦楚。"的旋律,减去了虚词

"唔"的阶梯形下行乐句。最后，旋律在前一句上行四度，在高音区重复"华夏信仰根，三代传秦楚。"，结束了整首歌曲。

$$3.\ 2\ 3\ -\ |\ 4\ 3\ 2\ 6\ 3\ -\ |\ 2.\ 1\ 2.\ 3\ |\ 5\ 5\ 6\ -\ |\ 6.\ 5\ 6\ -\ |\ 7\ 6\ 5\ 2\ 6\ -\ |$$
华　夏　信　仰　根，　三　代　　传秦楚。华　　夏　信　仰　根，

$$2.\ 1\ 3\ -\ |\ 5\ 5\ -\ -\ |\ 6\ -\ -\ -\ |\ 6\ -\ -\ 0\ ||$$
三　代　传　秦　　楚。

"华夏信仰根，三代传秦楚。"这两句表明了华夏民族的信仰之根就是玉和帛。华夏民族的信仰是代代相传的，这种信仰的核心就是玉和帛所代表的神圣性和精神价值。华夏民族的玉帛信仰不仅仅出现在夏、商、周三代，早在距今四千年前的玉帛之路开启之时就有了玉帛文化，玉帛文化一直传至秦国、楚国等广大地区，还贯穿了整个华夏民族的历史和文化发展历程。

"玉"代表着纯净、美好、高尚的品质；"帛"则是富裕、尊贵、权力的象征。因此，"玉"与"帛"结合是一种精神追求和信仰体现。我们的古人通过赠送玉和帛这样的礼品不仅用来传递彼此间的敬意、尊重、友好等情感，而且也表达对神灵的崇敬和信仰。

此外，"华夏信仰根"表达了华夏民族的信仰之根就是玉和帛所代表的神圣性和精神价值。这种信仰不仅贯穿了整个华夏民族的历史和文化发展历程，而且还代代相传、不断发展壮大。在华夏民族大家庭中，"礼"是最重要的社会文化表现，而玉和帛则是礼仪中最为重要的礼品之一。这种崇尚礼仪的精神追求不仅塑造了华夏民族的文化特征，而且也形成了独特的价值观和文化认同感。

总之，组曲第一首《玉帛为精》通过描述玉和帛在古代中国礼仪中的重要地位和意义，以及华夏民族对玉和帛的崇敬和信仰来展现一种精神的追求和信仰，展现出华夏民族的文化特征、价值观和文化认同感。

玉帛为精

组曲《华夏玉帛信仰》之一

1=F 4/4
古曲风

叶舒宪 词
刘新民 曲

（乐谱略）

歌词：

玉帛为二精，语出观射父。楚王问礼仪，答以二元素。精乃神之因，精为圣基础。精灵魂魄易，专看此二物。华夏信仰根，唔……三代传秦楚。华夏信仰根，三代传秦楚。华夏信仰根，三代传秦楚。

　　叶先生在组诗《华夏玉帛信仰》第二首《昆仑瑶池》，写出了一种神秘、浪漫的色彩，推崇了玉帛文化的灵主地位，用"何以玉为精？天地之灵主。"一问一答开篇。诗人提出了一个哲学性的问题：为什么玉被视为精华？在中国传统文化中，玉被认为是一种有灵性的、有能量的物质，可以连接天、地、人，是天—地—人—神交流的媒介。这里，诗人把玉比作天、地、人之间的灵主，强调了它的特殊地位和作用。所以，我在《昆仑瑶池》前奏中吸收融合了东西方文化交融圣地——敦煌一带流行的敦煌曲子词所唱曲调的音乐动机，引发出具有即兴性的、自由性的音乐段落，营造出神秘、浪漫的氛围。

$$\overset{tr\sim}{3---} \mid 0\underline{234}\underline{6134}\underline{61} \mid \underline{346}\underline{1346}\underline{1}00 \mid 3--2 \mid \overset{tr\sim}{3---} \mid \overset{23}{7---} \mid$$

$$\underline{7135}\underline{7135} \mid \underline{7135}\underline{7135}\underline{7135}0 \mid \overset{76}{7---} \mid \dot{2}--- \mid \underline{61}\underline{6312} \mid$$
何 以玉为精?

诗人用"何以玉为精？天地之灵主。"一问一答形式开篇，接着写出"五色化阴阳，玄黄赤青素。"用五色（黑、白、青、赤、黄）代表阴阳五行（金、木、水、火、土），再通过玄黄（黑与白即中国太极图）的对比，展示了阴阳相互转化、相辅相成，五色五行相生相克的中国哲学思想。这种思想是中国传统文化中最具代表性、最具个性的组成部分。

"盛德天命在，神明凭超度。"这两句表达了诗人对天命和神明的崇敬。反映了诗人对天人合一的新认知。

"昆仑瑶池远，降凡帝下都。"诗人把昆仑和瑶池描绘成远离尘世的神秘之地。但是，再遥远的昆仑瑶池也会降临人间，解释了中国人的崇高梦想是经过了千难万险、千辛万苦来实现的。昆仑和瑶池在中国神话中经常被视为神仙居住的地方。

诗的最后两句："瑾瑜寄永生，琳琅炫耳目。"诗人用瑾瑜（美玉）代表美好的德行需要永生修行，以琳琅（美石）揭示了美玉的光彩可以照亮人的眼睛，象征着道德的力量能够感染和影响他人的一生。

这首《昆仑瑶池》通过对昆仑瑶池的赞美来表达人们对玉的崇敬，对精神、德行等主题的思考与追求。整首诗充满了浪漫主义色彩和对超自然的向往，展示了诗人丰富的想象力和高尚的情感追求。

昆仑瑶池

组曲《华夏玉帛信仰》之二

叶舒宪 词
刘新民 曲

1=F 4/4

（乐谱略）

在组诗《华夏玉帛信仰》的最后，叶教授将中国玉文化与西方的宗教信仰相比较写成了组诗的第六首《永生信仰》：

圣经教堂无，玉帛信仰府。
有器名柄形，牌位像灵祖。
盟誓现侯马，违者神人诛。
行气勒玉铭，温县出石书。
玉牌秦惠祷，刚卯疫鬼逐。

看到《永生信仰》的第一句"圣经教堂无，玉帛信仰府。"时，我在想，西方为了让信徒记住圣经里的谆谆教诲，选择编写了许多歌曲在教堂组织的唱诗班教唱，影响深远。清末民初，中国文人推崇的"学堂乐歌"也借鉴了这种形式，把易于流传的外国歌曲重新填上适合中国的新词在中国的广州、上海、南京、武汉、北京、天津、大连、青岛等沿海沿江城市的新式学堂里传授，起到了新思想启蒙的作用。这些教堂歌曲、学堂乐歌的曲调有开朗明亮的大调，也有婉约阴柔的小调。这又与中国古代广为流传的阴阳五行学说是相通的。

叶先生的组诗之六《永生信仰》点出"玉帛文化"为永生信仰的主题，穿越了四千多年的玉帛之路揭示了在中国传统文化中，玉帛文化信仰与道教、佛教、儒教等广泛流行于中国本土上的宗教影响力则更为深远。第一句"圣经教堂无，玉帛信仰府。"是指中国的玉帛文化作为一种信仰很早就在王朝更迭中兴盛，与宗教信仰也有着紧密的联系，基督教的流传与影响力在中国非常有限。因此，我在第六首歌曲的前奏旋律开头运用大调和小调交替谱曲方式，设计在大小调交替中继续，从听觉上造成一明一暗的鲜明对比，使其符合中国文化中的五行、五色、阴阳学说和审美需求。

1- 3. 1 | 5 - - - | 1- 3. 1 | 7 - - - | 6 1 0 6 6 5 6 | 5. 2 3 - |

2 3 5 6 5 3 1 | 6 - - 1 | 2 - - - |

第六首《永生信仰》是组曲《华夏玉帛信仰》的终曲，乐队全奏的前奏之后，在二声部的合唱中，主题也是在大、小调中交替，庄重、宏大的合唱体现了仪式场面，大三和弦与小三和弦分解的旋律交替进行，再现着中国文化里的阴阳、五色、五行的交替，流淌着玉帛文化的清流。

《永生信仰》的第三行"有器名柄形，牌位像灵祖。"是关于中国到处都有的柄形、牌位和灵祖崇拜，这些器具、牌位、灵祖雕像通常用于重大的祭祀活动中，人民用以祈求神灵保佑众生平安、家和事顺，在民间具有强大的生命力，至今还在传习。

第五行"盟誓现侯马，违者神人诛。""盟誓"表明当时的人们已经使用这种方式来保证重大承诺的庄重、严肃和坚定真实性，并且通过石刻文字来记录历史事件和典章制度，违反者是要遭到神灵和人们的口诛笔伐的。

最后一句"玉牌秦惠祷"，指上海博物馆藏《秦惠文王祷祀华山玉版》。上面刻有秦惠文王拜请华山神治疗自己重病的还愿祷辞。而"刚卯疫鬼逐"则指汉代辟邪三宝之一的玉制刚卯，一种佩戴在身上的护身宝物，可以驱除邪气和瘟疫，保佑一方百姓顺利渡过劫难。

当下，流行歌曲盛行，具有中国韵味的古体诗词歌曲写作需要一种新的探索。叶舒宪先生创作的六首古体诗《华夏玉帛信仰》，提供了精辟的思想，促成了我的六首歌曲，在2018年11月17日举行的"第三届丝绸之路（敦煌）国际文化博览会系列活动——玉华帛彩·国际诗文吟唱会"上，由西北师范大学音乐学院的多位歌唱家、音乐学院合唱团的艺术家们以及敦煌乐舞团联袂演出，获得了意想不到的成功，也博得了与会代表的热烈欢迎与深刻共鸣。在"玉华帛彩·国际诗文吟唱会"后，莅临的各位专家、学者、记者朋友们进行了叙谈研讨，希望玉帛之路品牌继续延伸，引发出更多具有中国文化符号、中国文化韵味的活动，产生更多赋有玉帛之路、玉帛文化的诗文、音乐等艺术作品。为中国文化走出去，融合在世界文化大海里，彰显中国元素和中国文化的魅力。

永生信仰

组曲《华夏玉帛信仰》之六

叶舒宪 词
刘新民 曲

1=F 4/4

[简谱乐谱]

歌词：圣经 教堂无，玉帛信仰 府。有器 名柄形，牌位 像灵祖。盟誓 现侯马，违者神人诛。行气 勒玉铭，温县 出石书。玉牌 秦惠祷，刚卯 疫鬼逐。玉牌 秦惠祷，刚卯 疫 鬼逐。

先生的故事

张　玉

叶先生数十年来一直教导我们要"讲好中国故事"。在先生七十岁生日暨从教四十二周年到来之际，我想以几个小故事来讲述先生对我的教导，以表达不忘师恩的拳拳之心。

先生对学术研究的追求是常人难以企及的。自2011年入先生门下，每次我给先生发邮件第二天查收时发现几乎都是凌晨四五点左右回复的。我当时就很纳闷：难道先生晚上都不休息吗？直到有次和先生一起出差才解开疑惑。那次是我和先生去宝鸡考察北首岭文化，头天晚上我们在西安住宿。半夜两点多我醒来发现先生正坐在床上，我问先生为啥不睡。先生说他心里着急，然后就把他对"玉石之路"的猜想一一讲给我听，说哪些地方现在已经找到了证据，哪些地方还缺少证据需要我们去考察验证。这"凌晨讲学"一讲便是三个多小时，直到五点左右感觉再不休息一下会影响当天的考察才结束聊天。这次出差只是先生学术研究的一个缩影。先生平时也非常勤奋，每天早上四五点起床，六点左右去食堂吃早饭，七点前就到办公室开始学习工作。因不太注重穿着打扮，食堂阿姨常把先生当作来学校修建的农民工，说这个农民工怎么每天这么早又来了？

先生对物质生活的追求是简单而朴素的。2013年有天我去办公室看到先生穿了西服，就很好奇，心想平时穿着不讲究的先生那天为啥穿得那么正式。我就问先生新衣服在哪买的，先生说在校外超市。我有点不太相信又问花了多少钱，先生说花了四五十元。我还是不太相信，觉得我们崇拜的人物居然穿只有四五十元一套的西服，有点不符合身份。从来都不习惯西装革履的先生，这次为什么要去买西装呢？原来是因为有出国任务，要随学校领导去欧洲参加与比利时鲁汶大学的学术交流。

2011 年与叶舒宪先生去宝鸡北首领文化遗址考察

2013 年 5 月叶舒宪先生在比利时鲁汶大学进行学术交流

先生对学生的指导是细致而耐心的。印象最深的是我把写的第一篇文章发给先生后，先生居然进行了逐字逐句的修改，包括标点符号等都用红笔标记出来，并且还推荐了几本需要进一步去阅读参考的书，这让我非常感动。还有一次是我博士入学不久，有天和先生一起去学校食堂吃饭，饭后先生说要去我宿舍去看看。我当时觉得自己宿舍比较乱，不太想让先生去。但先生换了个理由说去看看我买了些啥书，所以我也只好答应了。后来想想先生可能是想从我买的那些书中大致了解我的知识架构及学问的发展方向。先生翻阅了这些书后，借走了一本有关"五步相生造字"的书并建议我可以在早期文字的方向多下功夫。事后楼管阿姨对我说，像你导师这样去学生宿舍了解、关心学生的老师真的太少了，她十多年来没见过几个导师去过学生宿舍。

"高山仰止，景行行止"，在学术上我没有先生的悟性更没有先生那么努力，因此也很难达到先生的高度。只能像仰望浩瀚星辰那样，仰望先生前进的方向，下定决心争取做一些对国家民族有意义、有价值的事情，这样也能稍微安慰一下愧疚的灵魂。

平常而不平凡的学者

——写在叶舒宪先生七十华诞之际

武淑莲

在陕西师范大学读研究生的时候，听说了大量叶舒宪先生的传说，印象最深的是说他那时大冬天晚上穿着棉衣在路灯下背诵英语的情景。后来就听说他离开陕师大又到南方高校开辟另一方天地，学术追求的脚步越走越远，是很多同行同事津津乐道的"厉害"学者。因此更关注叶先生的著作，先是读他的编译的《神话—原型批评》，了解"原型"说，再后来读到了他主编的《文学与治疗》。那时我读鲁迅的生命哲学，以"痛苦是生命的最高颜色"为题写相关论文，进而关注了中国现代文学史上很多作家的人生某阶段的"苦闷期"。也顺着此线索阅读了古今中外文学史上作家的自杀现象。那么作家究竟为什么写作？作家如何避免或度过苦闷期？叶先生的"文学治疗说"就是一把治疗痛苦的"钥匙"。于是我把硕士毕业论文的选题定为"中国现代作家的苦闷期创作及文学的治疗作用"。与此同时我把叶先生的其他著作竟都忽略了，与"文学治疗说"一见倾心，很好地启发了我的研究兴趣。叶先生成了我学业最重要的理论资源之一。在毕业任教的几十年中，以此为理论支点的课题研究、鲁迅专题研究等等都借此而进行着多维度的延展和深入。我的专著《心灵探寻与乡土诗意》就是诸多相关研究的汇集，进而提出把文学治疗的作用作为文学的第四功能，并呼吁将其编入文学理论教材。那时我关注的作家的心灵状态，是作家的生存状态研究之应有之义，也因此在优秀硕士毕业论文、校级科研成果、宁夏哲学社会科学成果奖、全区高校人文社科科研成果等学术方面及相关项目中都受到过关注和奖励。

读书、教学能遇到心领神会的学者观点，并能受到启发且小有成果，岂不快哉！

2014年我转岗到学校的固原历史文化研究中心不久，师弟冯玉雷先生与叶先生一行来宁夏固原一带进行文化考察，在固原万和宾馆见面畅聊。当时学报主编方建春先生、历史文化研究中心副主任安正发教授、王兴文博士，我们都挤着坐在一条长沙发上，留下了珍贵的相逢照片。2020年，我到学报编辑部工作，固原历史文化研究中心安正发教授、王兴文博士为学报的封二、封三策划了自治区重点人文社科基地的宣传资料，除文字介绍外，还需清晰的学术活动照片。因此，他们精心挑选的照片传来后，我又见到了2014年在万和宾馆坐在长条沙发上与叶先生、冯玉雷学弟，以及方建春老师、安正发老师、王兴文老师共同在场的那张合照，亲切之感油然而生。

人生的渊源有时就是这么奇妙！后来叶先生又来过固原一次，听虎维尧教授（时任文学院院长）说，叶先生考察回来迟，到了面馆，就直接洗手帮厨了！

再有一次我去银川出差，曾建议宁夏文艺评论家协会秘书长王晓静女士可以请叶先生来宁讲学，给宁夏新成立的文艺评论者讲课、培训，后来听晓静说先生讲得太好了，他们开阔学术视野，受益匪浅！没想到我的建议真的实现了。能够让宁夏年轻的评论者聆听大师讲座，我促成其事，也有点成就感！叶先生百忙之中传经送宝，对宁夏的文艺评论宏观指导，真是难得！

受新冠肺炎疫情影响，这几年的联络少了，但在冯玉雷先生的朋友圈经常能看到叶先生泥里来，雨里去，永远面带从容微笑、衣着朴素地参加田野学术活动的身影，于我也是另一种形式的走近和致敬。如今叶先生是"中华文明探源工程"和中国玉文化的专家，在他的影响下，已经有更多的学术新人的正在成长。从上海交通大学一位研究者所做叶舒宪先生著作年表可以看到，他的研究成果丰硕得令人惊奇！叶先生学术生涯五十年是太值得后来的学术新人研究和追随了。

2023年9月20日，是叶舒宪先生七十华诞，值此之日，写下对叶先生对自己学业的重要影响以及来宁夏几次学术活动的点滴记忆，以此表达我最真诚的祝福和敬意！祝愿生活朴素而研究非凡的叶先生学术之树常青，播撒智慧的足迹更加辽远！

继 续 梦

——致敬叶舒宪先生

于贵锋

20 世纪 80 年代中后期
在西安古城的阶梯教室
我知道了弗洛伊德
知道了荣格　弗雷泽
知道了梦长在金枝的原型
以及雅典娜　阿波罗　波塞冬
阿芙洛狄忒　赫拉克勒斯等等
更加久远辉煌的诸神
还有一艘阿尔戈号船
从大海上的两块巨石间穿过

21 世纪第一个十年的
某个下午　仿佛也是秋天
距离卦台山和马家窑不远
我知道了秦人的祖先
在秦州以西　更西　知道了
狮子的脑袋比张开的手臂还大
知道了依然在生长的古老物种
龙图腾之外的熊图腾

还是在兰州　在皇庙

字画　古玉　连同梦一起
在讨价还价　"温润如玉"
空气里突然出现的这种气息
也来自闪过的对句　"清明若水"
"干自己喜欢的事"　从城市
一次次离开　一次次走进田野
夜和昼　都给了热爱的事物

而此刻　我突然有所触动是由于
《文化断根时代的诗歌记忆》
这篇序言　理解了我的草木灰
方言　苍耳子　多少还有点意思
理解了梦断之后　为何辗转于
书房与田野　为何凝神于
神话与现实　就在此刻
窗外秋光拥着阳光　满空明亮

这些都与你有关　我没有时刻记着
但始终没有忘记　就像
我现在很少提到文化　但绝无可能
斩断与文化的关系　于呼吸间
辨听文字和生命的声音　于
人世行走中　读《山海经》
"多识鸟兽草木之名"　于虫鸣
振动的混音里　发现并
重新命名"那只透明的蚰蜓"
我继续在学习　在努力　继续梦

后记：

叶舒宪先生是我 1985 年到 1989 年在陕西师范大学中文系求学时的老师，也是我毕业论文的指导老师。21 世纪初，叶老师来陇讲学，见过数次，有幸聆听其教诲。2007 年我的首部诗集出版时，他慨然作序。其为师为文，堪称楷模；其敢为人先、另辟蹊径、善于创新的学术精神，是对创造精神和生命力的另一种阐释；其对文化事业的热爱与奉献，恰如热爱本身，令我辈汗颜。而其所言"干自己喜欢的事"，我等拘役于行数十年，定知其必诸多"放下"，殊为不易；而"舍与得"，从来都是必须面临的艰难选择，鲜有人为。今闻先生七十华诞，我草成此分行文字，聊表对先生敬意，并祝先生福寿康健，卓越玉成。人生有梦，梦既被种下，让我们继续，找到那给梦提供养分的根，长出芽，开出花，放出光，化光为羽、为途，方不虚良多受益、不负先生所倡所行。

恭贺叶师七十华诞

李婷宜

荜路闳谈更世纪,往来三代问天墟。
熊龙造化开新见,玉瓦钩沉探太初。
桃李东风倾与授,白驹虚室乐圣舆。
逾身巨著今稀已,再贺古稀在在书。

首联,意指叶老师筚路蓝缕,继往开来做文学人类学研究,是其大成者。"更世纪",是指现实上的世纪之交,亦指叶师的研究开 21 新世纪。

颔联,以叶师的熊图腾、玉石研究为内容,追古烁今,洋洋洒洒。

颈联,指叶师提携后进,给后辈以机会,授人以渔,又虚心亲和,待人友善,可称圣人。

尾联,以著作等身的"今稀"和人生七十的"古稀"双庆,贺叶师七十华诞。

贺叶舒宪教授七十华诞诗

蒋雨珊

纸上乾坤催卷黄,松风未改亦青苍。
玉帛历历究上古,文质皎皎化八方。
鸮鸟山前鸣藻凤,芝兰庭内醉扶桑。
春风桃李七十载,笑付青山日月长。

附 录

叶舒宪教授从教四十一年学术座谈会会议纪要

梅雪容　文字整理

叶舒宪教授从教41年学术座谈会于2023年4月15日在贵州财经大学立德楼顺利召开，适逢中国文学人类学研究分会第九届年会，恰值叶舒宪教授七十华诞之契机，彭兆荣教授、谭佳教授担任座谈会主持人，中国文学人类学研究分会部分理事、叶舒宪教授门生及特邀嘉宾出席本次座谈会。

彭兆荣：我从1981年开始执教，到今天已经超过四十二年。我们三兄弟走过如此漫长的道路到今天这个场合，我非常感慨在我六十八岁的时候，两位挚友还都在场。我和新建很希望通过这个活动能让在座的各位年轻朋友了解一些事情，其主要有三件事情。

第一件事，文学人类学是一条无比艰辛的道路。萧兵先生作出了巨大的贡献。前天我去花溪重新回顾当年第一次见到他的那块石头，萧兵先生"走"的时候我写了《再见花溪》，当时我落泪了。

文学人类学不是教育部门官方主张的学科，在中国的道路非常艰难，因此我要感谢乐黛云先生的引领和支持。不论我们三兄弟内部怎么批评，但是我们"三人行"是倚靠着相互帮助相互同情走到今天。外面经常传我们三个人的佳话，比如"三驾马车"什么的。其实我们的性格各不相同，但是我们能走三十年，也希望在座的年轻人的能够记住，这是一条共同努力的道路。不管是说玉也好，说多民族也好，说乡村振兴也好，都是道路，希望在本次会议中能提醒大家记住。

叶老师是一位古今中外都通的天才学者，今天我们学术界没有多少学者可以像叶舒宪教授这样将学业做到如此之深、如此之广，我很敬佩。

第二件事情，我提醒在座的年轻人，我们三人当年在开展文学人类学的工作时都很年轻。1993年，也就是三十年前，我们在湖南张家界参加中国比较文学年会时，当时都才三十多岁；在厦门开文学人类学会议是1997年，也很年轻。很不容易，没有任何报酬，就是勤勤恳恳做事情，辛辛苦苦地把弟子们带出来。我退休已经七年了，我会尽力完成这一任理事长的工作，希望在座的同学们可以把文学人类学这种精神传下去。

第三件事情，我希望你们不仅为叶老师和我们做庆祝活动，同时希望这条路可以扩张。虽然我曾担心过害怕文学人类学这个小学科走进狭窄的胡同里，但是今天我很欣慰看到在座来自各个部门的160多人，我希望文学人类学可以成为更多年轻人的喜好和追求。

谢谢大家！

徐新建：彭兆荣老师刚才说的意思我能理解。虽然总在公开场合说"三驾马车"不太严肃，但事实上我们的确像三兄弟一样，交往至今，相处甚好，在一起做学问的过程是非常开心的。如果改一种形容的话，称为"三个马夫"更为贴切。如今我们三位都已不再年轻，"三个马夫"快拉不动车，要进博物馆了。

几十年来，大部分学者在单位工作都很用功，辛苦劳累，可是往往情义讲得少，身份、职称讲得多。我觉得文学人类学的圈子不一样，我们注重事业，讲究情义，只要聚在一起，就无时无刻不在讨论学问，彼此关心。

以中国的文化传统来看，学术界举办这样的纪念会应当是隆重和庄严的，但是叶老师似乎不缺这个。"叶门"的学生组织了这场晚会，做得别开生面。一开始我以为是个歌舞升平的联谊会而已，没想到大家准备得十分认真，讲得都很动情，让人开心、动容，意想不到。

叶老师是个很优秀的学者，但在学术界他的成就却被远远低估了。我思考得不够成熟，尚不敢轻易评价和定位。但如果我们以提前十年的眼光来做"预见"，用将来时的方式回望如今，或许就能见到一个正在完备的"叶氏"思想谱系，从多重证据、N级编码到神话历史，直到重新倒置的大小传统观，这就是叶舒宪老师对当代中国学作出的突出贡献。

至此，我还想补充的一点是，面对"人类世"框架中的全球体系，本土的学问不能仅限于"国学"，还需与世界各地的多元话语互补关联，进一步关心、观照世界性的人类学问题——既身在本土，又跳出山外。这不但是文学人类学的学科愿景，同时也是每位学人理应胸怀的未来责任。

最后，我想用八个字总结与叶舒宪的结识，即性情之友，终身之交。

王宪昭：我与叶舒宪老师当面求教是21世纪初期，但最初的相知却源于20世纪80年代阅读叶老师著作。改革开放四十多年以来，叶老师伴随着科学的春天和文化的发展，成为一位神话学学科的追梦人，神话学高峰的攀登人，神话学团队的带路人。忆往昔，日月如梭，我们在向叶老师求教与交往的过程中，不仅感受到神话的博大精深，而且深刻感受到他做人做学问的一些真谛。

叶老师凭着自己的学术灵感和与日俱增的学术热情，不断开拓着神话学研究的视野。从中国神话到"神话中国"，从区域神话到世界眼光，从神话个案到神话规律，从神话研究方法论的建构到戈壁荒漠的寻玉实践，玉成中国、神话文明探源、四重证据法、N级编码、新神话主义、神话元宇宙、神话之"虚拟现实"……近百部著作，600多篇论文，主编多套神话学系列丛书、遍布大江南北神州内外的无数次学术讲座，历历在目，何须赘述。叶老师给我的一个最突出的印象，是不知疲倦的学术担当；给我的一个最难忘的启发，是中国神话学只有在夸父逐日和愚公移山中才能实现梦想。

借此机会，谨以一首打油诗《贺叶舒宪先生从教与神话研究四十一年》，聊表心意："四十一年时光，天下桃李芬芳，斗篷山下话衷肠，今宵注定难忘。神话宇宙苍茫，练就无形翅膀，寰球内外任翱翔，金声玉振四方。传道授业解惑，严谨宽厚慈祥，老骥伏枥情未了，再干四十何妨？"

谭　佳：各位晚上好。我先自我介绍，我是中国社会科学院文学研究所的谭佳，现任研究员、教授、比较文学研究室主任。我是2006年博士毕业后来到文学所，跟随叶老师进行博士后研究，出站后一直在比较室工作至今。应该说，无论是研究领域，还是工作内容，我与叶老师高度一致。从博士后工作开始，我的每一步研究、每一次进步，都是在叶老师的直接指导与带领下完成。尽管自己现在也是博士后合作导师，但是在叶老师面前，永远感到自己是肤浅幼稚的，是不给力的学生。

首先，我代表我们这一辈和更年轻的年轻人感谢徐老师和彭老师，谢谢你们给予这样的机会。为何这样说呢？其实，我们这些当学生的，已经在去年年底开始商议如何为叶老师贺寿，甚至开始讨论出相关纪念册。但是，叶老师知晓后都否定了。他固执认为没有必要,其主张学者只需要待后人去评价学术的好坏。现在,有二位老师出面组织此次座谈会,我们终于能够有机会对叶老师表达心意。为此,启翠、杨骊都准备了很多PPT和照片。这次还来了一些同道,他们不是学生,却和学生一样认真求学,有些还是亲密战友,比如建升老师。

下面,邀请我们文学人类学最亲密的出版界战友,陕西师范大学出版总社邓微女士发言。十年来,她为我们出了很多作品,包括叶老师的书系,"神话学文库"第一辑、第二辑、第三辑。我们都知道,叶老师出版的书多,但是,没有人比邓微更了解叶老师出版的勤奋过程、学术理想和远大抱负。

邓　微:尊敬的叶老师、各位专家,大家晚上好,我是邓微,来自叶老师的母校陕西师范大学出版总社,新冠肺炎疫情三年后与各位学者相聚贵阳,共赴这场线下学术分享感到非常开心。

叶老师潜心钻研学术四十一年,秉持着对学术最纯粹的热爱,凭借着一以贯之的努力、坚持和勇于创新,致力于创造有中国气派和中国特色的比较文学和文学人类学,享誉学界。叶老师1982年毕业于陕西师范大学中文系,曾留校任教,早在1987年,叶老师编选的《神话—原型批评》译文集就在我们社出版,责任编辑就是我社人文出版中心主任冯晓立老师,屏幕上的图片是我找到的《神话—原型批评》第一版封面。1988年叶老师编译的《结构主义神话学》也由我们社出版,首次系统翻译了列维-斯特劳斯以及普洛普等人的力作,此后叶老师的名字就和神话连在了一起。

从1987年到2023年,叶老师与我们陕西师范大学出版总社并肩携手三十余年,主编的三辑"神话学文库"丛书先后入选"十二五""十三五""十四五"国家重点图书出版规划,三度获得国家出版基金资助。"神话学文库"(第一辑)17种书荣获第五届中华优秀出版物奖图书提名奖。"神话学文库"(第二辑)21种荣获第八届中华优秀出版物奖图书奖。中华优秀出版物奖是我国出版行业三大奖之一。文库第二辑中田兆元教授的《神话叙事与社会发展研究》成功获得2020年度中华学术外译项目阿拉伯文版立项资助和2021年度中华学术外译项目韩文版立项资助,目前正在紧张的翻译之中。我社还出版了叶老师主编的"中国文学人类学原创书系"共38种。这套丛书还包括彭兆荣教授的《文学与仪式——酒神及其祭祀仪式的发生学原理》《人类学仪式理论与实践》与徐新建教授的《醉与醒:中国酒文化研究》(增订本)。

正像叶老师所说,"神话学文库"一套丛书能够"十二五""十三五""十四五"蝉联国家重点图书出版规划,榜上有名,并且能够蝉联国家出版基金资助,这确实不多见。作为编辑,我能十几年深度参与这样的出版项目,为像叶老师这样全国著名的学者及在座的优秀作者团队服务,深感荣幸,责任重大。叶老师也曾经说,这个蝉联十五年的过程,其间的各种付出和甘苦都可以出本书纪念,确实如此,为国家出版基金项目结项非常严格,从项目申报到版权引进,再到书稿的编校出版,直至最后结项,这个过程真是非常复杂。叶老师在非常繁忙的学术研究工作中,还精心指导我们。

此次来贵阳参加这次学术年会之前,我特意搜索了我的工作邮箱。2009年3月2日,王蓓给我发邮件说是叶老师在台湾看到十卷本原住民神话,想洽谈版权纳入"神话学文库"。收到邮件,我向领导汇报后,并给叶老师发出第一封邮件,3月5日收到叶老师的回复。自此后的十四年时间里,作为一个编辑,全身心投入"神话学文库"的出版。我们与叶老师来往的电子邮件就有1600多封,我注意到很多邮件叶老师经常是在凌晨四五点回复的。叶老师对学术的热爱、对事业的执着,也深深地感染着我们。

作为编辑,我们深度参与"神话学文库"丛书第一辑、第二辑、第三辑的编辑出版工作,感到非常荣幸。希望第三辑继续得到各位专家老师的支持,我们会继续努力出好书。

祝叶老师身体健康,永葆学术青春,谢谢大家。

谭　佳:第二位发言的是胡建升老师。严格意义上,建升老师不是叶老师的亲传弟子,但是在我们所有人的心目中,他给我们树立了一个师兄的形象:他学得比我们快,写得比我们多,甚至也写得比我们好,还能在叶老师目前工作的各方面给予辅助。所以,我觉得建升兄也是我们的一个榜样。下面请建升发言。

胡建升:首先祝福叶老师:"健康如意,长命百岁。"我比较幸运,2008年博士毕业来到交大,王杰院长在2009年来到交大,叶老师2010年加入交大。我还记得,那一次叶老师演讲的就是关于端午屈原的问题,我恰好参加了这一次活动,也由此加入叶老师团队中,并有幸参与到叶老师在交大十三年的教学科研当中。这十三年中,我深感幸运,能够随着叶老师学习,有机会倾听叶老师的教诲。这十三年是叶老师学术事业的一个高峰期,也是叶老师一生理论创新的黄金期。我每一次跟叶老师交流的时候,都有一种心潮澎湃的感受。下面我简单梳理一下,叶老师在交大这十几年做出的方方面面的成绩。

第一,叶老师当年来的时候是一个人,但是十几年后,建立了一支很强大的、能代表中国神话学研究前沿的一个团队,叶老师为此付出了艰辛的劳作,培养博士与博士后,同时,不断补充师资力量。

第二,在交大这十三年,叶老师带领这个学术团队不断获得了各级部门的认可,2010年成立了上海交大文学人类学研究中心,陆续开始获得上海市社科联的肯定。2017年成立了上海市"十三五"首个人文社科创新研究基地,同年交大配套成立了神话学研究院。2019年学校为了表示对神话学、跨学科研究的重视,给了一个"双一流"重点项目,还专门配套东晖园一座徽式古建筑。叶老师多次希望,大家去研究院做客,我也代叶老师,邀请大家,有机会一定要来我们东晖园看看,这也是叶老师在交大取得的很重要的一个成绩。

第三,这十三年是叶老师理论创新的飞跃期,也是学术成果的丰收期。叶老师在这段时间内提出了一系列的文化理论命题,比如神话中国、神话历史、文化大小传统、N级编码、文化文本、玉文化先统一中国、四重证据法等七大命题,这是叶老师在交大十几年来很重要的理论贡献。刚才邓微老师公布了叶老师近些年一些著作出版方面的成绩。这十三年,他依托学会力量,主编了七套大书,总共涵盖各类书籍多达130余种。

第四,学术界对叶老师的学术成果越来越认可。叶老师这些年来获得了很多荣誉,诸如他获得了上海交大首批人文社科资深教授,交大首批资深教授共有五人,叶老师唯一没有领导职务的一位。2021年叶老师以中国文学人类学研究分会会长的身份荣任中国比较文学学会会长;2022年上海市文史研究馆聘任叶老师担任馆员,这也代表上海地方政府对叶老师学术成就的肯定;2022年叶老师的《中华文明探源的神话学研究》获得教育部人文社科优秀成果二等奖;等等。

在我的心中,叶老师是一位勇于开创学术新风的学者,也是一位谦逊慈爱的父辈长者。

谭　佳: 建升兄非常诚恳,可能许多人还不知道,他和他的研究生做了一个"神话与文明"公众号,并且一直很勤奋地坚持更新,敬请大家多多关注。下面,我正式开始师门发言之旅。第一位发言的,是北京语言大学的黄悦老师。

这是因为，黄悦老师不仅仅是第一个跟随叶老师读完硕士、博士的学生；而且，她在学术传播与公众传媒方面也是做得很成功的学者。她有着很精彩的公众演讲，也在央视等平台积极传播学术，在北京语言大学的学科建设与领导工作方面，也做得很好。

黄　悦：我家乡有句俗话"前三十年看父敬子，后三十年看子敬父"，我觉得师生关系其实很像父子关系，作为学生，对老师职业生涯最好的回报便是自己的学术成就，这也是叶老师一直教导我们的，我自己没有能取得老师期待的成就，所以祝贺老师生日的时候，总是感觉有点心虚。

2002年的4月份那是我第一次见叶老师，到现在已经二十一年了，叶老师从教四十一年，我这个老学生都已经在叶门二十一年了，还真是很惭愧。很多道理，都是经历了之后，才懂得的，因此借此机会刚好回望这段从学的历程，把自己的心得体会分享给各位，也能够把叶老师很多教育理念和主张记下来，传下去。我现在依然清晰地记得二十一年前叶老师面试我的时候曾问的两个问题，这两个问题，当时是把我问懵了。第一个问题是"《哈利·波特》你看过没？看出什么门道了"；第二道题是翻译题，他给了一段英文的原文让我现场翻译。那次面试当时对我触动特别大，我想这个老师怎么不按常理出牌？我背熟的他都没考，他考的都不是我们中文系课堂上教的啊。离开考场之后，叶老师给我提了两个要求。第一，他说，你回去把《诸子集成》要读一遍，《论语》和《道德经》要背下来，懂不懂是一回事，趁着年轻记性好，先背下来。第二，他要求我每天坚持阅读英文文献至少两个小时。我现在也带学生，才真正感觉到这两句话意味深长，这两项叮嘱，事实上就是叶老师对他当时治学入门的最基本的要求，一个是国学的功底要牢固，另一个是要对国外前沿研究保持敏感。叶老师表达的风格非常简洁，对他的结论不做太多的解释和论证，遇到我这么愚钝的人，就得经过几十年才能悟到他当初的良苦用心。这是我没能如他所期成长的一个原因；还有另一个原因，就是我自己的惰性，每次执行老师要求的时候总是打折扣。我认真范式了一下，折扣来折扣去，这就是我今天没有成长的像诸位同门一样茁壮的最重要的原因。

刚才我们亲爱的彭老师说，叶老师是少有的能通古今中外的学者，我深以为然，在这条道路上叶老师其实倾囊相授，已经完成了他说的师父领进门的任务。这是第一个我印象最深的场景，第二个场景我曾经在一篇散文里面写到过，我读书时见叶老师，最多的时候都是在书店，因为社科院的工作模式跟大学不太一样，我们不能经常见到老师，一约见面老师基本上便是在书店，到了书店也不多说，直接就翻书，边看边感慨，这么多的书怎么看得过来呀？通常是一个师门都在书店碰头，先各自选书，然后叶老师再给我们分书，分完之后，大家各自回去读。我记得特别清楚，有一次下雨，我们一群人每人背个登山包，在北京昏黄的路灯下，走成一列，在盛世情书店门口，在拥挤的北京新街口街道上，这一群人看着特别像一群"苦行僧"。参与过这项聚会的同门，都对这类场景印象深刻。说苦行僧虽然是开玩笑，但叶老师确实说过，做学问就是修道，要是没有修道的信心和恒心，就不要入这行。这个话，真的是叶老师的内心写照，这种坚韧的精神对我教育也很深。

　　我入门比较早，那个时候很少有同门可以互相交流，每隔两周才能在文学所见一次叶老师。每次见到老师的时候，他跟上次关注的焦点都不一样，我们看叶老师的学问，常有管中窥豹的感觉，但是谁能想到，豹居然会跑。一个硕士生，要跟上老师不断更新的知识面和问题意识，真的是很大的挑战。比如第一次见到叶老师的时候我们还在聊大小传统的理论模型，两周后再见面时，叶老师就说你为什么不学玉，要多关注考古。我现在明白，这里面是具有理论脉络及贯穿着问题意识，叶老师对学生的要求其实贯穿着他的学术思想发展。从一开始的让我们去熟读典籍，到入学之后说要打破学科边界，再到后来，"只在书斋里怎么做得了文学人类学，要到田野去，要到民间去，要去看看鲜活的东西"在这个过程中，我们的认知边界被不断拓宽，对老师倡导的跨学科研究也有了更深的认识。

　　说到跨学科，就不得不提到我们的另外两位导师。我们虽然是叶老师的学生，但是我们还有其他三位导师，而且三位导师还是互补的。记得有一本书的名字叫《不敢问希区柯克的，就问拉康吧》，感觉我们就是这样。在叶老师认知中没有完全搞懂的人类学问题，书斋里搞不懂的田野问题，就跑去从彭兆荣老师和徐新建老师寻求帮助，他们给予我们的甚至不止是知识，还包括信心和智慧。我们这个导师天团很厉害的，一方面他们很团结，情同手足，对我们这些叔伯弟子视同己出；另一方面他们的知识结构和风格又是互补的，真正能够提供跨学科的学术支撑。这就像《西游记》里悟空、八戒、沙僧在取经的过程中，唐僧对他们是一种教育方式，遇到危机和困惑时，观音菩萨、太白金星等神仙一定会从天而降，我们的导师天团一直这样默默保护扶植着我们。彭老师有时候就像观音菩萨，他常说的一句话是，不要急嘛，急什么急呀，做学问是要做一辈子的，要开心。徐老师更身体力行，他经常说一句话，做学问，就是好难呀！难归难，但也很有趣哦！雷霆雨露，俱是天恩，在叶老师禅师棒喝式的耳提面命之外，能够得到二位导师给予我们如观音菩萨般的帮助和滋养，也是我们额外的幸福。我们既庆幸师父"唐僧"肯带着我们"西行取经"，又庆幸有"观音菩萨"一路上的指点和抚慰，让我们在遇到困难时不会失去信心，得以身心健康、快乐地面对生活和工作。

最后，作为一个入门很早的学生，我想斗胆概括一下我心目中叶老师的学问，感受最深的有三点：第一点是前瞻性和原创性，我最早阅读叶老师的《中国神话哲学》就感觉五体投地，每每读来，总觉得不可思议，叶老师竟然在二十多岁时用这样一套观念把中国神话思想的一个基础结构进行了系统完整的建构，每次阅读都让我心潮澎湃。第二点是整合性，叶老师一直强调跨学科，强调要打破原有的学科界限，我理解他说的破和跨，其实是一种整合，除了以问题为导向，对不同学科资源的整合，还包括对庞大思想传统的整合，在这个过程中，古今中外，田野庙堂，各种材料都被纳入视野，深度整合。以此为基础，叶老师的学术也渐成体系，除了精彩的个案研究，还形成了完整的世界观、方法论和价值观，这个主线贯穿着他从"神话哲学"到"大传统观"再到"四重证据法"的思想脉络，从早期对国学典籍再阐释的破译系列到今天力求揭示中华民族独特精神动力机制的"玉文化"探源，一以贯之。我大胆推测叶老师学术思想的起点和源动力，就是对中国文化原生性和独特性的持续关注。第三点是各位前辈身上都有的使命感和内驱力，在我从学的二十多年里，见证了老师的几次重要学术转型和开拓，每一次都具有高度的原创性，哪怕到了真正著作等身的今天，叶老师仍然把所有的心力倾注在学术事业，致力于不断突破自我，这种精神大概就是叶老师和各位学术前辈真正的过人之处吧。从学多年，未得十一，惭愧之余，我愿意以这三点和我的同门们、朋友们共勉，希望未来能在这条路上继续奋斗，不辜负老师的培养。祝叶老师身体健康，学术长青，谢谢各位。

谭　佳：今天在座的同门都是这样随性而谈，非常好。如果说黄教授是叶老师的第一个硕士加博士，那么启翠教授就是第一个博士和博士后，她也是连读学位,也像我们建升老师一样,一直是老师最得力的助手,而且特别勤奋。启翠现在不仅做完了三个国家社科基金项目,而且也出版了很多的书,非常有实力,因此她担负起了我们今晚的重要介绍任务。

唐启翠:作为叶老师的学生,始终都有些诚惶诚恐的感觉。黄悦是"吐槽式"的,我想我是"敬仰式"的。今天由我来讲叶师的学术之路,其实是担不起的。因此,这里呈现的只是一个学生追随老师就学近二十年的观察记录。2004年,在海南大学指导一篇本科毕业论文《叶舒宪〈山海经〉研究综述》,开始进入叶老师的学术世界。2006年正式拜入叶师门下攻读文学人类学方向的博士学位。不过,当时在四川大学,主要授课老师是徐老师,经常做课外辅导的是彭老师,叶老师主要通过讲座、书店和邮件进行"叶式"教导。幸运的是,2006年十月借着文学人类学第三届年会的东风,在兰州大学聆听了叶师系列讲座,还跟着叶师"上山下乡"地跑了一个月的田野。就是这一个月近距离的观察式学习,影响并形塑了我的学术之路。言归正传,大家看到的这幅图,是叶老师四十年来发文及被引用趋势图:绿色是每年发文总数,蓝色是每年引用量。虽然是不完全统计,但四十年的学术探索和学术影响,亦是昭然。因此,在我看来,叶师就是一个永远在路上的追寻学术奥秘的"探求性英雄"!对,就是这幅图,我觉得在坎贝尔的这幅永恒探求中的"千面英雄"中,应有叶老师的身影。

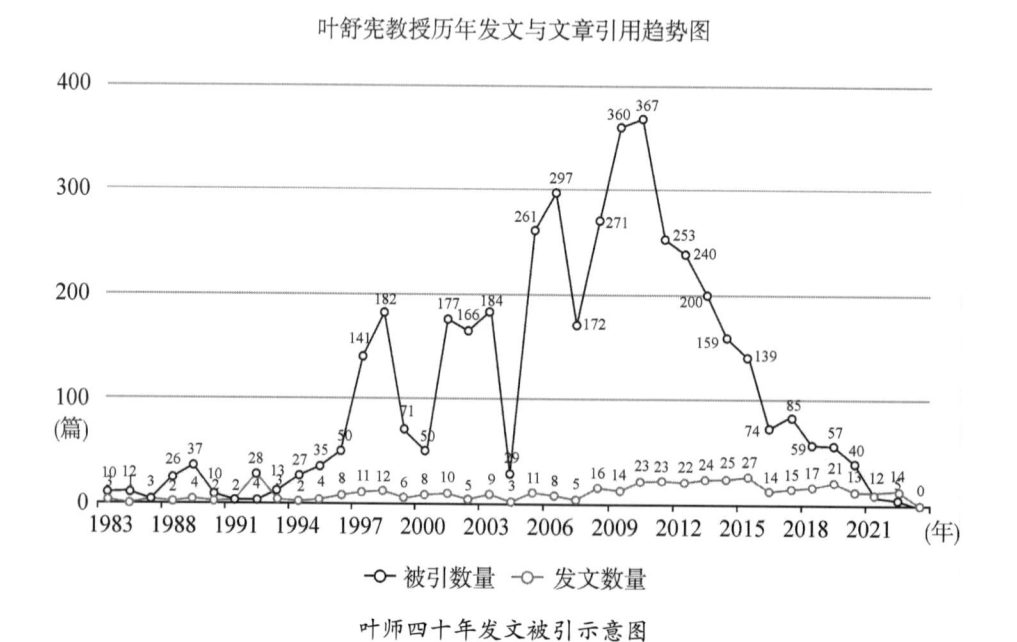

叶舒宪教授历年发文与文章引用趋势图

叶师四十年发文被引示意图

永恒的"探求英雄"中，必有他的身影

"探求性"英雄谱

在此意义上，今天我站在学生观察者视角，要说的只有五句话：

第一句，"启程"：平凡世界里的"非凡准备"。

众所周知，"英雄之旅"的开端都是在平凡世界接受命运的召唤，从而踏上脱凡即圣的旅程。而英雄都会有不凡的出身和非凡的磨难。在类比义上，叶师亦如是。1954 年他出生于北京一个医药之家，2023 年他开始转向中医药神话研究，开始将其四十年来始终没有放弃的文学治疗和中医药学神话研究结合起来。这个持续性的关注和新转向亦或说回归，应该跟其原生家庭的家学有很大关系。我们还可看到，1963 年，时年 9 岁的他，因跟随瑞士老师学法语，已经开始接触异文化。1966 年转学西安，继而下放安塞，体验窑洞生活。1971 年回城成为昆仑机械厂钳工，亲历工业制造、战争创伤与全球化浪潮的诸多冲击。所有的磨难都不过是考验，都是他日后的财富。1978 年，他重回校园开启大学生活，1982 年任教于高校，迄今已逾四十一年。1983 年开始学术发表，1987 年始神话学的译介与学术生产同步展开，1990 年访学澳大利亚初识人类学，1993 年南下海南岛开启了文学人类学之旅，1999 年重返北京主持多项文学人类学与神话学创新研究项目，2010 年南下上海交通大学建立文学人类学研究中心、神话学研究院，开展十五次玉帛之路考察。大家可以看到，无论是在书本内还是在书本外，他的探求从未停止。

第二句，书中探险：译进来—写出来—走出去中的预流与入流。

叶老师的学术生涯中，输入和输出的速度几成正比。这里展示的是他这四十年来出版的译作、著作、编著及其主编的几套大型丛书，从中可以一窥其书中探险的历程与主张。叶师经常跟我们讲：做学问要有世界眼光、本土问题，要"预流"还要"入流"，不能"东向而望，不见西墙"。这"预流""入流"是化用陈寅恪先生的治学名言："一时代之学术，必有其新材料与新问题。取用此新材料，以研求新问题，则为此时代学术之新潮流。治学之士，得预于此潮流者，谓之预流。其未得预者，谓之未入流。此古今学术史之通义，非闭门造车之徒，所能同喻者也。"（陈垣《敦煌劫余录》序）叶师治学转益多师，不拘一格，所学皆为解决问题而来。故其译介和写作都随其问题意识在持续性推进，而在运用新材料以研求本土新问题方面，叶师确实也做到了预流和入流。从神话原型、结构主义神话学、性别诗学、人类学和考古学等，不仅奠定了他从国际比较视野研究中国神话、中国文化的基本方向，从中率先发出了艺术的生态转向、文学的人类学转向和神话的考古学研究等声音，而且早在1989年就提出了"重开丝路"的倡议，可谓"一带一路"的先声。

第三句，"文化"探险：从书本走向格物。

叶老师一直在说"书上得来终觉浅"，所以要行万里路、读万卷书。1994年《诗经的文化阐释——中国诗歌的发生研究》用的是人类学三重证据法，2005年在四川大学做《黄帝号有熊之谜》演讲，提出了四重证据法及其间性互释。为了获得第一手的口传仪式和物证，他一个县一个村地走了大半个中国，其中声势比较大的系列考察有：2005—2009年的甘青宁史前文化考察和台湾庙宇仪式等考察，2014—2019年十五次玉帛之路考察。在这个文化探险中值得提出的有两个关键节点：一是2005年提出四重证据法，二是在2008年贵州民院第八届文学人类学年会时，特邀了考古学家张敬国先生做了一场凌家滩玉器的报告，他自己从"金声玉振"视角做了《中国圣人原型新考》的演讲，自此开启了中国玉石神话信仰和华夏精神的研究新征程。2009年获得中国社科院重大A类项目"中华文明探源的神话学研究"，2010至2012年连续三年，"三驾马车"掌舵人依次获得国家社科重大招标课题，这可谓是筚路蓝缕之后的"井喷"，文学人类学研究在理论、方法和对象上，都从个人兴趣上升到团队协作，并获得学术界广泛认可。2017年上海市文科创新基地-神话学研究院的成立和上海市社科联重大委托项目"创世神话和玉文化研究"，将"文化探险"从书本到格物的历程完美呈现。

第四句，理论探求：从"拿来"到"创造"。

这是我采集的知网"词云"呈现的关键词，最核心的就是四重证据法、文学人类学和玉文化等。回顾叶师学术之旅，不难发现，自1998年以来，有着鲜明叶氏烙印的新观点不断出炉：文化生态、文学治疗（1998）、四重证据法、物证优先（2004）、玉石神话观（2008）、神话中国、神话历史（2009）、玉教、文化大小传统（2010）、N级编码论（2012）、玉成中国、玉文化先统一说、文化文本（2013）、神话观念决定论（2014）、玄玉时代说（2017）、万年中国说（2019）、神话医药学（2022）。再次展现叶师永远都在启程，永远都在探求。

第五句，"新文科"的先行者：从学术成人到教书育人。

叶师从教四十一年，也是其学术成人与教书育人的同步过程。其世界眼光与学术志趣决定了他也是"新文科"理念成人和育人的先行者和引路人。2021年中比第13届年会上发表《变：作为新文科探索先驱的中国比较文学》，2022年《学术月刊》上发表《人类学转向：新文科的跨学科引领》，两文都从学术史梳理视角重估了中国比较文学、文学人类学在"新文科"探索中的"预流"与"入流"式贡献。当时演讲的照片：犹如布道者，激发全场学术自信和学术热情，在座的师友大多都还记忆犹新吧，这种标志性的"布道"，也常出现在叶师的课堂上、讲座中，激发了许多学生的探索热情，开始面向中国本土现实，关注传统文化尤其是玉文化的世界意义。我的汇报到此为止。谢谢大家。

谭　佳：唐老师说的田调是我们现在经常用来研究的。杨骊在四川大学、在徐老师他们的帮助下，自己撑起一片天，以她为主力的四川省社科院神话研究院刚"年满三岁"。如果说上海是一个团队在和老师一起做，那么杨骊更像一个人在奋斗，非常能干。我们文学人类学的公众号，一半是杨骊老师，一半是梁昭老师在负责，二位非常辛苦。因此比起这些同人所做的工作，有些时候我感觉自己的付出还远远不够。下面请杨骊老师发言。

杨　骊：我来到叶老师门下也是缘分，因为我考博考了很多次，兜兜转转，也考了很多门学科，开始是被徐老师吸引，结果徐老师说你还是跟叶老师学吧，所以我就成了叶老师的学生。但实际上，我日常学习也一直跟着徐老师，还有彭老师也时时温暖地在指导我。所以，在"三驾马车"的教诲之下是非常幸福的。

接下来，我来讲讲叶老师的"玉成中国"相关研究。可能很多人对叶老师

"痴迷"于玉有点不理解，甚至我碰到徐杰舜老师，他也在问，你们叶老师到底在做什么，怎么做到玉那里去了？虽然很多人对此都不理解。在大家的印象当中，觉得玉要么就是收藏家玩的东西，要么就是考古研究的对象，好像确实跟咱们文学人类学没有太多关系。而我比较幸运地跟着叶老师做玉石之路的田野考察，深入了解到玉文化的研究对于中华文明探源的重要意义，因此今天我以一个跟随者和学习者的身份，讲一下叶老师这二十年的玉学研究。

叶老师 2004 年提出四重证据法的时候，就已经在关注玉了。我认为叶老师的玉学田野主要是分成两个十年，前面十年叶老师主要是在古玩城和博物馆，后面十年叶老师主要行走在田野考察的玉石之路，不仅局限于观看博物馆的收藏了，而是可以进入到博物馆的库房了。因为跟考古界、文博界的交流更密切，可以进到库房去亲自研究那些实物了。我觉得叶老师的田野功夫非常了不起，我们学生真得望尘莫及，他可以跟地摊小贩像兄弟一样勾肩搭背，也可以和顶级收藏家坐而论道。

以下列举呈现了中国玉学研究的进程，很多都是叶老师提出的，由此可见叶老师对中国玉学研究的推进。

——玉学与玉文化说（杨伯达、殷志强等 1990）

——玉器时代说（张光直 1978，闻广、张敬国等 1991）

——玉石之路说（杨伯达、古方等，1989）与玉帛之路说（文学人类学 2015）

——巫玉王玉说（杨伯达，2005）与玄玉 - 白玉说（文学人类学 2015）

——玉魂国魄说（费孝通，2002）与玉石神话信仰（玉教）说（文学人类学 2010）

——玉文化先统 - 中国说（文明基因）（文学人类学 2013）

——万年中国说（文学人类学 2019）

叶老师自己有一个总结，我觉得比较客观，就是我们的文学人类学研究是紧随在考古学和收藏学之后，但我们的研究远远突破和超越了传统的玉学研究。

在玉学研究的过程中，玉文化的研究最早是杨伯达和殷志强提出的，他们在 1990 年的时候提出了玉学和玉文化。比较有眼光的是张光直先生，他在 1978 年就提出了玉器时代说，我们经常说有石器时代、铜器时代、铁器时代，但在中国比较有特色的是玉器时代。虽然很多人不太接受他这个观点，但他的理论确实很有远见。后来是闻广、张敬国接着深化这个理论。关于玉石之路研究，杨伯达、古方从1989年就开始探讨路线，但这些假设并未落实到田野考察。2014年叶老师开始了第一次玉石之路田野考察，2015年叶老师提出"玉帛之路"。杨伯达在2005年提出了"巫玉王玉说"，而叶老师后来提出的"玄玉－白玉说"，则有了更进一步的突破。2002年，费孝通先生提出了"玉魂国魄"之说，在2010年叶舒宪老师提出了"玉石神话信仰（玉教）说"。在2019年，叶老师在"玉文化先统一中国说"里提出了"文明基因"这个概念。在这里，我特别要强调一点，很多人不太理解叶老师在做什么，其实叶老师有一个很深刻的追求，就是要真正去探求中国文明的基因何在。玉就是这个基因载体，这让我想起费孝通先生特别关注能够代表中国传统文化的两样东西，一是玉文化，二是中医，叶老师就是沿着费先生指出的前一条路继续往下走的。在后面的十年，也就是从2014年开始叶老师启动了玉石之路文明探源的田野考察。我在这里仅仅列举了前面的十次玉石之路考察，这个大型的田野考察前后一共有十五次，囊括了河西走廊、沙漠、草原，还有长三角地带等，田野考察的足迹可谓遍布祖国大地，我们可以借用他的一句话来说，叫作"八万里路云和月"，叶老师个人先后出版了三本玉石之路踏查记。

正是在玉石之路考察过程当中，叶老师通过实地踏勘找到了一些比较重要的理论突破点。第一个就是"玉帛之路"概念的提出，德国人李希霍芬曾经提出了"丝绸之路"的命名，但叶老师指出了丝绸之路是殖民者的文化遮蔽，那是一种外部视角，以国人的内部视角来看其实是玉石之路。由此，叶老师提出了"玉、马、佛、丝"文化交流路线，文明交流和互鉴是从玉开始，然后是马，然后是佛，然后是丝，这样一条多米诺骨牌式的文明交流的递进演化路线，把被殖民者遮蔽的玉石之路大传统重新彰显了出来，让我们看到了东西文明传播和互鉴的轨迹。

其实，玉石之路最开始由杨伯达提出来一个路线设想，但他一直没有深入的田野考察，虽然曾经也有过几次科考，但是没有得出更系统的结论。之后，叶老师就带着文学人类学研究会的十来个人，硬是把玉石之路给踏勘出来了。第十次玉石之路考察发现武山的蛇纹石玉矿，促使叶老师最早萌生出"玄玉时代"的灵感。那次考察的最后站点是叶老师一个人去的，我当时印象特别深刻。因为前面一周我们刚刚结束玉石之路渭河道的高强度田野考察，我们都已经累得不行了，想回家了。叶老师说，不行！我要去那个地方看看。结果叶老师一去，真的就找到那个武山鸳鸯玉矿了。叶老师就是这样用实证考察一点一点地修正前人的设想，特别是他们一直设想而没有落实的。

还有一个有意思的故事：在 2019 年，"中国考古十大发现"之一叫旱峡玉矿遗址，这个古玉矿的发现改写了西玉东输的历史记录，最初是叶老师带着我还有冯玉雷老师去做的田野考察。当时我们通过民间的线人发现这个玉矿，我们当时坐在一辆越野车驰骋在茫茫的戈壁，那真是无人区，就像探险一样。在 2017 年的时候，叶老师、冯玉雷和我三个人把田野考察记发表在《丝绸之路》。叶老师当时在上海举办了第十三次田野考察成果发布会，把这个古玉矿报道出来，引起了当时敦煌市副市长的关注，后面才开展了一系列的考古发掘，并完全证实了我们考察组的先期探索结果。没想到这史前玉矿后来成了的"2019 年中国十大考古新发现"，当时我虽然有点遗憾"过莫高窟而不入"，却无意中跟着叶老师参与了这么一个很有意义的事件。就是在这样的田野踏查过程中，叶老师不断地修正玉石之路的设想，从 1.0 版本的西玉东输到 2.0 版、3.0 版，最后到 4.0 版本，一次又一次地在中国大地上丈量、描绘出这条玉石之路。

第十五次的环太湖考察，通过对良渚玉器的实地考察，用"史前新六器说"（钺、琮、璧、璜、冠、锥）修正了传统学术界奉为圭臬的《周礼》"老六器说"（琮、璧、圭、璋、琥、璜）。良渚博物院进门大厅有一排很大的字："良渚遗址是实证中华五千年文明史的圣地"。其实这句话反映了我们中国学人长久以来的情结，因为我们虽一直说中华文明五千年，但因我们成熟的文字甲骨文出现在殷墟晚期，只有三千多年，所以西方学界不认同"中华文明五千年"的提法。那么，如何实证中华文明五千年？玉文化就是一个非常重要的证据，良渚的玉文化非常有体系性，其带有宗教性质，是成熟文明的标志。叶老师通过田野考察发现的"玉文化先统一中国"的进程是先统一长三角，再统一中国。叶老师还提出了"玄玉时代"说，玄玉时代的意义在于它奠定了中华文明国家礼制的文化之根，这是玉礼器的文化基因。从张光直先生很早就提到的玉器时代，到费孝通先生提出的玉魂国魄说，叶老师在这个基础之上一步一步地把中国玉学的理论引向纵深，其更加丰富更加成体系。他提到了中国的三次统一浪潮，从玉的统一到文字的统一，最后到王权的统一，问鼎中原。最早的时候，我看到叶老师提出万年中国说，觉得特别惊讶也特别佩服，觉得叶老师的提法太大胆了。但"万年中国说"实际上是有一定实证支撑的。从白城双塔到小南山遗址，两个将近万年的遗址，可以说明中国最早的玉文化基因。叶老师把中国的稻米文化和玉文化联系起来，说明这种文化是相辅相成的。叶老师还提出了"玉的神话历史"，我当时觉得特别惊讶，叶老师用玉石神话的观念重新阐释了中国的历史。还有他提出的玉石神话信仰和中华文明基因等，就不一一细说了。实际上叶老师多年的研究是通过玉石神话信仰勾勒出了一条中华文明从起源到一直延续至今的玉文化脉络。

虽然叶老师的很多观点当初看起来很先锋，但随着时间的推移，可以看到越来越多的学者认同他的玉学理论，玉石神话历史的中华文明探源理论真正起到了学术引领的作用。中国社会科学院学部委员、中国考古学会理事长王巍的《中华文明探源研究主要成果及启示》一文，其中提到了"万年奠基""五千年进入文明社会"及各阶段玉文化的重要标志，都与叶老师所见略同。最后我用两句话概括叶老师的玉学研究："玉神玉教玉成中国，破界跨界走向世界。"2019 年，叶老师的《玉石神话信仰和华夏精神》已经获得了中华外译学术的项目立项，叶老师所研究的玉学从"玉神""玉教"到"玉成中国"，打破学科界限、跨越学科界限的研究终将走向世界。接下来怎么样走向世界？这个交给刘建树老师来讲。谢谢！

刘建树：我感觉非常荣幸能够参加今天这个活动。回忆我跟叶老师的交往，记得 2014 年在剑桥访学期间我们通过邮件交流，叶老师就曾与我分享了他自己学术成长道路上的一些关键转折点。作为一名大学英语老师，我觉得教学工作和研究活动当中的自己，其实经常处于"人格分裂"的状态。叶老师跟我分享他自己当时作为中文系的老师讲授东方文学课程的经历。我觉得他这是在给我指引一个（研究）方向，可惜自己比较愚钝，这么多年来在学术活动中仍然处于摸索的状态。我还要感谢叶老师吸收我进入"神话学文库"的译者行列，让我有幸参与到叶老师主持的神话研究系列著述的译介活动中，有幸参与翻译了其中的两本。我在翻译活动中每次遇到疑惑的地方都要将原文与自己的译文返给叶老师，他再耐心地讲解给我，直到自己的理解与原文完全契合而表达又符合汉语习惯为止。

当下，叶老师在国内已经很有学术影响力。"从《他山之石》到《玉成中国》"这一发言题目，就是要概括叶老师如何从译介与利用国际学术资源开始，经过国内国际学术在叶老师著述中的互证、互识，促成新的学术话语的生成，进而推动叶老师学术著作走出国门的历程。我们今后或许可以针对中间这一步展开更多的探索，即中外学术话语在叶老师的著述中呈现了怎样的学术再生产规律与机制？中国学术话语与国际学术话语之间是如何展开对话的？这里大有可以研究的地方。目前为止，在中华学术外译项目中叶老师的多部著述已经入选被翻译名录，这在所有的中华学术外译著述的著者当中也是少有的现象。在我看来，叶老师的学术成就在国外的接受程度及其所引发的国际反响与这些研究该促发的国际学术对话远不相称。当下是我们建立与国际学术界开展交流的好时机。根据我在国外访学的经历，我感觉国外的学术圈对中国话语其实是有某一种妖魔化倾向的。我们希望在叶老师学术成果国际化的进程中，这种国外对于中国学术话语的妖魔化能够逐步得到消除。至于如何进一步提高话语接受度，展开更有效国际学术对话的相应策略，可能需要我们进一步思考。

谭　佳：在祖国大地上要做学问以及让学问走出去，我们有请在叶门当中身份很特殊的克东来讲，他也是从博士到博士后，不但是目前为止跟着叶老师求学时间最长的学生，而且他还是非常勤奋学生。正是因为他在学院内，所以我们可以想象他要做出很多的努力才能够去搜集老师在学院外的一些成果，我觉得特别的可贵。

柴克东：叶老师从教四十一年来，在教学科研上成果非凡，前面几位师兄、师姐已经做了详细介绍。我在此主要向大家介绍一下由叶老师发起的"玉石之路"考察及其主要社会影响。

玉石之路考察始于2014年，止于2019年，前后共十五次。前十四次集中在我国西部，行程达到数万公里，遍布两三百个县市。玉石之路考察活动从一开始就受到了中国文学艺术界联合会的高度重视，在《中国文联第九届六次全会委员建议的通知》中，倡议以玉石之路为中国文化创新平台，并启动中国玉文化整体升级和品牌打造。

玉石之路的沿线省份，如甘肃、青海的领导们对考察活动也非常重视。甘肃省政府认为这一活动将会对甘肃省文化产业发展品牌奠定坚实基础。2016年，中共甘肃省委网络安全信息化领导小组发文，高度赞扬叶老师的工作，认为玉石之路考察活动将对甘肃乃至整个中国的文化传播和提升发挥前瞻作用。内蒙古社会科学院也高度关注草原玉石之路，建议把草原玉石文化品牌与内蒙古的文化产业结合起来，聚焦草原玉石之路与中华文明历史进程之间的渊源关系，扩大内蒙古文化产业文化品牌的影响力。此外，叶老师亲笔撰写的《有关将玉文化纳入中国文化品牌的战略》，通过中国社科院专报系统上报国办。

第十五次玉帛之路是在 2019 年举办的，主要是围绕着环太湖地区的良渚文化辐射地区展开。考察活动梳理了从马家浜文化到崧泽文化，再到良渚文化的发展轨迹，受到了上海市人民政府的高度重视。

2019 年，"中国民间文学大系"出版工程首批成果发布，叶老师作为神话卷首席专家，在人民大会堂接收颁奖。

2020 年新冠肺炎疫情突如其来，席卷全球。叶老师联合陕西人民出版社在上海书城举办抗疫活动。早在十七年前，"非典疫情"爆发，叶老师就意识到全球化社会存在的风险，并将瘟疫的全球化列为当今社会最大风险，用《现代性危机与文化寻根》（2009、2020 再版）一书向全社会发出警示。

2021 年 5 月 22 日，为纪念仰韶文化发现一百周年，叶老师策划在咸阳博物院联合举办的"仰韶玉韵——尹家村遗址出土文物展暨玄玉时代专家论坛"。此次活动旨在揭示关中地区作为中原玉文化先声的重要性。咸阳出土的这一批珍贵玉器在叶老师慧眼辨识之前被误认为是石器，深锁库房半个多世纪。作为五千多年前的玉礼器物证，具有改变中国玉文化史发展坐标的重要意义。

最后，关于叶老师这几十年来的玉文化研究，我斗胆用十个字做个总结，就是"乾坤生精物，雕琢成中国"。可惜的是，叶老师的玉文化研究远远没有得到重视。我们的文化寻根之旅，缺少了玉文化研究终将是一大遗憾。叶师二十年来孜孜矻矻所追求的，正是为四千年前在玉石之路上挖玉、运玉、制玉的先民们正名，为了为一个多世纪以来被丝路名号所遮蔽了的玉石文化正名。

谭　佳：克东是老师学生中最年轻的一个，我们的谢美英教授是叶老师在川大的第一个博士，现在也是独当一面，在宜宾学院人文学院担任副院长，也是学科带头人，还是五粮液集团的公司的文化顾问，她也做了大量的文化创意和文化策划等，是非常低调的优秀毕业生。

谢美英：我是宜宾学院谢美英，成为叶门弟子已近二十年。今日恰逢叶老师七十华诞，又遇恩师从教四十一年，学生敬祝叶老师健康如意，福乐绵绵。

在中国当代人文学者中，叶舒宪先生既能融汇文史哲又能贯通中西，既能传承传统又能开创未来。他涉猎宽泛，著作等身，成就斐然。如 20 世纪 80 年代的西方文论译介、90年代的中国上古经典的人类学破译与跨学科阐释工程、世纪之交创建文学人类学学派、新时期的中国神话历史与文化大传统重构等。他的每一项研究在相关学科都具有开创性影响，其著作具有学术地标价值。

在与先生相识的二十年里，叶老师让我读懂了三个词语：一是创新。叶老师出版六十多部专著，发表数百篇论文，为学生开设上百场讲座。他的论著内容新颖，视角独特，话语睿智，其提出的"文学人类学""第四重证据""大传统和小传统""神话中国""玉教""玉石之路"等在学术界分量超重的术语足可证明之。二是勤奋。曾记得读书期间，常常会在凌晨三四点或五六点收到叶老师的指导邮件。曾经问过他，回答则是"或没睡""或刚起"。也知晓，为探求"玉石里的中国史"，先生实地考察全国三十多个县和二十多个古玩市场。三是厚德。四十年来，叶先生坚持在教学、科研一线，不仅将知识传授给学生，更是将钻研探索的学术精神融入其中，润物无声。更重要的是他在潜心研究的同时不忘社会担当。2012年，主编《文化与符号经济》一书，引导知识分子走出书斋，回应国家经济转型的现实需求，献计献策，发挥专业智囊作用。同时，数十年在文史哲、人类学、社会学、经济学、神话学、考古学、语言学、文字学等领域，搜寻并敏锐地解决中国学术界的重大问题。

俗语云："经师易求，人师难得"。在我人生旅途上，何其有幸，遇到叶老师这样一位厚德博学的、睿智勤奋的学术大师。在此我想，如果没有叶老师的引导和鼓励，我是不会取得现在的成绩。在此，我只想说一句"叶老师，谢谢您"。

谭　佳：下面发言的金立江教授也很有特点，严格意义上是叶老师在北京唯一一个联合其他高校培养的博士，是叶老师在北京师范大学带的博士，也是非常优秀，专门研究苏美尔神话。

金立江：原来以为今天是一个轻松而愉悦的庆贺聚会，现在突然感觉很严肃，很深刻，很有感触。昨晚理事会会前，在会场等叶老师到会，这是新冠肺炎疫情三年之后第一次面见叶老师和诸位先生，刚见到叶老师的时候感到老师虽然旅途劳顿，依然精神健旺，鬓边白发难掩意气风发。三年未见，甫一见面内心不禁感慨良多：叶老师笔耕不辍，在学术的道路上依然执着跋涉，著作等身。到今晚我们看到叶老师诸位门生的学术成果，果然是桃李满天下。让我又回忆起我在北师大追随叶老师求学的点滴。

叶老师对自己的学生在教学上并不拘泥于传统的授课方式，恩师对我的耳提面命，可以在任何一个场合：在北京的地铁上，去机场的大巴上，在开题报告会上，在博士答辩会上，在各级各类的学术会议上，在叶老师受邀的讲座上，在专业的书店中，甚至在潘家园的摊位前，他都因时因地讲起学问，让我切身体会到了人文学科的理论与实践相结合的意义。甚至恍若有古希腊学苑那样的既视感。

令我印象最深的是，叶老师告诉我，你们现在需要老师提供资料，经过不断地训练之后，你们得有自己的观点，要能够自己发现新材料，甚至给我们老师能提供一些新材料。那时候写毕业论文需要资料，除了自己购买，跟着叶老师到书店去成批采购，还要到北京的国家图书馆等大型图书馆去借阅，但后来才发现实际从叶老师家里就可以借到很多，因为叶老师家藏书丰富，几乎占据了家里大部分的空间。

叶老师因工作需要，不但自己经常外出田野考察，还有大大小小各种会议和其他事宜需行走在不同地方，在不同的城市，叶老师驻足最多的就是博物馆和书店。他不但鼓励学生们去博物馆，还亲自带队，现场讲授，这让我每每深受鼓舞，这种实证的态度，让我更加深刻地理解了叶老师所倡导的四重证据法的观念。

记得博一的时候，我几乎每周要往返于北三环北太平庄的北京师范大学和建国门的中国社科院，除了就读的北京师范大学和叶老师当时工作的中国社科院，还有其他北京的高校和科研单位，经常能够借着叶老师开会和讲座的机会学习，叶老师介绍给我们很多国内相关专业的前辈学者认识，打开了我们的视野，我们向这些令人尊敬的学者学习，受益匪浅。刚开始师从叶老师，他为了让我迅速进入文学人类学的领域，给我提供了国际人类学杂志，通过翻译让我了解人类学中狩猎采集文化的最新研究进展，在原先文学研究背景的基础上我逐渐地通过阅读、翻译这种方式进入了文学人类学这个领域，叶老师对我的教育目标非常明确的，我在以前学习是完完全全看自己的喜好，现在跟着叶老师才走了进去，迅速走出了学术的迷惘期，这是我的幸运。

当然，今天我做得不算好，在工作和学术探索中也还有困惑。我还记得当时在博士论文初稿上，叶老师逐字逐句修改的笔迹，他为我的文稿付出了无数心血，这是我终生难忘的师恩。我想我以后会继续努力，在学术之路上不断追随叶老师的脚步。时间有限，我就说到这里。最后祝叶老师和其他老师们身体健康，学术生命长青。

谭　佳：社科院的陈金星教授是叶老师最后一个在北京的关门弟子，在天文和神话历史方面有所精研。

陈金星：我跟叶老师从学的一个重要体会是以跨学科的眼光做中国学问。叶老师的研究具有跨学科的特点，包括文学、哲学、人类学、心理学、考古学等领域。文学研究的视野比如编译《神话—原型批评》，《中国神话哲学》具有文学与哲学的跨学科视野，《高唐神女与维纳斯》《文学与治疗》具有文学与心理学的跨学科视野。在叶老师的指导下，我的研究也是带有跨学科的特点，比如我的博士论文——已出版的学术著作——《神话思维与中古历史书写》就是结合了天文考古角度展开探讨；再比如说我现在做的课题"当代心理学派神话研究之反思与本土开拓"是以叶老师让我翻译的《心理学与神话》作为前期成果的。叶老师关注文学与治疗，这也启发我关注神话与当代心理治疗方面的研究。今后，我会继续向叶老师学习。

公维军：轮到我发言了，应该说从博士研究生面试开始，叶老师就开始逐渐改变了我的人生轨迹。我记得很清楚，当时与我一起报考叶老师门下并进入最终面试环节的，还有来自南开大学、南京大学两位比较文学科班出身的硕士，她们都非常优秀。我的内心其实特别惶恐，毕竟我是考古学背景，虽然前期做了非常认真的准备，但文学并不是我擅长的领域。结果面试结束后，唐启翠师姐就告诉我说，老师刚刚打来电话，让你从办公室拎几本书回去好好读。说实话，那种感觉特别不真实，就像黑暗中的孩子幸运地等来了晨曦。

后来，老师受邀前往西北师范大学参加学术会议，提前告知了我具体行程。我非常重视与老师的第一次见面，自然也就特别紧张。平时我极少穿正装，那天还是特意精心收拾了一下自己，只是当天真的特别热。待我到达宾馆，老师开门后，才发现活力四射的老师身着短袖长裤而非西装革履，瞬间拉近了我与老师的距离，也卸下了不少思想包袱。紧接着，我陪同老师前往兰州市城隍庙、古玩城，不知不觉逛了好久，这时也下起了不小的雨，老师却兴致不减。在古玩城上楼时，老师走着走着突然停下来回头望向气喘吁吁的我，我以为自己哪个地方没做好，老师却半调侃地笑道："能跟上吗？年轻人体力不行啊。"自认为不乏锻炼的我，在老师面前却惭愧至极，因为是真跟不上。

再说一件小事，印象深刻的依然是上海闵行泾阳路上那家羊肉馆的羊肉汤，不过现在我已经很难回忆起羊肉汤的味道了，因为每次老师都要阔谈学术、畅谈思想，所以权当听觉的满足冲淡了味觉的享受吧。但时间久了，我才慢慢体悟老师的良苦用心，他真正希望的是在日常生活中教给你一种体验，而这种体验是做学问的，但更是做人做事的。

我发自肺腑地希望以后，我们的叶（舒宪）老师、彭（兆荣）老师、徐（新建）老师、王（杰）老师，你们都能时不时跟我们来一句"年轻人体力不行啊"，因为你们身体康健、学术常青是弟子们共同的心声！

代云红：首先感谢有这样一个机会，让我表达对叶老师的敬意。非常感谢叶老师对我的长期提携，关心和帮助。我与叶老师的认识是这样一个情况：我是在华东师范大学访学和读硕士时跟随方克强老师学习文学人类学时初次接触到叶老师学术研究的。记得在华东师范大学访学和读硕士时，我们学习文学人类学的时候，因为没有教材——方老师很少用自己的著作《文学人类学批评》做教材，所以方老师在讲授文学人类学这门课程时，主要用的教材就是叶老师已出版的著作。方老师让我们一本一本地读叶老师已出版的著作，在读的过程中，一方面注意叶老师是如何从文学人类学角度去看问题或解释问题的，他采用的理论方法、运用的新材料及得出的结论是什么；另一方面又注意叶老师的文学人类学研究还存在的不足或问题是什么，读后再进行讨论。课程结束后，我们每位同学都撰写了一篇评价叶老师的文章，后来发表在《中文自学指导》2002 年第 4 期上，我写的小论文是《从闻一多到叶舒宪》。后来在跟随方老师读硕士考虑硕士论文选题的时候，就以《叶舒宪与文学人类学研究》为题作为我硕士论文的题目。田兆元老师是我硕士论文的盲评者之一——我当时还不认识田老师，他审阅了我的硕士论文，并把论文给了叶老师，因此我就有了这样一个机会接触叶老师。在 2006 年我收到了叶老师的邮件，邀约我参加在河南召开的神话学会议和在兰州召开的文学人类学会议。在 2006 年的河南神话学会议上我第一次见到了叶老师，也就是在这次会议上，在叶老师引荐下，我第一次认识了萧兵先生。后来，在叶老师的提携下，我多次参加了文学人类学的会议，认识了徐新建老师、彭兆荣老师和在座的各位师友们。

在认识叶老师后，我就长期得到叶老师学术上的提携和多方面的关心和帮助。2007 年，我继续跟随方老师读博士，在撰写博士论文期间，叶老师远在中国台湾讲学，还非常关心我的博士论文写作情况，并且给我提供了诸多台湾方面的文学人类学信息。在博士毕业时，叶老师还写信要帮我留在上海，但是因为各种原因，尤其是我的家庭方面的原因，还是回到了老家——曲靖。我回到曲靖后就一直没有调动工作。

2010年，叶老师让我参与了他的国家社科基金重大招标项目"中国文学人类学理论与方法研究"课题组，我的学术视野和学术研究能力都得到了较大的提升。在这里我要衷心地感谢叶老师对我的提携、关心和帮助。

我曾经写过一些评价叶老师的文章，尽管对叶老师的某些观点、某些看法，并不完全赞成，而且多有批评，但是叶老师非常的宽容。他曾经写信跟我说过，欢迎批判，因为反思，才能推进学术研究。我感觉，在叶老师的提携、关心和帮助下，我在文学人类学研究领域遇到了很多很好的老师，他们都很宽容，让我能够自由发言，没有约束。再次衷心地感谢。

王　杰：叶舒宪这样的一个中国学者，让我非常骄傲。当时我到上海交大任职，叶舒宪是第一批跟我联系的老师，希望加盟交大。虽然当时存在了很多困难，但是最终还是将叶舒宪教授成功引进到交大任职，让交大的文学人类学有了良好的师资基础。我也觉得你们三剑客（叶、徐、彭）确实是中国学术界的一个传奇，一路走来，互相支持，把所有的学生都看作是自己的学生，给予他们关爱，让他们每个人都有了良好的成长和发展。文学人类学作为一个在中国80年代才刚刚起步的学科，靠着你们三人在中国的学术界走出了一条不同于中国学术界体制的路。你们三个还很年轻，我觉得你们都不会老的，这几十年来，勤奋、努力，又十分坚定，面对困难没有任何的动摇，一直这么走着，才取得了今天的这些成就。我觉得中国学界乃至世界会有越来越多的人为你们三个人骄傲。现在的中国来到了一个学术发展非常有利的时代，我希望年轻的学者也能够展现出更大的创造性，去突破、去发展；我更相信你们年轻人也一定会成为中国学术界的一个又一个有影响力的学者，谢谢大家。

叶舒宪：文学人类学绝不是一个两个人的事情，这是改革开放后在我国出现的、既有必然性又有非常大的偶然性的一个学术现象。既然已经走到今天，回望当初：我们当年丝毫没有预见到会有今天这样的局面，到底将来是一个学派还是一个什么，相信历史自有公论。我自己是鼓励学生：你从事你的专业，要先学习了解中国的学术史，你有了学术史背景知识，就知道我们要做的事是从哪里来的，其最大的难题在哪，我们能够在何方面取得进展或突破。

刚好在2022年的贵阳孔学堂举办神话与科幻辩论会上，我提交一篇积累十多年的文章《祝融：神话历史的复活——四重证据法重建楚版上古史谱系（14祖）》，实际上要解决的是被古史辩派在一个世纪前所打碎的古史谱系问题。这项研究，要瞄准的就是一个人——顾颉刚。中华人民共和国成立后，毛主席说要把这位学者调到北京来，进入我们中国社科院历史研究所。他的最大贡献就是把德国近代学者兰克的"历史科学"照搬移植到中国。重新看待中国的上古史，三皇五帝加夏商周的历史，认为西周以前大多数内容不是历史，而是神话传说，或者叫"伪史"。他是当代学术史上最有影响力的学者、大才子，我们文学人类学的起步点，正是他止步的地方。我将《孔学堂》杂志刊登的这篇论文推送出来，讲的就是三皇五帝谱系（从天熊伏羲到有熊黄帝）原有的信仰脉络。有兴趣的各位可以看一下。解决方案就是我们的四重证据法，用证据间性的空间，将这个以往研究找不到头绪的对象全部激活。我现在给学生说，你们可以做个实验：买一个新电脑，你把D盘分成四个区，按照我们说的四重证据去分别存储资料，三五年之后，你一旦出手，会四顾茫然找不到你的对手！就这么简单，一般人肯定不习惯去看枯燥的考古报告，但这个方面恰恰是前人所没有的新知识新材料，我们尊称为第四重证据。我给你的建议不用多说废话，谁向四重证据所指向的交叉学科方向努力自学，坚持不懈，谁就一定会在知识结构上领先。那你现在为什么要先从背诵《道德经》和《论语》入手？这是国学的根，我们称为一重证据的东西。

文学人类学的先驱人物，就是刚过世的萧兵先生。上月我们在苏州开中国比较文学学会常务理事会，我还提议，给萧兵先生默哀三分钟。他就是我们的榜样力量。我们这几位，再怎么说也是"211"或"985"的科班出身。萧兵先生连一个大专学历都没有，就他一个人勇闯学坛天下。他的内心的坚强程度远远超过我们所有的人。他没有大专学历要在学界打拼，需要忍受多少白眼？他在80年代光发表楚辞研究的文章就几十篇。只要打开《人大复印资料》就会看到他的大作！他在淮阴师范专科学校，连火车都不通的一个苏北小城。他一只手残疾，却能一个人办一个刊物《活页文史丛刊》，钱锺书、李学勤都给他投稿。后来要评职称，一个没有学历的人在拿着一百篇论文去评讲师，结果讲师也没有评上。而从那以后萧兵就主打写大部头专著了。今天的人很难理解这样一位自学成才、独学而不群不党的天才。现在的文学人类学研究分会，有幸三个兄弟在这儿，东南西北还能有个呼应。那时萧兵却是一个人独打天下，这才是给我们的人格鼓舞力量。大家多思考一下，为什么是他，没有导师没有学历的人，成为新文科即交叉学科研究的开拓者？当时他没有叫文学人类学，他叫"民俗神话学"。李泽厚先生向他约稿说，我要给他出一本《楚辞文化》。我把杨伯达、李泽厚、萧兵这些人作为新文科的先驱者，总结其共性，就是一个词"人类学转向"。萧兵没有导师的限制，他想学什么就学什么，跟老中医一样。所以现在所有按照专业跟着导师的限制学出来的，反而毕业出来就变成铁路警察式的学问格局。乐黛云老师就是因为在中美第一次比较文学双边会谈带着萧兵到美国，见证了萧兵报告后听众掌声雷动。乐黛云老师回国后，就设法要将他调动到北大任教。结果没有获得校方的通过。接下来，乐黛云老师不甘心，就要调我去。结果就差了一个礼拜，我的调动搬家的集装箱已经从西安运到了湛江，等待渡海去往海南岛。这时商调函才寄来，因此我也不能去北大，只好在海南岛任教六年。文学人类学的课就是1993年在海南大学率先开设的。原来在陕师大母校想开设这门课，但官方教学大纲里没有这个内容，因此没能开设成。

做交叉学科研究，刚开始是非常艰难的，全靠大家努力和支持，才有今天兴旺发达的局面。新兴交叉学科，任何个人是做不了的。我们第一要做的就是团结，团结加上包容，不要光看别人的缺点，要看每一个人的长处。所谓寸有所长，尺有所短。做学会组织工作，重要的是你要培育自己的帅才，即领导力，要善于看到每个人所长，发挥他所长。我就说到这里，谢谢。

【总结】

本次座谈会汇聚学科精英，参会人员开怀畅谈，向叶舒宪教授表达寿辰祝福之际，也对文学人类学的发展提出了各自的看法，气氛欢快，通过开展学术交流与对话，总结叶舒宪教授科研教学、著书立说的贡献，弘扬其创新精神，积极推动学科交叉研究，对实现中国人文学科的范式革新与跨界研究具有积极意义。

叶舒宪教授著作目录编年

胡建升　编

叶舒宪教授读万卷书，行万里路，著书立说，勤勉有加，宏著可观，体大精深，提出一整套关于中华文明探源与华夏文化精神的理论命题，诸如文化大小传统、神话中国、神话历史、文化文本及 N 级编码、四重证据法、玉文化先统一中国、玉文化先统一长三角、神话决定论等，强调整体释古，重视证据间性，启迪学人，嘉惠学林。

兹整理叶舒宪教授历年著作、编著、译著、主编的书目，按年编排，以飨读者。

1987 年

叶舒宪编：《神话—原型批评》，陕西师范大学出版社，1987 年第一版；陕西师范大学出版总社，2011 年增订第二版；2023 年精装第三版。

1988 年

俞建章、叶舒宪：《符号：语言与艺术》，上海人民出版社，1988 年版；台湾久大文化公司，1990 年繁体字版；陕西师范大学出版总社，2018 年第三版。

叶舒宪：《探索非理性的世界——原型批评的理论与方法》，四川人民出版社，1988 年第一版；陕西师范大学出版总社，2018 年第二版。

叶舒宪编：《结构主义神话学》，陕西师范大学出版社，1988 年版；陕西师范大学出版总社，2011 年增订第二版；2023 年精装第三版。

1990 年

申华青、叶舒宪：《神鬼世界与人类思维》，黄河文艺出版社，1990 年版。

1991 年

叶舒宪：《英雄与太阳——中国上古史诗的原型重构》，上海社会科学院出版社，1991 年版；陕西人民出版社，2005 年第二版；陕西人民出版社，2020 年第三版。

1992 年

叶舒宪：《中国神话哲学》，中国社会科学出版社，1992 年版；社会科学文库版，1997 年第二版；陕西人民出版社，2005 年第三版；陕西人民出版社，2020 年第四版；2016 年入选经典中国外译项目，英文版：*Chinese Mythology Philosophy*, London：New Classic Press，2022. 俄文版：философия китайской мифологии，2023。

叶舒宪、李继凯：《太阳女神的沉浮：日本文学中的女性原型》，陕西人民教育出版社，1992 年版；陕西人民出版社，2013 年第二版。

1994 年

叶舒宪著：《诗经的文化阐释——中国诗歌的发生研究》，湖北人民出版社，1994 年版；陕西人民出版社，2005 年第二版；陕西人民出版社，2020 年第三版。

萧兵、叶舒宪：《老子的文化解读——性与神话学之研究》，湖北人民出版社，1994 年版。

1996 年

叶舒宪、田大宪：《中国古代神秘数字》，社会科学文献出版社，1996 年版，1998 年第二版；陕西人民出版社，2011 年第三版增订彩图版；陕西师范大学出版总社，2018 年第四版，2023 年精装第五版。

叶舒宪、田大宪：《中国神秘数字》，铃木博译，青木社，1999 年日文版。

1997 年

叶舒宪：《庄子的文化解析——前古典与后现代的视界融合》，湖北人民出版社，1997 年版；陕西人民出版社，2005 年第二版；陕西人民出版社，2020 年第三版。

叶舒宪：《高唐神女与维纳斯——中西文化中的爱与美主题》，中国社会科学出版社，1997 年版；陕西人民出版社，2005 年再版；陕西人民出版社，2020 年第三版。

1998 年

叶舒宪：《亥日人君》，社会科学文献出版社，1998 年版；陕西人民出版社，2008年第二版彩图版；陕西师范大学出版总社，2019年第三版。

叶舒宪主编：《文化与文本》，中央编译出版社，1998年版；陕西师范大学出版总社，2018年第二版。

叶舒宪：《文学人类学探索》，广西师范大学出版社，1998年（增订版）；陕西师范大学出版总社，2018年版。

1999年

叶舒宪：《阉割与狂狷》，上海文艺出版社，1999年版；陕西人民出版社，2008年第二版彩图版；陕西师范大学出版总社，2018年第三版。

叶舒宪主编：《文学与治疗》，社会科学文献出版社，1999年版；陕西师范大学出版总社，2018年（增订版）。

叶舒宪主编：《性别诗学》，社会科学文献出版社，1999年版。

2000年

叶舒宪：《两种旅行的足迹》，上海文艺出版社，2000年版；陕西人民出版社，2020年第二版。

叶舒宪：*Interpret God's message-77 Bible metaphor*（《解读上帝的留言》—77则《圣经》比喻），Exactly Publisher，2000年版。

叶舒宪：《圣经比喻》，广西师范大学出版社，2003年版；陕西人民出版社，2014年第二版。

2001年

［美］马文·哈里斯（Marvin Harris）：《好吃：食物与文化之谜》，叶舒宪、户晓辉译，山东画报出版社，2001年版；《食物与文化之谜》，台湾书林出版有限公司，2004年繁体字版；《什么都能吃》，台湾书林出版有限公司，2010年繁体字版。

2002年

叶舒宪：《原型与跨文化阐释》，暨南大学出版社，2002年版；陕西师范大学出版总社，2018年第二版，2023年精装第三版。

叶舒宪：《耶鲁笔记》，鹭江出版社，2002年版；陕西人民出版社，2020年第二版。

2003年

叶舒宪·米歇尔·苏盖：《激情》，刘阳、蔡宏宁译，上海文化出版社，

2003年版；LA PASSION，Desclee de Brouwer，巴黎，2003年法文版。

叶舒宪：《文学与人类学——知识全球化时代的文学研究》，社会科学文献出版社，2003年版；陕西师范大学出版总社，2018年第二版。

2004年

叶舒宪、萧兵、［韩］郑在书：《〈山海经〉的文化寻踪："想象地理学"与东西文化碰触》，湖北人民出版社，2004年版。

叶舒宪：《千面女神——性别神话的象征史》，上海社会科学院出版社，2004年版。

叶舒宪、彭兆荣、纳日碧力戈：《人类学关键词》，广西师范大学出版社，2004年版；陕西师范大学出版总社，2018年第二版。

2006年

叶舒宪：《〈老子〉与神话》，陕西人民出版社，2005年版；陕西人民出版社，2020年第二版（《〈老子〉与神话》在94条目下，替代了《〈老子〉与性》，2005年版、2020年版）。

史忠义、户思社、叶舒宪主编：《国际文学人类学研究》，百花文艺出版社，2006年版。

2007年

叶舒宪：《熊图腾：中华祖先神话探源》，上海文艺出版社，2007年版；陕西师范大学出版总社，2018年修订版，2023年精装第二版。

叶舒宪：《神话意象》，北京大学出版社，2007年版；陕西师范大学出版总社，2018年第二版，2023年精装第二版。

2008年

叶舒宪：《河西走廊——西部神话与华夏源流》，云南教育出版社，2008年版；陕西师范大学出版总社，2019年修订版，2023年精装第三版。

白庚胜、叶舒宪编：《神话中原2006中国神话学国际学术研讨会论文集》，大象出版社，2008年版。

［美］金芭塔丝：《活着的女神》，叶舒宪等译，广西师范大学出版社，2008年版。

2009年

史忠义、户思社、叶舒宪主编：《风格研究　文本理论》，河南大学出版社，2009 年版。

叶舒宪：《现代性危机与文化寻根》，山东教育出版社，2009 年第二版；陕西人民出版社，2020 年第二版。

2010 年

叶舒宪：《文学人类学教程》，中国社会科学出版社，2010 年版。

2011 年

史忠义、户思社、叶舒宪等主编：《思想与诗学》，河南大学出版社，2011 年版。

叶舒宪等主编：*China's Creation and Origin Myths*，Brill 出版社，2011 年版。

叶舒宪、唐启翠编：《儒家神话》，南方日报出版社，2011 年版。

叶舒宪、陈器文编：《宝岛诸神：台湾的神话历史古层》，南方日报出版社，2011 年版。

2012 年

叶舒宪："当代中国比较文学研究文库"《金枝玉叶：比较神话学的中国视角》，复旦大学出版社，2012 年版。2018 年入选中华外译项目，2021 年在韩国首尔出版韩文版。

叶舒宪主编：《文化与符号经济》，广东人民出版社，2012 年版；陕西师范大学出版总社，2018 年第二版，2023 年精装第三版。

叶舒宪、史忠义、户思社主编：《比较神话学与文明探源——诗学研究》，河南大学出版社，2012 年版。

2013 年

叶舒宪、章米力、柳倩月编：《文化符号学——大小传统新视野》，陕西师范大学出版总社，2013 年版；陕西师范大学出版总社，2018 年第二版，2023 年精装第三版。

［美］克拉莫尔：《苏美尔神话》，叶舒宪、金立江译，陕西师范大学出版总社，2013 年版，2023 年精装第二版。

［英］弗雷泽：《〈旧约〉中的民间传说——宗教、神话和律法的比较研究》，叶舒宪、户晓辉译，陕西师范大学出版总社，2013 年版，2023 年精装第二版。

2014 年

史忠义、户思社、叶舒宪编：《当代法国美学与诗学研究》，知识产权出版社，2014 年版。

2015 年

叶舒宪："神话历史丛书"《图说中华文明发生史》，南方日报出版社，2015 年版。

史忠义、户思社、叶舒宪主编："人文新视野"《瑞士当代美学与诗学研究》，2015 年版。

叶舒宪："文明起源的神话学研究丛书"《中华文明探源的神话学研究》，社会科学文献出版社，2015 年版。入选 2016 年中华外译项目，2022 年斯普林格公司出版英译本：*A Mythological Approach to Exploring the Origins of Chinese Civilization*。

叶舒宪："华夏文明之源"历史文化丛书《玉石之路踏查记》，甘肃人民出版社，2015 年版。

叶舒宪、古方主编：《玉成中国：玉石之路与玉兵文化探源》，中华书局，2015 年版。

2016 年

叶舒宪、谭佳：《比较神话学在中国：反思与开拓》，社会科学文献出版社，2016 年版。（入选国家哲学社会科学成果文库）

2017 年

叶舒宪：《玉石之路踏查续记》，上海科学技术文献出版社，2017 年版。

2018 年

叶舒宪主编：《重述神话中国：文学人类学的文化文本论与证据间性视角》，上海交通大学出版社，2018 年版。

叶舒宪、李家宝主编：《中国神话学研究前沿》，陕西师范大学出版总社，2018 年版，2023 年精装第二版。

田兆元、叶舒宪、钱杭：《中华创世神话六讲》，上海交通大学出版社，2018 年版。入选丝路书香外译项目，2020 年在斯普林格出版社出版英译本：*Myths of the Creation of Chinese*。

2019 年

叶舒宪：《玉石神话信仰与华夏精神》，复旦大学出版社，2019 年版。入选 2018 年中华外译项目，在法国出版法文版：*La croyance mythologique du jade et l'esprit chinois*。

杨骊、叶舒宪："中国文学人类学理论与方法研究系列丛书"《四重证据法研究》，复旦大学出版社，2019 年版。入选 2019 年中华外译项目，2024 年在斯普林格出版社出版英文版：*Crossing the Border：On the Quadruple Evidence Method*；在俄罗斯出版俄文版。

唐启翠、叶舒宪编："中国文学人类学理论与方法研究系列丛书"《文学人类学新论：学科交叉的两大转向》，复旦大学出版社，2019 年版。

王宪昭、叶舒宪编："中华创世神话研究工程系列丛书"《中华创世神话精选》，上海人民出版社，2020 年版。

叶舒宪：《玉石里的中国》，上海文艺出版社，2019 年版；2023 年五次印刷。

［美］简·哈利法克斯：《萨满之声——梦幻叙事概览》，叶舒宪主译，陕西师范大学出版总社，2019 年版，2023 年精装第二版。

2020 年

叶舒宪：《玄玉时代：五千年中国的新求证》，上海人民出版社，2020 年版。入选 2023 年中华外译项目，在斯普林格出版社出版英文版：*Black Jade Age：New Evidence of 5000 Years' History of China*。

叶舒宪、萧兵：《〈论语〉：大传统视野的新认识》，湖北人民出版社，2020 年版。

叶舒宪、雷欣翰主编：《上海创世神话论坛文集》，上海交通大学出版社，2020 年版。

叶舒宪：《玉石之路踏查三续记》，陕西师范大学出版总社，2020 年版。

2021 年

叶舒宪：《盘古之斧：玉斧钺的故事九千年》，上海人民出版社，2021 年版。

叶舒宪："中华创世神话研究工程系列丛书"《祖灵在天：玉人像与柄形器

的故事五千年》，上海人民出版社，2021 年版。

叶舒宪主编：《玉文化先统一长三角》，上海交通大学出版社，2021 年版。

李继凯、叶舒宪编：《文化文本》（第一辑），商务印书馆，2021 年版。

2023 年

叶舒宪、李继凯编：《文化文本》（第二辑），中信出版集团，2023 年版。

2024 年

叶舒宪：《世界神话二十五讲》，北京大学出版社，2024 年版。

叶舒宪：《龙的元宇宙——古代中国的科幻读本》，陕西人民出版社，2024 年版。

叶舒宪主编：《仰韶玉韵》，上海交通大学出版社，2024 年版。

叶舒宪主编：《考古中国：玉成中国一万年》，中信出版集团，2024 年版。

叶舒宪：《神话与创意：文化基因的理论视角》，陕西师范大学出版总社，2024 年版。

叶舒宪先生主编（及合作主编）丛书目录

胡建升、梅雪容　编

一、1987："二十世纪国外文艺学译丛" 2 册，陕西师范大学出版社

1. 叶舒宪选编：《神话—原型批评》
2. 叶舒宪编选：《结构主义神话学》

二、1991："中国文化的人类学破译"丛书 11 册，湖北人民出版社

1. 萧兵：《楚辞的文化破译——一个微宏观互渗的研究》
2. 叶舒宪：《诗经的文化阐释——中国诗歌的发生研究》
3. 萧兵、叶舒宪：《老子的文化解读——性与神话学之研究》
4. 臧克和：《说文解字的文化说解》
5. 叶舒宪：《庄子的文化解析——前古典与后现代的视界融合》
6. 萧兵：《中庸的文化省察——一个字的思想史》
7. 王子今：《史记的文化发掘——中国早期史学的人类学探索》
8. 叶舒宪、萧兵、[韩]郑在书：《山海经的文化寻踪——"想象地理学"与东西文化碰触》（上、下）
9. 萧兵：《孔子诗论的文化推绎》
10. 萧兵：《中国上古图饰的文化判读——建构饕餮的多面相》
11. 叶舒宪、萧兵：《〈论语〉：大传统视野的新认识》

三、1998："中国生肖文化丛书" 12 册，社会科学文献出版社（第一版）；陕西人民出版社（第二版）

1. 马昌仪：《鼠咬天开》

2. 李露露:《春牛辟地》
3. 曹振峰:《神虎镇邪》
4. 王迅:《兔寄明月》
5. 何星亮:《苍龙腾空》
6. 王迅:《腾蛇乘雾》
7. 宋长宏:《骐骥驰骋》
8. 何阿君:《羊致清和》
9. 安德明、杨利慧:《金猴献瑞》
10. 吴裕成:《酉鸡有吉》
11. 桑吉扎西:《戌犬通灵》
12. 叶舒宪:《亥日人君》

四、1999:"文学人类学论丛"8册,社会科学文献出版社

1. 吕微:《神话何为——神圣叙事的传承与阐释》
2. [加] 诺斯洛普·弗莱:《神力的语言——"圣经与文学"研究续编》,吴持哲译
3. [俄] 李福清(B. Riftin):《神话与鬼话——台湾原住民神话故事比较研究》
4. 叶舒宪:《文学与人类学——知识全球化时代的文学研究》
5. 吴光正:《中国古代小说的原型与母题》
6. 叶舒宪主编:《文学与治疗》
7. 孙绍先:《英雄之死与美人迟暮》
8. 叶舒宪主编:《性别诗学》

五、2010至今:"神话历史丛书"14册,南方日报出版社、上海交通大学出版社

1. 唐启翠:《礼制文明与神话编码——〈礼记〉的文化阐释》
2. 黄悦:《神话叙事与集体记忆——〈淮南子〉的文化阐释》
3. 谭佳:《断裂中的神圣重构——〈春秋〉的神话隐喻》
4. 荆云波:《文化记忆与仪式叙事——〈仪礼〉的文化阐释》

5. 叶舒宪、陈器文主编：《宝岛诸神：台湾的神话历史古层》

6. 叶舒宪、唐启翠主编：《儒家神话》

7. 林炳僖：《韩国神话历史》

8. 金立江：《苏美尔神话历史》

9. 叶舒宪：《图说中华文明发生史》

10. 章米力：《华夏传统医学起源新探：〈黄帝内经〉的神话历史研究》

11. 吴玉萍：《神圣仪式与神秘符号：〈墨子〉的神话历史研究》

12. 陈金星：《神话思维与中古历史书写：以通行本〈后汉书〉为中心》

13. 胡建升：《文化大传统与神话历史》

14. 安琪：《南诏大理国的图像叙事与神话历史》

六、2011—2019："神话学文库"系列丛书 37 册，陕西师范大学出版总社

第一辑 16 册

1. 杨利慧、张成福：《中国神话母题索引》

2. 陈器文：《玄武神话、传说与信仰》

3. 刘惠萍：《伏羲神话传说与信仰研究》

4. 高莉芬：《蓬莱神话——神山、海洋与洲岛的神圣叙事》

5. 叶舒宪编选：《结构主义神话学》（增订版）

6. 叶舒宪编选：《神话—原型批评》（增订版）

7. 杨利慧、张霞、徐芳等：《现代口承神话的民族志研究——以四个汉族社区为个案》

8. ［美］阿兰·邓迪斯：《洪水神话》，陈建宪等译，谢国先校

9. 叶舒宪、章米力、柳倩月编：《文化符号学——大小传统新视野》

10. ［日］吉田敦彦：《日本神话的考古学》，唐卉、况铭译

11. ［爱尔兰］托马斯·威廉·黑曾·罗尔斯顿：《凯尔特神话传说》，西安外国语大学神话学翻译小组译

12. ［英］弗雷泽：《〈旧约〉中的民间传说——宗教、神话和律法的比较研究》，叶舒宪、户晓辉译

13．［美］萨缪尔·诺亚·克拉莫尔：《苏美尔神话》，叶舒宪、金立江译

14．王倩：《20世纪希腊神话研究史略》

15．［美］南诺·马瑞纳托斯：《米诺王权与太阳女神——一个近东的共同体》，王倩译

16．马昌仪编：《中国神话学百年文论选》（上、下册）

第二辑21册

1．［瑞典］马丁·佩尔森·尼尔森：《希腊神话的迈锡尼源头》，王倩译

2．［印］毗耶娑天人：《薄伽梵往世书》（上、下册），徐达斯译

3．［美］博里亚·萨克斯：《神话动物园：神话、传说与文学中的动物》，多亚楠主译

4．［英］唐纳德·A. 麦肯齐：《巴比伦与亚述神话》，李琴译

5．［韩］徐大锡：《韩国神话研究》，刘志峰译

6．［荷］加里奇·G. 奥斯腾：《众神之战：印欧神话的社会编码》，刘一静、葛琳译

7．［德］瓦尔特·伯克特：《神圣的创造：神话的生物学踪迹》，赵周宽、田园译

8．刘惠萍：《图像与神话：日月神话研究》

9．［美］米尔恰·伊利亚德：《熔炉与坩埚：炼金术的起源和结构》，王伟译

10．［美］简·哈利法克斯：《萨满之声：梦幻故事概览》，叶舒宪主译

11．［美］凯文·斯齐布瑞克编：《神话的哲学思考》，姜丹丹、刘建树译

12．［美］凯瑟琳·摩根：《从前苏格拉底到柏拉图的神话和哲学》，李琴、董佳校译

13．［英］查尔斯·彭格雷斯：《希腊神话与美索不达米亚：荷马颂歌与赫西俄德诗作中的类同和影响》，张旭、祖晓伟等译

14．［英］罗伯特·A. 西格尔编：《心理学与神话》，陈金星主译

15．［意］马里奥·利维拉尼：《古代近东历史编撰学中的神话与政治》，金立江译

16．叶舒宪、李家宝主编：《中国神话学研究前沿》

17．陈建宪：《中国洪水再殖型神话研究：母题分析法的一个案例》

18．田兆元：《神话叙事与社会发展研究》

19. 王以欣：《神话与历史：古希腊英雄故事的历史和文化内涵》（增订本）

20. 刘曼：《魔杖与阴影：〈金枝〉及其在西方的影响研究》

21. 张洪友：《好莱坞神话学教父约瑟夫·坎贝尔研究》

七、2015—2021："文明起源的神话学研究丛书"7册，社会科学文献出版社

1. 叶舒宪：《中华文明探源的神话学研究》
2. 谭佳：《神话与古史：中国现代学术的建构与认同》
3. 王倩：《神话学文明起源路径研究》（编外出版）
4. ［德］瓦尔特·伯克特：《希腊文化的东方语境：巴比伦·孟斐斯·波斯波利斯》，唐卉译
5. ［美］马丽加·金芭塔丝：《女神的语言：西方文明早期象征符号解读》，苏永前、吴亚娟译
6. ［英］玛丽·道格拉斯：《作为文学的〈利未记〉》，唐启翠、徐蓓丽、唐铎译
7. ［德］瓦尔特·伯克特：《古希腊献祭仪式与神话人类学》，吴玉萍、高雁译

八、2015—2020："玉帛之路考察丛书"17册，甘肃人民出版社、上海科学技术文献出版社、陕西师范大学出版总社

1. 易华：《齐家华夏说》
2. 叶舒宪：《玉石之路踏查记》
3. 孙海芳：《玉道行思》
4. 刘学堂：《青铜长歌》
5. 冯玉雷：《玉华帛彩》
6. 安琪：《贝影寻踪》
7. 徐永胜：《玉之格》
8. 叶舒宪：《玉石之路踏查续记》
9. 杨文远：《丝路盐道》
10. 薛正昌：《驼铃悠韵萧关道》

11. 徐永盛：《长河奔大漠》
12. 军政、刘樱、瞿萍：《图说玉帛之路考察》
13. 冯玉雷：《玉帛之路文化考察笔记》
14. 叶舒宪：《玉石之路踏查三续记》
15. 冯玉雷、冯雅颂、张梦雨：《条条玉路通昆仑：渭河道与敦煌道路网探秘》
16. 张振宇、刘海燕：《古道玉踪：陇原大地上探寻玉根国脉》
17. 叶舒宪主编：《玉文化先统一长三角：第十五次玉帛之路文化考察文集》

九、2018—2019："中国文学人类学原创书系"39册，陕西师范大学出版总社

1. 陈器文：《玄武神话、传说与信仰》*
2. 叶舒宪、章米力、柳倩月编：《文化符号学——大小传统新视野》*
3. 俞建章、叶舒宪：《符号：语言与艺术》
4. 叶舒宪：《文学与人类学——知识全球化时代的文学研究》
5. 杨利慧、张霞、徐芳等：《当代中国的口承神话》*
6. 叶舒宪：《原型批评的理论与方法》
7. 叶舒宪、彭兆荣、纳日碧力戈：《人类学关键词》
8. 叶舒宪主编：《文化与文本》
9. 王倩：《20世纪希腊神话研究史》*
10. 叶舒宪主编：《文化与符号经济》
11. 高莉芬：《蓬莱神话：神山、海洋与洲岛的神圣叙事》*
12. 叶舒宪：《熊图腾：中华祖先神话探源》（修订版）
13. 叶舒宪：《神话意象》
14. 叶舒宪：《文学人类学探索》（增订版）
15. 叶舒宪、田大宪：《中国古代神秘数字》
16. 马昌仪选编：《中国神话学百年文论选》*
17. 杨利慧、张成福编著：《中国神话母题索引》*
18. 萧兵：《四方风神话》
19. 萧兵：《汉字与美学》
20. 潘年英：《梭戛田野记》

21. 萧兵：《中国古代神圣建筑》
22. 叶舒宪：《河西走廊——西部神话与华夏源流》（修订版）
23. 胡建升：《魏晋风度与中国文化基因》
24. 彭兆荣：《文学与仪式：酒神及其祭祀仪式的发生学原理》
25. 潘年英：《木楼人家》
26. 萧兵：《神话学引论》
27. 彭兆荣：《人类学仪式理论与实践》
28. 纳日碧力戈：《语言人类学》（修订版）
29. 李永平：《文化大传统的文学人类学视野》
30. 程金城：《原型批判与重释》
31. 徐新建：《醉与醒：中国酒文化研究》（增订版）
32. 方克强：《文学人类学批评》（增订版）
33. 叶舒宪：《亥日人君》
34. 赵周宽：《文学人类学的想象力》
35. 萧兵：《宇宙的划分与中国神秘构型》
36. 叶舒宪：《阉割与狂狷》
37. 叶舒宪：《原型与跨文化阐释》
38. 叶舒宪主编：《文学与治疗》增订版
39. 刘惠萍：《伏羲神话传说与信仰研究》*

（注：书后带"＊"者为"神话学文库"已出书）

十、2019："中国文学人类学理论与方法研究系列丛书"5 册，复旦大学出版社

1. 叶舒宪：《玉石神话信仰与华夏精神》
2. 唐启翠、叶舒宪编著：《文学人类学新论——学科交叉的两大转向》
3. 唐卉：《希腊神话历史探赜——神、英雄与人》
4. 杨骊、叶舒宪编著：《四重证据法研究》
5. 顾锋、杨庆存主编：《深度认识中国文化：理论与方法讨论集》

十一、2020—2022:"中华创世神话考古专题·玉成中国"系列 7 册,上海人民出版社

1. 叶舒宪:《玄玉时代:五千年中国的新求证》
2. 王仁湘:《方圆一体:玉琮的故事五千年》
3. 唐启翠:《禹赐玄圭:玉圭的中国故事》
4. 叶舒宪:《盘古之斧:玉斧钺的故事九千年》
5. 叶舒宪:《祖灵在天:玉人像与柄形器的故事五千年》
6. 杨骊:《玄鸟生商:商代玉器的神话考古》
7. 叶舒宪、王宪昭编:《中华创世神话精选》

十二、2021—2023:"中国民间文学大系·神话卷",已出 4 册,中国文联出版公司

1. 中国文学艺术界联合会、中国民间文艺家协会总编纂:《中国民间文学大系·神话·云南卷》(一)
2. 中国文学艺术界联合会、中国民间文艺家协会总编纂:《中国民间文学大系·神话·河南卷》(一)
3. 中国文学艺术界联合会、中国民间文艺家协会总编纂:《中国民间文学大系·神话·河南卷》(二)
4. 中国文学艺术界联合会、中国民间文艺家协会总编纂:《中国民间文学大系·神话·河南卷》(三)

叶舒宪先生论文目录

胡建升　编

1982 年

叶舒宪：《论萧统及其〈文选〉》，见陕西师范大学编：《社会科学论文集》（第 4 辑），陕西师范大学出版社，1982 年版。

1983 年

叶舒宪：《"美的规律"考论》，载《西北师范大学学报》（社会科学版）1983 年第 3 期。

叶舒宪：《论马克思主义对人道主义的扬弃——对于人的本质的认识过程的探讨》，载《江淮论坛》1983 年第 3 期。

叶舒宪：《马克思主义人学初探》，载《陕西师范大学学报》（哲学社会科学版）1983 年第 3 期。

叶舒宪：《黄帝四面的神话哲学》，载《走向未来》1983 年第 3 期。

叶舒宪：《李白及其诗歌创作》，载《陕西教育》1983 年第 9 期。

叶舒宪：《杜甫的现实主义诗作》，载《陕西教育》1983 年第 10 期。

1984 年

叶舒宪：《论宋江的多重思想性格及其形成原因》（第 3 辑），见湖北省《水浒》研究会《水浒争鸣》委员会主编：《水浒争鸣》，长江文艺出版社，1984 年版。

叶舒宪：《中国的维纳斯》，载《美育》1984 年第 2 期。

1985 年

叶舒宪：《人的神化——读〈埃涅阿斯纪〉》，载《读书》1985 年第 1 期。

叶舒宪：《仪式、神话、风俗、文学》，载《广州师院学报》（社会科学版）

1985 年第 1 期。

叶舒宪：《从哈姆雷特的延宕看莎士比亚思想中的封建意识》，载《陕西师范大学学报》（哲学社会科学版）1985 年第 2 期。

叶舒宪：《水：生命的象征》，载《批评家》1988 年第 5 期。

叶舒宪：《艺术起源与符号的发生》，载《当代文艺思潮》1985 年第 6 期。

1986 年

叶舒宪：《英雄与太阳——〈吉尔伽美什史诗〉的原型结构与象征思维》，载《民间文学论坛》1986 年第 1 期。

叶舒宪：《神话－原型批评的理论与实践》（上），载《陕西师范大学学报》（哲学社会科学版）1986 年第 2 期。

叶舒宪：《关于文艺学方法革新的若干想法》，载《陕西文艺界》1986 年第 2 期。

叶舒宪：《神话－原型批评的理论与实践》（下），载《陕西师范大学学报》（哲学社会科学版）1986 年第 3 期。

叶舒宪：《容格及其原型理论》，载《民间文学》1986 年第 7 期。

叶舒宪：《魔幻现实主义》，载《教师报》1986 年 7 月 20 日。

叶舒宪：《象征主义》，载《教师报》1986 年 8 月 24 日

叶舒宪：《荒诞派戏剧》，载《教师报》1986 年 10 月 12 日。

1987 年

叶舒宪：《原型批评理论及其由来》，载《文艺报》1987 年。

叶舒宪：《主体和无意识的符号化》，载《文艺报》1987 年。

1988 年

叶舒宪：《日出扶桑：中国上古英雄史诗发掘报告——文学人类学方法的实验》，载《陕西师范大学学报》（哲学社会科学版）1988 年第 1 期。

叶舒宪：《原始思维发生学研究导论》，载《哲学研究》1988 年第 2 期。

叶舒宪：《中国神话宇宙观的原型模式》，载《民间文学论坛》1988 年第 2 期。

叶舒宪：《关于"20 世纪国外文艺学译丛"》，载《文学研究参考》1988 年第 2 期。

［苏］V·普洛普：《〈民间故事形态学〉的定义与方法》，叶舒宪译，载《民族文学研究》1988 年第 2 期。

叶舒宪：《斜阳下的痛苦——评太宰治的〈斜阳〉》，载《日本研究》1988 年第 2 期。

叶舒宪：《阅读的心理学功能》，载《文艺报》1988 年第 10 期。

叶舒宪：《浪漫主义："我 – 你"世界的复归 – 哈罗德·布卢姆的批评和理论（上）》，载《文艺报》1988 年第 23 期。

叶舒宪：《影响的焦虑》，载《文艺报》1988 年第 23 期。

叶舒宪：《〈浮士德〉的辩证法》，见陕西省外国文学学会编：《外国文学学刊（陕西）》（第 6 辑），1988 年版。

1989 年

叶舒宪：《中国明堂·埃及金字塔·美洲太阳庙》，载《陕西师范大学学报》（哲学社会科学版）1989 年第 1 期。

叶舒宪：《甲骨文东母西母试解——比较神话学札记》，载《唐都学刊》1989 年第 1 期。

叶舒宪：《日本近代文学中的女性》，载《外国文学评论》1989 年第 1 期。

叶舒宪：《人日之谜：中国上古创世神话发掘》，载《中国文化》1989 年第 1 期。

叶舒宪：《从"盘古之谜"到中国原始创世神话之谜》，载《民间文艺季刊》1989 年第 2 期。

［加］库什纳：《加什顿·巴什拉的批评方法》，叶舒宪译，载《文艺理论研究》1989 年第 3 期。

叶舒宪：《〈吉檀迦利〉：对自由和美的信仰与追求》，载《外国文学评论》1989 年第 3 期。

叶舒宪：《帝王与太阳——"夔一足"与"玄鸟生商"神话今释》，载《晋阳学刊》1989 年第 4 期。

叶舒宪：《性与火——文学原型的跨文化研究》，载《艺术广角》1989 年第 4 期。

叶舒宪：《高唐神女的跨文化研究》，载《人文杂志》1989 年第 6 期。

叶舒宪：《论文艺学方法的当代变革》，见《全国高校纪念党的十一届三中全会十周年理论研讨会文集》，北京大学出版社，1989 年版。

叶舒宪：《艺术的符号语义研究》，见《外国美学》编委会编：《外国美学》（第 6 辑），商务印书馆，1989 年版。

叶舒宪：《结构主义神话学浅探》，载《文艺报》1989 年第 6 期。

叶舒宪：《牧歌中的寄托：析〈圣经·路得记〉》，见王瑶主编：《小说鉴赏文库》，陕西人民出版社，1989 年版。

叶舒宪：《神话与文化》，载《文艺论坛》专刊《多维文化视野中的当代文艺》1989 年。

1990 年

叶舒宪：《原型数字"七"之谜——兼谈原型研究对比较文学的启示》，载《外国文学评论》1990 年第 1 期。

叶舒宪：《歌德与历史主义》，载《陕西师范大学学报》（哲学社会科学版）1990 年第 3 期。

叶舒宪、王海龙：《从中印洪水神话的源流看文化的传播与异变》，载《学习与探索》1990 年第 5 期。

叶舒宪：《高唐神女：中国的维纳斯——文化比较与虚构的尝试》，见李小江主编：《华夏女性之谜：中国妇女研究论集》，生活·读书·新知三联书店，1990 年版。

1991 年

叶舒宪：《〈阿维斯塔〉中的光明崇拜意象群》，载《东方丛刊》1991 年第 1 辑。

叶舒宪：《法术思维论》，载《艺术界（西安）》1991 年第 2 期。

叶舒宪：《从本文的自我解构到反语修辞学：德·曼的解构主义思路》，《艺术广角（沈阳）》1991 年第 6 期。

1992 年

叶舒宪：《神话思维再探》，载《文艺理论研究》1992 年第 1 期。

叶舒宪、李继凯：《光·恋母·女性化——〈源氏物语〉的文化原型与艺术风格》，载《东方丛刊》1992 年第 2 期。

叶舒宪：《言意之间——从语言观看中西文化》，载《陕西师范大学学报》

（哲学社会科学版）1992 年第 3 期。

叶舒宪：《发蒙：性梦的精神启悟功能——比较神话学札记》，载《淮阴师专学报》（哲学社会科学版）1992 年第 3 期。

叶舒宪：《中国文学中的美人幻梦原型》，载《文艺争鸣》1992 年第 5 期。

叶舒宪：《"世界眼光"与"中国学问"——我的文学人类学研究》，载《文艺争鸣》1992 年第 5 期。

叶舒宪、萧兵：《老子与神话思维》，载《求索》1992 年第 6 期。

叶舒宪：《死亡主题与中国文化》，载《东方文化》1992 年第 5 期。

叶舒宪：《云雨原型在中西文学中的际遇》，载《中国比较文学》1992 年第 1 期。

叶舒宪：《混沌·玄同·馄饨——中国上古复乐园神话发掘》，载《中国比较文学》1992 年第 2 期。

叶舒宪：《破译与重构：原型批评的发展趋向》，载《上海文论》1992 年第 1 期。

叶舒宪：《从"千面英雄"到"单一神话"》，载《上海文论》1992 年第 1 期。

叶舒宪：《文化研究的模式构拟方法》，见陕西师范大学中外文化研究中心编：《文化研究方法论》，陕西师范大学出版社，1992 年版。

叶舒宪：《关于美的概念发生的跨文化思考》，见陕西省外国文学学会编：《外国文学论丛》（第 8 辑），1992 年版。

1993 年

叶舒宪：《孝与鞋——中国文学中的俄狄浦斯主题》，载《中国比较文学》1993 年第 1 期。

叶舒宪：《人类学视野与考据学方法更新》，载《中国比较文学》1993 年第 1 期。

叶舒宪：《伊摩与阎摩——兼论印欧神话的双生子母题》，载《中国比较文学》1993 年第 2 期。

叶舒宪：《老子哲学的人类学解读——兼及儒道对峙的神话根源》，载《陕西师范大学学报》（哲学社会科学版）1993 年第 2 期。

叶舒宪：《诗可以兴——孔子诗学的人类学阐释》，载《中国文化》1993 年第 1 期。

叶舒宪：《穷而后幻：〈聊斋〉神话解读》，载《人文杂志》1993 年第 4 期。

叶舒宪：《爱神的东方家园——兼及爱与死主题的神话发生》，载《东方丛刊》1993 年第 4 期。

叶舒宪：《悼廉价书时代的终结》，载《文汇读书周报》1993 年。

叶舒宪：《市场是知识分子的救主吗?》，载《投资与合作（海口）》1993 年 7 月。

叶舒宪：《以"中"的眼光看世界》，载《海南日报》1993 年 8 月 10 日。

叶舒宪：《美与文化：中西印"美"概念的发生学阐释》，见海南大学编：《中国文化：阐释与前瞻》，海南出版社，1993 年版。

叶舒宪：《中国"鬼"的原型》，见《中华文化》（创刊号），西北大学出版社，1993 年版。

叶舒宪：《从神话思维看老子的类比推理》，见《东方文化》（第 3 辑），东南大学出版社，1993 年版。

1994 年

叶舒宪：《人类学"三重证据法"与考据学的更新》，载《书城杂志》1994 年第 1 期。

叶舒宪：《嫦娥何以升月》，载《书城杂志》1994 年第 5 期。

叶舒宪：《国学方法论的现代变革》，载《文史哲》1994 年第 3 期。

叶舒宪：《从生态人类学看老庄的社会理想》，载《海南大学学报》（人文社会科学版）1994 年第 3 期。

叶舒宪：《"难得糊涂"与"难得浑沌"》，载《书城杂志》1994 年第 11 期。

叶舒宪：《文学人类学在国外》，载《外国文学动态》1994 年第 6 期。

叶舒宪：《食：中国美感寻根》，见《中华人文》，南京大学出版社，1994 年版。

叶舒宪：《"诗言寺"辨——中国阉割文化索源》，载《文艺研究》1994 年第 2 期。

叶舒宪：《爱神的东方家园：兼论爱与死主题的神话发生》，见梁潮主编：

《东方丛刊》(第9辑),1994年版。

叶舒宪:《"三重证据法"与人类学——读萧兵〈楚辞的文化破译〉》,载《中国出版》1994年第8期。

叶舒宪:《电影语言及其解读》,载《大特区影视周报(海口)》1994年3月17日。

叶舒宪:《狄奥尼索斯:张艺谋神话的真导演》,载《大特区影视周报》1994年3月10日。

1995年

叶舒宪:《人文研究的新思路——〈岩画与生殖巫术〉读后》,载《人文杂志》1995年第1期。

叶舒宪:《原型与汉字》,载《北京大学学报》(哲学社会科学版)1995年第2期。

叶舒宪:《文化争论与文化研究》,载《海南师范学院学报》(人文社会科学版)1995年第2期。

叶舒宪:《从比较文学到比较文化——文学研究新趋势展望》,载《新东方》1995年第3期。

叶舒宪:《从比较文学到比较文化——"后文学时代"的文学研究展望》,载《东方丛刊》1995年第3期。

叶舒宪:《爱与死的关联——印第安原罪故事对阐释文学母题的启示》,载《淮阴师专学报》(哲学社会科学)1995年第3辑。

叶舒宪:《中西会通的学术追求——关于〈中国文化的人类学破译〉》,载《新闻出版报》1995年11月6日。

叶舒宪:《关于跨文化阐释——叶舒宪教授访谈录》,见耿龙明主编:《中国文化与世界》(第3辑),上海外语教育出版社,1995年版。

叶舒宪:《西方文学人类学研究述评》,载《文艺研究》1995年第3—4期。

叶舒宪:《从文化恋母原型到超时间的爱——从〈千鹤〉看川端康成的乱伦主题》,载《新大陆(西安)》1995年第3期。

叶舒宪:《"文"何以能"化"——读〈说文解字的文化说解〉》,载《海南日报》1995年9月3日。

叶舒宪:《书喻杂说》,载《海南日报》1995年8月26日。

叶舒宪：《阅读、眼界与心态》，载《海南日报》1995 年 10 月 22 日。

叶舒宪：《"读"的二次革命》，载《海南日报》1995 年 12 月 17 日。

叶舒宪：《续谈"读"的二次革命》，载《海南日报》1995 年 12 月 24 日。

1996 年

叶舒宪：《孝与中国文化的精神分析》，载《文艺研究》1996 年第 1 期。

叶舒宪：《弗莱和新历史主义及文化研究》，载《中外文化与文论》1996 年第 1 期。

叶舒宪：《比较文学"中国学派"的根基》，载《中外文化与文论》1996 年第 1 期。

叶舒宪、汪宇：《从神话－原型理论到人类学三重证据法——叶舒宪先生访谈录》，载《中文自学指导》1996 年第 1 期。

叶舒宪：《神话学的兴起及其东渐》，载《人文杂志》1996 年第 3 期。

叶舒宪：《文化对话与文学人类学的可能性》，载《北京大学学报》（哲学社会科学版）1996 年第 3 期。

叶舒宪：《古代语言文化中的阉割世界》，载《东南文化》1996 年第 2 期。

叶舒宪、胡芸：《文学人类学研究的方法与实践》（上），载《中文自学指导》1996 年第 3 期。

叶舒宪：《〈庄子〉轮回说——中印佛教思想会通研究》，载《海南大学学报》（人文社会科学版）1996 年第 2 期。

叶舒宪：《书喻五说》，载《书城杂志》1996 年第 4 期。

叶舒宪、胡芸：《文学人类学研究的方法与实践》（中），载《中文自学指导》1996 年第 4 期。

叶舒宪、胡芸：《文学人类学研究的方法与实践》（下），载《中文自学指导》1996 年第 5 期。

叶舒宪：《中国神话学论文的选萃》，载《书城杂志》1996 年第 6 期。

叶舒宪：《中国文学年鉴（1994—1995）》，书目文献出版社，1996 年版。

叶舒宪：《从人道主义到物道主义》，载《海南日报》1996 年 1 月 14 日。

叶舒宪：《电子时代新的人性》，载《天涯》1996 年第 1 期。

叶舒宪：《庄子与神话》，见《中国神话与传说研讨会文集》，台北汉学研究中心，1996 年版。

叶舒宪：《古汉语中的阉割文化遗产》，载《东南文化》1996年第2期。

叶舒宪：《原始版的"肉蒲团"》，载《明清小说研究》1996第2期。

叶舒宪：《四阶段循环模式：从斯宾格勒到弗莱》，见曹顺庆：《比较文学新开拓——四川国际文化交流暨比较文学研讨会论文集》，重庆大学出版社，1996年版。

叶舒宪：《"国粹"何曾"粹"》，载《天崖》1996年第3期。

1997年

叶舒宪：《文学人类学：田野与文本之间》，载《文艺研究》1997年第1期。

叶舒宪：《风、云、雨、露的隐喻通释——兼论汉语中性语汇的文化编码逻辑》，载《新东方》1997年第1期。

叶舒宪：《比较文学：从本土话语到世界话语》，载《社会科学战线》1997年第1期。

叶舒宪：《不是小说又怎样?》，载《海南师范学院学报》（人文社会科学版）1997年第1期。

叶舒宪：《老子哲学与母神原型》，载《民间文学论坛》1997年第1期。

叶舒宪：《文化对话与文学人类学》，载《思想战线》1997年第2期。

叶舒宪：《"解"之双解——〈养生主〉的生命礼仪》（一），载《中文自学指导》1997年第2期。

叶舒宪：《"解"之双解——〈养生主〉的生命礼仪》（续），载《中文自学指导》1997年第3期。

叶舒宪：《"解"之双解——〈养生主〉的生命礼仪》（续完），载《中文自学指导》1997年第4期。

叶舒宪：《中国上古地母神话发掘——兼论华夏"神"概念的发生》，载《民族艺术》1997年第3期。

叶舒宪：《文学与人类学相遇——后现代文化研究与〈马桥词典〉的认知价值》，载《文艺研究》1997年第5期。

叶舒宪：《〈山海经〉与禹、益神话》，载《海南大学学报》（人文社会科学版）1997年第3期。

叶舒宪：《神秘数字"十九年"解谜》，载《广东社会科学》1997年第6期。

叶舒宪：《出"文"入"化"与"小学"更新——说解〈说文解字的文化说解〉》，载《中外文化与文论》1997年第2期。

叶舒宪：《饺子食俗的哲学背景》，载《中国贸易报》1996年4月12日。

叶舒宪：《归根情结说》，载《天崖》1997年第1期。

叶舒宪：《考据学的传承与革新：主持人按语》，见钱中文、龚翰熊、曹顺庆主编：《中外文化与文论》，四川大学出版社，1996年版。

叶舒宪：《本土主义与全球化对文化认知的潜在制约》，香港中文大学1997年4月5日国际会议宣读。

叶舒宪：《叩问物化的精神》，载《新疆艺术》1997年第6期。

1998年

叶舒宪：《"鬼"的原型——兼论"鬼"与原始宗教的关系》，载《淮阴师范学院学报》（哲学社会科学版）1998年第1期。

叶舒宪：《马恩现实主义观的哲学内涵》，载《新东方》1998年第1期。

叶舒宪：《生肖文化及其起源》，载《寻根》1998年第1期。

叶舒宪：《谁在导演张艺谋？》，载《民族艺术》1998年第1期。

叶舒宪：《神话与民间文学的理论建构》，载《海南师范学院学报》（人文社会科学版）1998年第1期。

叶舒宪：《文学与治疗——关于文学功能的人类学研究》，载《中国比较文学》1998年第2期。

叶舒宪：《苏美尔诗歌及其原型意义初探》，载《琼州大学学报》（社会科学版）1998年第2期。

叶舒宪：《诗歌的人类学视野》，载《民族艺术》1998年第2期。

叶舒宪：《苏美尔神话的原型意义》，载《民间文学论坛》1998年第3期。

叶舒宪：《〈山海经〉与"文化他者"神话——形象学与人类学的分析》，载《海南大学学报》（社会科学版）1998年第2期。

叶舒宪：《中国少数民族英雄史诗的类型及文化生态》，载《东方丛刊》1998年。

叶舒宪：《再论文本与田野的互动关系》，载《辽宁大学学报》（哲学社会科学版）1998年第4期。

叶舒宪：《文学人类学研究笔谈》，载《中外文化与文论》1998年第0期。

叶舒宪：《"文化"概念的破学科效应》，载《中外文化与文论》1998年第0期。

叶舒宪：《文学治疗的原理及实践》，载《文艺研究》1998年第6期。

叶舒宪：《谜语：智力游戏与咒术陷阱》，载《民族艺术》1998年第4期。

叶舒宪：《庄子、彝苗葫芦、新疆木乃伊》，载《神州学人》1998年第3期。

叶舒宪：《苏美尔诗歌及其原型意义初探》，载《琼州大学学报》（社会科学版）1998年第2期。

叶舒宪：《龙的飨宴》，载《天涯》1998年第1期。

叶舒宪：《跨文化阐释的有效性》，见叶舒宪主编，中国文学人类学研究会、海南大学比较文学学会编：《文化与文本》，中央编译出版社，1998年版。

叶舒宪：《经验》（关键词研究），载《跨文化对话》1998年第2期。

叶舒宪：《〈山海经〉方位模式及得名由来》，载《中文自学指导》1998年第5期；《中国文字研究》1999年第0期。

1999年

叶舒宪：《神话-原型批评在中国的传播》，载《社会科学研究》1999年第1期。

叶舒宪：《中国文化中的疯狂》，载《新东方》1999年第1期。

叶舒宪：《〈山海经〉神话政治地理观》，载《中文自学指导》1999年第3期。

叶舒宪：《揭开神秘数字"五"的奥秘》，载《民间文化》1999年第3期。

叶舒宪：《文学人类学研究的世纪性潮流》，载《广西民族学院学报》（哲学社会科学版）1999年第2期。

叶舒宪：《苏美尔诗歌及其原型意义初探》，载《甘肃教育学院学报》（社会科学版）1999年第1期。

叶舒宪：《〈山海经〉神话政治地理学》（续完），载《中文自学指导》1999年第4期。

叶舒、吴光正：《娘子军故乡观傩记》，载《民俗研究》1999年第3期。

叶舒宪：《"佛教经济学"的感召》，载《粤海风》1999年第4期。

叶舒宪：《人类学与国学变革——研究课题报告》，载《中外文化与文论》

1999 年第 0 期。

叶舒宪：《〈山海经〉神话政治地理观》，载《民族艺术》1999 年第 3 期。

［美］玛卓莉·米勒：《当代美国女性主义》，叶舒宪编译，载《广东社会科学》1999 年第 5 期。

叶舒宪：《斯芬克斯谜语解读》，载《淮阴师范学院学报》（哲学社会科学版）1999 年第 5 期。

叶舒宪：《苏美尔神话的原型意义》，载《中文自学指导》1999 年第 6 期。

叶舒宪：《我是谁？——大变革时代关于文化身份的独白》，载《神州学人》1999 年第 4 期。

叶舒宪：《洪水神话与生态政治》，载《天涯》1999 年第 1 期。

2000 年

叶舒宪：《吃饺子的哲学背景》，载《寻根》2000 年第 1 期。

［美］马文·哈里斯：《嗜乳者与厌乳者》，叶舒宪译，载《新东方》2000 年第 3 期。

叶舒宪：《方物：〈山海经〉的分类编码》，载《海南师范学院学报》（人文社会科学版）2000 年第 1 期。

叶舒宪：《〈山海经〉：从单纯考据到文化诠释》，载《淮阴师范学院学报》（哲学社会科学版）2000 年第 2 期。

叶舒宪：《吉田敦彦与日本比较神话学》，载《民俗研究》2000 年第 2 期。

叶舒宪：《"大荒"意象的文化分析——〈山海经·荒经〉的观念背景》，载《北京大学学报》（哲学社会科学版）2000 年第 4 期。

［美］马文·哈里斯：《好吃：食物与文化之谜》，叶舒宪译，载《民俗研究》2000 年第 3 期。

叶舒宪：《人类学中的"文化"概念》，载《中外文化与文论》2000 年第 0 期。

叶舒宪：《漫话〈山海经〉》，载《中文自学指导》2000 年第 5 期。

［美］马文·哈里斯：《人吃人之谜》，叶舒宪译，载《民间文化》2000 年第 C2 期。

叶舒宪：《从〈金枝〉到〈黑色雅典娜〉——二十世纪西方文化寻根》，载《寻根》2000 年第 6 期。

叶舒宪：《人以肉食为本》，载《万象》2000年第1期。

叶舒宪：《椰岛神坛：海南乡傩透视》，载《东方文化》2000年第1期。

叶舒宪：《道家伦理与后现代精神》，载《跨文化对话》2000年第3期。

叶舒宪：《人类学的"文化"概念》，见王晓路等主编：《中外文化与文论（第7辑）》，四川教育出版社，2000年版。

2001年

叶舒宪：《论20世纪文学与人类学的同构与互动——从超现实主义到魔幻现实主义》，载《中文自学指导》2001年第1期。

叶舒宪：《饮食人类学：求解人与文化之谜的新途径》，载《广西民族学院学报》（哲学社会科学版）2001年第2期。

［美］马文·哈里斯：《圣牛之谜——饮食人类学个案研究》，叶舒宪译，载《广西民族学院学报》（哲学社会科学版）2001年第2期。

叶舒宪：《"地方性知识"》，载《读书》2001年第5期。

叶舒宪：《弗莱的文学人类学思想》，载《内蒙古大学学报》（人文社会科学版）2001年第3期。

叶舒宪：《月兔，还是月蟾——比较文化视野中的文学寻根》，载《寻根》2001年第3期。

徐杰舜、叶舒宪：《人类学与文学的互动——人类学学者访谈录之十二》，载《广西民族学院学报》（哲学社会科学版）2001年第5期。

［泰国］佩尤托：《佛教经济学》，叶舒宪译，载《法音》2001年第9期。

叶舒宪：《爱情咒与"采摘"母题——〈关雎〉〈卷耳〉〈芣苢〉通观》，载《淮北煤师院学报》（哲学社会科学版）2001年第5期。

叶舒宪：《口传文化与书写文化——"民族志诗学"与人类学的表现危机》，载《广东社会科学》2001年第5期。

叶舒宪：《美国大学三题》，载《开放时代》2001年第11期。

叶舒宪：《知识全球化时代的"古典文学"及其研究》，载《社会科学战线》2001年第6期。

叶舒宪：《现代性与原始性：符号如何建构现实》，载《民族艺术》2001年第4期。

叶舒宪：《文学人类学的现状与未来》，载《荆州师范学院学报》（社会科学版）2001 年第 6 期。

叶舒宪：《食色之间》，载《天涯》2001 年第 1 期。

叶舒宪：《艾达与北欧神话》，载《中华读书报》《人民日报》（海外版）2001 年 4 月 7 日。

叶舒宪：《发现女性上帝：20 世纪女性主义神话学》，载《民间文化》2001 年第 1 期。

叶舒宪：《素女为我师：再论中国文学中性爱主题的升华形式》，见乐黛云等主编：《跨文化对话》（第 8 辑），上海文化出版社，2002 年版。

叶舒宪：《神话与鬼话：台湾原住民神话故事比较研究》（序），社会科学文献出版社，2001 年版。

叶舒宪：《青海岩画——史前艺术中二元对立思维及其观念的研究》（序），科学出版社，2001 年版。

叶舒宪：《圣牛与鱼翅：关于生态批评》，载《人与自然》2001 年第 3 期。

叶舒宪：《男性的生理大悲剧》，载《男友》2001 年第 2 期。

叶舒宪：《男性与肉食》，载《男友》2001 年第 4 期。

叶舒宪：《上帝是男性的吗》，载《男友》2001 年第 6 期。

叶舒宪：《男性脏话的宣泄功能》，载《男友》2001 年第 8 期。

叶舒宪：《评〈后现代状况〉与〈性经验史〉》，载《书评周刊》2001 年 5 月 28 日。

叶舒宪：《现代性与原始：重审 20 世纪思想中的原始主义》，载《书评周刊》2001 年 6 月 27 日。

叶舒宪：《作为文化问题的身体》，载《中国图书商报》2001 年 8 月 23 日。

Ye Shuxian, "Anthropology and Literary Theory: Towards an Intercultural Hermeneutics," *Comparative Literature: East and West*, Autumn 2001. vol. 1.

2002 年

叶舒宪：《丰乳肥臀的生态原意》，载《人与自然》2002 年第 2 期。

叶舒宪：《"新时代"运动的文学冲击波——从〈塞来斯廷预言〉到〈哈利·波特〉》，载《文艺理论与批评》2002 年第 2 期。

叶舒宪：《神话的意蕴与神话学的方法》，载《淮阴师范学院学报》（哲学社会科学版）2002 年第 2 期。

叶舒宪：《再论"文化"概念的破学科效应》，载《南方文坛》2002年第3期。

叶舒宪：《珍珠港遐想》，载《书屋》2002年第5期。

叶舒宪：《巫术思维与文学的复生——〈哈利·波特〉现象的文化阐释》，载《文艺研究》2002年第3期。

叶舒宪：《西方文化寻根的"黑色"风暴——从〈黑色雅典娜〉到〈黑色上帝〉》，载《文艺理论与批评》2002年第3期。

叶舒宪：《圣母与象粪》，载《人与自然》2002年第6期。

叶舒宪：《身体人类学随想》，载《民族艺术》2002年第2期。

叶舒宪：《〈哈利·波特〉与后现代文化寻根》，载《海南广播电视大学学报》2002年第2期。

叶舒宪：《人类学与文学——知识全球化、跨文化生存与本土再阐释》，载《文学评论》2002年第4期。

叶舒宪：《西方文化寻根中的"女神复兴"——从"盖娅假说"到"女神文明"》，载《文艺理论与批评》2002年第4期。

叶舒宪：《人类学与后现代认识论札记》，载《吉首大学学报》（社会科学版）2002年第3期。

叶舒宪：《西方文化寻根的"原始情结"——从〈作为哲学家的原始人〉到〈原始人的挑战〉》，载《文艺理论与批评》2002年第5期。

叶舒宪：《文明危机论：现代性的人类学反思纲要》，载《广东职业技术师范学院学报》2002年第3期。

叶舒宪：《文明/野蛮——人类学关键词与现代性反思》，载《文艺理论与批评》2002年第6期。

叶舒宪：《新萨满主义与西方的寻根文学——从"唐望故事"到〈塞莱斯廷预言〉》，载《东方丛刊》2002年第4期。

孙康宜、叶舒宪：《性别理论与美国汉学的互动研究》，载《清华大学学报》（哲学社会科学版）2002年第A1期。

叶舒宪：《艺术与巫术》，载《艺术世界》2002年第4期。

叶舒宪：《艺术走向荒野》，载《东方文化》2002年第5期。

叶舒宪：《"东方"概念的话语建构之根》，载《东方文化》2002年第

5 期。

叶舒宪：《孔子喝酸辣汤吗》，载《文汇读书周报》2002 年 3 月 1 日。

叶舒宪：《英语语境中的蛮族人》，载《文汇读书周报》2002 年 3 月。

叶舒宪：《美国学生看〈列女传〉》，载《文汇读书周报》2002 年 4 月 19 日。

叶舒宪：《〈哈利·波特〉的异教想象及其原型——兼论西方后现代文化寻根思潮》，载《视界》2002 年第 9 期。

叶舒宪：《邂逅新时代运动》，载《书评周刊》2002 年 8 月 29 日。

叶舒宪：《怎样的浪荡伦敦》，载《书评周刊》2002 年 9 月 5 日。

叶舒宪：《另类美学的狂欢》，载《文化艺术报（西安）》2002 年 5 月 10 日。

叶舒宪：《盖亚假说与生态女性主义》，载《人与自然》2002 年第 10 期。

叶舒宪：《巫婆怎么变好了》，载《中国青年报》2002 年 2 月 27 日。

叶舒宪：《顶级笑话与原始思维说》，载《文汇读书周报》2002 年 9 月 6 日。

叶舒宪：《宗教与科学并置带来的反思》，载《光明日报》2002 年 5 月 30 日。

2003 年

王杰、叶舒宪、覃德清等：《探寻文化的审美尺度——审美人类学与文化建设四人谈》，载《南方文坛》2003 年第 1 期。

叶舒宪：《西方文化寻根的"凯尔特复兴"》，载《文艺理论与批评》2003 年第 1 期。

叶舒宪、章祖德、施梓云等：《史诗研究：回归文学的立体性》，载《淮阴师范学院学报》（哲学社会科学版）2003 年第 1 期。

叶舒宪：《西方文化寻根思潮的跨世纪演化——透视"新时代运动"》，载《文史哲》2003 年第 1 期。

叶舒宪：《东西方文化寻根漫记》，载《寻根》2003 年第 1 期。

叶舒宪：《诊治现代文明病——〈塞来斯廷预言〉和〈第十种洞察力〉的寻根思想》，载《广东社会科学》2003 年第 1 期。

叶舒宪：《20 世纪西方思想的"东方转向"问题》，载《文艺理论与批评》

2003年第2期。

叶舒宪：《〈圣经·路得记〉综合研究》，载《苏州科技学院学报》（社会科学版）2003年第1期。

叶舒宪：《再论20世纪西方思想的"东方转向"》，载《文艺理论与批评》2003年第3期。

叶舒宪：《"英文起源于蚕"——另一种意义上的"东方主义"》，载《寻根》2003年第3期。

叶舒宪：《牛津乞丐也读书》，载《文汇读书周报》2003年3月28日；又载《语文新圃》2003年第7期。

叶舒宪：《现代性的风险——对伊拉克战争与SARS风暴的理论反思》，载《文艺理论与批评》2003年第4期。

叶舒宪：《"原始思维"说及其现代批判》，载《江苏社会科学》2003年第4期。

叶舒宪：《〈浮士德〉的辩证思想——文学与思想史研究片论》，载《海南广播电视大学学报》2003年第3期。

叶舒宪、司南：《〈山海经〉方位与占卜咒术传统》，载《广西民族学院学报》（哲学社会科学版）2003年第5期。

［美］麦地娜·萨丽芭：《故事语言：一种神圣的治疗空间》，叶舒宪、黄悦译，载《广西民族学院学报》（哲学社会科学版）2003年第5期。

叶舒宪：《文学何为？——评〈弗莱文论三种〉》，载《文学评论》2003年第6期。

叶舒宪：《文化寻根的学术意义与思想意义》，载《文艺理论与批评》2003年第6期。

叶舒宪：《文学人类学：一个跨学科的研究领域》，载《郑州大学学报》（哲学社会科学版）2003年第6期。

叶舒宪：《人生识字糊涂始》，载《敦煌诗刊》2003年春季号。

叶舒宪：《阅读西安：西北望长安》，载《书评周刊》2003年4月18日。

叶舒宪：《死去的灵魂在记忆中复活》，载《中国图书商报》2003年8月29日。

叶舒宪：《人文教育何为》，载《经济观察报》2003年10月20日。

叶舒宪:《史诗译介的里程碑》,载《中华读书报》2003年10月15日。

Ye Shuxian, "Myth in China, international conference" Myth: Theory and the Disciplines" hold in Leiden University (12th, December 2003); *Myth-Archetypal Criticism in China*, in *Northrop Frye: Eastern and Western Perspectives*, Toronto/London: University of Toronto Press, 2003.

Ye Shuxian, "Literature and Anthropology: Literary Study at the age of Knowledge Globalization," *Comparative Literature: East and West*, Autumn 2003. vol. 5.

2004年

叶舒宪:《海明威的创作动力与〈永别了,武器〉》,载《江西社会科学》2004年第2期。

叶舒宪:《猫头鹰重新降临——现代巫术的文化阐释》,载《寻根》2004年第3期。

叶舒宪:《人类学质疑"发展观"》,载《广西民族学院学报》(哲学社会科学版)2004年第4期。

叶舒宪、范可、张应强:《建构中国人类学高级论坛的基本模式》,载《广西民族学院学报》(哲学社会科学版)2004年第4期。

叶舒宪:《"竹枝词"能申报"文化遗产"吗?——评王利器、王慎之、王子今辑〈历代竹枝词〉》,载《博览群书》2004年第8期。

叶舒宪:《比喻的文化价值与人性意义》,载《民间文化论坛》2004年第4期。

叶舒宪:《2003的教训:战争和瘟疫昭示现代社会的风险》,载《中文自学指导》2004年第5期。

叶舒宪:《"女神文明"的复兴》,载《社会观察》2004年第10期。

弗莱:《神话与意识形态》,叶舒宪译,载《吉林师范大学学报》(人文社会科学版)2004年第5期。

弗莱:《神力的语词》(译本序),叶舒宪译,社会科学文献出版社,2004年版。

叶舒宪:《在中国发现诗学》,见乐黛云等主编:《跨文化对话》(第14辑),上海文艺出版社,2004年版。

叶舒宪:《人类学与文学的互动》,见徐杰禹主编:《人类学的世纪坦言》,黑龙江人民出版社,2004年版。

叶舒宪:《"女神文明"的溯源与前瞻》,见鲍宗蒙主编:《人文与社会》(卷一),上海社会科学院出版社,2004年版。

叶舒宪:《西方文明的东方源头——〈黑色上帝〉》(译本序),广西师范大学出版社,2004年版。

叶舒宪:《理性时代的想象力必修课——〈解读上帝的留言〉》(序),台湾究竟出版社,2004年版。

叶舒宪:《中国神话学百年回眸》,见"韩国汉城:东亚神话学大会宣读",2004年5月;载《学术交流》2005年1期;又载人大复印资料《中国古代近代文学研究》2005年第6期。

叶舒宪:《孔子〈论语〉与口传文化》,见"上海:首届中国学论坛宣读",2004年8月。

叶舒宪:《仪式:文学与人类学的共同钥匙》,载《文汇读书周报》2004年10月29日。

叶舒宪:《神话:想象与考证——中国社会科学院文学所"〈山海经〉研究座谈会发言选载"》,载《民族艺术》2004年第4期;又载《民族文学研究》2004年第4期。

叶舒宪:《海外中国神话学与现代中国学术:回顾与展望》,见陈平原:《现代学术史上的俗文学》,湖北教育出版社,2004年版。

2005年

叶舒宪:《凯尔特文化复兴思潮与〈哈利·波特〉》,载《瞭望新闻周刊》2005年第1期。

叶舒宪:《谁破译了〈达·芬奇密码〉?》,载《读书》2005年第1期;又载《纽约人文丛刊》,2005年创刊号。

叶舒宪:《中国神话学百年回眸》,载《学术交流》2005年第1期。

叶舒宪:《略论当代"女神文明"的复兴》,载《江苏行政学院学报》2005年第1期。

叶舒宪:《反现代性与艺术的"复魅"——全球文化寻根视野中的朝戈、丁方绘画》,载《文艺研究》2005年第3期。

叶舒宪:《神话的超前智慧》,载《民间文化论坛》2005年第2期。

弗雷泽:《造人神话》,叶舒宪译,载《杭州师范学院学报》(社会科学版)2005年第3期。

叶舒宪:《新启蒙:文化寻根与20世纪思想的转向》,载《天津社会科学》2005年第4期。

叶舒宪:《非物质经济与非物质文化遗产》,载《民间文化论坛》2005年第4期。

叶舒宪:《傩、萨满、瑜伽——神话复兴视野上的通观》,载《吉林师范大学学报》(人文社会科学版)2005年第4期。

叶舒宪:《中国神话的特性之新诠释》,载《中国社会科学院研究生院学报》2005年第5期。

叶舒宪:《符号经济与作为非物质文化遗产的"七夕节"》,载《江西社会科学》2005年第10期。

叶舒宪:《从符号人类学到"符号经济"——文化资本博弈时代的文学增值术》,载《江西社会科学》2005年第12期。

叶舒宪:《托特神的原罪》,载《中华读书报》2005年1月5日。

叶舒宪:《重述神话的时代》,载《文汇读书周报》2005年6月3日。

叶舒宪:《人类学想象与新神话主义》,见王宁编:《文学理论前沿》(第2辑),北京大学出版社,2005年版。

叶舒宪:《身体的神话与神话的身体》,见王宁编:《文化研究》(第5辑),广西师范大学出版社,2005年版。

叶舒宪:《后现代性与再启蒙》,见陈岗龙、额尔敦哈达主编:《奶茶与咖啡——东西方文化对话语境下的蒙古文学与比较文学》,民族出版社,2005年版。

叶舒宪:《周雁与〈寻根〉》,见冯其庸、李学勤等:《忆周雁》,中州古籍出版社,2005年版。

2006年

叶舒宪:《神话如何重述》,载《长江大学学报》(社会科学版)2006年第1期。

叶舒宪:《〈礼记·月令〉的比较神话学解读——以仲春物候为例》,载《陕西师范大学学报》(哲学社会科学版)2006年第2期。

叶舒宪:《"学而时习之"新释——〈论语〉口传语境的知识考古学发掘》,载《文艺争鸣》2006年第2期。

吕微、叶舒宪、萧兵等:《对想象力和理性的考验——中国社会科学院文学研究所座谈〈山海经〉研究》,载《淮阴师范学院学报》(哲学社会科学版)2006年第

2 期。

叶舒宪:《孔子〈论语〉与口传文化传统》,载《兰州大学学报》(社会科学版)2006 年第 2 期。

叶舒宪:《"猪龙"与"熊龙"——"中国维纳斯"与龙之原型的艺术人类学通观》,载《文艺研究》2006 年第 4 期。

叶舒宪:《经典的误读与知识考古——以〈诗经·鸱鸮〉为例》,载《陕西师范大学学报》(哲学社会科学版)2006 年第 4 期。

叶舒宪:《狼图腾,还是熊图腾——关于中华祖先图腾的辨析与反思》,载《长江大学学报》(社会科学版)2006 年第 4 期。

叶舒宪:《第四重证据:比较图像学的视觉说服力——以猫头鹰象征的跨文化解读为例》,载《文学评论》2006 年第 5 期。

叶舒宪:《红山文化鸮神崇拜与龙凤起源——兼评庞进〈凤图腾〉》,载《文化学刊》2006 年第 1 期。

叶舒宪:《熊与龙——熊图腾神话源流考》,载《博览群书》2006 年第 10 期。

叶舒宪:《人类学小说热潮与文化批判》,载《文艺报》2006 年 3 月 25 日。

叶舒宪:《符号经济:文化创意与畅销书》,载《中国图书商报》2006 年 4 月 11 日。

叶舒宪:《〈神话简史〉翻译商榷》,载《中国图书商报》2006 年 1 月 13 日。

叶舒宪:《关于文学人类学的对话》,载《甘肃联合大学学报》(社会科学版)2006 年第 3 期。

2007 年

叶舒宪:《后现代的神话观——兼评〈神话简史〉》,载《中国比较文学》2007 年第 1 期。

[美]马丽娅·金芭塔丝:《女神文明:前父权制欧洲的宗教》,叶舒宪译,载《湘潭大学学报》(哲学社会科学版)2007 年第 2 期。

叶舒宪、黄湘:《符号经济·文化资本·文化情怀——叶舒宪访谈录》,载《博览群书》2007 年第 4 期。

徐杰舜、叶舒宪、王铭铭等:《人类学与国学》,载《百色学院学报》2007 年第 2 期。

叶舒宪:《秦文化源流新探——熊图腾与中原通古斯人假说》,载《学术月刊》

2007年第6期。

叶舒宪:《叙事治疗论纲》,载《西南民族大学学报》(人文社科版)2007年第7期。

叶舒宪:《图腾批评的是与非》,载《文化学刊》2007年第4期。

叶舒宪:《冬眠之熊与鲧、禹、启神话通解——从熊穴启闭获得的启发》,载《长江大学学报》(社会科学版)2007年第4期。

叶舒宪:《〈春秋〉与"中国"想象——神话与历史》,载《博览群书》2007年第8期。

叶舒宪:《再论新神话主义——兼评中国重述神话的学术缺失倾向》,载《中国比较文学》2007年第4期。

叶舒宪:《人类学的中国话语的一个案例——黄帝有熊氏的四重证据立体阐释》,见西南民族大学、人类学高级论坛秘书处:《人类学的中国话语——人类学高级论坛2007卷》,2007年版。

叶舒宪:《文化人类学与神话学经典》,载《出版人》2007年第1期。

叶舒宪:《"熊节"解谜》,载《中国社会科学院院报》2007年4月19日。

叶舒宪:《秦人崇拜熊吗?》,载《光明日报》2007年6月7日。

叶舒宪:《食玉神话解》,载《中华饮食文化基金会通讯(台北)》2007年第2期。

叶舒宪:《朝圣牛河梁,恍悟熊图腾》,载《博览群书》2007年第5期。

叶舒宪:《神话传说中的猪》,见王子今编:《趣味考据》(第3辑),云南人民出版社,2007年版。

叶舒宪:《二人转的文化阐释》(序),中国文联出版公司,2007年版。

叶舒宪:《长篇历史小说〈渥巴锡大汗〉评论》,载《文艺报》2007年8月30日。

叶舒宪:《大禹熊旗解谜》,载《时代报》2007年9月6日。

叶舒宪:《人类学与国学(对话录)》,载《光明日报》2007年2月8日;又载《百色学院学报》2007年第2期。

叶舒宪:《文化断根时代的诗歌记忆——序于贵峰〈深处的盐〉》,新疆美术摄影出版社,2007年版。

叶舒宪:《新原道:从考古新材料看道教思想的神话起源》,见《诸子学刊》(创刊号),上海古籍出版社,2007年版。

Ye Shuxian,"Mythical Body: World Parent Type Creation Myth in China and Its Visual Archetypes," *Comparative Literature: East and West*, Autumn 2007. vol. 5.

2008 年

叶舒宪：《熊图腾：从神话到小说》，载《文化学刊》2008 年第 1 期。

叶舒宪：《蛙神八千年》，载《寻根》2008 年第 1 期。

叶舒宪：《齐家文化与玉器时代》，载《西北成人教育学报》2008 年第 1 期。

叶舒宪：《玉器时代的"齐家古国"》，载《检察风云》2008 年第 5 期。

陈建新、王铭铭、叶舒宪著：《人类学的中国话语——第六届人类学高级论坛圆桌会议纪实》，载《广西师范大学学报》（哲学社会科学版）2008 年第 2 期。

叶舒宪：《大禹的熊旗解谜》，载《民族艺术》2008 年第 1 期。

徐杰舜、徐新建、叶舒宪等：《面对世界的中国传统——人类学与中国传统漫谈》，载《百色学院学报》2008 年第 2 期。

叶舒宪：《蛙人：再生母神的象征——青海柳湾"阴阳人"彩陶壶解读》，载《民族艺术》2008 年第 2 期。

叶舒宪：《"西游"的文化范式及其转换——从〈穆天子传〉到〈西游记〉》，载《陕西师范大学学报》（哲学社会科学版）2008 年第 4 期。

叶舒宪：《文学中的灾难与救世（节选版）》，载《文化学刊》2008 年第 4 期；又载《文艺报》《中国艺术报》《解放日报》《紫光阁》等八刊；再载加拿大《文化中国》2008 年第 3 期。

叶舒宪：《食玉信仰与西部神话的建构》，载《寻根》2008 年第 4 期。

［英］凯伦·阿姆斯特朗：《叙事的神圣发生：为神话正名》，叶舒宪译，载《江西社会科学》2008 年第 8 期。

叶舒宪：《牛头西王母形象解说》，载《民族艺术》2008 年第 3 期。

叶舒宪：《中原文明建构"西部"观念的文化分析》，载《中国社会科学院研究生院学报》2008 年第 5 期。

叶舒宪：《"轩辕"和"有熊"——兼论人类学的中国话语及四重证据阐释》，载《广西民族大学学报》（哲学社会科学版）2008 年第 5 期。

叶舒宪：《文学治疗的民族志——文学功能的现代遮蔽与后现代苏醒》，载《百色学院学报》2008 年第 5 期。

叶舒宪：《本土文化自觉与"文学""文学史"观反思——西方知识范式对中国本土的创新与误导》，载《文学评论》2008年第6期。

叶舒宪：《文本、想象与认知建构——河西走廊的文化镜像分析》，载《湘潭大学学报》（哲学社会科学版）2008年第6期。

叶舒宪：《二里头铜牌饰与夏代神话研究——再论"第四重证据"》，载《民族艺术》2008年第4期。

叶舒宪：《文学人类学与比较文学》，载《百色学院学报》2008年第6期。

叶舒宪：《文本、想象与认知建构——河西走廊的文化镜像分析》，载《湘潭大学学报》（哲学社会科学版）2008年第6期。

叶舒宪：《击缶的由来》，载《北京青年报》2008年9月8日。

叶舒宪：《孔子著〈论语〉说质疑》，载《北京青年报》2008年10月27日。

叶舒宪：《我们都是汶川人》，载《紫光阁》2008年增刊。

叶舒宪：《思汶川 忆大禹》，载《北京青年报》2008年6月9日。

叶舒宪：《酒神与雅典娜》，载《时代报（上海）》2008年2月1日。

叶舒宪：《女娲与女蛙》，载《时代报（上海）》2008年1月9日。

叶舒宪：《鲧禹启化熊神话通释——四重证据的立体释古方法》，载《文学与神话特刊》（台湾"兴大中文学报第32期增刊"）2008年第1期。

叶舒宪：《新神话主义与文化寻根》，载《中国政协报》2008年7月12日。

徐杰舜、郑杭生、叶舒宪等：《传统是什么（学术笔谈）》，载《光明日报》2008年8月9日。

2009年

叶舒宪：《中国的神话历史——从"中国神话"到"神话中国"》，载《百色学院学报》2009年第1期。

叶舒宪：《〈容成氏〉夏禹建鼓神话通释——五论"四重证据法"的知识考古范式》，载《民族艺术》2009年第1期。

叶舒宪：《仪式叙事与历史书写——代序〈仪礼文化记忆与仪式叙事〉》，载《百色学院学报》2009年第2期。

叶舒宪：《中国文化的构成与"少数民族文学"：人类学视角的后现代观照》，载《民族文学研究》2009年第2期。

叶舒宪：《物的叙事：史前陶靴的比较神话学解读》，载《民族艺术》2009年第2期。

叶舒宪：《中华文明探源的比较神话学视角》，载《江西社会科学》2009年第6期。

叶舒宪：《神圣言说——从汉语文学发生看"神话历史"》，载《百色学院学报》2009年第3期。

叶舒宪：《中华文明探源的人类学视角——以二里头与三星堆铜铃铜牌的民族志解读为例》，载《文艺研究》2009年第7期。

叶舒宪：《国学考据学的证据法研究及展望——从一重证据法到四重证据法》，载《证据科学》2009年第4期。

叶舒宪：《神圣言说（续篇）——从汉语文学发生看"神话历史"》，载《百色学院学报》2009年第4期。

叶舒宪：《玄鸟原型的图像学探源——六论"四重证据法"的知识考古范式》，载《民族艺术》2009年第3期。

廖明君、叶舒宪：《迎接神话学的范式变革》，载《民族艺术》2009年第3期。

叶舒宪：《人类学的文学转向及"写"文化的多种叙事》，载《百色学院学报》2009年第5期。

叶舒宪、祖晓伟：《红山文化"勾云形玉器"为"鸮形玉牌"说——玄鸟原型的图像学探源续篇》，载《民族艺术》2009年第4期。

叶舒宪：《神话智慧的文明反思》，见乐黛云等主编：《跨文化对话》（第24辑），上海文化出版社，2009年版。

叶舒宪：《出神的治疗能量》，见韩国江原大学：《第一届人文治疗国际学术研讨会文集》（中文和韩文），2009年版。

叶舒宪：《玉的叙事——夏代神话历史的人类学解读》，载《中国社会科学报》2009年7月1日。

叶舒宪：《神牛，象征与女神文明》，载《社会科学报》2009年8月6日。

叶舒宪：《20世纪比较文学与文学理论的人类学转向》，见王宁：《文学理论前沿》（第6辑），北京大学出版社，2009年版。

叶舒宪：《季羡林先生的比较文学研究》，载《光明日报》2009年8月25日。

叶舒宪：《类学的世纪转折和对现代性话语的反思人》，载《中国民族报》2009年3月6日。

叶舒宪：《人类学家眼中的生存和发展》，载《中国民族报》2009年3月13日。

叶舒宪：《打破正统中国文化观的壁障》，载《中国民族报》，2009年7月3日

叶舒宪：《后现代知识观有助于重构多元文化理念》，载《中国民族报》2009年7月10日。

叶舒宪：《多族群互动促中华文明发生》，载《中国民族报》2009年7月17日。

叶舒宪：《中韩神话研究访谈录》，载《中央日报（韩国）》2009年9月15日。

叶舒宪：《女神文明的反思》，见胡显章、曹莉主编：《文明的对话与梦想》，清华大学出版社，2009年版。

叶舒宪：《文学禳灾论》，见吴炫主编：《原创》（第3辑），黑龙江人民出版社，2009年版。

Ye Shuxian, "Myth in China: The Case of Ancient Goddess Studies," *Religion Compass* 3 (2009), Blackwell Publishing Ltd. (SSCI)

2010年

叶舒宪：《戏剧文学的救灾解难功能——〈俄狄浦斯王〉与〈窦娥冤〉对读》，载《百色学院学报》2010年第1期。

叶舒宪：《鹰熊、鹗熊与天熊——鸟兽合体神话意象及其史前起源》，载《民族艺术》2010年第1期。

叶舒宪：《迎接文化产业的新时代需要文化自觉》，载《中国社会科学报》2010年3月6日。

叶舒宪：《〈阿凡达〉与卡梅隆的"人类学想象"》，载《百色学院学报》2010年第2期。

叶舒宪：《中国圣人神话原型新考——兼论作为国教的玉宗教》，载《武汉大学学报》（人文科学版）2010年第3期。

叶舒宪：《文学人类学的中国化过程与四重证据法——学术史的回顾及展

望》，载《社会科学战线》2010 年第 6 期。

叶舒宪：《中国虎文化图说》，载《寻根》2010 年第 3 期。

叶舒宪：《虎食人卣与妇好圈足觥的图像叙事——殷周青铜器的神话学解读》，载《民族艺术》2010 年第 2 期。

叶舒宪：《想象的原生态》，载《中国民族》2011 年第 1 期。

叶舒宪：《文学禳灾的民族志》，载《中外文化与文论》2010 年第 1 期。

叶舒宪：《中国文化的大传统与小传统》，载《党建》2010 年第 7 期。

叶舒宪：《从"世界文学"到"文学人类学"——文学观念的当代转型略说》，载《当代外语研究》2010 年第 7 期。

叶舒宪：《迎接文化资本的新时代——中国文化产业学科面临的问题》，载《学术月刊》2010 年第 8 期。

叶舒宪：《文学人类学的学术伦理》，载《百色学院学报》2010 年第 4 期。

叶舒宪：《玉教与儒道思想的神话根源——探寻中国文明发生期的"国教"》，载《民族艺术》2010 年第 3 期。

叶舒宪：《玉教——中国的国教：儒道思想的神话根源》，载《世界汉学》2010 年春季号。

叶舒宪：《四重证据的立体释古方法——〈熊图腾〉与文化寻根》，载《华夏文化论坛》2010 年第 0 期。

叶舒宪：《高唐神女的跨文化研究——爱神在中国的隐形和置换》，见中国屈原学会、湖北省荆楚文化研究会、襄樊学院、宜城市人民政府：《宋玉及其辞赋研究——2010 年襄樊宋玉国际学术研讨会论文集》，2010 年版。

叶舒宪：《四重证据：知识的整合与立体释古》，载《江苏行政学院学报》2010 年第 6 期。

叶舒宪：《熊图腾与东北亚史前神话》，载《北方论丛》2010 年第 6 期。

叶舒宪：《物的叙事：中华文明探源的四重证据法》，载《兰州大学学报》（社会科学版）2010 年第 6 期。

叶舒宪：《符号经济与文学人类学——中国文学人类学第四届年会学术总结辞》，载《符号与传媒》2010 年第 1 期。

廖明君、叶舒宪：《文学人类学：一门新兴交叉学科——叶舒宪教授访谈录》，载《民族艺术》2010 年第 4 期。

叶舒宪：《西周神话"凤鸣岐山"及其图像叙事》，载《民族艺术》2010年第4期。

叶舒宪：《以四重证据重写黄帝熊图腾文化史》，见李少文主编、雷子人执行主编：《不止于艺：中央美院"艺文课堂"名家讲演录》，北京大学出版社，2010年版。

叶舒宪：《〈阿凡达〉新神话主义启示录》，载《文汇读书周报》2010年1月22日。

叶舒宪：《物的叙事：中华文明探源的四重证据法》，载《社会科学报》2010年6月17。

叶舒宪：《神话作为中国文化的原型编码》，载《中国社会科学报》2010年8月12日。

叶舒宪：《六十而耳顺：成圣的隐喻——兼论儒家神话》，见方勇编：《诸子学刊》（第4辑），上海古籍出版社，2010年版。

叶舒宪：《四重证据法：符号学视野重建中国文化观》，载《光明日报》（理论版）2010年7月17日。

叶舒宪：《书中有金玉?》，载《检察日报》2010年4月23日。

叶舒宪：《人类学想象与文化认同之困境》，载《中国社会科学报》2010年2月23日。

叶舒宪：《〈山海经〉与神话地理——以"熊山"考释为例》，载《中国社会科学报》2010年3月30日。

叶舒宪：《中国文学的抗旱传统》，载《检察日报》2010年4月2日。

叶舒宪：《典范转移：从民族文学到文学人类学》，载《文艺报》2010年5月5日。

叶舒宪：《文化并置与解殖民反观》，载《检察日报》2010年4月9日。

叶舒宪：《审判哥伦布》，载《检察日报》2010年4月16日。

叶舒宪：《狮神的全球化与熊神的蜕变》，载《检察日报》2010年4月25日。

叶舒宪：《后现代主义：重启生存智慧之门》，载《社会科学报》2010年9月16日。

叶舒宪：《世界眼光与中国文化——上海世博会的文化人类学解读》，载

《检察日报》2010 年 4 月 30 日。

叶舒宪：《文学的人类学转向与人类学的文学转向问题（演讲稿）》，见徐新建主编：《人类学写作》，四川大学出版社，2010 年版。

叶舒宪：《文学与治疗》，见高旭东主编：《多元文化互动中的文学对话》，北京大学出版社，2010 年版。

2011 年

叶舒宪：《文学人类学：探寻文化表述的多重视野》，载《西南民族大学学报》（人文社会科学版）2011 年第 1 期。

叶舒宪：《人类学与文学的互惠——小议列维－斯特劳斯在中国的传播》，载《百色学院学报》2011 年第 1 期。

叶舒宪、彭兆荣、徐新建：《"人类学写作"的多重含义——三种"转向"与四个议题》，载《重庆文理学院学报》（社会科学版）2011 年第 2 期；又见徐新建主编：《人类学写作》，四川大学出版社，2010 年版。

叶舒宪：《女娲补天和玉石为天的神话观》，载《民族艺术》2011 年第 1 期。

叶舒宪：《人类学与文化寻根》，载《党建》2011 年第 4 期。

叶舒宪：《玉石神话信仰与文明起源——审美发生研究的形而下视角》，见上海交通大学人文学院、英国曼彻斯特大学艺术、历史与文化学院：《中英审美现代性的差异：首届"中英马克思主义美学双边论坛"论文集》，2011 年版。

祖晓伟、严平、叶舒宪等：《"中国文学人类学理论与方法研究"（国家社科基金重大招标项目）开题论证会实录》，载《百色学院学报》2011 年第 2 期。

叶舒宪：《文学人类学的理论与方法——当代中国文学思想的人类学转向视角》，载《河北学刊》2011 年第 3 期。

叶舒宪：《"玉器时代"的国际视野与文明起源研究——唯中国人爱玉说献疑》，载《民族艺术》2011 年第 2 期。

叶舒宪：《儒家神话的再认识》，载《百色学院学报》2011 年第 3 期。

叶舒宪：《苏美尔青金石神话研究——文明探源的神话学视野》，载《中南民族大学学报》（人文社会科学版）2011 年第 4 期。

叶舒宪：《伊甸园生命树、印度如意树与"琉璃"原型通考——苏美尔青金石神话的文明起源意义》，载《民族艺术》2011 年第 3 期；又载《新海岸（海口）》（彩图版）2011 年第 4 期、第 5 期。

叶舒宪：《漫谈文化人类学与20世纪思想变迁》，载《淮北师范大学学报》（哲学社会科学版）2011年第4期。

叶舒宪：《〈宝岛诸神——台湾的神话历史古层〉导言》，载《百色学院学报》2011年第4期。

叶舒宪、唐启翠：《儒家神话论》，载《社会科学战线》2011年第9期。

叶舒宪：《重释古代中国的大小传统》，载《文化遗产研究》2011年第0期。

叶舒宪：《三星堆与西南玉石之路——夏桀伐岷山与巴蜀神话历史》，载《民族艺术》2011年第4期。

叶舒宪：《"世界文学"与"文学人类学"——三论当代文学观的人类学转向》，载《中国比较文学》2011年第4期。

叶舒宪：《西王母神话：女神文明的中国遗产》，载《百色学院学报》2011年第5期。

[英]卡伦·阿姆斯特朗：《神话的史前史（公元前20000~4000年）》，叶舒宪译，载《百色学院学报》2011年第5期。

叶舒宪、苏永前：《神话学与"中华文明探源"——叶舒宪先生学术访谈录》，载《甘肃社会科学》2011年第6期。

叶舒宪、唐启翠：《玉石神话信仰：文明探源新视野——叶舒宪先生访谈录》，载《社会科学家》2011年第11期。

叶舒宪：《探寻中国文化的大传统——四重证据法与人文创新》，载《社会科学家》2011年第11期。

叶舒宪：《作为新兴交叉学科的文学人类学——从"中华文明探源的神话学研究"到"中国文学人类学理论与方法研究"》，载《光明日报》2011年5月11日。

叶舒宪：《从"太初有熊"到"太一生水"——四重证据探索儒道思想的神话起源》，载《兴大中文学报》增刊《新世纪神话研究之反思》2010年第27期。

叶舒宪：《〈阿凡达〉与文化寻根思潮》，见徐益波、库金红主编：《天一讲堂》，中国文史出版社，2011年版。

叶舒宪：《走出文学本位的神话观（访谈）》，载《海南日报》2011年5月

30 日。

叶舒宪：《文化再启蒙：文化产业学科的观念基础》，载《光明日报》（理论版）2011 年 8 月 30 日。

叶舒宪：《新时代精神与生态主义》，载《绿叶》2011 年第 2 期。

叶舒宪：《"盐荒子孙"之垢：市场疯狂与国民性问题》，载《检察日报》2011 年 3 月 25 日。

叶舒宪：《文学寻"宝"》，载《人民政协报》2011 年 3 月 25 日。

叶舒宪：《玉石神话信仰与文明起源》，载《政大中文学报》2011 年第 15 期。

叶舒宪：《重释古代中国的大小传统》，见徐新建编：《文化遗产研究》（第 1 辑），巴蜀书社，2011 年版。

叶舒宪：《漫谈文化人类学与 20 世纪思想变迁》，载《淮北师范大学学报》（哲学社会科学版）2011 年第 4 期。

叶舒宪：《中国文化再认识：从解读神话编码开始》，载《中华读书报》2011 年 10 月 26 日。

叶舒宪：《从昆仑玉神话看西王母与"西游"想象的发生》，见迟文杰主编：《西王母文化研究集成论文卷》（续编一），广西师范大学出版社，2011 年版。

Ye Shuxian, *Revue de Litterature Comparee*, jan-mar2011, Vol, 337 Issue 1, pp. 78 – 84.

Ye Shuxian, "Anthropologie litteraire," *Revue de Litterature Comparee*, jan-mar 2011, Vol. 337 Issue 1, pp. 78 – 84.

Ye Shuxian, "From Frog to NÜwa and Back Again: The Religious Roots of Creation Myths." Ye Shuxian and Yin Hubin. Leiden and Boston: *in China's Creation and Origin Myths. edited by Mineke Schipper*, Brill, 2011, pp. 55 – 78.

2012 年

叶舒宪：《人类学时代的文明反思——再谈当代思想史的人类学转向》，载《杭州师范大学学报》（社会科学版）2012 年第 1 期。

叶舒宪：《班瑞：尧舜时代的神话历史》，载《民族艺术》2012 年第 1 期。

廖明君、叶舒宪：《中华文明探源的神话学研究——叶舒宪教授访谈录》，载《民族艺术》2012年第1期。

叶舒宪：《珥蛇与珥玉：玉耳饰起源的神话背景——四重证据法的玉文化发生研究》，载《百色学院学报》2012年第1期。

叶舒宪：《台湾矮黑人祭——探寻海岛神话历史的开端》，载《民族文学研究》2012年第1期。

叶舒宪：《从文学中探寻历史信息——〈山海经〉与失落的文化大传统》，载《文艺理论研究》2012年第2期。

叶舒宪：《神话学：从文字文本到文化文本的跨越》，载《百色学院学报》2012年第2期。

叶舒宪：《四重证据法重建中国非物质文化遗产体系——以玉文化和龙文化的大传统研究为例》，载《贵州社会科学》2012年第4期。

叶舒宪：《二龙戏珠原型小考——兼及龙神话发生及功能演变》，载《民族艺术》2012年第2期。

叶舒宪：《蛇—玦—珥——再论天人合一神话与中华认同之根》，载《中华读书报》2012年4月18日。

叶舒宪：《黄帝名号的神话历史编码——四重证据法再释"轩辕"与"有熊"》，载《百色学院学报》2012年第2期；又载《新华文摘》2012年第22期摘转。

叶舒宪、苏永前：《对民间文艺权益保护的几点思考》，载《民间文化论坛》2012年第3期；又见罗杨主编：《中国民间文艺权益保护》，中国文史出版社，2012年版。

叶舒宪：《河西走廊的文化镜像》，载《丝绸之路》2012年第12期。

叶舒宪：《神话学超越文字限制的跨学科范式》，载《陕西师范大学学报》（哲学社会科学版）2012年第4期。

叶舒宪：《我的"石头"记》，载《民族艺术》2012年第3期。

叶舒宪：《中国玉器起源的神话学分析——以兴隆洼文化玉玦为例》，载《民族艺术》2012年第3期。

叶舒宪、阳玉平：《回溯与探索：大传统与小传统之再定义（三篇）：重新划分大、小传统的学术创意与学术伦理——叶舒宪教授访谈录》，载《社会科学家》2012年第7期。

叶舒宪：《文化大传统研究及其意义》，载《百色学院学报》2012 年第 4 期。

叶舒宪：《黄河水道与玉器时代的齐家古国》，载《丝绸之路》2012 年第 17 期。

叶舒宪：《首届"文学人类学骨干教师高级研讨班"总结发言》，载《百色学院学报》2012 年第 5 期。

叶舒宪：《河图的原型为西周凤纹玉器说》，载《民族艺术》2012 年第 4 期。

叶舒宪：《弗雷泽与人文学科的人类学转向》，载《百色学院学报》2012 年第 6 期。

叶舒宪：《从玉教神话观看儒道思想的巫术根源》，载《哲学与文化》2012 年第 6 期。

叶舒宪：《红山文化玉蛇耳坠与〈山海经〉珥蛇神话——四重证据求证天人合一神话"大传统"》，载《西南民族大学学报》（人文社会科学版）2012 年第 12 期。

叶舒宪：《文化传播：从草原文化到华夏文明》，载《内蒙古社会科学》（汉文版）2013 年第 1 期。

叶舒宪：《老子与口传文化大传统》，载《中国社会科学报》2012 年 3 月 7 日。

叶舒宪：《龙－虹－璜：玉石神话与中华认同之根》，载《中华读书报》2012 年 3 月 21 日。

叶舒宪：《国人谁识赛德克——谈〈赛德克·巴莱〉》，载《中华读书报》2012 年 7 月 25 日。

叶舒宪：《玉玦起源的神话背景》，载《能源评论》2012 年第 5 期。

叶舒宪：《天熊溯源：双熊首三孔玉器的神话学解释》，载《中国社会科学报》2012 年 9 月 14 日。

叶舒宪：《文化符号如何产出经济》，载《羊城晚报》2012 年 6 月 17 日。

叶舒宪：《金缕玉衣何为》，载《能源评论》2012 年第 5 期。

叶舒宪：《女娲补天的五色石》，载《能源评论》2012 年第 8 期。

叶舒宪：《玉凳、玉几与玉枕》，载《能源评论》2012 年第 7 期。

叶舒宪：《通灵宝玉的神话背景》，载《能源评论》2012 年第 6 期。

叶舒宪：《西玉东输与北玉南调》，载《能源评论》2012年第9期。

叶舒宪：《玉石：中国人的珍宝观》，载《能源评论》2012年第10期。

叶舒宪：《玉石之路大传统与丝绸之路小传统》，载《能源评论》2012年第11期。

叶舒宪：《汉学家梅维恒印象》，载《跨文化对话》2012年第1期。

叶舒宪：《〈阿凡达〉折射日益凸显的生态危机》，载《社会科学报》2012年11月29日。

2013年

叶舒宪：《戈文化的源流与华夏文明发生》，载《民族艺术》2013年第1期。

叶舒宪：《文化文本的N级编码论——从"大传统"到"小传统"的整体解读方略》，载《百色学院学报》2013年第1期。

叶舒宪：《写文化与表述权》，载《社会科学家》2013年第2期。

叶舒宪、徐新建、雷璐荣：《学者对话》，载《社会科学家》2013年第2期。

叶舒宪：《〈亚鲁王·砍马经〉与马祭仪式的比较神话学研究》，载《民族艺术》2013年第2期。

叶舒宪：《玉石神话与中华认同的形成——文化大传统视角的探索发现》，载《文学评论》2013年第2期。

叶舒宪：《西玉东输与华夏文明的形成》，载《丝绸之路》2013年第6期。

叶舒宪：《金镶玉的华夏起源》，载《检察风云》2013年第7期。

叶舒宪：《玉人像、玉柄形器与祖灵牌位——华夏祖神偶像源流的大传统新认识》，载《民族艺术》2013年第3期。

叶舒宪：《玉礼器作为祖灵象征——张开焱〈世界祖宗型神话——中国上古创世神话源流与叙事类型研究〉序》，载《百色学院学报》2013年第3期。

叶舒宪：《又见"熊图腾"——汉代熊形陶灯的宇宙论蕴含》，载《丝绸之路》2013年第11期。

叶舒宪：《丝绸之路还是玉石之路——河西走廊与华夏文明传统的重构》，载《探索与争鸣》2013年第7期。

叶舒宪：《玉文化先统一中国说：石峁玉器新发现及其文明史意义》，载《民族艺术》2013年第4期。

叶舒宪：《从石峁建筑用玉新发现看夏代的瑶台玉门神话——大传统新知识

重解小传统》，载《百色学院学报》2013 年第 4 期。

叶舒宪：《文采之今昔——文化文本的多级编码视野》，载《文化学刊》2013 年第 5 期。

叶舒宪：《文学人类学在中国》，载《思想战线》2013 年第 5 期。

叶舒宪：《怎样从大传统重解小传统——玉石之路、祖灵牌位和车马升天意象》，载《思想战线》2013 年第 5 期。

叶舒宪：《中日玉石神话比较研究——以"记纪"为中心》，载《民族艺术》2013 年第 5 期。

叶舒宪：《中国文化的编码与解码自觉——序〈中国灯谜年鉴〉》，载《百色学院学报》2013 年第 5 期。

叶舒宪：《从石峁到喇家——史前西部玉器新发现的文化史意义》，载《丝绸之路》（文化版）2013 年第 19 期。

叶舒宪：《大传统：神话学与艺术史的人类学转向》，载《文化学刊》2013 年第 6 期。

叶舒宪：《学然后知不足》，载《文化学刊》2013 年第 6 期。

叶舒宪：《乞桥·乞巧·鹊桥：从文化编码论看七夕神话的天桥仪式原型》，载《民族艺术》2013 年第 6 期。

叶舒宪、廖明君：《新世纪神话观的变革与神话研究新趋势——中国神话学会前沿对话》，载《百色学院学报》2013 年第 6 期。

叶舒宪：《玉石之路与华夏文明的资源依赖——石峁玉器新发现的历史重建意义》，载《上海交通大学学报》（哲学社会科学版）2013 年第 6 期。

叶舒宪：《"神话历史"：当代人文学科的人类学转向》，载《社会科学家》2013 年第 12 期。

叶舒宪：《王道即玉道》，载《能源评论》2013 年第 1 期。

叶舒宪：《哈利·波特的猫头鹰与莫言的蛙》，载《能源评论》2013 年第 2 期。

叶舒宪：《蛇的神话与符号编码》，载《中国艺术报》2013 年第 1 月 29 日。

叶舒宪：《"丝绸之路"前身为"玉石之路"》，载《中国社会科学报》2013 年 3 月 8 日。

叶舒宪：《神木、神煤、神玉》，载《能源评论》2013 年第 4 期。

叶舒宪：《华：中国梦的原点》，载《能源评论》2013年第5期。

叶舒宪：《中日玉石神话比较》，载《民族艺术》2013年第5期。

叶舒宪：《重建玉石之路》，载《文汇读书周报》2013年5月10日。

叶舒宪：《夏代：瑶台玉门露真容》，载《能源评论》2013年第7期。

叶舒宪：《齐家文化玉器色谱浅说》，载《丝绸之路》2013年第11期。

叶舒宪：《探寻中国梦的缘起，重现失落的远古文明》（会议综述），载《鉴宝》2013年第5期。

叶舒宪：《考古界与收藏界的合作互补，探寻中国梦在4000年前的萌生》，载《鉴宝》2013年第6期。

叶舒宪：《中国式抢购与黄金神话》，载《中国艺术报》2013年7月3日。

叶舒宪：《从石峁到喇家——史前西部玉器新发现的文化史意义》，载《丝绸之路》2013年第19期。

2014 年

叶舒宪：《竹节与花瓣形玉柄形器的神话学研究——祖灵与玉石的植物化表现》，载《民族艺术》2014年第1期。

叶舒宪：《八面雅典娜：希腊神话的多元文化编码》，载《兰州大学学报》（社会科学版）2014年第1期。

叶舒宪：《为什么说"玉文化先统一中国"——从大传统看华夏文明发生》，载《百色学院学报》2014年第1期。

叶舒宪：《玉兔神话的原型解读——文化符号学的N级编码视角》，载《民族艺术》2014年第2期。

刘加民、叶舒宪：《大数据时代的民间文化保护与研究》，载《民间文化论坛》2014年第2期。

叶舒宪：《"玉帛为二精"神话考论》，载《民族艺术》2014年第3期。

叶舒宪：《从汉字"國"的原型看华夏国家起源——兼评"夏代中国文明展：玉器·玉文化"》，载《百色学院学报》2014年第3期。

叶舒宪、张洪友：《玉石之路与华夏认同》，载《中外文化与文论》2014年第1期。

叶舒宪：《三叹熊》，载《丝绸之路》2014年第19期。

叶舒宪：《从玉教神话到金属神话——华夏核心价值的大小传统源流》，载

《民族艺术》2014年第4期。

叶舒宪：《特洛伊的黄金与石峁的玉器——〈伊利亚特〉和〈穆天子传〉的历史信息》，载《中国比较文学》2014年第3期；又载《新华文摘》2015年第2期。

叶舒宪：《西玉东输雁门关——玉石之路山西道调研报告》，载《百色学院学报》2014年第4期；又见韩建保、杨继东主编：《丝绸之路经济带与古州雁门》，山西人民出版社，2014年版。

苏永前、叶舒宪：《人文学者的世界视野与本土情怀》，载《文明》2014年第8期。

叶舒宪：《玉石神话信仰与文明起源——审美发生研究的形而下视角》，载《文贝：比较文学与比较文化》2013年第C1期。

叶舒宪：《玉石之路黄河道再探——山西兴县碧村小玉梁史前玉器调查》，载《民族艺术》2014年第5期。

叶舒宪：《论四重证据法的证据间性——以西汉窦氏墓玉组佩神话图像解读为例》，载《陕西师范大学学报》（哲学社会科学版）2014年第5期。

叶舒宪：《神话观念决定论刍议》，载《百色学院学报》2014年第5期。

叶舒宪：《游动的玉门关——从兔葫芦沙丘眺望马鬃山》，载《丝绸之路》2014年第19期。

叶舒宪：《东亚玉文化的发生与玉器时代分期》，载《河南社会科学》2014年第9期。

叶舒宪：《金张掖，玉张掖？》，载《兰州学刊》2014年第10期。

叶舒宪：《重逢瓜州日　锁定兔葫芦》，载《兰州学刊》2014年第10期。

叶舒宪：《丝绸之路说遮蔽下的玉石之路：玉石之路中国段调研报告》，见北京大学、北京市教育委员会、韩国高等教育财团：《北京论坛（2014）文明的和谐与共同繁荣——中国与世界：传统、现实与未来："汉学范式与中国问题研究"专场论文及摘要集》，2014年版。

叶舒宪：《〈天问〉"虹龙负熊"神话解——四重证据法应用示例》，载《北方论丛》2014年第6期。

叶舒宪：《〈山海经〉与白玉崇拜的起源——黄帝食玉与西王母献白环神话发微》，载《民族艺术》2014年第6期。

叶舒宪：《玉石神话背后有一种"玉教"吗？——华夏文明的信仰之根的讨论》，载《百色学院学报》2014年第6期。

叶舒宪：《玉教神话与华夏核心价值：从玉器时代大传统到青铜时代小传统》，载《社会科学家》2014年第12期。

叶舒宪：《决狱明白，因而天下太平》，载《检察日报》2014年1月24日。

叶舒宪：《解读神话的文化密码》（访谈录），载《华商报》2014年1月26日。

叶舒宪：《神话学的当代意义》，载《人民日报》2014年1月28日。

叶舒宪：《中国神话学的文化意义》（访谈），载《文艺报》2014年3月14日。

叶舒宪：《发现"口耳间的中国"》，载《人民日报》2014年5月1日。

叶舒宪：《大数据时代的民间文化保护与研究》，载《民间文学论坛》2014年第2期。

叶舒宪：《以物的叙事重建失落的历史世界》，载《中国社会科学报》2014年7月4日。

徐杰舜：《玉教伦理与华夏文明——访上海交通大学叶舒宪教授》，载《民族论坛》2014年第11期；见徐杰舜、龙晔生等主编：《人类学世纪欢言》，知识产权出版社，2017年版。

叶舒宪：《探秘华夏文明DNA》（访谈录），载《中国玉文化》2014年第5辑。

叶舒宪：《玉教、玉石之路、新教革命（白玉崇拜）》，见李京光主编：《中国玉文化》（第5辑），河南大学出版社，2014年版。

叶舒宪：《〈山海经〉玉文化》，载《光明网》2014年10月22日。

叶舒宪：《玉石之路大传统VS丝绸之路小传统》，见方维规主编：《思想与方法：全球化时代中西对话的可能》，北京大学出版社，2014年版。

2015年

叶舒宪：《从玉教神话看"天人合一"——中国思想的大传统原型》，载《民族艺术》2015年第1期。

叶舒宪：《乌孙为何不称王？——玉帛之路踏查之民勤、武威笔记》，载《百色学院学报》2015年第1期。

叶舒宪：《生肖文化及其起源》，载《文明》2015年第2期。

叶舒宪：《白玉崇拜及其神话历史初探》，载《安徽大学学报》（哲学社会科学版）2015年第2期。

叶舒宪：《多元"玉成"一体——玉教神话观对华夏统一国家形成的作用》，载《社会科学》2015年第3期。

叶舒宪：《玉璧的神话学与符号编码研究》，载《民族艺术》2015年第2期。

叶舒宪：《鸠杖·天马·玉团——玉帛之路踏查之武威笔记（二）》，载《百色学院学报》2015年第2期。

叶舒宪、祖晓伟：《玉器与信仰：红山文化研究概要》，载《中外文化与文论》2015年第1期。

叶舒宪：《玉帛为二精神话续论》，载《民族艺术》2015年第3期。

叶舒宪：《齐家文化玉器与西部玉矿资源区——第四次玉帛之路考察报告》，载《百色学院学报》2015年第3期。

叶舒宪：《再论四重证据法的证据间性——从巢湖汉墓玉环天熊图像看楚族熊图腾》，载《社会科学战线》2015年第6期。

叶舒宪：《建构中国版的文化理论——2015年4月12日在四川大学举办的全国比较文学青年教师高研班上的演讲》，载《四川戏剧》2015年第6期。

叶舒宪、杨骊、魏宏欢：《探源中华文明 重讲中国故事——中国文学人类学研究分会会长叶舒宪先生访谈》，载《四川戏剧》2015年第6期。

王仁湘、叶舒宪、易华等：《齐家文化与玉帛之路文化考察访谈》，载《丝绸之路》2015年第13期。

叶舒宪：《在信仰迷失的时代寻觅"鹰熊"——文学人类学视野中的朱鸿及其散文》，载《西北大学学报》（哲学社会科学版）2015年第4期。

章米力、叶舒宪：《作为文化表演的治疗》，载《厦门大学学报》（哲学社会科学版）2015年第4期。

叶舒宪：《玉出二马岗古道辟新途》，载《丝绸之路》2015年第15期。

叶舒宪：《三万里路云和月——五次玉帛之路考察（2014～2015）小结》，载《丝绸之路》2015年第15期。

叶舒宪：《黄河岸边邂逅齐家文化》，载《金融博览》2015年第8期。

叶舒宪、公维军：《从玉教到佛教——本土信仰与外来信仰的置换研究之一》，载《民族艺术》2015年第4期。

叶舒宪、唐启翠：《玉石之路》，载《人文杂志》2015年第8期。

叶舒宪：《草原玉石之路与〈穆天子传〉——第五次玉帛之路考察笔记》，载《内蒙古社会科学》（汉文版）2015年第5期。

叶舒宪：《兴县猪山的史前祭坛——第六次玉帛之路考察简报》，载《百色学院学报》2015年第4期。

叶舒宪：《会宁玉璋王——第五次玉帛之路考察手记》，载《民族艺术》2015年第5期。

叶舒宪：《神话何名：三套神话学丛书编撰的再思考》，载《长江大学学报》（社会科学版）2015年第10期。

叶舒宪：《大传统理论的文化治疗意义初探》，载《中国比较文学》2015年第4期。

叶舒宪：《若羌黄玉——第八次玉帛之路考察笔记》，载《丝绸之路》2015年第21期。

叶舒宪：《玉石之路新疆南北道——第七次、第八次玉帛之路考察笔记》，载《百色学院学报》2015年第5期。

叶舒宪：《新疆史前玉斧的文化史意义》，载《金融博览》2015年第12期。

叶舒宪：《从玉石之路到佛像之路——本土信仰与外来信仰的置换研究之二》，载《民族艺术》2015年第6期。

叶舒宪：《玉石之路黄河段刍议》，载《中外文化与文论》2015年第4期。

叶舒宪：《紫禁城与中国文化核心价值》，载《中国艺术报》2015年4月13日。

叶舒宪：《生肖文化及其起源》，载《文明》2015年第2期。

叶舒宪：《2014年关键词评论》，载《检察日报》2015年1月30日。

叶舒宪：《配合"一路一带"建设，重讲中国故事——关于玉石之路申报世界文化遗产的前期调研》，载《中国艺术报》2015年1月30日。

叶舒宪：《中国文化信仰之根的玉石叙事》（访谈），载《当代贵州》2015年第10期。

叶舒宪：《玉石之路中国段调研报告（2014）》，载《文化中华》2015年第

1 期。

叶舒宪:《齐家文化玉器与中国西部玉矿资源区——第四、五次玉帛之路考察简报》2015 年 8 月 2 日在甘肃广河齐家文化与华夏文明国际研讨会上宣读,见中国社会科学院考古研究所等编:《2015 中国·广河齐家文化与华夏文明国际研讨会论文集》,文物出版社,2016 年版。

叶舒宪:《端午节和神话历史》,见李述永主编:《漫话我们的价值观》,武汉出版社,2015 年版。

Ye Shuxian, "Attempting Discussion of Mythological Concepts' Determinism," *Journal of Literature and Art Studies* (New York, US), Volume 5, Number 12, December 2015 (Serial Number 49)

2016 年

叶舒宪:《从"玉教"说到"玉教新教革命"说——华夏文明起源的神话动力学解释理论》,载《民族艺术》2016 年第 1 期。

冯玉雷、叶舒宪、易华等:《探寻华夏文明,助力文博盛会——第九次玉帛之路(关陇道)文化考察活动启动仪式》,载《丝绸之路》2016 年第 6 期。

冯玉雷、叶舒宪、易华等:《挑战"丝绸之路"的西方话语权:还我华夏"玉帛之路"真相——第九次玉帛之路(关陇道)文化考察活动天水总结会(发言)》,载《丝绸之路》2016 年第 6 期。

叶舒宪:《陇东史前巨人佩玉之谜——第九次玉帛之路(关陇道)踏查手记》,载《百色学院学报》2016 年第 2 期。

叶舒宪:《尧舜禅让:儒家政治神话的历史建构》,载《民族艺术》2016 年第 2 期。

叶舒宪:《汉代的天熊神话再钩沉——四重证据法的证据间性申论》,载《民族艺术》2016 年第 3 期。

叶舒宪:《玉成中国——以往未知的中国故事》,载《光明日报》2016 年 6 月 16 日。

叶舒宪:《踏破铁鞋有觅处 西部七省探玉路——九次"玉帛之路"考察及成果综述》,载《丝绸之路》2016 年第 13 期。

叶舒宪、孙梦迪:《人类学的文学转向:从肯尼思·伯克到格尔兹》,载《中南民族大学学报》(人文社会科学版)2016 年第 4 期。

叶舒宪、冯玉雷、易华等：《玉石之路文化品牌与甘肃的文化资本——玉帛之路项目组给甘肃省的对策报告》，载《丝绸之路》2016年第15期。

叶舒宪：《玉、马、佛、丝——丝路中国段文化传播多米诺效应》，载《人文杂志》2016年第9期。

叶舒宪、栾为：《四重证据·N级编码·"玉教"理论——叶舒宪先生访谈兼答李永平教授》，载《陕西师范大学学报》（哲学社会科学版）2016年第5期。

叶舒宪：《中国话语：从"重开丝路"到"玉帛之路"》，载《金融博览》2016年第10期。

叶舒宪：《石家河新出土双人首玉玦的神话学辨识——〈山海经〉"珥蛇"说的考古新证》，载《民族艺术》2016年第5期。

叶舒宪：《"中国文学人类学理论与方法研究"结项成果综述》，载《百色学院学报》2016年第4期。

叶舒宪：《武山鸳鸯玉的前世今生——第十次玉帛之路渭河道考察札记》，载《百色学院学报》2016年第5期。

叶舒宪、徐蓓：《穿越5000年，重新认识炎黄时代》，载《解放日报》2016年12月23日。

叶舒宪：《河出昆仑神话地理发微》，载《民族艺术》2016年第6期。

叶舒宪：《追迹文明：齐家文化十大未解之谜》，载《中国社会科学报》2016年2月4日。

叶舒宪：《龙脉通达，华夏风水——第九次玉帛之路（关陇道）文化考察侧记》，载《丝绸之路》2016年第6期。

叶舒宪：《玉成中国》（访谈），载《成都日报》2016年1月23日。

叶舒宪：《帛之路新考》，载《兰州晨报》2016年4月29日。

叶舒宪：《人类学与20世纪思想史变革》，见庄孔韶编：《人类学研究》（第8卷），浙江大学出版社，2016年版。

叶舒宪：《敦煌：中外文化交流的中转站》，载《丝绸之路》2016年第19期。

叶舒宪：《寻找"女儿国"听女神的语言》（《女神的语言》中译本后语），载《新京报》2016年7月16日。

叶舒宪:《玉帛之路上的敦煌》(序言),见冯玉雷、赵录旺:《敦煌文化的现代书写》,中国文史出版社,2016年版。

叶舒宪:《多元如何一体:华夏多民族国家形成的奥秘》,见乐黛云等主编:《跨文化对话》(第35辑),生活·读书·新知三联书店,2016年版。

叶舒宪:《玉石之路与中原文明形成的资源依赖》,见郑州中华之源与嵩山文明研究会主编:《中华之源与嵩山文明研究》(第2辑),科学出版社,2015年版。

叶舒宪:《从神话历史视角解读端午》,见罗杨编:《端午与屈原:中国端午节俗与屈原文化学术研讨会论文集》,中国社会出版社,2016年版。

叶舒宪:《中国话语:从"重开丝路"说到"玉帛之路"说》,载《金融博览》2016年第10期。

叶舒宪:《"根"与"跟"的神话哲理》,见《中华优秀传统文化教育》(八年级上册)"名家讲坛",长春出版社,2016年版。

叶舒宪:《渭河行》,载《丝绸之路》2016年第21期。

叶舒宪:《第十次玉帛之路渭河道考察学术总结》,载《丝绸之路》2016年第21期。

叶舒宪:《文化人类学视野中的外国文学研究》,见陈建华主编:《中国外国文学研究的学术历程》,重庆出版社,2016年版。

叶舒宪:《中国玉石之路申报世界文化遗产——丝路形成史的本土视角与中国话语权》,见南京市文学艺术界联合会、南京市社会科学院、中国民间文化传承示范基地编:《记住乡愁——全国节日文化遗产保护研讨会论文集》,南京出版社,2016年版。

Ye Shuxian, "Classic of Mountains and Seas and the Origin of White Jade Worship: On the Jade Myths of the Yellow Emperor's Eating Jade and Queen Mother of the West's Presenting the White Jade Ring," *Journal of Literature and Art Studies* (New York, US) Volume 6, Number 6, June 2016.

2017年

叶舒宪:《中外玉石神话比较研究——文明起源期"疯狂的石头"》,载《贵州社会科学》2017年第1期。

叶舒宪:《河出昆仑神话地理发微》,载《民族艺术》2016年第6期。

叶舒宪：《从玉教到儒教和道教——从大传统的信仰神话看华夏思想的原型》，载《社会科学家》2017年第1期。

叶舒宪、公维军：《从"中国神话"到"神话中国"——文学人类学对神话研究范式的变革》，载《文化学刊》2017年第3期。

叶舒宪：《夏商周与黑白赤的颜色礼俗——玉文化视角的新解说》，载《百色学院学报》2017年第1期。

叶舒宪：《叶尔羌河的玉石与中国西部玉矿资源区》，载《丝绸之路》2017年第9期。

叶舒宪、徐新建：《重述中国：文学人类学的新话语——中国文学人类学研究会第七届学术年会会议综述》，载《百色学院学报》2017年第3期。

叶舒宪：《神话观念决定论与文化基因说》，载《吉首大学学报》（社会科学版）2017年第5期。

叶舒宪：《环腾格里沙漠的古道——第三次玉帛之路考察缘起》，载《百色学院学报》2017年第4期。

冯玉雷、叶舒宪、刘云辉等：《走进广阔田野 追溯文明脉络——第十一次玉帛之路（陇东陕北道）文化考察活动启动仪式暨玉帛之路文化考察系列丛书首发仪式发言摘录》，载《丝绸之路》2017年第15期。

冯玉雷、许尔忠、叶舒宪等：《格物致知与老马识途——第十一次玉帛之路（陇东陕北道）文化考察活动陇东学院座谈会发言摘录》，载《丝绸之路》2017年第15期。

叶舒宪：《中华文明探源工程与玉文化研究》，载《丝绸之路》2017年第16期。

叶舒宪：《文学人类学走向新学科——〈20世纪前期中国文学人类学实践研究〉代序》，载《百色学院学报》2017年第5期。

叶舒宪：《金玉合璧三星堆——在广汉市"三星堆与文学"论坛的演讲》，载《百色学院学报》2017年第6期。

叶舒宪：《引魂升天——灵宝西坡大墓随葬玉钺与陶灶的二元结构及宗教功能》，载《民族艺术》2017年第6期。

朝戈金、叶舒宪、额尔敦白音等：《中国多民族文学共同发展专题交流会实录》，载《文化遗产研究》2017年第2期。

叶舒宪：《依托文化大传统找寻文化根脉》，载《人民日报》2017年1月

25 日。

叶舒宪:《玄黄赤白——古玉色价值谱系的大传统底蕴》,载《民族艺术》2017 年第 3 期。

叶舒宪:《渭河考察手记》,载《丝绸之路》2017 年第 1 期。

叶舒宪:《叶尔羌河的玉石与中国西部玉矿资源区》,载《丝绸之路》2017 年第 9 期。

叶舒宪:《弗雷泽:知识全球化的里程碑》,载《澎湃新闻》2017 年 8 月 16 日;又见[英]詹姆斯·G·弗雷泽:《金枝》12 卷本英文版序言,上海大学出版社,2016 年版。

叶舒宪:《认识玄玉时代》,载《中国社会科学报》2017 年 5 月 5 日。

叶舒宪:《以四重证据法重述中国——文学人类学派关于中国神话研究的新成果》(访谈),载《文汇读书周报》2017 年 5 月 22 日。

叶舒宪:《弱水三万,荒漠通途》,载《丝绸之路》2017 年第 10 期;又见王继军、冯玉雷主编:《醉美巴丹吉林》,甘肃人民出版社,2017 年版。

叶舒宪:《如何恢复中国记忆:评白描〈秘境〉》,载《南方文坛》2017 年第 2 期。

叶舒宪:《探秘玄玉时代的文脉——第十一次玉帛之路文化考察手记》,载《丝绸之路》2017 年第 15 期。

叶舒宪:《从神话学视角探究文明起源——访中国神话学会会长叶舒宪》,载《中国社会科学报》2017 年 9 月 8 日。

叶舒宪:《神话学深化中华文明探源的理论诉求》,载《社会科学报》2017 年 11 月 2 日。

叶舒宪:《中华文明探源工程与玉文化研究——第十二次玉帛之路文化考察手记》,载《丝绸之路》2017 年第 16 期。

叶舒宪:《揭秘"丝绸之路"的前身》,载《人民周刊》2017 年第 1 期。

Ye Shuxian, "Jade Myths and the Formation of Chinese Identity," *Journal of Literature and Art Studies* (New York, US), Volume 7, Number 4, December 2017 (Serial Number 49)

2018 年

叶舒宪:《玉出三危——第十三次玉帛之路文化考察简报》,载《丝绸之路》2018 年第 1 期。

叶舒宪：《四坝文化玉器与马鬃山玉矿——第十三次玉帛之路文化考察（金塔）札记文图》，载《丝绸之路》2018 年第 1 期。

叶舒宪：《大地湾出土玉器初识——第十三次玉帛之路文化考察秦安站简报》，载《百色学院学报》2018 年第 1 期。

叶舒宪：《四十年回望汤因比》，载《金融博览》2018 年第 3 期。

叶舒宪：《弗雷泽：知识全球化的里程碑》，载《百色学院学报》2018 年第 2 期。

叶舒宪：《玉门、玉门关名义再思考——第十二次玉帛之路考察札记》，载《民族艺术》2018 年第 2 期。

叶舒宪：《中华三祖文化寻根》，载《百色学院学报》2018 年第 3 期。

叶舒宪、徐新建、彭兆荣：《文学文类学研究》（发刊词），载《文学人类学研究》2018 年第 1 期。

叶舒宪：《羌人尚白与夏人尚黑——文化文本研究的四重证据法示例》，载《文学人类学研究》2018 年第 1 期。

贾飞、叶舒宪：《行状文体功能演变及其文学治疗功能探究》，载《南通大学学报》（社会科学版）2018 年第 4 期。

叶舒宪：《草原玉石之路与红玛瑙珠的传播中国（公元前 2000 年～前 1000 年）——兼评杰西卡·罗森的文化传播观》，载《内蒙古社会科学》（汉文版）2018 年第 4 期。

叶舒宪：《怎样探寻文化的基因：从诗性智慧到神话信仰——〈人文时空：维柯和新科学〉代序》，载《百色学院学报》2018 年第 4 期。

叶舒宪：《玉帛之路上的敦煌——序冯玉雷、赵录旺〈敦煌文化的现代书写〉》，载《甘肃农业》2018 年第 18 期。

叶舒宪：《龙血玄黄——大传统新知识求解华夏文明的原型编码》，载《百色学院学报》2018 年第 6 期。

叶舒宪：《创世神话的思想功能与文化多样性》，载《中国比较文学》2018 年第 4 期。

叶舒宪：《玄玉与黄帝——第十四次玉帛之路（北洛河道）考察简报》，载《丝绸之路》2018 年第 11 期。

叶舒宪：《盘古精髓·女娲彩石·黄帝玄玉——中华创世神话考古专题"玉成中国丛书"总序》，载《百色学院学报》2018年第6期。

叶舒宪：《天熊伏羲创世记——四重证据法解读天水伏羲文化》，载《兰州大学学报》（社会科学版）2018年第6期。

叶舒宪：《相遇坎贝尔　期待文化医生——〈好莱坞神话学教父〉序言》，载《文学人类学研究》2018年第2期。

叶舒宪：《重新解读中国神话》，载《人民日报》2018年3月21日。

叶舒宪：《四坝文化与马鬃山玉矿——第十二次玉帛之路考察笔记》，载《丝绸之路》2018年第1期。

叶舒宪：《玉文化传承的意义》，载《经济日报》2018年1月7日。

叶舒宪：《四十年回望汤因比》，载《金融博览》2018年第3期。

叶舒宪：《听玉叙事，发现中国神话编码》，载《东方教育时报》2018年1月17日。

叶舒宪：《文化的底牌》，载《社会科学报》2018年2月5日。

叶舒宪：《中国文化寻根：从理论建构开始》，载《社会科学报》2018年3月1日。

叶舒宪：《"文学人类学原创书系"总序》，陕西师范大学出版总社，2018年版。

叶舒宪：《文学人类学研究的理论与实践》（序），光明日报出版社，2018年版。

叶舒宪：《探寻中国文化的信仰之根》（序），见《天梯神曲》，广西人民出版社，2016年版。

叶舒宪：《透过故宫看中国文化的核心价值》，见欧阳康：《中国大学人文启思录》（第10卷），华中科技大学出版社，2018年版。

叶舒宪：《玄玉与黄帝——第十四次玉帛之路（北洛河道）考察简报》，载《丝绸之路》2018年第11期。

叶舒宪：《为信仰而歌——交响合唱诗剧〈神话中国〉》（序），见郑集思、甘霖：《交响合唱诗剧〈神话中国〉》，人民音乐出版社，2018年版。

2019年

叶舒宪：《萨满幻象与四重证据法——〈四重证据法研究〉书后》，载《百色学院学报》2019年第1期。

叶舒宪、哈利法克斯：《萨满幻象与神话》，载《百色学院学报》2019年第1期。

叶舒宪：《文学人类学的理论与方法》，载《上海交通大学学报》（哲学社会科学版）2019年第1期。

叶舒宪：《玉文化与全景中国》，载《百色学院学报》2019年第2期。

叶舒宪：《创世、宇宙秩序与显圣物——四重证据法探索史前神话》，载《百色学院学报》2019年第3期。

叶舒宪：《创世鸟神话"激活"良渚神徽与帝鸿——兼论萨满幻象对四重证据法的作用》，载《民族艺术》2019年第2期。

叶舒宪：《神话的虚与实》，载《关东学刊》2019年第4期。

叶舒宪：《探索催生华夏文明的观念动力》，载《百色学院学报》2019年第4期。

叶舒宪：《关于齐家文化的起源——十次玉石之路考察的新认识》，载《中原文化研究》2019年第4期。

叶舒宪：《万年中国说——大传统理论的历史深度》，载《名作欣赏》2019年第22期；又载《遗产》2019年第1期。

叶舒宪、金明哲：《〈山海经〉的文化编码及当代影像传播——叶舒宪、金明哲对谈录》，载《四川戏剧》2019年第8期。

叶舒宪：《"玉"与"彩陶鱼纹"神话研究专题》，载《文化遗产》2019年第5期。

叶舒宪：《"玉"礼器：原编码中国——〈周礼〉六器说的大传统新求证》，载《文化遗产》2019年第5期。

叶舒宪：《第十五次玉帛之路文化考察缘起——在良渚遗址管委会座谈会上的发言》，载《丝绸之路》2019年第3期。

叶舒宪：《玉礼器奢侈品催生王宫经济——史前中原玉文化与华夏文明》，载《百色学院学报》2019年第5期。

叶舒宪：《鸟卵与神眼：辨识良渚神徽之眼——庆祝良渚古城列入世界文化遗产》，载《中国美术研究》2019年第3期。

叶舒宪：《统一中国的三大浪潮说——文化大传统视角的新理论建构》，载

《上海文化》2019 年第 10 期。

叶舒宪：《人熊揖别，回首万年》，载《吉林师范大学学报》（人文社会科学版）2019 年第 6 期。

叶舒宪：《天熊神话：华夏文明的基因——兼及史前动物形酒器的萨满致幻意义》，载《吉林师范大学学报》（人文社会科学版）2019 年第 6 期。

叶舒宪：《华夏文明五千年的新求证》，载《百色学院学报》2019 年第 6 期。

叶舒宪：《返本开新：文化自觉的思想前提》，载《当代比较文学》2019 年第 0 期。

叶舒宪：《一会两院 携手创新》，载《神话研究集刊》2019 年第 1 期。

叶舒宪：《文学人类学：中国本土特色的人文新学科——〈叶舒宪学术文集〉总序》，载《文学人类学研究》2019 年第 2 期。

叶舒宪：《解读神话，让文物活起来》，载《文汇报》2019 年 3 月 3 日。

叶舒宪：《〈山海经〉与"大数据"王权资源依赖》，载《腾云文化论坛》2019 年 4 月 4 日。

叶舒宪：《玉石之路：早于丝绸之路的大传统》（访谈），载《三联生活周刊》2019 年 4 月 29 日。

叶舒宪：《"神话中国" VS"轴心时代"——"哲学突破"说及"科学中国"说批判》，见谭佳：《神话中国》，生活·读书·新知三联书店，2019 年版。

叶舒宪：《商纣自焚为何宝玉缠身》，载《文汇报》2019 年 4 月 9 日。

叶舒宪：《玉文化是江南文化最深远的精神原型》（访谈），载《文汇报》2019 年 1 月 18 日。

叶舒宪：《烟与酒：印第安与华夏创世鸟神话及其萨满幻象原型》，见《国际比较文学大会宣读论文》，2019 年 8 月。

叶舒宪：《中国民间文学大系·神话〈河南卷〉与〈云南卷〉印象》，载《文艺报》2019 年 7 月 26 日。

叶舒宪：《用新证据探源中华文明起源（对话录）》，载《上海思想界》2019 年第 7 期。

叶舒宪：《2019，复活"鸿蒙"——作为科幻文化基因的神话幻想》，见《中国科幻大会宣读论文》，2019 年 11 月 3 日；又载《文艺报》2019 年 11 月

26 日。

叶舒宪：《玉石：中华创世神话中的宇宙显圣物》，载《中国社会科学报》2019 年 8 月 5 日。

叶舒宪：《盛世修书大业典，再现神话中国——贺〈中国民间文学大系·神话·云南卷〉出版》，载《中国艺术报》2019 年 12 月 23 日。

叶舒宪：《群英会谈：对话中华文明起源》，载《丝绸之路》2019 年第 4 期。

叶舒宪：《石峁玉器新发现 玉文化先统一中国？》，载《世界博览》2019 年第 4 期。

Ye Shuxian, "The West-East Jade Transmission and the Formation of Chinese Civilization," *Journal of Literature and Art Studies*（New York, US）June 2019.

Ye Shuxian, "A Study of Myth of Yaotai and Yumen in Xia Dynasty from New Discovery of Building Jade in Shimao—A Reinterpretation of Little Tradition from New knowledge of Great Tradition," *Journal of Literary Anthropology*, Vol. 1, Number1, September 2019.

Ye Shuxian, "Discovering 'China between Ears and Mouth'—Sidelights on the Digital Engineering of Oral Literature in China," *Journal of Literary Anthropology*, Vol. 1, Number1, September 2019.

Ye Shuxian, "Tobacco and Alcohol: Creation Birds in American Indian and Chinese Myths and the Prototypes of their Shamanic Visions." in The 22ND Congress of the International Comparative Literature Associantion. Macao, 2019.

2020 年

叶舒宪：《神话学可以改写历史吗？——从鸿蒙的激活说起》，载《中华文化论坛》2020 年第 1 期。

叶舒宪：《玄玉时代钩沉——四重证据法的新尝试》，载《安徽大学学报》（哲学社会科学版）2020 年第 1 期。

叶舒宪：《求索盘古之斧钺：创世神话的考古研究》，载《百色学院学报》2020 年第 1 期。

叶舒宪：《溯源中国式造神：偶像与非偶像》，载《百色学院学报》2020 年第 3 期。

叶舒宪：《华夏文明的神话宇宙观与价值观——以昆仑玉山为中心的考察》，载《贵州社会科学》2020 年第 6 期。

叶舒宪：《物证优先：四重证据法与"玉成中国三部曲"》，载《国际比较文学》（中英文）2020 年第 3 期。

叶舒宪：《良渚文化葬玉制度"钺不单行"说——四重证据法求解华夏文化基因》，载《民族艺术》2020 年第 5 期。

叶舒宪：《关于上古史研究的瓶颈和误区——给〈图腾分析路径下中国五帝文明研究〉作者的信》，载《百色学院学报》2020 年第 6 期。

叶舒宪：《〈玉文化先统一长三角〉序言》，载《丝绸之路》2020 年第 4 期。

叶舒宪：《幻想引领人类——从神话信仰到科学崇拜》，载《上海交通大学学报》（哲学社会科学版）2020 年第 6 期。

叶舒宪：《玉蝉不死：动物再生神话研究》，载《神话研究集刊》2020 年第 1 期。

叶舒宪：《盘古之斧钺续论：从工具到圣物的进化史》，载《百色学院学报》2021 年第 1 期。

梁昭、徐新建、胡建升、叶舒宪：《文学人类学的国际展示——第 22 届国际比较文学学会分论坛的总结发言》，载《文学人类学研究》2020 年第 1 期。

Ye Shuxian, "Jade Culture First Unified China: New Dicovery of Shimao Jade and Its Significance in Civilization History," *Journal of Literary Anthropology*, Vol. 2, Number1, September 2020.

Ye Shuxian, "Myth of Jade Religion and Core Values of Huaxia: From the Big Tradition of the Jade Age to the small Tradition of the Bronze Age," *Journal of Literary Anthropology*, Vol. 2, Number1, September 2020.

Shuxian Ye, Zhaoyuan Q. antiracisme, mythologie et critique de la, *mythologie blanche*, Les Lettres romanes, vol. 75 n° 1 – 2（2021）；国内刊 éléments pour une histoire de la pensée critique contemporaine, en Occident et en Chine, 载《人文新视野》2021 年第 2 期。

2021 年

叶舒宪：《神话学的反种族主义——当代思想史学习导引》，载《百色学院学报》2021 年第 2 期。

丁哲、叶舒宪：《浅析商代玉器的渊源》，载《北京联合大学学报》（人文社会科学版）2021年第2期。

叶舒宪：《从妖怪学到神话学——西学东渐的日本中介之案例》，载《兰州大学学报》（社会科学版）2021年第2期。

叶舒宪：《国宝中的国宝：三星堆文物观感》，载《寻根》2021年第4期。

叶舒宪：《三星堆祭祀坑新发现丝绸及象牙的文化意义——"玉帛为二精"三续考》，载《民族艺术》2021年第4期。

叶舒宪：《"文"与"论"的文化之根——〈文化大传统与中国早期文论精神〉序》，载《百色学院学报》2021年第4期。

叶舒宪：《中国玉学研究的理论建构——文学人类学视角的回顾与前瞻》，载《广西民族大学学报》（哲学社会科学版）2021年第5期。

叶舒宪：《从"问鼎中原"到"问鼎江南"——〈玉文化先统一长三角〉的知识创新》，载《丝绸之路》2021年第3期。

叶舒宪、吴玉萍：《"玉成中国论"养成记——叶舒宪教授访谈录》，载《四川戏剧》2021年第10期。

叶舒宪：《神话学的反种族主义——当代思想史学习导引》，载《人文新视野》2021年第2期。

叶舒宪：《什么是"文化文本"？——中国文化理论建构的文学人类学视角》，载《中外文化与文论》2021年第4期。

2022年

叶舒宪：《元宇宙的中国传统思想资源》，载《长江大学学报》（社会科学版）2022年第1期。

叶舒宪：《变：作为新文科探索先驱的中国比较文学》，载《中国比较文学》2022年第1期。

叶舒宪：《三次统一·玉成中国·夏代问题》，载《百色学院学报》2022年第1期。

叶舒宪：《万年中国说与美学史重构》，载《艺术广角》2022年第2期。

叶舒宪：《文明的价值观——序〈管子"神话历史"研究〉》，载《管子学刊》2022年第2期。

叶舒宪：《〈山海经〉的史前文化信息——以黄帝玄玉和熊穴神人为例》，载《贵州社会科学》2022年第5期。

叶舒宪：《作为新文科方法论探索的四重证据法——以策展咸阳博物院"仰韶玉韵"展为例》，载《社会科学家》2022年第3期。

叶舒宪：《华夏第一人文始祖：有巢氏神话考古》，载《百色学院学报》2022年第4期。

叶舒宪：《人类学转向：新文科的跨学科引领——以李泽厚、杨伯达、萧兵、王振复为例》，载《学术月刊》2022年第8期。

叶舒宪：《"神话中国"观对文明探源的理论意义》，载《文化遗产》2022年第5期。

叶舒宪：《祝融：神话历史的复活——四重证据法重建楚版上古史谱系（14祖）》，载《孔学堂》2022年第4期。

Ye Shuxian, "Resurrecting the Mythological History of Zhurong: Reconstructing the Fourteen-Generation Genealogy of the Chu State Antiquity throuth the Quadruple," *Evidence Method. Canfucian Academy*, 2022年第4期。

2023 年

叶舒宪：《从草原玉路到草原丝路——万年玉路踏查的理论创新意义》，载《西北民族大学学报》（哲学社会科学版）2023年第1期。

叶舒宪：《颛顼与端玉：中国神话叙事话语特色探索》，载《百色学院学报》2023年第1期。

叶舒宪：《玉石神话与中华认同的再认识：筛选文化基因的理论视角》，载《百色学院学报》2023年第2期。

叶舒宪：《历史中的神话与神话中的历史——夏启叙事的四重证据法求证》，载《湖北民族大学学报》（哲学社会科学版）2023年第5期。

叶舒宪：《温润如玉：中国美学原点与"润"的观念起源》，载《南京大学学报》（哲学·人文科学·社会科学）2023年第4期。

叶舒宪：《玉匕、玉勺、司南》，载《信睿周报》2023年第108期。

叶舒宪：《端午龙舟源于祭殇仪式》，载《信睿周报》2023年第110期。

叶舒宪：《上古天真吗?》，载《信睿周报》2023年第112期。

"What Makes a Myth?"［记者吴海云专访叶舒宪（英文）］，载《澎湃新闻》2023年7月27日。

叶舒宪：《〈山海经〉里的玉石真的存在吗?》（文龙杰专访），载《中国新闻社》2023 年 7 月 22 日。

叶舒宪：《仰韶文化玉钺群初探》，载《学术论坛》2023 年第 6 期。

叶舒宪：《神话学文明探源的理论创新》，载《中国社会科学评价》2023 年第 4 期。

叶舒宪：《"天书"神话历史的华夏版》，载《文学人类学研究》（第 7 辑）2023 年第 1 期。

叶舒宪：《笔谈：纪念萧兵先生》，载《文学人类学研究》2023 年第 1 期。

叶舒宪：《文化基因：从上五千看下五千年》，载《百色学院学报》（第 7 辑）2023 年第 5 期。

叶舒宪：《面对三星堆的失语：四重证据法重构思想史原点》，载《中外文化与文论》（第 53 辑）2023 年第 2 期。

叶舒宪：《从玉文化中探寻创世神话叙事根源》，载《解放日报》2023 年 1 月 14 日。

叶舒宪：《燧人氏神话考古》，载《信睿周报》2023 年 3 月 1 日。

叶舒宪：《我们身边的猎人》，载《信睿周报》2023 年 4 月 1 日。

叶舒宪：《鹄羹鸮羹何为》，载《信睿周报》2023 年 5 月 1 日。

叶舒宪：《长寿神话：彭祖雉羹之谜》，载《信睿周报》2023 年 6 月 1 日。

叶舒宪：《神话医药学与玉石信仰》，载《信睿周报》2023 年 7 月 1 日。

叶舒宪：《坐骑和座驾的神话虚拟》，载《信睿周报》2023 年 8 月 15 日。

叶舒宪：《从玉兵到门神》，载《信睿周报》2023 年 9 月 1 日。

叶舒宪：《历史中的神话和神话中的历史——夏启叙事的四重证据法求证》，载《湖北民族大学学报》（哲学社会科学版）2023 年第 5 期。

叶舒宪：《从"六个主义"到玉成中国论——七十自述》，载《艺术广角》2023 年第 6 期。

叶舒宪：《大历史的文化文本——中华和平基因探源》，载《探索与争鸣》2023 年第 10 期。

后　　记

　　我们的师者叶舒宪先生七十华诞将至，我们怀着感恩与祝福的心情，组织了"叶舒宪先生七秩华诞纪念文集"征稿活动。经过一年多的筹集征稿，以及大半年的收稿，最终编成《圭璋特达：叶舒宪先生学术理论与方法研究文集》与《温其如玉：叶舒宪先生师友问学录》两部书稿。

　　叶舒宪先生是一位新时代的大先生。我们有幸追随他学习跨学科研究，目睹他是如何踏遍祖国大地，立足中国本土材料，建构中国本土文化理论。他奉献学术、追求真理、敢为人先的学术精神，激励和鼓舞着我们这些后来者。

　　叶舒宪先生是一位理论创新的真旗手。人的精力有限，而知识却是无涯的，他将有限的精力投入到跨学科研究的无限工作之中，不知疲惫地深耕细作，孜孜不倦，数十年如一日，决不妥协，决不言弃，精诚所至，金石为开，提出认知中国的整体全新理论命题，为跨学科的整体研究与范式革新，建言献策，功泽学界。

　　叶舒宪先生是一位和蔼可亲的真师者。荀子曾云：学莫便乎近其人。他为人平易，待人真诚，广交天下各界朋友，怀有一颗慈悲心怀，乐于助人，不断提携新人，启迪后贤，乐此不疲，可爱可敬。

　　感谢诸多师友积极赐稿。两部文集所收文章近百篇，内容丰富，故事感人，范围极广，涉及叶舒宪先生的学术思想、学术方法、理论创新、跨学科研究以及动人故事，从诸多方面充分展示了叶先生的学术贡献、感人魅力与人格力量。

　　感谢陕西师范大学出版总社冯晓立主任的鼎力帮助，以及杨杰副主任，张旭升、王丽君等编辑的辛苦付出，令两部书稿能够顺利出版。

　　感谢叶舒宪先生的长期教诲与大力支持，真诚祝福吾师：温其如玉，福寿骈臻！

胡建升

记于癸卯之秋